Eva Neuland/Corinna Peschel

Einführung in die Sprachdidaktik

Mit Abbildungen und Grafiken

Verlag J. B. Metzler Stuttgart · Weimar

Die Autorinnen
Eva Neuland, Universitätsprofessorin für Germanistik: Didaktik der deutschen Sprache und Literatur an der Bergischen Universität Wuppertal; Arbeitsschwerpunkte: Sprachdidaktik, Soziolinguistik, Pragmalinguistik, Textlinguistik, Interkulturelle Kommunikation; Forschungsprojekte zur mündlichen Kommunikation, Jugendsprache, Textlinguistik und -didaktik, interkulturellen Kommunikation; Herausgeberin der Reihe »Sprache – Kommunikation – Kultur: Soziolinguistische Beiträge« im Verlag Peter Lang, Mitherausgeberin der Zeitschrift »Der Deutschunterricht«.

Corinna Peschel, wiss. Mitarbeiterin in der Germanistik: Didaktik der deutschen Sprache und Literatur an der Bergischen Universität Wuppertal, seit 2012 am Institut für Bildungsforschung im Bereich Deutsch für Schülerinnen und Schüler mit Zuwanderungsgeschichte; Arbeitsschwerpunkte: Sprachdidaktik, Textlinguistik und -didaktik, Deutsch als Zweitsprache, Grammatikdidaktik, Schreibdidaktik; Forschungsprojekte zur Grammatik- und Schreibdidaktik, zum Rechtschreiberwerb, v.a. bei Kindern mit Deutsch als Zweitsprache und zum Leseverstehen.

Bibliografische Information der Deutschen Nationalbibliothek
Die Deutsche Nationalbibliothek verzeichnet diese Publikation in der Deutschen Nationalbibliografie; detaillierte bibliografische Daten sind im Internet über <http://dnb.d-nb.de> abrufbar.

ISBN 978-3-476-02374-2
ISBN 978-3-476-05183-7 (eBook)
DOI 10.1007/978-3-476-05183-7

Dieses Werk einschließlich aller seiner Teile ist urheberrechtlich geschützt. Jede Verwertung außerhalb der engen Grenzen des Urheberrechtsgesetzes ist ohne Zustimmung des Verlages unzulässig und strafbar. Das gilt insbesondere für Vervielfältigungen, Übersetzungen, Mikroverfilmungen und die Einspeicherung und Verarbeitung in elektronischen Systemen.

© 2013 Springer-Verlag GmbH Deutschland
Ursprünglich erschienen bei J.B. Metzler'sche Verlagsbuchhandlung und Carl Ernst Poeschel Verlag GmbH in Stuttgart 2013
www.metzlerverlag.de
info@metzlerverlag.de

Inhaltsverzeichnis

Vorwort XI

I.	**Grundlegendes**	1
1.	**Fachgeschichtliche Entwicklungen der Sprachdidaktik (nach 1945)**	2
1.1	Methodik und Didaktik der Deutschlehrerausbildung	2
1.2	Konstitution der Disziplin und Stellung im Wissenschaftsgefüge..	3
1.2.1	Deutschdidaktik als Teil der Erziehungswissenschaften: Das Subsumptionsmodell..	6
1.2.2	Deutschdidaktik als Unterrichtsmethodik: Das Reduktionsmodell	7
1.2.3	Deutschdidaktik als ›Abbilddidaktik‹: Das Abhängigkeitsmodell...	8
1.2.4	Deutschdidaktik als Wissenschaft vom Deutschunterricht: Das Autonomiemodell	8
1.3	Historischer Rückblick	9
1.3.1	Zur Vorgeschichte sprachlicher Bildung..........................	9
1.3.2	Traditionelle Sprachlehre	12
1.4	Die großen Leitvorstellungen	13
1.4.1	Kritische Didaktik und kritischer Deutschunterricht	14
1.4.2	Kommunikative Sprachdidaktik.....................................	15
1.4.3	Didaktik des sprachlichen Handelns..............................	17
1.5	Zwischenfazit	20
2.	**Sprachdidaktik: Aktuelle Konturen einer Disziplin**	25
2.1	Linguistik und Didaktik..	25
2.1.1	Linguistisierung und ›Abbilddidaktik‹.............................	25
2.1.2	Linguistisch fundierte Sprachdidaktik............................	27
2.1.3	Text als zentrale Einheit von Linguistik und Didaktik........	28
2.2	Sprachdidaktik und Sprachsozialisation	29
2.2.1	Sprachlernen in verschiedenen Sozialisationsphasen und Sozialisationsfeldern	30
2.2.2	Sprachlernen und soziale Herkunft................................	31
2.2.3	Implizites und explizites sprachliches und soziales Lernen	32
2.3	Sprachbewusstsein und Sprachreflexion.........................	33
2.3.1	Sprachbewusstsein: Voraussetzung und Ziel sprachlicher Bildung	34
2.3.2	Reflexion über Sprache: Unterrichtsprinzip oder eigenständiger Lernbereich?	35
2.3.3	Reflektierter Sprachgebrauch und Sprachkritik	35
2.4	Interkulturalität – Eine neue Leitvorstellung?..................	37
2.4.1	Multikulturalität und Mehrsprachigkeit	37

2.4.2	Kulturkontrastivität, Trans- und Interkulturalität	38
2.4.3	Interkulturelle Kommunikation und interkulturelle Kompetenz	40

II. Arbeitsfelder und Lernbereiche 45

1.	**Mündlicher Sprachgebrauch**	46
1.1	Sprachentwicklung und Sprachlernen vor Schulbeginn	46
1.1.1	Spracherwerb in der Interaktion	46
1.1.2	Sprachliche Sozialisation im Vorschulalter	48
1.2	Rede- und Gesprächserziehung: Förderung mündlichen Sprachgebrauchs in der Schule	49
1.2.1	Geschichte der Sprecherziehung im Deutschunterricht	50
1.2.2	Lernziel kommunikative Kompetenz	51
1.2.3	Aktualisierungen und neue Schwerpunktsetzungen	53
1.3	Kommunikationspsychologie und Gesprächslinguistik als Rahmenorientierungen	55
1.3.1	Möglichkeiten und Grenzen der Kommunikationspsychologie	55
1.3.2	Gesprächslinguistik und Gesprächsdidaktik	58
1.3.3	Erzählforschung und Erzählförderung	63
1.4	Kommunikative Kompetenz, kommunikative Ethik und Gesprächskultivierung	65
1.4.1	Kooperation im Gespräch	66
1.4.2	Gesprächskultivierung	67
1.4.3	Gesprächsförderung im DaF-Unterricht und in mehrsprachigen Lerngruppen	70
1.4.4	Lehrkräfte als Kommunikationskünstler?	73
1.4.5	Mündlichkeit und Schriftlichkeit in der Sprachdidaktik	74
2.	**Schriftlicher Sprachgebrauch**	81
2.1	Linguistische und psychologische Grundlagen des Schriftspracherwerbs und des Rechtschreibens	81
2.1.1	Linguistische Grundlagen: Schrift und Schriftsystem	81
2.1.2	Kognitionspsychologische und psycholinguistische Grundlagen: Voraussetzungen für den Erwerb des Schriftsystems	84
2.2	Modelle und Methoden des Schriftspracherwerbs	87
2.2.1	Entwicklungsmodelle des Schriftspracherwerbs	87
2.2.2	Methodische Konzepte des Schriftspracherwerbs	90
2.3	Rechtschreiben	95
2.3.1	Didaktische Grundzüge des Rechtschreibunterrichts	95
2.3.2	Methoden des Rechtschreibunterrichts	96
2.4	Formen weiterführenden Schreibens in der Schule	98
2.4.1	Vom Aufsatzunterricht zur schriftlichen Kommunikation und zum Schreiben	98
2.4.2	Entwicklung von Schreibkompetenz: Schreibfunktionen, Schreibentwicklung und Schreibprozesse	103

2.4.3	Die Rolle von Textsorten und Textmustern bei der Vermittlung des Schreibens....................................	111
2.4.4	Beurteilungen und Bewertungen von schriftlichen Schülerleistungen	115
3.	**Reflexion über Sprache**	124
3.1	»Grammatik tut not!?« Zur Legitimationskrise des Grammatikunterrichts..	124
3.2	Language Awareness, Sprachbewusstsein und Sprachbewusstheit	126
3.2.1	Nachdenken über Sprache bei Kindern	127
3.2.2	Nachdenken über Sprache bei Erwachsenen.....................	131
3.3	Reformansatz: Reflexion über Sprache...............................	134
3.3.1	Innovatorische Ansprüche und ihre Reduktionen	134
3.3.2	Sprachreflexion und Grammatikunterricht.........................	136
3.3.3	Reflexion über Sprache im DaF-Unterricht	139
3.4	Modelle der Schulgrammatik	139
3.4.1	Der traditionelle Grammatikunterricht	140
3.4.2	Der andere, situationsorientierte Grammatikunterricht	140
3.4.3	Der integrative Grammatikunterricht..................................	141
3.4.4	Der funktionale Grammatikunterricht................................	142
3.4.5	Grammatikwerkstatt	144
3.5	Neuere Entwicklungen in der Grammatikdidaktik............	145
3.5.1	Textgrammatik	145
3.5.2	Grammatikunterricht in mehrsprachigen Klassen..............	147
3.5.3	Sprachnormen und Sprachgebrauch – Themen für den Grammatikunterricht?..	149
4.	**Textrezeption**..	159
4.1	(Kognitions-)Psychologische, sprachwissenschaftliche und sprachdidaktische Grundlagen	159
4.1.1	Definitionen und Grundannahmen zur Textrezeption	159
4.1.2	Modelle des Textverstehens	160
4.1.3	Bestimmungen von Lesekompetenz	164
4.1.4	Lesediagnose	169
4.2	Rezeption von pragmatischen und literarischen Texten	172
4.2.1	Zum Lesen und Verstehen von Sachtexten.........................	174
4.2.2	Lesen und Verstehen von diskontinuierlichen Texten.........	176
4.2.3	Lesen und Verstehen von literarischen Texten....................	179
4.3	Leseförderung..	180
4.3.1	Lesemotivation	181
4.3.2	Training von Lesefertigkeit und Leseflüssigkeit..................	183
4.3.3	Lesestrategien..	186
4.3.4	Methoden zur Erschließung literarischer Texte	189

III.	Ausgewählte Schwerpunkte	195
1.	**Norm und Wandel – Ein Grundproblem der Sprachdidaktik**	196
1.1	Sprachpflege und Stilbildung in der traditionellen Deutschdidaktik	196
1.2	Sprachnormkritik in Reformkonzepten der Didaktik	198
1.3	Dynamik von Sprachnormierungsprozessen	201
1.4	Sprachnormreflexion und Sprachkritik im Unterricht	202
1.4.1	Wandel von Sprachnormen	202
1.4.2	Wandel des Sprachgebrauchs	203
1.4.3	Sprachgebrauchskritik	204
1.4.4	Reflexion von Normierungskonflikten	206
2.	**Variationen im heutigen Deutsch – Perspektiven für den Sprachunterricht**	209
2.1	Variation: Hindernis oder Chance für die Sprachdidaktik?	209
2.2	Neuere Entwicklungen der Variationsforschung	212
2.3	Sprachdidaktische Neuorientierungen	214
2.3.1	Plurizentrik des Deutschen und nationale Varietäten	214
2.3.2	Dialekte und Regionalsprachen	215
2.3.3	Soziolekte und Gruppensprachen	217
2.3.4	Sprachstile	224
3.	**Mehrsprachigkeit in der Schule**	230
3.1	Mehrsprachigkeit und Interkulturalität	232
3.1.1	Sichtweisen auf Mehrsprachigkeit	232
3.1.2	Interkulturalität und interkulturelles Lernen	235
3.2	Deutsch als Muttersprache – Deutsch als Zweitsprache – Deutsch als Fremdsprache	238
3.2.1	Erstsprache – Zweitsprache	238
3.2.2	Deutsch als Zweitsprache – Deutsch als Fremdsprache	239
3.3	Mehrsprachigkeit im Deutschunterricht: Probleme und Chancen	241
3.3.1	Hürden für mehrsprachige Kinder	241
3.3.2	Mehrsprachigkeit als Ressource	242
3.3.3	Didaktisch-methodische Grundsätze für die Förderung des Deutschen als Zweitsprache	243
4.	**Kommunikation im Unterricht**	249
4.1	Frühe Forschungstraditionen	249
4.1.1	Sozialpsychologische Beiträge zur ›Lenkung‹ im Unterricht	249
4.1.2	Didaktische Studien zur Lehrersprache	250
4.2	Linguistische Unterrichtsforschung	251
4.2.1	Unterricht als Sprachspiel	251
4.2.2	Unterricht als institutionelle Kommunikation	252
4.2.3	Beiträge der funktionalen Pragmatik	253
4.2.4	Neuere Entwicklungen	254

4.3	Kommunikation im Gruppenunterricht	255
4.3.1	Phasen der Gruppenarbeit	255
4.3.2	Probleme und Erfolgsbedingungen beim Gruppenunterricht	256
4.3.3	Ein Beispiel	258
4.4	Sprachgebrauch innerhalb und außerhalb der Schule	260
4.4.1	Kommunikation in Jugendgruppen als sozialisatorische Interaktion	261
4.4.2	Kommunikation in der Schule als Mittel der Sozialisation in die Schülerrolle	262
4.4.3	Kommunikation im Unterricht: Identitätsbalancen in Haupt- und Nebenkommunikation	264
5.	**Neue Medien**	268
5.1	Mediennutzung	268
5.1.1	Neue Medien als Lerngegenstand und Lernmedium	269
5.1.2	Lernziel Medienkompetenz: Versuch einer genaueren Bestimmung	272
5.2	Sprachgebrauch in den neuen Medien	275
5.2.1	Sprachliche Merkmale	275
5.2.2	Textsorten in den Neuen Medien	277
5.3	Didaktische Aspekte des Sprachgebrauchs in neuen Medien	281
5.3.1	Lernbereich Reflexion über Sprache	281
5.3.2	Lernbereich Texte Schreiben	283
IV.	**Anhang**	**289**
1.	Ausgewählte Grundlagenwerke und Fachzeitschriften	290
2.	Bildquellenverzeichnis	292
3.	Sachregister	293

Vorwort

Aktualität des Gegenstandsfeldes: Eine Einführung in die Didaktik der deutschen Sprache ist mittlerweile ein schwieriges und anspruchsvolles Unterfangen geworden: Sprachdidaktik stellt inzwischen ein fast unüberschaubares Fachgebiet mit einer lebhaften Forschungsentwicklung dar. Nach dem wissenschaftlichen und bildungspolitischen Aufbruch in den 1970er Jahren und nach der hochschulpolitischen Reduktion in den 1980er Jahren haben sich die Fachdidaktiken seit den 1990er Jahren wieder stabilisieren können und nach der Jahrtausendwende sogar einen neuerlichen Aufschwung erlebt.

Dies verdankt sich einerseits fachextern der ungebrochenen Geltung der Lehrerbildung; andererseits fachintern inhaltlichen Entwicklungen wie der Etablierung neuer Theorie- und Methodenparadigmen und dem Bemühen um eigenständige Forschungsleistungen im kontinuierlichen wissenschaftlichen Austausch der Fachgemeinschaft, in Fachzeitschriften und auf Fachkongressen. Neue bzw. neu bearbeitete Grundlagenwerke und Fachlexika sowie auch mehrere Einführungsbände tragen zur Konsolidierung der Didaktik der deutschen Sprache und Literatur bei.

Konzept des vorliegenden Bandes: Die Koexistenz verschiedener Einführungen ist daher nur zu begrüßen. Zwar kann keine für sich ernsthaft den Anspruch einer ›objektiven‹ Gesamtdarstellung des Faches einlösen; eine jede sollte jedoch ihre konzeptionelle Grundlegung und die jeweils vorgenommene Auswahl, Schwerpunktsetzung und gegebenenfalls Einschätzung und Bewertung begründen.

Das Konzept des vorliegenden Bandes geht von der These vom Ende der großen Leitvorstellungen aus, die kennzeichnend für die Entwicklung der Fachdidaktik in der zweiten Hälfte des letzten Jahrhunderts waren, zuletzt: kommunikative Kompetenz und sprachlich-literarische Handlungsfähigkeit. Die Diagnose scheint plausibel, dass sich für die zukünftige Entwicklung der Didaktik der deutschen Sprache und Literatur keine Leitvorstellung mehr als hinreichend tragfähig und integrativ erweisen dürfte. Dies sollte jedoch nicht mit einem Verzicht auf Theoriereflexion und Fachprogrammatik gleichgesetzt werden.

Daher werden in diesem Band einige Profilmerkmale für die Sprachdidaktik vorgeschlagen, die sich in ihren verschiedenen Arbeitsfeldern als relevant erweisen und die zudem Anschlussstellen für die Literaturdidaktik bieten:
- linguistische Fundierung der Sprachdidaktik mit dem Text als zentralem Bezugspunkt,
- Lebenswelt und sprachliche Sozialisation als Bezugsrahmen der Sprachdidaktik,
- reflektierter Sprachgebrauch als zentrale Leitvorstellung und
- die interkulturelle Orientierung der Sprachdidaktik unter Einbezug innerer und äußerer Mehrsprachigkeit.

Diese Profilmerkmale, die in den grundlegenden Arbeitsfeldern und in den ausgewählten Arbeitsschwerpunkten des Faches in diesem Band veranschaulicht werden, tragen zu einer interdisziplinären Ausrichtung der Sprachdidaktik bei und können als Bezugspunkte für Theorie und Empirie der Sprachdidaktik dienen, deren fachspezifische Weiterentwicklung für die Sprachdidaktik als wissenschaftliche (Teil-)Disziplin der Germanistik von genuiner Bedeutung ist.

Aufbau des Bandes: Der Einführungsband ist in drei große Kapitel eingeteilt: Das einführende Kapitel I rekapituliert im ersten Unterpunkt die Entwicklungsgeschichte der Sprachdidaktik im Rahmen der Deutschdidaktik von der Nachkriegszeit bis zur Jahrtausendwende und diskutiert einige der wichtigen Entwicklungsprobleme, wie ihre Positionierung im Gefüge der Disziplinen und ihre fachgeschichtliche Entwicklungslogik in der Abfolge der großen Leitvorstellungen. Die theoretische Explikation der Profilmerkmale im zweiten Unterkapitel wird mit einem Blick auf künftige Entwicklungsaufgaben des Faches verbunden.

Im zentralen Kapitel II werden in vier Unterkapiteln die grundlegenden Arbeitsfelder der Sprachdidaktik erörtert: mündlicher Sprachgebrauch, schriftlicher Sprachgebrauch, Grammatikunterricht und Reflexion über Sprache sowie Textrezeption. Die Darstellungen sind chronologisch angelegt, was das Verständnis für die Entwicklung neuer Theorieansätze und die Erschließung neuer Arbeitsfelder, die durch aktuelle Beispiele veranschaulicht werden, erleichtert. Wichtige Fachvertreter und zentrale Forschungsbeiträge werden vorgestellt, offene Aufgaben und Forschungsdesiderate genannt.

Im abschließenden Kapitel III werden in fünf Unterpunkten ausgewählte Arbeitsschwerpunkte der Sprachdidaktik präsentiert: Sprachnormen und Sprachwandel, Variationen im Deutschen, Mehrsprachigkeit und Kommunikation im Unterricht sowie die Rolle neuer Medien. Phänomenorientiert wird jeweils ein Spektrum sprachdidaktischer Umgangsweisen entfaltet und an Beispielen konkretisiert, die auch Anregungen für die Unterrichtspraxis bieten.

Zielgruppen: Die Fachdidaktik hat inzwischen einen festen Platz in den Curricula der lehrerausbildenden Fächer gefunden. In den konsekutiven Studiengängen ist die Fachdidaktik zumeist noch nicht in den polyvalenten B.A.-Curricula, sondern erst in den M.A.-Studiengängen, speziell im Master of Education, vertreten. Hier tritt sie allerdings zunehmend in Konkurrenz zu den Erziehungs- bzw. Bildungswissenschaften.

Eine Einführung in die Sprachdidaktik ist daher primär für die Lehre auf dem Master-Niveau und gegebenenfalls für fortgeschrittene Phasen des B.A.-Studiums gedacht. Grundlegende sprachwissenschaftliche Kenntnisse werden damit vorausgesetzt. Sekundär kann die Einführung aber auch in der Lehrerfortbildung genutzt werden, sofern sie aktuelle Fachentwicklungen mit ausgewählten Schwerpunkten präsentiert. Praktizierende Lehrkräfte können durch die Lektüre ihre Fachkenntnisse überprüfen und aktualisieren. Schließlich kann der Band auch Schulbuchverlagen und -autoren Anregungen für die Lehrwerkproduktion und die

Erarbeitung neuer Unterrichtsmaterialien vermitteln. Erfahrungen aus vielen Lehrveranstaltungen an der Bergischen Universität Wuppertal und in anderen Bundesländern, aber auch aus der Lehrerfortbildung sowie aus Lehrveranstaltungen im Ausland sind in die Darstellung eingeflossen.

Wir danken unseren linguistischen und didaktischen Anregern und Lehrern der Gründungsgeneration, Mitstreitern und Weggefährten der Nachfolgegenerationen und denjenigen Kollegen[*], mit denen wir unsere Vorstellungen konstruktiv diskutieren konnten. Wir danken insbesondere auch ausländischen Kollegen für vielfache Perspektivenerweiterung und nicht zuletzt unseren Studierenden an der Bergischen Universität Wuppertal und andernorts. Ein großer Dank gebührt Florian Wiebel für die kompetente und unermüdliche Hilfe bei der Manuskripterstellung.

Eva Neuland und Corinna Peschel   Juli 2013

---

[*] Alle personenbezogenen Ausdrücke beziehen sich auf beide Geschlechter.

I. Grundlegendes

1. Fachgeschichtliche Entwicklungen der Sprachdidaktik (nach 1945)

1.1 Methodik und Didaktik der Deutschlehrerausbildung
1.2 Konstitution der Disziplin und Stellung im Wissenschaftsgefüge
1.3 Historischer Rückblick
1.4 Die großen Leitvorstellungen
1.5 Zwischenfazit

1.1 | Methodik und Didaktik der Deutschlehrerausbildung

Didaktik: Fragt man in Vorlesungen zur »Einführung in die Didaktik der deutschen Sprache und Literatur« Studienanfänger nach ihrem Verständnis von ›Didaktik‹, so wird fast ausschließlich auf das ›Wie‹, auf die ›**Methodik**‹ abgehoben. Ein solches Verständnis setzt sich häufig in der gesamten Studienzeit fort und bestimmt noch oft genug das Berufsbild und die Berufspraxis von Lehrkräften. Auf Inhalte wird dagegen kaum verwiesen; entsprechend werden auch keine Unterschiede zwischen allgemeiner, fachübergreifender und fachspezifischer Didaktik gemacht.

Diese Auffassung, die als ein bis heute zu beobachtendes Missverständnis von Didaktik überdauert, hat in der vorwissenschaftlichen Geschichte der Lehrerausbildung zwar durchaus eine Rolle gespielt; doch können wir nach der wissenschaftlichen Grundlegung der Fachdidaktik Deutsch seit den 1960er Jahren die Fachdidaktik genauer bestimmen: Die Wende vom Primat der Methodik zum Primat der Didaktik wurde im Fach eingeleitet durch Hermann Helmers, der unter ›Didaktik der deutschen Sprache‹ die Theorie der Bildungsinhalte als Didaktik im engeren Sinne von der Theorie der Unterrichtsverfahren als Didaktik im weiteren Sinne unterschied.

Fachdidaktik: Wenn wir in der Germanistik oder auch im Bereich Deutsch als Fremdsprache von ›Didaktik‹ sprechen, so ist diese als auf das Fach Deutsch bezogene ›Fachdidaktik‹ gemeint.

Definition	Mit → **Fachdidaktik der Germanistik** bzw. mit → **Deutschdidaktik** wird die Wissenschaft vom Lehren und Lernen im Bereich der deutschen Sprache und Literatur bezeichnet.

Im Zentrum der germanistischen Fachdidaktik stehen **drei wichtige Leitfragen**:
- **Was:** das Gegenstandsfeld des Lehrens und Lernens im Bereich der deutschen Sprache und deutschsprachigen Literatur.
- **Warum:** die didaktische Kernfrage nach Auswahl der Lerninhalte und Begründung der Lernziele.
- **Wie:** die Frage nach der methodischen Strukturierung und Initiierung von Lernprozessen.

Weitere W-Fragen können sich hier anschließen:
- **Wem:** die Frage nach der Zielgruppe, z. B. Jugendliche oder erwachsene Lerner.
- **Wann:** die Frage nach dem Zeitpunkt bzw. dem curricularen Ablauf des Lehr- und Lernprozesses.
- **Wo:** in welchem (institutionellen) Kontext, z. B. die Unterscheidung zwischen schulischem und universitären Sprachunterricht u. a. m.

Wenn der Deutschdidaktik ein Wissenschaftsanspruch beigemessen werden soll, bleibt dieser in Theorie, Empirie und Anwendung einzulösen, worauf noch zurückzukommen sein wird.

> In diesem Band wird unter → ›Sprachdidaktik‹ primär die Didaktik der deutschen Sprache als Erst- bzw. Muttersprache im schulischen Deutschunterricht, weiterhin aber auch als Zweit- und Fremdsprache verstanden, wobei exemplarisch auf ausgewählte Besonderheiten verwiesen wird. Das Gegenstandsfeld der **deutschen Sprache als Lehr- und Lerngegenstand** weist die Sprachdidaktik zugleich als Teildisziplin der Germanistik aus.

Definition

Dass dies alles nicht selbstverständlich ist, erweist sich erst nach einem kurzen Blick auf die Geschichte des Deutschunterrichts und die Entwicklung der Deutschdidaktik als wissenschaftliche Disziplin.

1.2 | Konstitution der Disziplin und Stellung im Wissenschaftsgefüge

Fachdidaktik als wissenschaftliche Disziplin: In Deutschland kam es erst gegen Ende der 1960er Jahre zur Etablierung einer wissenschaftlichen **Teildisziplin Fachdidaktik** innerhalb der Germanistik. Sie löste die bisher vorherrschende Tradierung schulpraktischen Erfahrungswissens in Form einer methodischen ›Handwerkslehre‹ erfahrener Schulpraktiker und Methodiker des Deutschunterrichts ab. Diese Entwicklung ist auch als eine Konsequenz der damaligen bildungspolitischen und fachpolitischen Krisen der Universitätsdisziplin Germanistik anzusehen, deren Reform in den 60er und 70er Jahren im Hinblick auf die Öffnung des Faches für gegenwarts- und gesellschaftsbezogene Aufgabenstellungen so vehement gefordert wurden (vgl. Kolbe 1970).

Als eine der vordringlichen Aufgaben einer germanistischen Linguistik, die sich als solche schließlich auch erst in dieser Zeit etablierte, bestimmte Peter von Polenz 1970 die Reform des deutschen Sprachunterrichts, der sich deutlicher vom Umgang mit Dichtung in der Schule abheben und anstelle der traditionellen »Sprachpflege« um der Sprache willen eine Sprachförderung um der Sprecher willen anstreben sollte (vgl. von Polenz 1970, S. 167).

Mit der **Einrichtung der Universitätsdisziplin** der Fachdidaktik wurde das bildungspolitische Konzept einer Verwissenschaftlichung der Deutschlehrerausbildung und einer Modernisierung des Deutschunterrichts fach- und hochschulpolitisch abgesichert. Die Didaktik bildete eine wissenschaftliche Vermittlungsinstanz zwischen der germanistischen Sprach- und Literaturwissenschaft auf der einen Seite und dem praktischen Deutschunterricht auf der anderen Seite, wie es in einer *Einführung in die Didaktik der deutschen Sprache und Literatur* (Beisbart/Marenbach 1975) veranschaulicht wurde.

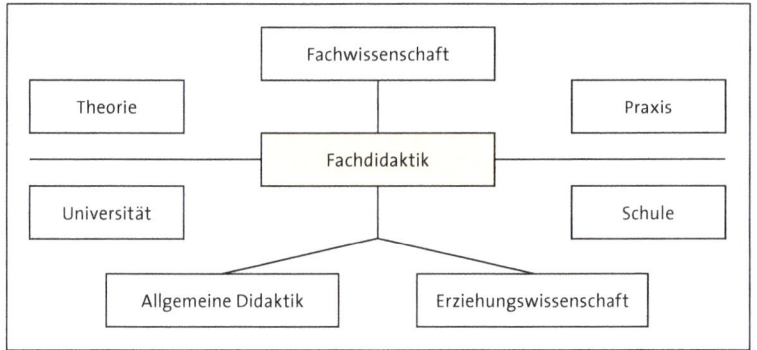

Abb. 1: Stellung der Fachdidaktik (nach Beisbart/Marenbach 1975, S. 25)

Dieses Schaubild weist zwei problematische Grenzziehungen auf:
- Auf der waagerechten Achse wird eine zu schlichte Trennung von Theorie und Praxis vorgenommen und diese zu einseitig auf die Institutionen Universität und Schule bezogen. Demgegenüber wird heute die Bedeutung anwendungsbezogener Theorie für universitäre Forschung und Lehre und die Bedeutung theoretisch fundierter Praxis für den schulischen Unterricht hervorgehoben.
- Auf der senkrechten Achse wird eine Gleichgewichtigkeit der fachwissenschaftlichen und der erziehungswissenschaftlichen Bezugswissenschaften für die Fachdidaktik angenommen. Demgegenüber wird heute und so auch in diesem Band die philologische, also fachwissenschaftliche Fundierung der Fachdidaktik als eine germanistische Teildisziplin betont.

Der Bereich **Deutsch als Zweit- bzw. Fremdsprache** erlebte kurz darauf eine vergleichsweise ähnliche Entwicklung in Deutschland. Ausgehend von Notwendigkeiten der Praxis des Deutschunterrichts ›für Ausländer‹, speziell ausländische Studienbewerber und Schüler mit Migrationshintergrund in Deutschland (s. Kap. III.3), erwuchs die Forderung nach einer wissenschaftlichen Fundierung des Sprachunterrichts und der DaF-Lehrerausbildung (vgl. dazu die fachgeschichtliche Rekonstruktion von Reich 2010).

Das folgende Strukturmodell versucht, die inter- und intradisziplinären Bezüge der germanistischen Fachdidaktik genauer zu erfassen. Wie in jeder zweidimensionalen Abbildung sind auch hier Vereinfachungen nicht ausgeschlossen und Interdependenzen nicht immer klar erkennbar. Das Modell soll zur Diskussion, Modifikation und Ergänzung anregen.

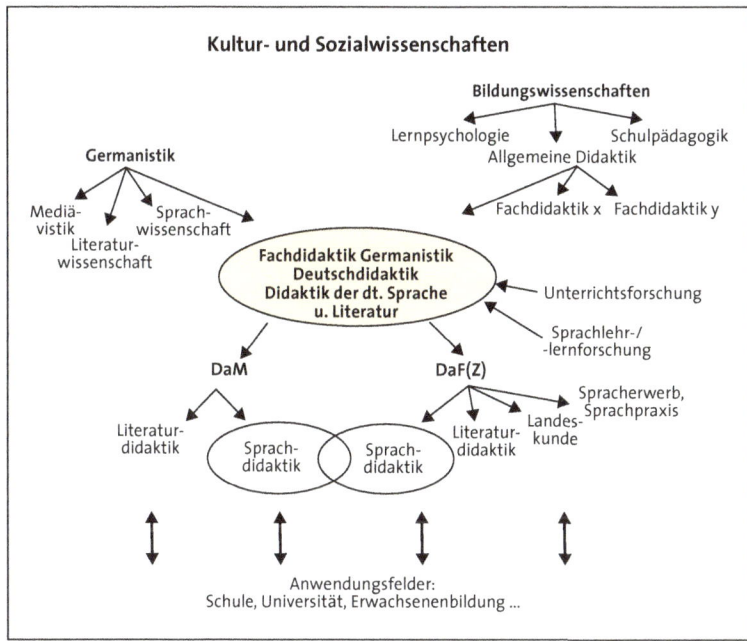

Abb. 2: Stellung der Fachdidaktik im Wissenschaftsgefüge (nach Neuland 2012, S. 19)

Verschiedene Verständnisweisen der Deutschdidaktik lassen sich im Hinblick auf das Verhältnis von Fachwissenschaft und Fachdidaktik im interdisziplinären Kontext anhand dieses Strukturmodells veranschaulichen (vgl. die früheren Diskussionsbeiträge von Herrlitz 1979 und Hein 1980). Zugleich können anhand eines solchen Modells mit seiner Fokussierung auf Sprachwissenschaft und Sprachdidaktik einige begriffliche Unterscheidungen erarbeitet und damit auch mögliche Missverständnisse verringert werden.

Zu unterscheiden sind demnach:
- **Pädagogik** als Erziehungs- bzw. Bildungswissenschaft in neuerer Terminologie und
- **Didaktik** als Wissenschaft vom Lehren und Lernen sowie
- **Methodik** als eines ihrer Teilgebiete.

I.1.2 Grundlegendes

Fachgeschichtliche Entwicklungen der Sprachdidaktik

Weiterhin sind fachübergreifend und fachspezifisch zu unterscheiden:
- **Allgemeine Didaktik** und
- **Fachdidaktik**, hier also der Germanistik.

Die Deutschdidaktik gliedert sich in:
- **Sprachdidaktik** und
- **Literaturdidaktik**.

Die Sprachdidaktik gliedert sich in:
- **Deutsch als Erst- bzw. Muttersprache** und
- **Deutsch als Fremd- bzw. Zweitsprache**.

Unterschiedliche Positionierungen der Fachdidaktik haben sich in der Fachgeschichte im Spannungsfeld zwischen Fachwissenschaft und Erziehungswissenschaft herausgebildet, die heute noch bedeutsam sind. Drei solcher Positionen seien herausgegriffen; sie beruhen auf den folgenden Annahmen, die einer kurzen kritischen Sichtung unterzogen werden sollen:
- Dominanz der Allgemeinen Didaktik (Subsumptionsmodell)
- Reduktion von Didaktik auf Methodik (Reduktionsmodell)
- ›Abbilddidaktik‹ (Abhängigkeitsmodell)

Anschließend werden in Kapitel I.2.4 zwei weitere Positionen diskutiert:
- Wissenschaft vom Deutschunterricht (Autonomiemodell)
- Deutschdidaktik als anwendungsorientierte Germanistik (Integrationsmodell)

1.2.1 | Deutschdidaktik als Teil der Erziehungswissenschaften: Das Subsumptionsmodell

Im **Subsumptionsmodell** wird die Fachdidaktik als eine der Allgemeinen Didaktik untergeordnete Disziplin angesehen, die die Priorität auf die allgemeinen Gesetze des Lehrens und Lernens und die übergreifenden Aufgaben von Schule und Unterricht legt. Diesem in den 50er und 60er Jahren in Deutschland vorherrschenden Verständnis entsprechen Institutionalisierungsformen der Fachdidaktik im Rahmen erziehungswissenschaftlicher Fakultäten oder auch noch bestehender Pädagogischer Hochschulen, wie sie in Deutschland nur noch als Ausnahme vorherrschen, jedoch in der Schweiz für einen großen Teil der Lehrerausbildung verantwortlich sind.

Primat der Erziehungswissenschaft: In Deutschland wird insbesondere für die unteren Schulstufen von Zeit zu Zeit immer wieder die Auslagerung der Deutschlehrerausbildung in solche Institutionen gefordert, in denen eine stärkere Gewichtung der erziehungswissenschaftlichen Anteile zur Geltung kommen soll. Damit wäre allerdings eine hochschulpolitische Weichenstellung verbunden, gegen die sich die Fachvertreter und ihre Organisationen immer wieder aus fach- und bildungspolitischen Gründen zur Wehr gesetzt haben. Auf der anderen Seite ist aber seit einigen Jahren auch innerhalb der universitären Deutschlehrerausbildung eine Tendenz zur ›Re-Pädagogisierung‹ nicht zu verkennen, die auch durch curriculare Entwicklungen herbeigeführt wurde und die Anteile der Fächer in den konsekutiven Master-Studiengängen für Lehramtsstudierende – bezeichnender Weise unter dem Titel ›Master of Education‹ – zu Gunsten erziehungswissenschaftlicher Anteile reduziert. Auch die sich in Teilen der fachdidaktischen Forschung aktuell abzeichnende Hinwendung zu empirischen Verfahren der Bildungsforschung, v. a. der Psychometrie, kann als eine Wiederbelebung der Subsumption der Fachdidaktik unter die Bildungswissenschaften verstanden werden.

1.2.2 | Deutschdidaktik als Unterrichtsmethodik: Das Reduktionsmodell

Das Verständnis von Didaktik als Methodik ist nicht nur in der Öffentlichkeit weit verbreitet.

Nach dieser bis in die 70er Jahre hineinwirkenden Vorstellung hat Deutschdidaktik die Aufgabe, wie eine ›Handwerkslehre‹ die von der Germanistik vorgegebene Sachstruktur adressaten- und lehrplangerecht in die Unterrichtspraxis umzusetzen. Diese Vorstellung reduziert den Wissenschaftsanspruch der Fachdidaktik auf eine Methodenlehre bzw. bloße Methodenpraxis. Damit wird das ›Wie‹ vor die zentralen didaktischen Grundfragen nach dem ›Was‹, nämlich dem Gegenstandsfeld bzw. Lernobjekt und dem ›Warum‹, nämlich der didaktischen Begründung, in den Mittelpunkt gerückt.

Primat der Methodik: Vertreter einer solchen Methodik des Deutschunterrichts waren in den 50er Jahren in der Deutschlehrerausbildung tätige Praktiker wie Erika Essen (1955) und Robert Ulshöfer (ab 1952), dessen *Methodik des Deutschunterrichts* bis Anfang der 1980er Jahre Neuauflagen erlebte und die Deutschlehrerausbildung maßgeblich beeinflusst hat. Das Primat der Methodik konkretisierte sich auch in Ulshöfers Verständnis von Unterrichtsmethodik als ›Regieführung‹. Als übergeordnete Leitvorstellung galt ihm das Ideal des ›ritterlichen Menschen‹ in Anlehnung an den ›Fairness‹-Begriff, der Deutschland aus dem Dunkel der Nachkriegszeit heraushelfen sollte. Aus heutiger Sicht einer wissenschaftlichen Fachdidaktik dominiert die kritische Rezeption die Würdigung der Leistungen der Methodiker des Deutschunterrichts (zur kritischen Diskussion des Methodik-Konzepts und weiterer Positionen der Deutschdidaktik vgl. Müller-Michaels 1980).

Es ist aufschlussreich, dass auch in Teilen der Didaktik des Deutschen als Fremd- und Zweitsprache bis heute noch eine unterrichtsmethodische Schwerpunktsetzung vorherrscht, wie sie oft aus theoriefernen Situationsschilderungen einer punktuellen Unterrichtspraxis hervorgeht.

1.2.3 | Deutschdidaktik als ›Abbilddidaktik‹: Das Abhängigkeitsmodell

Auch nach diesem Verständnis bleibt die Fachdidaktik in einer ›Abnehmerposition‹, insofern sie fachwissenschaftliche Konzepte, insbesondere der Linguistik, als unmittelbare Schulkonzepte übernimmt, ohne sie einer wissenschaftlich begründeten didaktischen Reflexion und Legitimation zu unterziehen.

Primat der Fachwissenschaft: Ein solches Verständnis hatte sich in Deutschland seit den späten 1970er Jahren im Bereich der Sprachdidaktik etabliert; das Gemeinschaftswerk des Linguisten Karl-Dieter Bünting und des Didaktikers Detlef C. Kochan: *Linguistik und Deutschunterricht* (1973) löste auch im Deutschunterricht einen Innovationsschub aus. In der Fachgeschichte wird diese Phase als **Linguistisierung** bezeichnet (zur Rolle der Linguistik bei der Professionalisierung der Lehrerausbildung vgl. Neuland 2003). Sie betraf insbesondere den Lernbereich des Grammatikunterrichts bzw. in neuerer Terminologie der ›Reflexion über Sprache‹, indem strukturalistische, dependenzielle und generative Grammatikmodelle praktisch unverändert als Lerngegenstände in die Schulbücher übernommen wurden, ohne der Kritik z. B. an der Loslösung von den situativen und sozialen Bezügen von Sprache und mithin von der Lebenswelt der Lerner Rechnung zu tragen. Aber auch der Lernbereich ›mündliche Kommunikation‹ war betroffen, indem simplifizierte Modelle der Kommunikation als technischer Prozess der Informationsvermittlung und der Verständigung nach dem Modell sich überschneidender Schnittmengen von ›linguistischen Codes‹ im Unterricht übermittelt wurden. Eine solche Position hat mithin das ›Was‹ des wissenschaftlichen Gegenstandsfelds in den Mittelpunkt gerückt, ohne sich hinreichend um das ›Warum‹, die didaktische Begründung, zu kümmern.

Als Zwischenfazit können wir an dieser Stelle festhalten: Die bislang aufgezeigten Positionsbestimmungen sehen die Fachdidaktik in mehr oder minder starker Abhängigkeit von Erziehungswissenschaft oder Fachwissenschaft und reklamieren keinen Autonomieanspruch für eine solche germanistische Teildisziplin.

1.2.4 | Deutschdidaktik als Wissenschaft vom Deutschunterricht: Das Autonomiemodell

Eine wissenschaftliche Autonomie der Fachdidaktik muss sich allerdings in einer auf ein eigenes Gegenstandsfeld bezogenen Theoriebildung und empirischen Forschung zeigen. Dies herauszuarbeiten, ist in Deutschland dem Konzept von Deutschdidaktik als Wissenschaft vom Deutschunterricht zu verdanken, um das sich insbesondere Hubert Ivo mit seiner Schrift: *Zur Wissenschaftlichkeit der Didaktik der deutschen Sprache und Literatur* (1977) verdient gemacht hat.

Primat des Deutschunterrichts: Mit dem *Handlungsfeld: Deutschunterricht* (Ivo 1975) wurde ein eigenständiges Gegenstandsfeld mit spezifischen Desideraten (u.a. Normvorstellungen von Lehrkräften, Korrekturverfahren) bestimmt. Doch ist damit zugleich die wesentliche Einschränkung verbunden, dass ausschließlich die historisch-gesellschaftliche Institutionalisierungsform des Deutschunterrichts als Gegenstandsfeld der Deutschdidaktik angesehen wird, verbunden mit der Ausrichtung auf bestimmte Altersgruppen und Lernformen. Dem gegenüber kann ein breiteres Verständnis von Sprachdidaktik unterschieden werden, das das gesteuerte Sprachlernen in der Schule zwar zum zentralen, nicht aber zum ausschließlichen Gegenstandsfeld erhebt.

In der Abbildung 2 nimmt die Deutschdidaktik eine Position ein, die sie als eine Teildisziplin der Germanistik mit Anschlussstellen zu anderen Wissenschaften, vor allem zu den Bildungswissenschaften, ausweist. Sprach- und Literaturunterricht in Schule, Universität und Erwachsenenbildung werden so zum genuinen Gegenstandsbereich der Fachdidaktik, sei es als muttersprachliche, sei es als fremdsprachliche Didaktik. Mit dem Gegenstandsfeld Deutsch- bzw. Sprachunterricht und gesteuerter Spracherwerb erschließen sich zugleich genuine **Forschungsfelder** für die Deutschdidaktik, die u. a. im Rahmen von Unterrichts- sowie Sprachlehr-/-lernforschung bearbeitet werden können.

Deutschdidaktik als anwendungsorientierte Germanistik: In diesem Sinne kann die Deutschdidaktik auch als eine anwendungsorientierte Germanistik verstanden werden. Dies setzt allerdings ein Fachverständnis der Germanistik voraus, in dem anwendungsorientierte Fragestellungen und Gegenstandsfelder als integrative Bestandteile betrachtet werden, die nicht nur Impulse der Grundlagenforschung aufgreifen, sondern ihrerseits auch neue Forschungsanregungen für die Germanistik vermitteln können (s. dazu die Diskussionen in Kap. I.2.1).

1.3 | Historischer Rückblick

Wenn auch die Konstitution einer wissenschaftlichen Disziplin der Fachdidaktik, gemessen an der Einrichtung wissenschaftlicher Institutionen (Lehrstühle, Studienordnungen, Studiengänge etc.) erst in den 1960er Jahren erfolgte, so sind doch Entwicklungsstufen einer vorwissenschaftlichen Fachdidaktik und einer Vorgeschichte sprachlicher Bildung zu unterscheiden (dazu auch Glinz 2003).

1.3.1 | Zur Vorgeschichte sprachlicher Bildung

Historische Vorstufen eines Unterrichts in der deutschen Sprache können hier nur in aller Kürze erwähnt werden; zur vertiefenden Lektüre sei vor allem auf die Geschichte des Deutschunterrichts von Matthias (1907) und auf das Kompendium von Frank (1976) verwiesen. Die folgende Übersicht

I.1.3 Grundlegendes

Fachgeschichtliche Entwicklungen der Sprachdidaktik

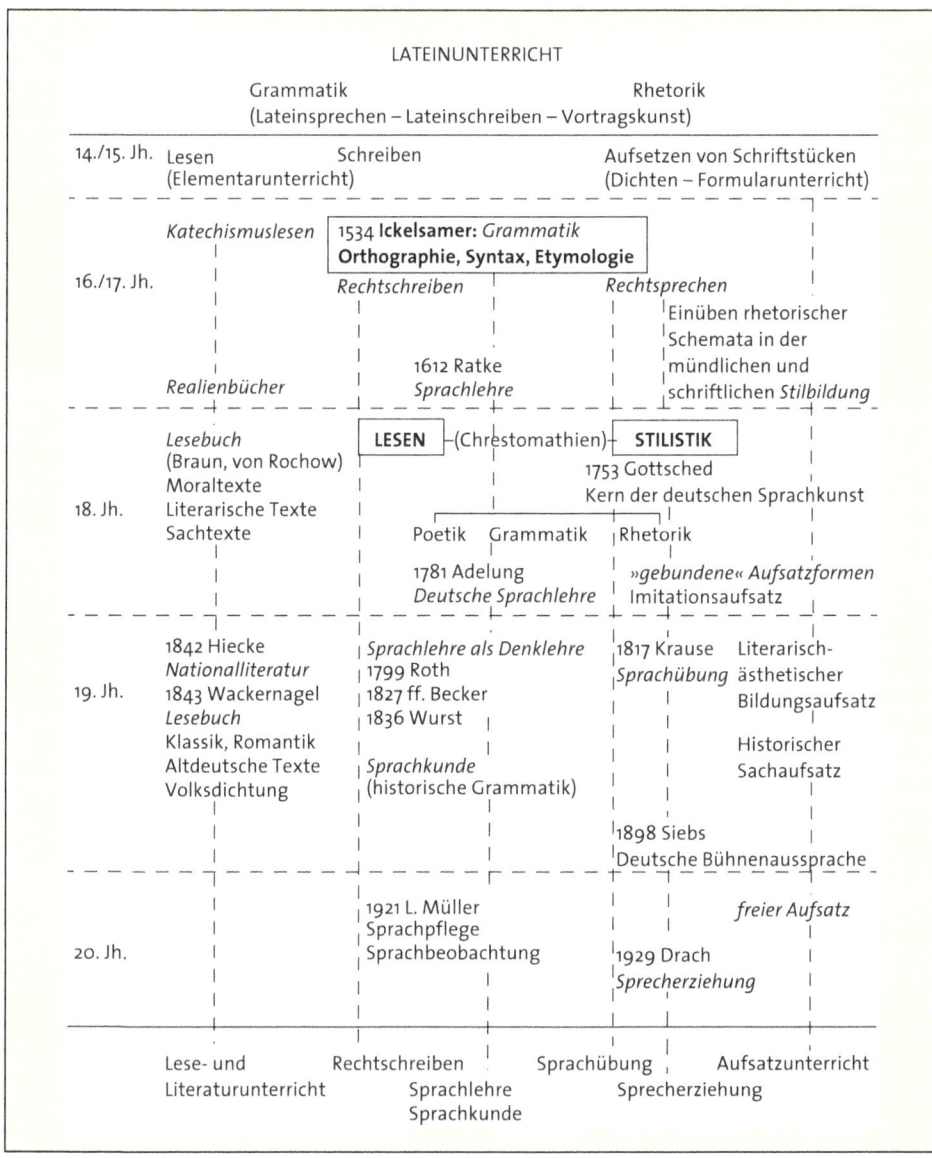

Abb. 3: Die Entwicklung des Deutschunterrichts in seiner inneren Struktur (nach Melzer/Seifert 1976, S. 24)

von Melzer/Seifert (1976, S. 24) verdeutlicht die Entwicklungsstufen in groben Zügen. Am Ende wird die Übersicht zugeschnitten auf das System der Lernbereiche von Helmers (s. Kap. I.1.3.2), die dadurch quasi historisch legitimiert werden. Dabei weist die Darstellung des 20. Jahrhunderts allerdings für die Zeit nach den 1920er Jahren bis zur Entwicklung der Lernbereichsstruktur von Helmers in den 1960er Jahren eine gewichtige Lücke für die Zeit und die Nachwirkungen des Nationalsozialismus

Historischer Rückblick

auf. Die Instrumentalisierung von Germanistik und Deutschunterricht im Sinne einer nationalsozialistischen Deutschkunde sollte in keiner Übersicht über die Fachentwicklung fehlen, zumal wichtige spätere Entwicklungsetappen (v. a. die kritische Didaktik, s. Kap. I.1.4.1) vor diesem Hintergrund zu verstehen sind.

Auf folgende Entwicklungsetappen sei kurz verwiesen:

1. **Deutschunterricht als Lateinunterricht:** Bis zum ausgehenden Mittelalter wurde die deutsche Sprache als Mittel der Übersetzung in den Lateinschulen eingesetzt. Bei der Übersetzung der lateinischen Texte wurden auch der deutsche Wortschatz und Satzbau gefestigt und normiert. Während des Unterrichts war es den Lateinschülern jedoch streng verboten, die Muttersprache zu gebrauchen.

2. **Sprachunterricht als Schreibunterricht:** In städtischen Schreibschulen fand zu Beginn der Neuzeit eine zweckorientierte Vermittlung der Grundfertigkeiten des Lesens und Schreibens sowie des Textaufsetzens (Formularunterricht) für die städtischen Bürger statt. Das aufstrebende Bürgertum benötigte diese Fertigkeiten, um den wachsenden Aufgaben in Handel und Verkehr nachzukommen.

3. **Sprachunterricht als Religionsunterricht:** Während der Reformationszeit wurde die deutsche Sprache in den Dienst der christlichen Erziehung gestellt, die in Katechismusschulen stattfand. Im Katechismusunterricht ging es um eine genaue Auslegung der Bibeltexte nach einer eng geführten Fragetechnik, die bis heute als **katechetische Methode** in Unterrichtsgesprächen bekannt ist.

4. **Muttersprachunterricht:** Erst Wolfgang Radtke (1612) ist die Einführung einer einheitlichen Volkssprache in den elementaren Muttersprachschulen zu verdanken. Dadurch wurde die deutsche Sprache erstmals zum Gegenstand planmäßigen Lernens, vor allem in den Gebieten der Grammatik und Rhetorik. Sprachunterricht diente aber auch als Sachunterricht der Allgemeinbildung (vgl. Comenius: *Orbus Pictus*, 1658). In die Zeit des 17. Jahrhunderts fiel auch die Entwicklung erster Schulordnungen (z. B. Weimar 1619); die Einführung einer Schulpflicht fand erstmals in Preußen (1716/17) statt.

5. **Sprachunterricht als Denkschulung:** Zu Beginn des 19. Jahrhunderts wurde der Sprachunterricht in den Dienst der formalen Bildung genommen. In der formal-logischen *Deutschen Sprachlehre* von Becker (1827) wurde ihm die Funktion einer Denkschulung zugewiesen; der Grammatikunterricht galt als Mittel zur Schulung des logischen Denkens, wie es insbesondere in der *Praktischen Sprachdenklehre* von Wurst (1836) verbreitet wurde. Aus obrigkeitsstaatlicher Sicht wurde dieses Konzept als so gefährlich angesehen, dass es in Preußen durch die ›Stiehlschen Regulative‹ (1854) verboten wurde. In diese Zeit fiel die wirkungsmächtige Unterscheidung von volkstümlicher und wissenschaftlicher Bildung in verschiedenen Schulformen. 1831 wurde die Lehramtsprüfung für das Fach Deutsch eingeführt.

6. **Sprachunterricht als Mittel der Nationalerziehung:** Mit dem ausgehenden 19. Jahrhundert setzte die Indienstnahme auch des Sprachun-

terrichts als Mittel der Nationalerziehung ein. Die Nationalsprache sollte im Sprachunterricht gepflegt und vor fremdsprachlichen Einflüssen geschützt werden. In der Zeit des Nationalsozialismus wurde auch gerade der Deutschunterricht im Sinne einer ›Deutschkunde‹ der nationalsozialistischen Ideologie instrumentalisiert.

1.3.2 | Traditionelle Sprachlehre

Betrachten wir nun genauer die Entwicklungen in der Nachkriegszeit, so ändert sich bis in die Mitte der 60er Jahre hinein das Bild des traditionellen Deutschunterrichts, oft im Rückgriff auf Lehrwerke und zum Teil auch noch auf Gedankengut der 30er Jahre. Eine Auseinandersetzung mit der nationalsozialistischen Vergangenheit fand in der Deutschlehrerausbildung und in der Praxis des Deutschunterrichts zunächst genauso wenig statt wie in der Germanistik.

Helmers: *Didaktik der deutschen Sprache***:** In den vorherigen Kapiteln wurde bereits darauf hingewiesen, dass sich die Didaktik auf methodische Überlegungen beschränkte, was sich erst durch das Erscheinen der *Didaktik der deutschen Sprache* von Helmers (1966) änderte. Damit wurde ein erster disziplinärer Zuschnitt entworfen, der v. a. durch folgende Merkmale gekennzeichnet war:

- Die Bedeutung der germanistischen Teildisziplinen als Bezugswissenschaften der Fachdidaktik,
- die Differenzierung zwischen Didaktik und Methodik,
- die Entwicklung einer Lernbereichssystematik für den Deutschunterricht,
- die Unterscheidung von Bildungsstufen als ganzheitliches Bildungskonzept für alle Schulformen.

Lernbereichssystematik: Diese originellen Leistungen, die den traditionellen Deutschunterricht maßgeblich beeinflusst haben, fanden ihre kritische Würdigung in der weiteren Fachgeschichte (vgl. die zusammenfassende Diskussion bei Müller-Michaels 1980 sowie 1994). Großen Einfluss übte Helmers' Entwicklung einer Lernbereichssystematik aus:

Abb. 4: Schematische Darstellung der sieben Lernbereiche des Deutschunterrichts (nach Helmers 1966, S. 35)

	Repertoire	Gestaltung
Sprechen	grammatisch richtiges Sprechen: *Sprachtraining*	lautreines und gestaltendes Sprechen: *Sprecherziehung*
Lesen	Technik des lauten und stillen Lesens: *Leselehre*	
Schreiben	orthographisch richtiges Schreiben: *Rechtschreibunterricht*	schriftliches Gestalten von Sprache: *Gestaltungslehre*
Verstehen	Verstehen des Repertoires: *Sprachbetrachtung*	Verstehen der gestalteten Sprache: *Literaturunterricht*

Die in den einzelnen Lernbereichen angegebenen Lernziele betonen die Korrektheit im Hinblick auf die selbstevidente hochsprachliche Norm, die keiner weiteren Begründung bedurfte. Die Hochsprache und die ›hohe‹ Literatur galten als Bildungsgüter schlechthin. Das Helmers'sche Konzept wird daher insbesondere von Vertretern einer kritischen Deutschdidaktik als normativ und konservativ angesehen, Helmers selbst als ›Bewahrdidaktiker‹ bezeichnet. Überdies wird die Logik der Lernbereichsunterscheidungen bezweifelt, v. a. im Hinblick auf die Separierung der Kategorie des ›Verstehens‹.

Budde u. a. präsentieren 2011 nach der Auseinandersetzung mit dem Helmers'schen Modell eine vereinfachte aktuelle Lernbereichssystematik im Sprachunterricht, die neben den sprachlichen Erscheinungsweisen von Mündlichkeit und Schriftlichkeit die drei Modi des Umgangs mit Sprache (Produktion, Rezeption, Reflexion) berücksichtigt. Sie wird hier leicht modifiziert wiedergegeben. Dabei bleibt zu beachten, dass eine reflexive Komponente selbstverständlich auch bei der Produktion und Rezeption eine Rolle spielt.

	Produktion	Rezeption	Reflexion
Mündlichkeit	Sprechen und Zuhören		Sprache und Sprachgebrauch reflektieren
Schriftlichkeit	Texte schreiben Rechtschreiben	Lesen Sinnverstehen	

Abb. 5: Analytisches Modell der Gegenstandsfelder des Sprachunterrichts (leicht verändert nach Budde u. a. 2011, S. 42)

1.4 | Die großen Leitvorstellungen

Mit dem Ende der 1960er und dem Beginn der 70er Jahre sind folgenreiche Umbruchsituationen für die Germanistik und Deutschdidaktik verbunden. Die Germanistentage von 1966 und 1968 lösten entscheidende Zäsuren aus. Im Zusammenhang der Forderungen nach einer ›künftigen Germanistik‹ (so Kolbe 1970) stellte sich vordringlich die **Entwicklung neuer fachlicher Ziele und Inhalte** als dringende Zukunftsaufgabe für eine Germanistik, die nicht nur kritisch nach der eigenen Vergangenheit befragt wurde, sondern auch nach ihrem gesellschaftlichen Nutzen in der damaligen Krise der Geisteswissenschaften. Die Kritik am damaligen Deutschunterricht zielte nach Melzer/Seifert auf seine Realitätsferne und den Modernitätsrückstand sowie auf seine irrationale und ideologische Ausrichtung (1976, S. 29).

In diesem Kontext entwickelte sich eine erste große Leitvorstellung einer Deutschdidaktik, die hier gewürdigt werden soll, und zwar die Entwicklung von **Kritikfähigkeit** in der kritischen Didaktik und im kritischen Deutschunterricht.

Fachgeschichtliche Entwicklungen der Sprachdidaktik

1.4.1 | Kritische Didaktik und kritischer Deutschunterricht

Ideologiekritik und Selbstreflexion: Im Zentrum der kritischen Didaktik standen Fachdidaktiker aus Frankfurt, und zwar vor allem die Sprachdidaktiker Hubert Ivo, Franz Hebel und Valentin Merkelbach und die Literaturwissenschaftlerin und -didaktikerin Christa Bürger (v. a. mit *Deutschunterricht – Ideologie oder Aufklärung?* 1970).

Unter ihrem Einfluss wurden die bekannten »Rahmenrichtlinien für das Fach Deutsch« in Hessen (1972) entwickelt und die Zeitschrift *Diskussion Deutsch* (1970) begründet, deren Titelbild nicht ohne Grund eine Kneifzange prägte, da sie sich besonders heikler Themen annahm, wie z. B. Schichtzugehörigkeit und Rechtschreibung (Heft 2/1970).

Auch die viel diskutierten »Rahmenrichtlinien für das Fach Deutsch in Hessen« (1972) wurden von der Frankfurter Gruppe entwickelt. Dabei wurde mit dem allgemeinen Lernziel der Förderung der sprachlichen **Kommunikationsfähigkeit** der Schüler eine neue Lernbereichsgliederung vorgelegt, in der zum ersten Mal der Lernbereich ›**Reflexion über Sprache**‹ eingeführt wurde. Schließlich ist noch die ›rote‹ Schriftenreihe zur Didaktik im Diesterweg-Verlag in diesem Zusammenhang zu erwähnen.

Die Frankfurter Gruppe entlehnte ihre aufklärerische ideologiekritische Vorgehensweise vornehmlich Konzepten der Kritischen Theorie und Vertretern der Frankfurter Schule, v. a. Jürgen Habermas, und war sprachphilosophisch wie sprachsoziologisch ausgerichtet.

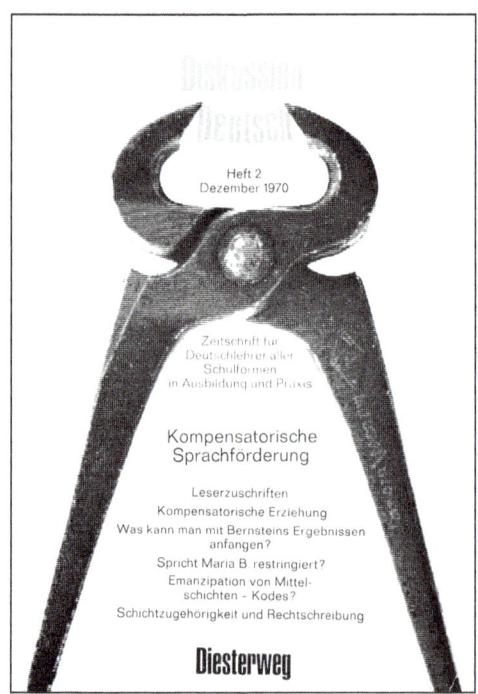

Abb. 6: *Diskussion Deutsch* (Heft 2, 1970)

»Kritischer Deutschunterricht«, so Ivo 1969,

> »kann nur heißen, Schülern durch das Medium der Beschäftigung mit Sprache und Literatur zu helfen, sich selbst im Handlungszusammenhang gesellschaftspolitischer Vermittlungsprozesse zu verstehen.« (S. 5)

Konkretisierungen dieses Konzepts sind in den 70er Jahren die Beiträge von Ivo, *Kritischer Deutschunterricht* (1969), darin insbesondere zum »unzeitgemäßen Literaturunterricht«. Von Ivo und Merkelbach stammt: *Abschied vom klassischen Schulfach. Zum Beispiel Deutsch* (1972), von Merkelbach: *Kritik des Aufsatzunterrichts* (1972) und von Ivo: *Handlungsfeld: Deutschunterricht* (1975), in dem er bereits so zentrale Lernziele wie Sprachkritik und reflexiver Sprachgebrauch entfaltete. Insofern war die kritische Didaktik mehr als eine notwendige historische Übergangsphase der Auseinandersetzung mit fragwürdigen Traditionen. Vielmehr wurden zukunftsweisende Perspektiven eröffnet, die bis in die heutige Zeit nachwirken.

Die großen Leitvorstellungen

Politischer Deutschunterricht: Das Konzept eines politischen Deutschunterrichts wurde von einer Gruppe von Hochschullehrern und Schulpraktikern um Heinz Ide in Bremen entwickelt. Letzterer legte mit der von ihm herausgegebenen *Bestandsaufnahme Deutschunterricht. Ein Fach in der Krise* (1970) vornehmlich mit Hilfe von Ideologiekritik erarbeitete Analysen zentraler Gegenstandsfelder des Sprach- und Literaturunterrichts vor. Im Fokus der Kritik standen z. B. Themen von Abituraufsätzen, Beispielsätze in Sprachbüchern, Schullektüren und Konzepte literarischer Bildung, der Besinnungsaufsatz. Einige Jahre später erschien das *Projekt Deutschunterricht* des sog. Bremer Kollektivs als fortlaufende Reihe von 12 Bänden im Verlag J.B. Metzler (Ide/Lecke 1970 ff.). Darin wurden u. a. Theorie und Praxis des kritischen Lesens, Massenmedien und Trivialliteratur, Manipulation durch Sprache, Kommunikationsanalysen als alternative Unterrichtsprojekte vorgestellt. Der *Grundriß einer Didaktik und Methodik des Deutschunterricht für die SI und SII* (1974) formuliert als allgemeine Zielvorstellung des Bremer Kollektivs: »Die Demokratisierung der Gesellschaft in allen ihren Bereichen« (S. 21). Diese Zielsetzung trug zum kritischen Vorbehalt einer Instrumentalisierung des Deutschunterrichts für gesellschaftspolitische Zwecksetzungen bei (vgl. Müller-Michaels 1980, S. 132 ff.).

Die Leitvorstellung der Kritikfähigkeit war deutlich mit den bildungspolitischen Reformbestrebungen der 70er Jahre verbunden. Nur kurze Zeit später und zum Teil auch parallel entwickelte sich eine als weitere zentrale Leitvorstellung der Sprachdidaktik die kommunikative Kompetenz.

1.4.2 | Kommunikative Sprachdidaktik

Kommunikative Kompetenz: Die Entwicklung einer Didaktik der sprachlichen Kommunikation wurde einerseits durch die bildungspolitischen Reformbestrebungen der damaligen Zeit, andererseits durch die wissenschaftlichen Rahmenbedingungen beeinflusst, namentlich die Entwicklung der Kommunikationstheorie (v. a. von Watzlawick 1969), der linguistischen Pragmatik (v. a. von Maas/Wunderlich 1972), der Soziolinguistik (v. a. Hymes 1979; Bernstein 1972) und der Rollentheorie. Das zentrale Lernziel der **kommunikativen Kompetenz** verdankte sich vor allem den Ausführungen von Hymes und verstand sich als Gegenkonzept zur linguistischen Kompetenz von Chomsky.

»Ziel der Didaktik der sprachlichen Kommunikation ist die kommunikative Kompetenz des Schülers. Darin fließen kritische Selbst- und Fremdeinschätzung kommunikativen Verhaltens und sprachlich-soziales Handeln als Erfahrung von kommunikativen Strategien zusammen.« (Kochan/Bünting 1973, S. 163)

Die kommunikative Didaktik führte einerseits zu einer stärkeren Verwissenschaftlichung des Sprachunterrichts, indem neuere sprachwissenschaftliche Entwicklungen der linguistischen Pragmatik und Kommunikationsforschung, der Soziolinguistik, aber auch von Grammatiktheorien

I.1.4 Grundlegendes

Fachgeschichtliche Entwicklungen der Sprachdidaktik

einbezogen wurden, wie in dem Band von Kochan/Bünting: *Linguistik und Deutschunterricht* (1973) abzulesen ist. Andererseits fand die kommunikative Didaktik Eingang in die Lehrerbildung, vor allem auch in Verbindung mit der Curriculumrevision von Saul Robinsohn (1967), die die Bewältigung zukünftiger Lebenssituationen als neue Begründungskontexte für Lernziele und Lerninhalte postulierte. Dies wird vor allem an dem von Lüneburger Kollegen verfassten *Grundkurs für Deutschlehrer: Sprachliche Kommunikation* (Behr u.a. 1972) erkennbar.

Der Berliner Sprachdidaktiker Detlef C. Kochan trug, ebenso wie der Lüneburger Didaktiker Werner Schlotthaus, wesentlich zur Grundlegung und Verbreitung der kommunikativen Didaktik im Deutschunterricht bei, z.B. durch die programmatischen Beiträge: »Sprache als soziales Handeln« (Kochan 1974) und »Lehrziel Kommunikation« (Schlotthaus 1974) im Sammelband: *Ansichten eines kommunikationsbezogenen Deutschunterrichts* (zus. mit Wallrabenstein 1974). So formulierte Schlotthaus programmatisch:

> »Der Deutschunterricht muss seinen Schülern eine zur Bewältigung ihrer Lebenssituation optimale kommunikative Rollenflexibilität vermitteln.« (1975, S. 21)

Beide Autoren wirkten auch an der Entwicklung eines Lehrwerks, und zwar *Sprache und Sprechen* mit, das der mündlichen Kommunikation einen wichtigen Stellenwert als ›vierte Säule‹ des Deutschunterrichts beimaß (s. Kap. II.1: Mündlicher Sprachgebrauch).

Neukonstruktion der Lernbereiche: Die Orientierung an der kommunikativen Kompetenz hat in der Didaktik zu einer grundlegenden Neukonstruktion der Lernbereiche des Deutschunterrichts mit einer besonderen Betonung der aktiven Sprachverwendung geführt, die fortan auch in den Lehrplänen Niederschlag fand, ergänzt allerdings um den wesentlichen Bereich der Reflexion über Sprache, der in der folgenden Abbildung noch kein Platz eingeräumt wurde.

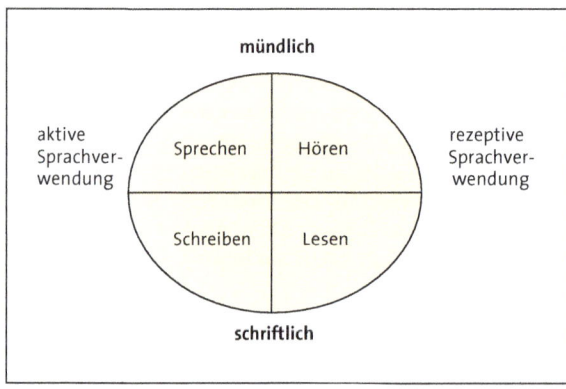

Abb. 7: Grundsituation sprachlicher Kommunikation (nach Schlotthaus 1974, S. 38)

Die kommunikative Didaktik hat sich zweifellos zum wirkungsmächtigsten Konzept der Sprachdidaktik, sei es für den Erst-, sei es für den Fremdsprachenunterricht, entwickelt. Aufschlussreich für die Bedeutsamkeit der kommunikativen und der curricularen Wende im Deutschunterricht ist auch, dass dem von Erich Wolfrum (1972) herausgegebenen *Taschenbuch des Deutschunterrichts* im Jahr 1975 ein von ihm herausgegebener ›Ergänzungsband‹ *Kommunikation. Aspekte zum Deutschunterricht* folgte.

Insgesamt steht außer Zweifel, dass sich die kommunikative Didaktik insbesondere für die Sprachdidaktik als fruchtbar erwiesen hat, während in der Literaturdidaktik schon früh kritische Stimmen gegen eine Reduktion der ästhetischen und selbstreferenziellen Funktionen von Literatur laut wurden. Die kritische Würdigung der Möglichkeiten und Grenzen der kommunikativen Didaktik lässt sich wie folgt zusammenfassen:

Der Innovationsschub durch die kommunikative Didaktik betraf u. a.:
- die Umorientierung der Perspektive von den Gegenständen und Methoden zu den **Lernern als Subjekten des Lernprozesses**, zu ihren Motivationen und Bedürfnissen, Lernvoraussetzungen und -bedingungen;
- die Erweiterung des sprachlichen Gegenstandsfeldes auf den **Kommunikationsprozess**, vor allem im Medium der Mündlichkeit, mit Absichten und Wirkungen im kommunikativen Kontext, wissenschaftlich fundiert durch die Entwicklungen der linguistischen Pragmatik, Soziolinguistik und Kommunikationstheorie;
- und schließlich auch die **Erweiterung des Methodenspektrums**, angeregt durch Gedanken der ›Ernstfall‹-Didaktik, die sich in Methoden des Projektunterrichts und des Rollenspiels konkretisierten.

Die kritisierten Beschränkungen dieses Konzepts betreffen u. a.:
- die **Reduktion** auf simplifizierte Kommunikationsmodelle und ein technisches Verständnis von Kommunikation als Informationsvermittlung sowie die Beschränkung auf eher anspruchslose Kommunikation in Alltagssituationen des täglichen Verkehrs;
- die starke Betonung des **kommunikativen Könnens** oftmals unter Vernachlässigung des kommunikativen Wissens und der Reflexions- und Analysekompetenz, was sich insbesondere in der oft nur unzureichenden Integration des Grammatikunterrichts zeigte;
- schließlich die zu geringe Berücksichtigung der sprachkreativen und ästhetischen Dimensionen gegenüber der kommunikativen **Zweckorientierung** und der Überbetonung der kommunikativen Effizienz im Umgang mit Sprache, die in der kritischen Formulierung vom ›Züchten von Kommunikationsathleten‹ einen Ausdruck fand.

1.4.3 | Didaktik des sprachlichen Handelns

Handlungsorientierung: Solche Kritikpunkte waren der Auslöser für eine weitere didaktische Leitvorstellung, und zwar die **Entwicklung von Handlungsfähigkeit**. Die Handlungsorientierung gilt als das seit den späten 1980er Jahren vorherrschende Paradigma der Deutschdidaktik. Es wird aus recht unterschiedlichen Strömungen gespeist und weist mithin auch unscharfe Konturen auf.

Der Handlungsbegriff etablierte sich in der Didaktik vor allem im Zuge der sogenannten kognitiven Wende (s. auch Kap. II.2.4). In der pädagogischen und allgemeindidaktischen Diskussion spielten Komponenten wie **Eigenaktivität** und **Schülerorientierung** bei der Konturierung des Handlungsbegriffs eine große Rolle (vgl. Aebli 2001).

So führt auch das *Lexikon Deutschunterricht* eine allgemeindidaktische Definition auf:

I.1.4 Grundlegendes

Fachgeschichtliche Entwicklungen der Sprachdidaktik

»Bei einem handlungsorientierten Deutschunterricht geht es darum, in übergreifenden, ganzheitlich-situativen, den Bezug zur Lebenswelt wahrenden Zusammenhängen zu arbeiten, die von den Schülern und Schülerinnen als subjektiv bedeutsam empfunden werden.« (Gudjons 1989 nach Homberger 2009, S. 146f.)

In Anlehnung an Jank/Meyer (2002) werden u. a. folgende Merkmale von Handlungsorientierung im Unterricht festgehalten, darunter:
- Ganzheitlichkeit
- Schülerorientierung
- Öffnung des Unterrichts
- »Kopf- und Handarbeit in dynamischer Wechselwirkung« (Homberger 2009, S. 146)

In die Literaturdidaktik fand der Sammelbegriff der Handlungsorientierung und insbesondere die Variante der **Produktionsorientierung** in den 1990er Jahren relativ rasch Eingang (vgl. Haas u. a. 1994). Hier sind besonders in Form des handlungs- und produktionsorientierten Unterrichts zahlreiche didaktisch-konzeptionelle und vor allem methodische Vorschläge zur Bearbeitung von Texten entwickelt worden. Handlungsorientierte Konzepte der Didaktik können auch als ein Bindeglied für Sprach- wie Literaturdidaktik angesehen werden.

Handlungsorientierung in der Sprachdidaktik: In der Sprachdidaktik finden sich auf Handlungsorientierung zielende Vorschläge weniger stark akzentuiert und oft mit einer gewissen Unschärfe in verschiedenen Lernbereichen wieder. Es mag symptomatisch sein, dass im *Lexikon Deutschdidaktik* (Kliewer/Pohl 2006) nur ein Eintrag für den handlungs- und produktionsorientierten Literaturunterricht zu finden ist.

Bereits in den 1980er Jahren wurde darauf aufmerksam gemacht, dass sprachliches Handeln nicht verkürzend lediglich auf die produktiven Fähigkeiten reduziert werden dürfe, sondern auch ein aktives Verstehen bzw. Aneignen etwa von Texten umfasse (vgl. z. B. Fingerhut 1987). In einer solchen Sichtweise bildet Handlungsorientierung keine Opposition zur Reflexion, vielmehr können solche Kompetenzen in einen übergreifenden Zusammenhang einer operationalen Didaktik integriert werden, wie Haueis (1987) in einem Beitrag mit dem vielsagenden Titel »Handlungsorientierung als Alibi für die Liquidation einer wissenschaftlichen Sprachdidaktik?« ausführte.

Handlungsorientierung in der Sprachdidaktik beruft sich in den einzelnen Lernbereichen weit stärker auf Konzepte des sprachlichen Handelns. So hatten Burkhard/Henne als dessen wesentliche Merkmale Intentionalität, Reflexivität und Konventionalität hervorgehoben (1984, S. 341).

In einer **Didaktik sprachlichen Handelns** sollte besonders beachtet werden,
- dass Intentionen und Konventionen (in der Interaktion) zusammenwirken,
- dass Handeln nicht immer voll bewusst, aber der Reflexion zugänglich ist,
- dass bereits vorhandenes Wissen, schon ausgebildete Fähigkeiten Voraussetzungen des Handelns sind und sich im Handeln weiter entwickeln,

- dass die Wissensverarbeitung durch die Lernumgebung, die Lernatmosphäre beeinflusst wird,
- dass sich Wünsche, Erwartungen und Emotionen auf die Wissensverarbeitung auswirken,
- dass Gelegenheiten zum Handeln und Freiräume für eigene Entscheidungen und zur Entfaltung von Kreativität vorhanden sein müssen, wenn die sprachliche Handlungsfähigkeit ausgeweitet werden soll.

Handlungsorientierung in der Sprachdidaktik ist nicht unbedingt als Alternativkonzept zur kommunikativen Didaktik zu verstehen, denn gerade Methoden der ›**Ernstfall**‹-**Didaktik**, die nicht mit ›Stell dir mal vor‹-Situationen arbeitet, wie Projektunterricht und Rollenspiel können zugleich auch als handlungsorientierte Methoden gelten.

Beispielhaft folgen einige Bemerkungen zu handlungsorientierten Vorschlägen in verschiedenen Lernbereichen.

Handlungsorientierung im Grammatikunterricht: Hier konkretisierten sich handlungsorientierte Konzepte beispielsweise in den auf die Operationalisierung satzbezogener grammatischer Erscheinungen zielenden Proben von Glinz und - nachfolgend - im **Werkstattgedanken** (vgl. Eisenberg/Menzel 1995; Menzel 1999), wie im Kapitel II.3 noch genauer erläutert wird. Auch neuere Ausprägungen der funktionalen Grammatik nehmen auf den Handlungsbegriff Bezug und sehen die Hauptaufgabe von Sprache als Teilhabe an der kommunikativen Praxis (vgl. Hoffmann 2006).

»Die Grammatik bestimmt die Möglichkeiten des Handelns mit Sprache [...] Damit unser Handeln verstehbar ist, bewegen wir uns in den in der Sprache ausgebildeten Formen, wir handeln nach Mustern. Wir folgen aber nicht Regeln, wie sie die traditionelle Grammatik beschreibt.« (ebd. S. 20)

Handlungsorientierung beim Sprechen und Schreiben: In diesen Lernbereichen eröffnen vor allem die neueren Forschungen zur Prozessorientierung Perspektiven für handlungsorientierte unterrichtliche Umsetzungen, die die Eigenaktivität der Lernenden im Umgang mit Lerngegenständen unterstützen. So wird die Klassifizierung der gesprochenen und geschriebenen Texte zumeist nach sprechakttheoretischen und handlungsbezogenen Kriterien vorgenommen (vgl. z. B. Müller 2010). Auch darauf wird in den entsprechenden Arbeitsfeldern des folgenden Kapitels II noch genauer eingegangen.

Im Zuge der Kompetenzorientierung gewinnt der Handlungsbegriff offenbar wieder neue Bedeutung und eine andere Konturierung. Bartnitzky (2006) bezeichnet die moderne Sprachdidaktik generell als eine des sprachlichen Handelns und charakterisiert sie mittels fünf Prinzipien – eine reflexive bzw. analytische Komponente ist hier also explizit integriert:

- Prinzip der Sprachentwicklung im Sinne einer Orientierung auf beim Lerner vorhandene Kompetenzen des sprachlichen Handelns,
- Bezug zu konkreten Situationen,
- Sozial- und Adressatenbezug,
- Bedeutsamkeit des entsprechenden Inhalts,
- Prinzip der Sprachbewusstheit: Sprachliches Handeln beruht auf Wissen und ist wiederum der Reflexion zugänglich.

Fachgeschichtliche Entwicklungen der Sprachdidaktik

Die zentrale Rolle dieser didaktischen Orientierung auf das sprachliche Handeln spiegelt sich auch in den aktuellen curricularen Papieren wieder, hier z. B. im »Lehrplan Deutsch für die Grundschule des Landes NRW« aus dem Jahr 2008. Direkt zu Beginn heißt es zum »Beitrag des Faches Deutsch zum Bildungs- und Erziehungsauftrag«:

»Ziel ist es, Kinder zum bewussten Sprachhandeln zu ermutigen und damit die Freude am selbstständigen Umgang mit Sprache zu wecken und zu steigern. Kinder lernen ihre Sprech-, Lese-, und Schreibstrategien zunehmend bewusst anzuwenden, indem sie Sprache und das Sprachhandeln selbst zum Gegenstand des Nachdenkens machen. Zur Festigung der Sprachhandlungskompetenz dienen Lernformen des individuellen Übens sowie Formen des systematisch reflektierenden Lernens.« (S. 23)

Vorherrschendes Paradigma, aber vielleicht auch nur formales Bindeglied der Deutschdidaktik ist derzeit also die Handlungsorientierung, wobei v. a. folgende **positive Aspekte** festzuhalten sind:
- Der Handlungsbegriff stellt eine prozessuale, interaktive und vor allem kontextgebundene Kategorie dar.
- Der Handlungsbegriff ist zweifellos umfassender als der Kommunikationsbegriff und unterliegt weniger einer Zweck-Orientierung.
- Als besonderer didaktischer Vorzug einer handlungs- und produktionsorientierten Handlungsweise wird die große Motivation der Lernenden angesehen.

Als **einschränkende Aspekte** seien erwähnt:
- Handlungsorientierung wird oft mit Produktionsorientierung gleichgesetzt und dabei auf ein bloßes Tun reduziert.
- Der anfängliche didaktische Enthusiasmus hat zu einer falschen Kontrastierung von produktiven und analytischen Konzepten und Verfahrensweisen im Unterricht beigetragen.
- Auch hier stellt sich schließlich die Frage, ob der Handlungsbegriff nicht durch inhaltliche, z. B. ethische Aspekte zu ergänzen ist, wenn er kein reiner Formalismus bleiben soll.

1.5 | Zwischenfazit

Logik fachgeschichtlicher Entwicklung: Die bisherige fachgeschichtliche Entwicklung stellt sich dar als eine Bewegung, in der – angeregt durch veränderte bildungspolitische und wissenschaftliche Rahmenbedingungen – aus den in der kritischen Würdigung von Vorgängerkonzepten beanstandeten Mängeln jeweils **neue Konzepte** entwickelt wurden:
- Aus der Kritik an der ›fraglosen Übernahme‹ der Tradition hochsprachlicher Bildung erwuchs die kritische Analyse überkommener Ziele und Inhalte sprachlicher und literarischer Bildung im Rahmen der **kritischen** Deutschdidaktik.
- Aus der aus späterer Sicht ›Überbetonung‹ von Reflexion und Rationalität der kritischen Didaktik resultierte die **kommunikative** Didaktik mit der Betonung von kommunikativer Kompetenz und zweckgerichtetem Austausch.

- Aus der Kritik der ›Untergewichtung‹ von Kreativität und Phantasie in der kommunikativen Didaktik erwuchs die **Handlungs- und Produktionsorientierung** als neue Leitvorstellung des Deutschunterrichts.

Diagnose: Trotz allen wissenschaftlichen Fortschritts der Theoriebildung und empirischen Forschungen in Einzelbereichen, besonders der Unterrichtsforschung, und trotz des Wiedererstarkens der Disziplin angesichts von Lehrermangel und erhöhten Ausbildungsansprüchen nach den Pisa-Befunden als ›neue Bildungskatastrophe‹ scheint folgende Diagnose angebracht:

- Im Laufe der fachgeschichtlichen Entwicklung lässt sich eine **Ausweitung der Leitvorstellungen** mit der Gefahr des Verlustes von Trennschärfe feststellen. Die neueren Konzepte entwickeln kaum mehr die integrative Kraft für die Verbindung von Sprach- und Literaturdidaktik, um der Tendenz der Auseinanderentwicklung der Bereiche entgegenwirken zu können.
- In dieselbe Richtung führt die wissenschaftliche **Differenzierung der Teilbereiche** durch die Orientierung an sehr unterschiedlichen Forschungsparadigmen der Sprach- und Literaturwissenschaft als Bezugsdisziplinen. Dies zeigt sich z. B. an der Prozessorientierung in der Schreibdidaktik, der Produktionsorientierung in der Literaturdidaktik und am gewandelten Verhältnis von Mündlichkeit und Schriftlichkeit in den neuen Medien.
- Dazu trägt auch die Aufspaltung in **disparate Kompetenzbegriffe** bei, die durch keine inhaltliche Leitvorstellung mehr verbunden sind. Kompetenzen werden eher punktuell und nahezu losgelöst von fachlichen Inhalten bestimmt, um dem jeweiligen Gegenstandsfeld den Eindruck von Objektivierbarkeit i.S.v. Messbarkeit und Überprüfbarkeit zu verleihen (vgl. dazu auch die Debatten in *Didaktik Deutsch* 6/2005 und die kritische Diskussion in Härle/Rank 2008). Die aktuell sich abzeichnende, von den Bildungswissenschaften und der Bildungspolitik geförderte Kompetenzorientierung taugt daher auch nicht als eine neue fachbezogene Leitvorstellung.
- Schließlich ist zu berücksichtigen, dass sich auch die **Lebenswelten der Schülerinnen und Schüler** und ihre Verarbeitungsweisen von sozialen Wirklichkeiten grundlegend geändert haben. Schule und Lebenswelt scheinen zum Teil immer mehr auseinanderzudriften; der Sinn sprachlicher und zumal literarischer Bildung wird dabei oft in Frage gestellt, wenn diese nicht mehr einen gesicherten Weg in eine berufliche Zukunft zu garantieren vermögen.

So bleibt zu konstatieren, dass die Zeit der übergeordneten integrativen Leitvorstellungen für die Fachdidaktik möglicherweise im Schwinden begriffen ist und dass neue Profilmerkmale der Disziplin bzw. der Disziplinen von Sprach- und Literaturdidaktik als Orientierungsrahmen zu suchen und zu bestimmen sind. Die Weiterführung der Theoriebildung im interdisziplinären Kontext und in enger Verbindung zur empirischen Forschung muss als eine wesentliche Zukunftsaufgabe der Sprachdidaktik angesehen werden.

I.1.5 Grundlegendes

Fachgeschichtliche Entwicklungen der Sprachdidaktik

Literatur

Aebli, Hans (2001): Zwölf Grundformen des Lehrens. Eine Allgemeine Didaktik auf psychologischer Grundlage [1983]. 11. Aufl. Stuttgart.

Bartnitzky, Horst (2006): Sprachunterricht heute. Berlin.

Becker, Karl Ferdinand (1827): Deutsche Sprachlehre. Frankfurt a. M.

Becker-Mrotzek, Michael (1997): Zum Verhältnis von Sprachwissenschaft und Sprachdidaktik. In: Didaktik Deutsch 3/1997, S. 16–33.

Behr, Klaus/Grönwoldt, Peter/Nündel, Ernst/Schlotthaus, Werner (1972): Grundkurs für Deutschlehrer: Sprachliche Kommunikation. Weinheim/Basel.

Behr, Klaus/Grönwoldt, Peter/Nündel, Ernst/Schlotthaus, Werner (1975): Folgekurs für Deutschlehrer: Didaktik und Methodik der sprachlichen Kommunikation. Weinheim/Basel.

Beisbart, Ortwin/Marenbach, Dieter (1975): Einführung in die Didaktik der deutschen Sprache und Literatur. Donauwörth.

Bernstein, Basil (1972): Studien zur sprachlichen Sozialisation. Düsseldorf.

Bremer Kollektiv (1974): Grundriß einer Didaktik und Methodik des Deutschunterrichts für die Sekundarstufe I und II. Stuttgart.

Budde, Monika u. a. (2011): Sprachdidaktik. Berlin.

Bünting, Karl-Dieter/Kochan, Detlef C. (1973): Linguistik und Deutschunterricht. Kronberg.

Bürger, Christa (1970): Deutschunterricht – Ideologie oder Aufklärung? Frankfurt a. M.

Burkhardt, Armin/Henne, Helmut (1984): Wie man einen Handlungsbegriff ›sinnvoll‹ konstituiert. In: Zeitschrift für germanistische Linguistik 12/1984, S. 332–351.

Der Hessische Minister für Erziehung und Volksbildung (1972): Rahmenrichtlinien Sekundarstufe I Deutsch SI-D. Wiesbaden.

Eichler, Wolfgang/Henze, Walter (1990): Sprachwissenschaft und Sprachdidaktik. In: Lange, Günter u. a. (Hg.): Taschenbuch des Deutschunterrichts. Bd.1. 4. Aufl. Hohengehren, S. 153–172.

Eisenberg, Peter/Menzel, Wolfgang (1995): Grammatik-Werkstatt. In: Praxis Deutsch 129/1985, S. 14–26.

Essen, Erika (1955): Methodik des Deutschunterrichts. Heidelberg.

Fingerhut, Karlheinz (1987): Kann Handlungsorientierung ein Paradigma der Literaturdidaktik sein? In: Diskussion Deutsch 18/1987, S. 581–600.

Frank, Horst Joachim (1976): Dichtung, Sprache, Menschenbildung. Geschichte des Deutschunterrichts. Von den Anfängen bis 1945. München.

Glinz, Hans (2003): Geschichte der Sprachdidaktik. In: Bredel, Ursula u. a. (Hg.): Didaktik der deutschen Sprache. Bd. 2. Paderborn, S. 17–30.

Grünwaldt, Hans-Joachim (1974): Kommunikative Übungen. In: Bremer Kollektiv (Hg.): Grundriß einer Didaktik und Methodik des Deutschunterrichts der Sekundarstufe I und II. Stuttgart.

Gudjons, Herbert (2008): Handlungsorientiert Lehren und Lernen. Projektunterricht und Schüleraktivität. 7. Aufl. Heilbrunn.

Haas, Gerhard u. a. (1994): Handlungs- und produktionsorientierter Literaturunterricht. In: Praxis Deutsch 123/1994, S. 17–25.

Härle, Gerhard/Rank, Bernhard (2008) (Hg.): »Sich bilden, ist nichts anders, als frei werden«. Sprachliche und literarische Bildung als Herausforderung für den Deutschunterricht. Baltmannsweiler.

Haueis, Eduard (1987): Handlungsorientierung als Alibi für die Liquidation einer wissenschaftlichen Sprachdidaktik? In: Diskussion Deutsch 18/1987, S. 551–561.

Hein, Jürgen (1980): Fachwissenschaft und Fachdidaktik. In: Sowinski, Bernhard (Hg.): Fachdidaktik Deutsch. Köln/Wien, S. 19–33.

Helmers, Hermann (1966): Didaktik der deutschen Sprache. Einführung in die Theorie der muttersprachlichen und literarischen Bildung. Stuttgart.

Herrlitz, Wolfgang (1979): Sprachwissenschaft und Sprachdidaktik. In: Boueke, Dietrich (Hg.): Deutschunterricht in der Diskussion. Paderborn, S. 168–191.

Hoffmann, Ludger (2006): Funktionaler Grammatikunterricht. In: Becker, Tabea/Peschel, Corinna (Hg.): Gesteuerter und ungesteuerter Grammatikunterricht. Baltmannsweiler, S. 20–45.

Homberger, Dietrich (2009): Lexikon Deutschunterricht. Fachwissen für Studium und Schule. Baltmannsweiler.

Hymes, Dell H. (1979): Soziolinguistik. Zur Ethnographie der Kommunikation. Frankfurt a. M.
Ide, Heinz (1970): Bestandsaufnahme Deutschunterricht. Ein Fach in der Krise. Stuttgart.
–/Lecke, Bodo (1970 ff.): Projekt Deutschunterricht. Stuttgart.
Ivo, Hubert (1969): Kritischer Deutschunterricht. Frankfurt a. M.
– (1975): Handlungsfeld: Deutschunterricht. Argumente und Fragen einer praxisorientierten Wissenschaft. Frankfurt a. M.
– (1977): Zur Wissenschaftlichkeit der Didaktik der deutschen Sprache und Literatur. Vorüberlegungen zu einer »Fachunterrichtswissenschaft«. Frankfurt a. M.
–/Merkelbach, Valentin (1972): Abschied vom klassischen Schulfach. Zum Beispiel: Deutsch. Heidelberg.
–/Neuland, Eva (1991): Grammatisches Wissen. Skizze einer empirischen Untersuchung über Art, Umfang und Verteilung grammatischen Wissens (in der Bundesrepublik). In: Diskussion Deutsch 121/1991, S. 437–493.
Jank, Werner/Meyer, Hilbert (2002): Didaktische Modelle. 7. Aufl. Frankfurt a. M.
Kliewer, Heinz-Jürgen/Pohl, Inge (2006) (Hg.): Lexikon Deutschdidaktik. 2 Bde. Baltmannsweiler.
Kochan, Detlef C. (1974): Sprache als soziales Handeln. In: Kochan/Wallrabenstein (Hg.), S. 52–61.
–/Bünting, Karl-Dieter (1973): Linguistik und Deutschunterricht. Kronberg.
–/Wallrabenstein, Wulf (Hg.) (1974): Ansichten eines kommunikationsbezogenen Deutschunterrichts. Kronberg.
Kolbe, Jürgen (Hg.) (1970): Ansichten einer künftigen Germanistik. München.
Maas, Utz/Wunderlich, Dieter (1972): Pragmatik und sprachliches Handeln. Mit einer Kritik am Funkkolleg »Sprache«. Frankfurt a. M.
Matthias, Adolf (1907): Geschichte des deutschen Unterrichts. 2 Bde. München.
Melzer, Helmut/Seifert, Walter (1976): Theorie des Deutschunterrichts. München.
Menzel, Wolfgang (1999): Grammatik-Werkstatt. Theorie und Praxis eines prozessorientierten Grammatikunterrichts für die Primar- und Sekundarstufe. Seelze.
Merkelbach, Valentin (1972): Kritik des Aufsatzunterrichts. Eine Untersuchung zum Verhältnis von schulischer Sprachnorm und Sozialisation. Frankfurt a. M.
Merz-Grötsch, Jasmin (2010): Texte schreiben lernen. Seelze.
Ministerium für Schule und Weiterbildung des Landes Nordrhein-Westfalen (2008): Lehrplan Deutsch für die Grundschulen des Landes Nordrhein-Westfalen. In: http://www.standardsicherung.schulministerium.nrw.de/lehrplaene/upload/klp_gs/GS_LP_D.pdf (03.01.2013).
Müller, Astrid (2010): Rechtschreiben lernen. Die Schriftstruktur entdecken – Grundlagen und Übungsvorschläge. Seelze.
Müller-Michaels, Harro (Hg.) (1980): Positionen der Deutschdidaktik seit 1949. Königstein.
– (1994): Konzepte des Deutschunterrichts nach 1968. In: Hohmann, Joachim (Hg.): Deutschunterricht zwischen Reform und Modernismus. Blicke auf die Zeit 1968 bis heute. Frankfurt a. M./Bern, S. 27–43.
Neuland, Eva (2003): Die Rolle der Linguistik im Rahmen der Professionalisierung der Lehrerausbildung. In: Hass-Zumkehr, Ulrike/König, Christoph (Hg.): Literaturwissenschaft und Linguistik von 1960 bis heute. Göttingen, S. 69–86.
– (2012): DaF-Didaktik in der Auslandsgermanistik. Probleme – Positionen – Perspektiven. In: Birk, Andrea/Buffagni, Claudia (Hg.): Linguistik und Sprachdidaktik im universitären DaF-Unterricht. Münster, S. 15–32.
Polenz, Peter von (1970): Gibt es eine germanistische Linguistik? In: Kolbe (Hg.), S. 153–171.
Reich, Hans H. (2010): Entwicklungen von Deutsch als Zweitsprache in Deutschland. In: Krumm, Hans-Jürgen u. a. (Hg.): Handbücher zur Sprach- und Kommunikationswissenschaft. Deutsch als Fremd- und Zweitsprache. Berlin, S. 63–71.
Robinsohn, Saul B. (1967): Bildungsreform als Revision des Curriculum. Neuwied.

Literatur

Schlotthaus, Werner (1974): Lehrziel: Kommunikation. Überlegungen zu einer situationsbezogenen Studiengangsplanung für das Unterrichtsfach Deutsch. In: Kochan/Wallrabenstein (Hg.), S. 36–52.
– (1975): Wohin steuert der Kommunikationsbegriff den Deutschunterricht? In: Wolfrum (Hg.), S. 11–27.
Schoenke, Eva (1991): Didaktik sprachlichen Handelns. Tübingen.
Spinner, Kaspar (1995): Die Entwicklung literarischer Kompetenz beim Kind. In: Rosebrock, Cornelia (Hg.): Lesen im Medienzeitalter. Biographische und historische Aspekte literarischer Sozialisation. Weinheim, S. 81–95.
– (2001): Kreativer Deutschunterricht. Seelze.
Ulshöfer, Robert (1952): Methodik des Deutschunterrichts. Bd. 1. Stuttgart.
Watzlawick, Paul (1969): Menschliche Kommunikation. Formen, Störungen, Paradoxien. Bern.
Wolfrum, Erich (Hg.) (1972): Taschenbuch des Deutschunterrichts. Baltmannsweiler.
– (Hg.) (1975): Kommunikation. Aspekte zum Deutschunterricht. Baltmannsweiler.

2. Sprachdidaktik: Aktuelle Konturen einer Disziplin

2.1 Linguistik und Didaktik
2.2 Sprachdidaktik und Sprachsozialisation
2.3 Sprachbewusstsein und Sprachreflexion
2.4 Interkulturalität – Eine neue Leitvorstellung?

Einige mögliche Profilmerkmale, die auch für das diesem Band zugrundeliegende Verständnis von Sprachdidaktik bedeutsam sind, seien im Folgenden vorgestellt. Sie betreffen das Verhältnis von Linguistik und Didaktik, von Sprachdidaktik und Sprachsozialisation, von Sprachbewusstsein und Sprachbildung sowie schließlich von Kulturalität und Interkulturalität. Daraus ergibt sich, plakativ formuliert, folgendes Bild:

Diesem Band liegt das Verständnis einer linguistisch fundierten, an der sozialen und interkulturellen Lebenswelt der Lerner orientierten Sprachdidaktik zugrunde, die sich im Mündlichen wie im Schriftlichen die Vermittlung eines reflektierten Sprachgebrauchs zum Ziel setzt.

2.1 | Linguistik und Didaktik

Wenden wir uns zunächst dem Verhältnis von Linguistik und Didaktik zu, das seit den 70er Jahren ein viel diskutiertes Grundsatzthema der sprachdidaktischen Selbstverständnisdebatten darstellt (vgl. u.a. Henze 1972; Eichler/Henze 2003; Becker-Mrotzek 1997).

2.1.1 | Linguistisierung und ›Abbilddidaktik‹

Angesichts der damaligen bildungs- und wissenschaftspolitischen Rahmenbedingungen hat sich der Entwicklungsschub der modernen Linguistik in Deutschland sowohl im Hinblick auf Grammatik- als auf Kommunikationstheorien auch auf die überfällige Reform des Unterrichts und die Ablösung der inhaltsbezogenen Grammatik und der muttersprachlichen Bildung im Sinne der Verwissenschaftlichung der Lehrerbildung ausgewirkt. Für die Linguistik bot das Anwendungsfeld Schule und Sprachunterricht hingegen eine wesentliche Legitimationsbasis in den Debatten um die gesellschaftliche Relevanz und den ›Nutzen‹ der Geisteswissenschaft (vgl. dazu genauer Neuland 2003 sowie Förster/Neuland/Rupp 1989).

I.2.1 Grundlegendes

Sprachdidaktik: Aktuelle Konturen einer Disziplin

Wie Herrlitz (1979) in seinem Beitrag »Sprachwissenschaft und Sprachdidaktik« treffend charakterisiert, blieben die beiden Positionen der linguistischen Forschung und der didaktischen Reflexion jedoch letztlich unvermittelt: Die ›Linguistisierung‹ des Sprachunterrichts, die sich eklatant in den Bereichen des Grammatikunterrichts und der mündlichen Kommunikation zeigte, beschränkte die Didaktik als ›Abbilddidaktik‹ (s. Kap. I.1.2.3) auf den »Transport fertiger Gegenstände aus einem geschlossenen [Fach]Katalog« (Herrlitz 1979, S. 172).

Programmatische Debatten: Einen besonderen Höhepunkt bildeten in diesem Zusammenhang die programmatischen Beiträge von Horst Sitta, »Didaktik und Linguistik«, und von Hans-Jürgen Heringer, »Linguistik und Didaktik«, die beide zeitgleich 1974 erschienen. Zuvor hatte sich bereits Glinz 1970 in einem Beitrag über den »Anteil des Didaktischen an Forschung und Lehre der philologisch-historischen Wissenschaft« gegen eine Abtrennung der Didaktik als eine reine Anwendung ausgesprochen. Sitta führte diese Gedanken weiter, indem er Didaktik bestimmt als

»Selbstreflexion einer jeden Disziplin auf ihren Begründungs- und Verwendungszusammenhang, auf ihr Erkenntnisinteresse, ihre Methodologie und ihre Gegenstandskonstitution. Insofern ist die didaktische Fragestellung im Grunde a priori jedem Fach inhärent.« (Sitta 1974, S. 431)

Heringers zum gleichen Anlass, nämlich der Jahrestagung des Instituts für deutsche Sprache (IDS) zum Thema *Sprachwissenschaft und Sprachdidaktik*, gehaltener Vortrag wendet sich gegen eine ihm unangemessen scheinende Ausdehnung des Gegenstandsfelds einer Sprachdidaktik (z. B. Erarbeiten von Sachanalysen, Aufstellen von Lernzielen) und postuliert demgegenüber:

»Das Verhältnis von Linguistik und Didaktik ist so, daß Didaktik weitgehend Teil einer sozialwissenschaftlich orientierten Linguistik wäre. Eine solche Linguistik hätte zugleich die Aufgabe, ihre Anwendung zu reflektieren, ja, sogar Lernziele anzugeben und zu begründen.« (Heringer 1974, S. 130)

›Linguistik als Sozialwissenschaft‹: Mit diesem Stichwort ist aber nun zugleich die Frage aufgeworfen, von welcher Linguistik bzw. von welchen Linguistiken eigentlich die Rede ist. Eine ›Linguistik als Sozialwissenschaft‹ war sicherlich nicht das Modell der seinerzeit vor allem im **Funk-Kolleg Sprache** präsentierten ›herrschenden Lehre‹, die Utz Maas – in Zusammenarbeit mit Dieter Wunderlich – so vehement der Kritik unterzogen hat. Diese Kritik richtet sich gegen eine ›frei luxurierende‹ Linguistik ohne jeden – nur über eine Theorie von Sprache als sozialem Handeln herzustellenden – Anwendungsbezug. Damit wird zugleich auf jene Kluft aufmerksam gemacht, die sich zwischen einer strukturalistischen Systemlinguistik und einer sprecherbezogenen sozialen Linguistik, namentlich der Soziolinguistik entwickelt hatte.

2.1.2 | Linguistisch fundierte Sprachdidaktik

Wenn auch die damalige Linguistisierung für viele Lehrkräfte zu problematischen Folgen einer ›Linguistikfurcht‹ geführt hat, so sollte der bedeutsame Zugewinn an sprachwissenschaftlicher Fundierung der Didaktik keinesfalls mit dieser Kritik verschüttet werden: Eine Sprachdidaktik – sei es im Bereich Deutsch als Erst-, Zweit- oder Fremdsprache – ohne linguistische Fundierung ist heute nicht mehr vorstellbar. Dem linguistischen Anspruch einer Sprachdidaktik wird nicht immer hinreichend Rechnung getragen (vgl. Huneke/Steinig 2007). Die Fachzeitschrift *Der Deutschunterricht* hat sich in besonderer Weise die fachliche Fundierung der Deutschdidaktik zur Aufgabe gemacht und präsentiert in ihren jährlich sechs Themenheften fachwissenschaftliche und fachdidaktische Beiträge zu ausgewählten Themenbereichen der deutschen Sprache und Literatur sowie Beiträge zu seiner Praxis und wissenschaftlicher Grundlegung (gegründet 1948). Für viele bewährte wie aber auch neue und innovative Themenbereiche der Sprachdidaktik liegen bereits einschlägige Themenhefte vor.

Abb. 1: Titelblatt der Zeitschrift *Der Deutschunterricht* (Heft 1/2001)

Kooperationen: Wünschenswert sind aber mehr fruchtbare Kooperationen zwischen Linguisten und Sprachdidaktikern, wie sie seit den 80er Jahren vor allem in der Schreibforschung vorbildlich praktiziert wurden (s. dazu Kap. II.2). Im Hinblick auf den Bereich grammatischen Lernens und das Verhältnis von wissenschaftlicher und didaktischer Grammatik sowie im Hinblick auf den Bereich der Mündlichkeit sind solche kooperativen Entwicklungen erst in jüngster Zeit verstärkt zu beobachten.

Der linguistischen Fundierung der Sprachdidaktik muss schließlich in der **Lehrerbildung** Rechnung getragen werden. Die Zusammenarbeit von Linguistik und Sprachdidaktik stellt auch in der Lehre, z. B. in den Bereichen von Gesprächsforschung und Gesprächsförderung (vgl. dazu Neuland 1996) oder der Schulgrammatik und nicht zuletzt von Textlinguistik und Textdidaktik noch ein wichtiges Desiderat dar. Dabei kann es allerdings auch nicht darum gehen, die jeweils neuesten sprachwissenschaftlichen Entwicklungen ungefragt in die Didaktik zu übernehmen. Sprachdidaktische Entwicklungen müssen vielmehr eine größere Kontinuität und Tragfähigkeit aufweisen, da sich auch die Rahmenvorgaben in Richtlinien und Lehrplänen sowie in Lehrwerken nicht so schnell ändern können und sollten. Schließlich ist auch jeweils nach dem Bildungswert bzw. Kompetenzgewinn zu fragen (vgl. die Frage nach dem ›Warum‹ in Kap. I.1.1).

Als besonders bedeutsamen Zugewinn einer linguistisch fundierten Sprachdidaktik soll im Folgenden auf den **Text** als zentrale Einheit von Linguistik und Didaktik verwiesen werden.

2.1.3 | Text als zentrale Einheit von Linguistik und Didaktik

Der Text ist in Sprachwissenschaft wie Sprachdidaktik als eine der zentralen Einheiten zu betrachten. Sprachliche Mittel kommen in der Sprachwirklichkeit nicht isoliert, sondern in – mündlichen oder schriftlichen – Texten vor. Man kann daraus schließen, dass sie daher – sei es im Unterricht Deutsch als Erst-, Zweit- oder Fremdsprache – auch nur in solchen angemessen behandelt werden können. Weiterhin knüpft der Umgang mit Texten an die kommunikativen Erfahrungen von Lernenden an. Somit besteht in der unterrichtlichen Beschäftigung mit Sprache eine Möglichkeit, auf Vorwissen von Lernenden aufzubauen und es so auszubauen (s. auch Kap. II.2.3 zu Textmustern).

Durch die Arbeit an Texten auf den verschiedenen Ebenen: der morphologischen, der syntaktischen, der lexikalischen, der semantischen und pragmatischen Ebene können analytische, rezeptive wie produktive Kompetenzen der Lernenden gefördert werden. Es gibt daher durchaus Stimmen, die eine Fundierung der gesamten **Deutschdidaktik als Textdidaktik** fordern (vgl. z. B. Scherner 2003). Wissen um Texte, Textsorten und Textmuster kann Schülerinnen und Schülern sowohl bei der eigenen Textrezeption als auch Textproduktion dienlich sein. Nicht zuletzt sind Texte, Textsorten und Textmuster in ihren wandelnden Ausdrucksformen als Zeichen kultureller Entwicklungen zu lesen, die Aufschluss über den Wandel kommunikativer Praxen im medialen und soziokulturellen Umfeld geben (vgl. Neuland 2006).

Neuerungen: Die Textlinguistik, die erst in den 1960er Jahren als Teildisziplin programmatisch etabliert wurde, hat in mehrfacher Hinsicht entscheidend zur Reform des traditionellen Deutschunterrichts beigetragen (vgl. dazu auch Adamzik/Neuland 2005). Dies betrifft im Einzelnen:

- **Erweiterung des Grammatikunterrichts um die Textgrammatik:** Hier rücken insbesondere grammatische Formen der Kohärenzbildung (Artikelwahl, Proformen, Konnektoren) in den Blick (vgl. dazu u. a. Blüml 1992).
- **Textlinguistische Fundierung des Literaturunterrichts:** Richtungsweisend waren hier v. a. die Arbeiten von Scherner (1984) mit dem Versuch, literarische Texte unter Einbezug textlinguistischer Aspekte zu analysieren.
- **Einbezug von Gebrauchstexten in den Sprachunterricht:** Besonders in den Reformkonzepten des Deutschunterrichts der 70er Jahre wurden durch appellative Texte (z. B. Werbeanzeigen und Plakate), informierende Texte (z. B. Nachrichten in Presse, Rundfunk und Fernsehen) und Anweisungstexte (z. B. Bedienungsanleitungen, Haus- und Schulordnungen) neue Textwelten erschlossen.

- Umgestaltung des traditionellen Aufsatzunterrichts durch Konzepte der **Produktion von Texten:** Hier haben sich insbesondere Züricher Linguisten und Didaktiker um die Entwicklung textlinguistisch basierter Beurteilungskriterien für Schülertexte verdient gemacht (v. a. Nussbaumer 1991).

Textspektrum: Bis heute bewirkt der Textbegriff innovative und vor allem auch integrative Entwicklungsperspektiven für die Textdidaktik (vgl. dazu u. a. das Themenheft: »Textsorten« der Zeitschrift *Der Deutschunterricht* aus dem Jahr 2005 sowie Adamzik/Krause 2005 und Scherner/Ziegler 2006), z. B. in folgender Hinsicht:

- **Standardtexte und Mustervariationen:** Der bewusste Umgang mit Standardmustern und Variationen von Textmustern bietet didaktisch die Möglichkeit, Stilkompetenz sowohl in rezeptiver als auch in produktiver Hinsicht auszubilden. Anregungen dazu liefern v. a. Beiträge von Fix u. a. (2001, 2005).
- **Schriftliche und mündliche Texte, Texte in neuen Medien, Texte und Kontexte:** Die Begriffe ›Text‹ und ›Textsorten‹ werden schon seit längerem auch auf den Bereich der Mündlichkeit übertragen, wo sie hilfreiche Klärungen herbeiführen konnten (s. dazu Kap. II.1 und II.2).
- **Sachtexte und literarische Texte, virtuelle und reale Texte:** Die Verbindung von Sachtexten und literarischen Texten hat sich als neue Herausforderung für den Deutschunterricht gestellt. Erzählungen im Alltag und in der Literatur bieten sich ebenso als Unterrichtsgegenstände an wie Werbeanzeigen, die sich der Form literarischer Gattungen bedienen können. Überschneidungen von ›Fakt‹ und ›Fiktion‹ können in dokumentarischer Literatur, Briefen und Briefromanen, Tagebüchern und Biografien sichtbar gemacht werden.

Ein erweiterter Textbegriff, der sowohl geschriebene als auch gesprochene literarische wie pragmatische Texte umfasst, wird inzwischen auch in den **Bildungsstandards** für das Fach Deutsch erkennbar (z. B. in Kap. 2.4 der *Bildungsstandards im Fach Deutsch für die Allgemeine Hochschulreife* von 2012).

2.2 | Sprachdidaktik und Sprachsozialisation

Wenden wir uns nach der Diskussion der linguistischen Fundierung weiteren wichtigen Profilmerkmalen der Sprachdidaktik zu. Für ein komplexes, gesellschafts- und gegenwartsbezogenes Verständnis von Sprachdidaktik sind die Berücksichtigung entwicklungsbezogener und sozialisatorischer Kontexte und damit das Verhältnis von **Schule** und **Lebenswelt** von besonderer Bedeutung. Dabei soll im Folgenden zwischen verschiedenen Sozialisationsphasen und verschiedenen Sozialisationsfeldern unterschieden werden.

2.2.1 | Sprachlernen in verschiedenen Sozialisationsphasen und Sozialisationsfeldern

Unter Berücksichtigung ganzheitlicher Vorstellungen lebenslanger Sprachbildung ist zu konstatieren, dass die Schule das zentrale, nicht aber alleinige Bezugsfeld der Didaktik darstellt. Bereits Harro Müller-Michaels hatte 1980 als verschiedene Bezugsfelder benannt:
- Prozesse vorschulischen Lernens,
- Institutionen und Formen außerschulischen Lernens,
- Bildungs- und Ausbildungsgänge und -inhalte des tertiären und quartären Bildungsbereichs,
- Bildungs- und Erziehungsprozesse im Deutschunterricht des allgemein- und berufsbildenden Schulsystems.

Die Gleichsetzung der Fachdidaktik Deutsch mit der Didaktik des Schulfaches Deutsch als einer ›Fachunterrichtswissenschaft‹ im Sinne von Ivo (1977) hat diese heute immer wichtigeren Bezüge der Vermittlung sprachlichen Lernens in den verschiedenen Lebensaltern und Sozialisationsphasen bedauerlicherweise eher reduziert. Auch von einer schulformbezogenen Sprachdidaktik werden solche Entwicklungsprozesse nur in einem eingeschränkten Sinne einbezogen. Die Schwierigkeiten im Umgang mit disparaten Altersgruppen zeigen sich dann insbesondere im Bereich des berufsbildenden Schulwesens auf der Sekundarstufe II. Neben dem Entwicklungsaspekt und den damit verbundenen kognitiven, affektiven wie sozialen Voraussetzungen und Umgangsweisen von Lernenden mit den Lerngegenständen spielen die unterschiedlichen Sozialisationsbereiche eine weitere wesentliche Rolle.

Dies betrifft die **vor**- sowie **nachschulischen** Spracherfahrungen von Kindern und Jugendlichen. Die Bedeutsamkeit vorschulischer Spracherfahrungen, v. a. im Umgang mit Schrift, aber auch im Hinblick auf Sprachaufmerksamkeit und Sprachthematisierungen bilden heute wichtige Ausgangspunkte für die Didaktik des Schrift- und des Grammatikerwerbs (s. Kap. II.2 sowie II.3).

Nachschulische Lern- bzw. Verlernprozesse sind ebenfalls bedeutsam für die Sprachdidaktik:
- Steigende und sich **wandelnde Anforderungen** an die sprachliche, vor allem schriftsprachliche und an die Verstehenskompetenz treten hinzu, was z. B. den Umgang mit neuen Medien, das Verständnis komplexer Texte und die Beherrschung verschiedener Kommunikationsregister betrifft.
- Dies führt zwangsläufig zu **Diskrepanzen zwischen alltagspraktisch nötigen und schulisch vermittelten Wissensbeständen**, wobei die letzteren – auch aufgrund ihres langen Legitimationsprozesses, v. a. in Richtlinien und Lehrplänen – gar nicht so schnell auf gesellschaftliche Veränderungsprozesse reagieren können und sollen.
- Und überdies stellen sich – und zwar in sozialspezifischer Verteilung – **Verlernprozesse** ein: ›Nicht-mehr-Leser‹ und ›Nicht-mehr-Schreiber‹ sind auch Resultate eines nachschulischen Abbaus sprachlicher und

literarischer Kompetenzen, die keine Weiterbildung mehr erfahren haben.
- Zu solchen Verlustprozessen treten schließlich jene häufig berufsspezifischen Vereinseitigungen sprachlich-kultureller ›Allgemeinbildung‹ auf instrumentale Sprachfertigkeiten, auf zweckrationale Schematisierungen und Stereotypisierungen hinzu.
- Außerschulische Spracherfahrungen sind also von unmittelbarer Relevanz für schulische Spracherfahrungen. Dabei können nach dem Scherenmodell Prozesse der Auseinanderentwicklung z. B. von Schul- und Privatlektüren, von schulischen und außerschulischen Schreibpraxen sowie Medienerfahrungen, von jugendlichen Freizeit- und Schulsprachen unterschieden werden.

Außer- und nachschulische Situationen bilden zugleich Prüfsteine für das ›offizielle‹ schulische Sprachlernen, das ganz auf diesen Transfer setzt. Doch beruht eine erfolgreiche Übertragung schulischer Lernprozesse in die außerschulische Sprachwirklichkeit auch auf sehr viel pädagogischem Optimismus und didaktischem Gespür, um Friktionen und Widersprüche zwischen Schule und Lebenswelt erkennen und möglichst mildern zu können (s. dazu Kap. III.4.4).

2.2.2 | Sprachlernen und soziale Herkunft

Sprachdefizite und Sprachbarrieren: Die empirische Realität des nachweislichen Zusammenhangs zwischen Sprachgebrauch und sozialer Herkunft in der frühen Soziolinguistik der 1970er Jahre hatte auch die damalige Sprachdidaktik entscheidend beeinflusst (vgl. dazu Neuland 1979). Die **Theorie der linguistischen Codes** des britischen Erziehungswissenschaftlers Basil Bernstein und das seinerzeit viel zitierte ›Defizit-Modell‹ des Sprachgebrauchs von Kindern aus unterprivilegierten sozialen Milieus führte in Deutschland zur These der ›Sprachbarrieren‹. Mit dieser Metapher sollte verdeutlicht werden, dass der sozial unterschiedliche Sprachgebrauch dieser Kinder sich gleichsam wie eine Barriere für schulischen Bildungserfolg und gesellschaftliche Aufstiegschancen auswirkte. Der Erwerb des in der Schule und im Unterricht vorherrschenden elaborierten Codes der privilegierteren sozialen Milieus sollte dieses Sprachbarrieren-Problem lösen helfen, und zwar vor allem in Form **kompensatorischer Spracherziehungsprogramme**, wie sie in den Vereinigten Staaten im Vorschulbereich schon länger üblich waren. Überdies fand das Kompensatorik-Konzept in den 1970er Jahren aber auch Eingang in den Unterricht, insbesondere in den Gesamtschulen.

Sprachdifferenzen: Kritiker dieser Vorgehensweise und Anhänger der kontrastiven ›Differenz-Konzeption‹ machten auf verschiedene sprach- wie sozialpolitische Schwachstellen aufmerksam, darunter der sogenannte *middle class bias*, also eine Verzerrung zugunsten der am Sprachgebrauch der Mittelschicht orientierten Sprachnormen in Schule und Unterricht. Der Anspruch einer Aufhebung sozialer Ungleichheit durch

Spracherziehung konkretisierte sich verkürzt in dem Versuch, Kindern einen neuen und vermeintlich ›besseren‹ Sprachgebrauch anzutrainieren, ohne Rücksicht auf die mit dem Sprachgebrauch verbundenen sozialen Erfahrungen. Folgerichtig führte auch das Ausbleiben von tagespolitisch verwertbaren ›Erfolgen‹ der kompensatorischen Spracherziehung, in Verbindung mit der nachlassenden wissenschaftlichen und öffentlichen Aufmerksamkeit, zum Entzug finanzieller Unterstützungen.

Diversität als didaktische Herausforderung: Der Problemzusammenhang von Sprachgebrauch, Sprachlernen und sozialer Herkunft blieb davon gleichwohl unberührt. Wie noch zu zeigen sein wird (s. Kap. III.2), haben auch die nachfolgenden didaktischen Entwicklungen, namentlich in Form der kommunikativen Didaktik, die Probleme der Diskrepanzen zwischen den Anforderungen von Schule und Sprachunterricht und den sozial unterschiedlichen Lebenswelten letztlich nicht lösen können. Die Frage: »Gibt es die Sprachbarriere noch?« ist also durchaus noch aktuell (vgl. dazu Ermert 1979; Ammon/Kellermeier-Rehbein 1997; Nemeth 2008), wie nicht zuletzt die viel zitierten PISA-Befunde gezeigt haben. So ist es auch bis heute noch eine Herausforderung für den Sprachunterricht geblieben, auf die unterschiedlichen sozialen Herkunftswelten der Schülerinnen und Schüler Rücksicht zu nehmen und die Chancen soziokultureller Diversität produktiv in den Unterricht einzubeziehen.

2.2.3 | Implizites und explizites sprachliches und soziales Lernen

Das Verhältnis von sprachlicher Sozialisation und Sprachdidaktik kann auch mit Hilfe der beiden Begriffe: implizites und explizites sprachliches und soziales Lernen erörtert werden. Dabei ergeben sich unmittelbare Bezüge zu den Termini des **ungesteuerten** und **gesteuerten** Spracherwerbs bzw. zwischen Aneignung und Lernen, wie sie in den Bereichen Deutsch als Fremd- und Zweitsprache so zentral wie geläufig sind (s. Kap. III.3.2).

Implizites Lernen: In den außerschulischen Sozialisationskontexten erwerben Kinder und Jugendliche, aber auch Erwachsene soziale Erfahrungen und eignen sich soziale Rollen an (v. a. Generations-, Geschlechter-, Gruppenrollen) und zwar nicht nur, aber doch überwiegend vermittelt durch die sprachliche Interaktion, sei es in der Familie, in Peergroups, in Freizeit-, Ausbildungs- und Arbeitskontexten. Wie schon in der frühen Soziolinguistik beschrieben (v. a. Bernstein: *Studien zur sprachlichen Sozialisation*, 1972), werden dabei soziale wie personale Identitäten ausgebildet. Dieser Prozess ›impliziten‹ Lernens hört mit dem Schuleintritt nicht auf; vielmehr erfolgt in der Schule die Sozialisation in die Schülerrolle, zumeist noch in die eines Objekts von überwiegend fremdbestimmten Lernprozessen. Das Ausbalancieren unterschiedlicher Identitätsanteile (v. a. der Zwang der Schülerrolle versus die individuellen Bedürfnisse) ist oft ein Grund für Friktionen und ›Störungen‹ im Unterrichtsverlauf (vgl. dazu Neuland/Balsliemke/Baradaranossadat 2009).

Explizites Lernen: Der Unterricht selbst sollte hingegen auf fachlich reflektierten und bildungspolitisch legitimierten Lernprozessen beruhen; solche ›expliziten‹ Lernprozesse werden schließlich abgesichert durch Lehr- und Bildungspläne, speziell durch die Formulierung, Begründung und Kontrolle von Lernzielen und Kompetenzen.

Andererseits ist aber auch nicht zu übersehen, dass im Unterricht implizites sprachliches wie soziales Lernen stattfindet, was die kritische Deutschdidaktik mittels ideologiekritischer Analysen so eindrucksvoll herausgearbeitet hat. Wie der immer noch aktuelle Begriff des **heimlichen Lehrplans** (vgl. dazu Zinnecker 1975) zeigt, können v. a. unreflektierte Übernahmen von sozialen Klischeevorstellungen, Diskriminierungen, Stereotypen auch heute noch diagnostiziert werden. Die Explikation solch ›heimlicher‹ Bestandteile des Unterrichts erfordert von den Lehrkräften neben der kritischen Analyse von Unterrichtsmaterialien auch ein hohes Maß an Selbstreflexion, dem in der Lehrerbildung Rechnung zu tragen ist. Im Kapitel III.4 »Kommunikation im Unterricht« werden diese Gedanken wieder aufgegriffen.

2.3 | Sprachbewusstsein und Sprachreflexion

Der bewusste Umgang mit Sprache ist eine Voraussetzung für Lehrende und wesentliche Zielvorstellung für die Lernenden, die in vielen Lehrplänen des Sprachunterrichts angesprochen wird. Dabei erweist sich aber auch, dass der abstrakten Berufung auf Bewusstheit und Reflexion oft wenig konkrete und manchmal auch schlicht normorientierte Umsetzungen folgen. So heißt es z. B. im *Kernlehrplan Deutsch für das Gymnasium (G8) in NRW* (2012):

»Deutschunterricht ist Sprachunterricht. Zu einem bewussten Umgang mit der Sprache gehört die Reflexion über Sprache, über ihre Strukturen, Regeln und Besonderheiten. Die Schülerinnen und Schüler sollen am Ende der Sekundarstufe I normgerecht sprechen und schreiben können.«

Weiterhin ist unübersehbar, dass das Einfordern der Reflexion mit den höheren Schulformen und Jahrgangsstufen zunimmt. So unterscheidet der *Kernlehrplan Deutsch für die Hauptschule in NRW* zwar Rezeption und Produktion als Kompetenzbereiche, nicht aber die Reflexion. Und im *Kernlehrplan Deutsch für das Gymnasium (G8) in NRW* heißt es in den Kompetenzerwartungen im Lernbereich ›Reflexion über Sprache‹ im Schwerpunkt: Sprachvarianten und Sprachwandel erst am Ende der Jahrgangsstufe 9: Die Schülerinnen und Schüler ›reflektieren‹ Sprachvarianten, während sie am Ende der Jahrgangsstufe 8 nur ›unterscheiden‹ können sollten, und am Ende der Jahrgangsstufe 6 heißt es ›untersuchen‹. Dem gegenüber scheint es sinnvoller zu sein, unterschiedliche Bildungsstufen von Sprachbewusstsein und unterschiedliche Qualitäten von Sprachreflexion zu unterscheiden, wie im Folgenden vorgeschlagen werden soll.

2.3.1 | Sprachbewusstsein: Voraussetzung und Ziel sprachlicher Bildung

Sprachbewusstsein als kognitive Einheit und Sprachbewusstheit als ein je aktueller kognitiver Zustand sind zentrale Kategorien in Sprachdidaktik und Sprachunterricht (dazu auch Budde u.a. 2011, S. 31ff.; zur Abgrenzung zum Terminus Sprachbewusstheit vgl. Funke 2008 sowie Andresen/Funke 2003). Das Sprachbewusstsein wird, so fasst Neuland (2002) zusammen, als eine theoretische reflexive Einstellung zum eigenen wie fremden Sprachgebrauch angesehen, die das für einen reflektierten Sprachgebrauch nötige sprachliche und kommunikative Wissen bereitstellt. In der Sprachdidaktik ist der Terminus ›Sprachbewusstsein‹ immer noch ein Forschungsprogramm mit theoretischem und empirischem Klärungsbedarf. Als eine prinzipiell interne, nicht direkt beobachtbare Größe ist es oft nur in Form der externalisierten Erscheinungsweisen von Sprachthematisierungen und Sprachreflexionen erschließbar.

Bildungsstufen des Sprachbewusstseins: Anknüpfend an sprachwissenschaftliche Traditionen, insbesondere Coseriu (1988) im Rückgriff auf das erkenntnistheoretische Begriffssystem von Gottfried Wilhelm Leibniz, lassen sich die in Abbildung 2 aufgeführten Stufen unterscheiden.

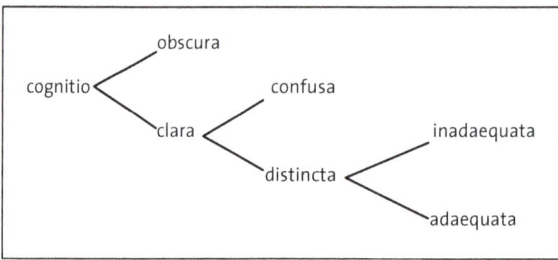

Abb. 2: Bildungsstufen der Sprachkompetenz (nach Coseriu 1988, S. 206)

Mithilfe dieser Terminologie können auch die Begriffe des **Sprachgefühls** und der **Spracheinstellungen** genauer bestimmt werden: Das Sprachgefühl entspricht als ›cognitio clara confusa‹ einer zwar klaren, aber nicht weiter begründbaren Erkenntnis (*Meinem Gefühl nach muss das richtig (geschrieben) sein*). Spracheinstellungen entsprechen als ›cognitio clara distincta‹ einer bestimmten sprachlichen Erkenntnis, die aber durchaus noch inadäquat sein kann, wie es z.B. bestimmte Vorurteile über Sprache belegen (*Wer ›datt‹ und ›watt‹ sagt, ist sprachlich ungebildet*). Das Sprachbewusstsein als ›cognitio clara distincta adaequata‹ sollte hingegen klar, begründbar und adäquat, also sachgerecht sein, was vor allem durch einen wissenschaftlich begründeten Sprachunterricht gefördert werden muss. Schon der frühe Reformer des Deutschunterrichts, Rudolf Hildebrand (1890), hob die Bedeutung der Kategorien des Sprachgefühls und des Sprachbewusstseins für den Sprachunterricht hervor:

> »Das Sprachgefühl hat übrigens mehr als eine Gestalt. Es erhebt sich zum Theil aus sich selbst heraus zum Sprachbewußtsein, andererseits bleibt es aber, und zwar zum größeren Theile im bloßen Sprachinstinct stecken, auch beim Gebildetsten.« (Hildebrand 1890, S. 89)

Eine Unterscheidung von **Gegenstandsbereichen** des Wissens über Sprache, die für den Sprachunterricht fruchtbar gemacht werden kann, ist Schlieben-Lange (1975) zu verdanken:

- Wissen über das Sprachsystem, also die Grammatik,
- Wissen über sprachliches Handeln, also die kommunikative Interaktion,
- Wissen über sprachliche Identifikationen, wie sie z. B. in sozialen Sprachstilen zum Ausdruck kommen.

Die Aufgliederung des Lernbereichs ›Reflexion über Sprache‹, wie sie von Boueke (1984) (s. dazu Kap. II.3.3.1) vorgenommen wurde, weist eine ähnliche Aufteilung auf, wenn wie folgt unterschieden wird:

- Reflexion über das Sprachsystem (Grammatikunterricht),
- Reflexion über fremdes und eigenes sprachliches Handeln (Kommunikationsanalyse und Metakommunikation),
- Reflexion über unterschiedliche auf Sprache bezogene Fragestellungen (Sprachkunde).

2.3.2 | Reflexion über Sprache: Unterrichtsprinzip oder eigenständiger Lernbereich?

Heute spielt die Entwicklung von Sprachbewusstsein nicht nur im zentralen Lernbereich Reflexion über Sprache, sondern auch in den Bereichen des Sprechens und Schreibens eine bedeutsame Rolle, wie in den folgenden Kapiteln gezeigt wird. Zwar wurde eine Zeit lang diskutiert, der Sprachreflexion wegen ihrer grundlegenden Bedeutsamkeit den Status eines durchgehenden Unterrichtsprinzips zuzugestehen (vgl. dazu Ingendahl 1999). Allerdings besteht bei einer ausschließlich integrativen Behandlung der Sprachreflexion stets die Gefahr, dass eine solche ›sprachreflexive Schleife‹ im Unterricht angesichts von Stofffülle und Zeitknappheit möglicherweise schnell wieder verlorengehen kann.

Auf einen eigenständigen Lernbereich Reflexion über Sprache sollte daher nicht verzichtet werden. Dabei ist wohl zu beachten, dass die Sprachreflexion und die Bildung von Sprachbewusstsein keine isolierten Selbstzwecke darstellen; vielmehr sind sie mit sprachlichen Handlungszielen zu verbinden, die das ›Wozu‹ sprachlicher Bildung konkretisieren: Bewusstes sprachliches Handeln und ein reflektierter Sprachgebrauch im Medium von Mündlichkeit und Schriftlichkeit im Umgang mit Texten und Medien werden so zu einer übergreifenden Zielvorstellung des Sprachunterrichts. Dies entspricht auch dem Verständnis in den *Bildungsstandards im Fach Deutsch für den Mittleren Schulabschluss* (2003, S. 8; s. Kap. II.3.3.2).

2.3.3 | Reflektierter Sprachgebrauch und Sprachkritik

Reflektierter Sprachgebrauch kann sich also auf eine Reflexion von sprachlichen Einheiten z. B. auf Wort-, Satz- oder Textebene, sowie auf eine Reflexion der Intention und Wirkung kommunikativen Handelns und schließlich der identifikatorischen Anteile unterschiedlicher Sprachgebrauchsweisen beziehen. Neben der Reflexion fremden Sprachgebrauchs tritt die Reflexion des eigenen Sprachgebrauchs als eine Form des reflexiven Sprachgebrauchs, mit dem, wie Ivo (1975, S. 147) in Anlehnung an Habermas formuliert, »ein Sprecher die Möglichkeit der Distanz zur eigenen sozialen Rolle, zu Sprecherabsicht, zu Sprechsituation, zum Adressaten, zu Vorverständnissen etc.« gewinnen kann. Wissen, was wir tun, wenn wir sprechen, bedeutet eine Ablösung vom bloß gewohnheitsmäßigen Gebrauch der Sprache. Darin kann auch ein emanzipativer Sinn von Sprachunterricht und grammatischer Reflexion liegen:

»Das implizit vorhandene vorwissenschaftliche Begleitbewusstsein zu einem kognitiv verfügbaren, expliziten und begründeten reflexiven Wissen umzuwandeln.« (Ivo/Neuland 1991, S. 442)

Sprachkritik: Diese sprachdidaktische Argumentation kann mit der von Heringer, Wimmer u. a. formulierten linguistisch begründeten Sprachkritik verbunden werden (s. dazu ausführlicher Kap. III.1). Von Polenz hatte 1982 die Sprachgebrauchskritik als das »fruchtbare Feld kritischer Sprachbetrachtung« und zugleich als »wichtige sprachpädagogische Aufgabe« (S. 79 ff.) hervorgehoben. Das einer solchen Sprachgebrauchskritik zugehörige Lernziel hat Wimmer als einen »reflektierten Sprachgebrauch« bestimmt, der die Fähigkeit und Bereitschaft voraussetzt, in Konfliktsituationen die Regeln seines eigenen Sprachgebrauchs zur Diskussion zu stellen und somit einen toleranten Umgang mit Sprache zu kultivieren (Wimmer 1982, S. 298 ff.).

Zu einer solchen Reflexion gehört auch der Bezug zu den **Normen** von Sprache und Sprachgebrauch, ein Thema, das in Linguistik und Didaktik der 70er Jahre eine besondere Konjunktur hatte. Die Kritik der Norm der ›Hochsprache‹ und der Vorstellung einer ›Sprachgemeinschaft‹, ausgelöst durch soziolinguistische und pragmalinguistische Forschungen, hatte seinerzeit einen bedeutsamen Innovationsschub der Sprachdidaktik ausgelöst. Dies schlug sich vor allem im Richtziel der kommunikativen Angemessenheit der kommunikativen Didaktik nieder, mit der der Vielfalt möglicher Sprachgebrauchsweisen Rechnung getragen werden sollte (zu dieser Diskussion vgl. Neuland 1998).

Aus der weiterführenden Debatte um die subjektiven Anteile an Normierungsprozessen, wie sie mit den Stichwörtern der ›Verdinglichung‹ oder ›Vergeistigung‹ von Sprachnormen (Bartsch 1985; Gloy 1997) geführt wurde, kann die Sprachdidaktik wesentliche Impulse übernehmen und dabei auch die Rolle der lehrenden und lernenden Individuen neu bewerten. Diese verarbeiten aktiv Spracherfahrungen und tragen in ihrem Handeln zur Konstitution von Normen bei, die sich als Erwartungshaltungen dem Sprachbewusstsein verdanken und in der Interaktion soziale Geltung erlangen. Eine solche Dynamik von auch gegenläufigen Normierungsprozessen stellt den Sprachunterricht heute zweifellos vor eine große Herausforderung, die angesichts der zunehmenden intra- und interkulturellen Differenzierungen des Sprachgebrauchs noch brisanter wird. Diese Erörterungen werden im Kapitel III.1.3 wieder aufgegriffen und an Beispielen konkretisiert.

2.4 | Interkulturalität – Eine neue Leitvorstellung?

Kritikfähigkeit, kommunikative Kompetenz und Handlungsfähigkeit wurden in der jüngeren Geschichte der Sprachdidaktik Deutsch als zentrale Leitvorstellungen diskutiert. Angestoßen von Entwicklungen in den Auslandsgermanistiken und in den Bereichen Deutsch als Fremd- und Zweitsprache haben sich in jüngster Zeit auch in der sog. Inlandsgermanistik und der muttersprachlichen Deutschdidaktik verstärkt interkulturelle Tendenzen bemerkbar gemacht (zur Mehrsprachigkeit s. Kap. III.3).

2.4.1 | Multikulturalität und Mehrsprachigkeit

Solche Tendenzen reagieren auf die immer größer werdenden Herausforderungen durch den Wandel zu einer multikulturellen Gesellschaft und die Zunahme von Sprachkontakten und Mehrsprachigkeit in der Schule (s. dazu Kap. III.3). Ein ›monokultureller‹ Blick (vgl. Gogolin 1994) auf Ziele und Gegenstandsfelder des Unterrichtsfaches Deutsch erscheint nicht mehr zeitgemäß und ist es wohl auch nie gewesen. Wo und wie aber zeigen sich bislang solche interkulturellen Bestrebungen im Deutschunterricht? Zwar wird dem Bereich ›Deutsch als Zweitsprache‹ in der Lehrerbildung (z. B. in Nordrhein-Westfalen) immer größere Bedeutung beigemessen, doch bleibt zu konstatieren, dass eine Integration in den Regelunterricht des Faches Deutsch noch kaum über punktuelle Ansätze hinausgekommen ist. Viele Lehrkräfte betrachten Schüler und Schülerinnen mit anderen Herkunftssprachen immer noch unter dem Aspekt einer defizitären Halbsprachigkeit. Die Einsicht, dass Mehrsprachigkeit nicht nur Schwierigkeiten, sondern auch Chancen für den Deutschunterricht bedeuten, hat sich noch nicht wirklich durchgesetzt.

Zur intrakulturellen, dialektalen, soziokulturellen, geschlechts- und generationstypischen Differenzierung der Sprache, also zur ›inneren‹ Mehrsprachigkeit (vgl. dazu Wandruschka 1979), tritt somit eine ›äußere‹ Mehrsprachigkeit durch Schülerinnen und Schüler mit nicht-deutscher Herkunftssprache hinzu. **Mehrsprachigkeit** bedeutet das Verfügen über mehrere Sprachen und Sprachstile, was allerdings nicht mit der perfekten Beherrschung einer (oder gar mehrerer) Standardsprache(n) gleichgesetzt werden muss, sondern unterschiedliche Niveaus der Sprachbeherrschung umfassen kann.

Ob sich eine **interkulturelle Sprachdidaktik** künftig entwickeln wird, bleibt abzuwarten. Bislang jedenfalls ist ein solches Konzept – trotz einiger beeindruckender Ansätze (v. a. Rösler 2012; Müller-Jacquier 1999; Roche 2001) – noch nicht erschöpfend für alle Lernbereiche und Kompetenzfelder entwickelt worden.

2.4.2 | Kulturkontrastivität, Trans- und Interkulturalität

Kulturkontrastivität: Dazu erscheint es zunächst einmal hilfreich, zwischen den Phänomenen Kulturkontrastivität, Transkulturalität und Interkulturalität zu unterscheiden. Die kontrastive Gegenüberstellung von sprachlichen Merkmalen zwischen einer L1, z. B. der Herkunftssprache, und einer L2, z. B. der Zielsprache, ist ein genuines Merkmal der kontrastiven Linguistik und Didaktik. Die Vorzüge kontrastiver Verfahrensweisen liegen auf der Hand: Durch Sprachkontraste können typologische Unterschiede und Gemeinsamkeiten erkannt und kategorisiert werden, kann Sprachbewusstheit im Sinne von Language Awareness ausgelöst werden.

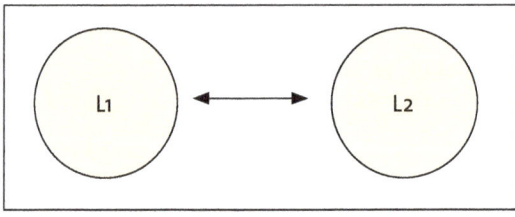

Abb. 3: Vereinfachte Darstellung sprachkontrastiver Vergleiche

Ein Beispiel in der muttersprachlichen Didaktik schon für den Sprachunterricht in der Grundschule bildet das Konzept der ›Sprachbegegnungen‹. **Sprachbegegnungen** können nicht nur Sprachreflexionen anstoßen; vielmehr können sie zugleich auch Kenntnisse über die deutsche Sprache vermehren.

Language Awareness-Ansätze haben u. a. zum Ziel, die Erstsprachen von Schülerinnen und Schülern mit Migrationshintergrund in den Deutschunterricht mit einzubeziehen (vgl. dazu etwa Oomen-Welke 2008; Luchtenberg 2001). Es geht dabei auf der einen Seite darum, das vorhandene Sprachbewusstsein mehrsprachiger Lerner, das unter Umständen bereits ausgeprägter ist als das der monolingualen Mitschüler, für das Sprachlernen nutzbar zu machen. Andererseits soll durch das Vergleichen von Elementen der deutschen Sprache mit solchen der Herkunftssprachen in der Klasse ein Bewusstsein für sprachliche Erscheinungen, ihre jeweiligen Formen und Funktionen in den einzelnen Sprachen hervorgerufen werden. Da dies vor allem für die deutsche Sprache gilt, profitieren auch die monolingualen Schülerinnen und Schüler von einem solchen Ansatz. Methodisch reicht das Repertoire dabei vom bloßen Akzeptieren spontan geäußerter Elemente der Herkunftssprachen bis zu systematisch herbeigeführten Vergleichen einzelner Strukturen (s. dazu Kap. III.3).

Transkulturalität: Vor allzu simplen Modellen der Kulturkontrastivität nach dem Schema zweier sich nicht überschneidender Kulturkreise K1 und K2 ist aber zu warnen: Kulturelle und oft eben auch sprachliche Phänomene werden hier oft künstlich homogenisiert, wie etwa in den Modellen der **Kulturstandards** des Psychologen Alexander Thomas (2005) oder auch zuvor schon in den **Kulturdimensionen** des empirischen Sozialforschers Geert Hofstede (2001). Vergleiche nehmen hier oft die Form polarer Differenzen an, z. B. zwischen Individualismus oder Kollektivismus, Harmonie oder Dominanz, Vergangenheits- oder Zukunftsorientierung u. a. m. Kulturstandards erscheinen eher als Konstrukte – man könnte auch von Stereotypen sprechen – und eignen sich nur sehr bedingt für die

Deutung linguistischer Befunde oder gar für sprachdidaktische Folgerungen.

Vertreter der **Transkulturalitätsthese** (z. B. Welsch 1998; Flechsig 2000) machen zu Recht auf die zunehmende Brüchigkeit des traditionellen Begriffs stabiler und homogener Einzelkulturen aufmerksam und verweisen auf den dynamischen Wandel und die komplexe kulturelle Differenziertheit moderner Kulturen. Aus transkulturellen Kontakten und Austauscherfahrungen entwickeln sich neue kulturelle Verflechtungen und Mischungen, die zu einer Vielfalt multikultureller Bezugssysteme führen.

Diese These lässt sich auch auf die Lebenswelt der Schülerinnen und Schüler und den Unterrichtsalltag übertragen: Kinder und Jugendliche haben, nicht zuletzt durch die Nutzung der neuen Medien und durch den globalen Kulturtransfer in Bereichen von Mode, Musik, Freizeitgestaltung, vielfache Erfahrungen und Kenntnisse gewonnen, die über die eigene Herkuftssprache und -kultur hinausgehen. Der produktive Umgang mit transkulturellen Elementen zeigt sich nicht zuletzt an den bekannten Phänomenen des *crossings*, der Stilmischungen und **Sprachkreuzungen** (s. dazu auch Kap. III.2.2 sowie III.3.3.1).

> Mit → Interkulturalität wird der Zwischenraum zwischen verschiedenen Herkunftskulturen bezeichnet, der sich in den sprachlichen wie außersprachlichen Ausdrucksformen von Kultur (Überzeugungen, Werte, Kommunikation, Kunst etc.) zeigen kann (zur Definition vgl. auch Heringer 2004, S. 105 sowie Lüsebrink 2012, S. 7 ff.).

Definition

Interkulturalität geht mithin über eine reine Kulturkontrastivität hinaus und geht auch nicht auf in einzelnen transkulturellen Entwicklungen.

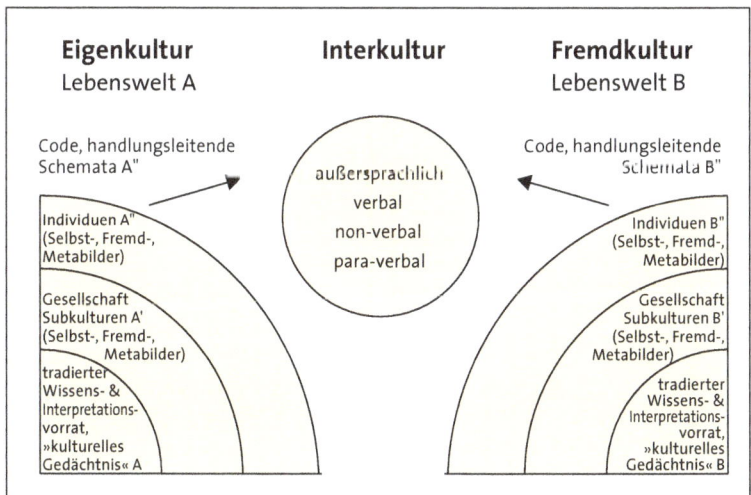

Abb. 4: Interkulturelle Kommunikation als Interaktion (nach Bolten 1993, S. 113)

Abbildung 4 versucht, mögliche Zwischenräume zwischen Kulturen als Interaktionsraum zu veranschaulichen.

Im Zwischenraum der Interkultur können sich durch die Dynamik gemeinschaftlichen Handelns fortlaufende Austausch- und Kommunikationsprozesse entwickeln, die die Chance von neuen Entwicklungen ebenso wie die Gefahr von Missverständnissen mit sich bringen.

2.4.3 | Interkulturelle Kommunikation und interkulturelle Kompetenz

Konfliktuelle Dimensionen: Linguistische Analysen interkultureller Kommunikation bewegen sich oft in konfliktuellen Dimensionen: Wo ist die Kommunikation zwischen Angehörigen unterschiedlicher Herkunftskulturen durch Peinlichkeiten und Missverständnisse bedroht, durch Konflikte gefährdet. Ein Phasenmodell interkultureller Konfliktsituationen mit konfliktuellem Verlauf stammt von Müller-Jacquier (1999):

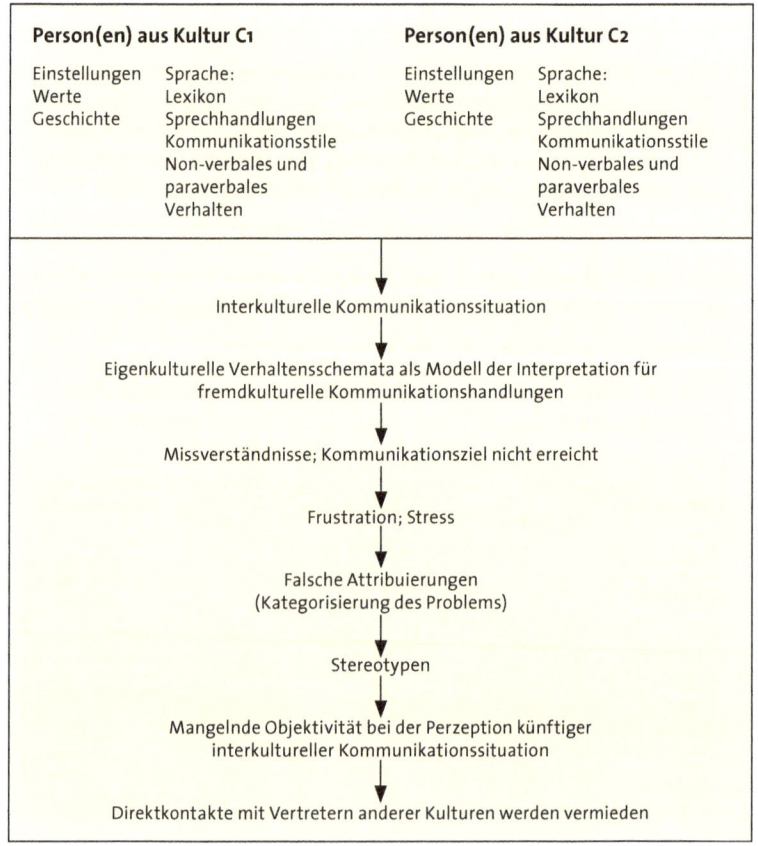

Abb. 5: Phasenmodell interkultureller Interaktionssituationen nach Müller-Jacquier 1999 (aus Lüsebrink 2012, S. 53)

Interkulturalität – Eine neue Leitvorstellung?

Das Schema soll verdeutlichen, dass jede interkulturelle Kommunikationssituation von den kulturell geprägten Sprech- und Handlungskonventionen der Interaktionspartner geprägt wird, die jedoch im Verlauf des interkulturellen Kommunikationsprozesses fortlaufend situativ verändert werden können. Durch inadäquate Interpretationen des Verhaltens der Kommunikationspartner, etwa durch den Rückgriff auf stereotype psychologisierende Interpretationen oder eben auch durch Übertragung eigenkultureller Muster kann es im Verlauf des Interaktionsprozesses zu Missverständnissen oder gar zum Abbruch der Kommunikation kommen.

Didaktische Folgerungen für den Sprachunterricht und für interkulturelle Kommunikationstrainings sollten allerdings nicht auf eine ›Didaktik des Vermeidens‹ hinauslaufen, z. B. *vermeide nähere Körperkontakte, vermeide politische Themen, vermeide den Ausdruck ›freie Meinungsäußerung‹* u. a. m. Vielmehr bieten interkulturelle Kommunikationssituationen auch ›rich points‹, die Einsicht in Kulturen verschaffen und eigene Erwartungen überprüfen lehren (zu diesem Konzept von Agar vgl. Heringer 2004, S. 162). Mit der Chance, Sprach- und Kulturbewusstheit zu wecken, neue kommunikative Stile und sprachliche Handlungsmuster auszubilden sind bereits grundlegende Aspekte interkultureller Kompetenz angesprochen.

Interkulturelle Kompetenz ist nicht nur eine wesentliche Dimension für den Unterricht Deutsch als Fremdsprache, sondern ebenso für den Unterricht Deutsch als Erst- und Zweitsprache. Die Möglichkeit einer Förderung von Kultur- und Sprachbewusstheit, von Fremdverstehen und von produktivem Umgang mit Alterität bietet sich schließlich in allen Lernbereichen eines Sprachunterrichts, der einen Beitrag zur allgemeinen Sprachkultivierung leisten möchte. Sprachkultivierung im Sinne eines reflektierten Umgangs mit verschiedenen Sprachgebrauchsweisen wird hier interkulturell ergänzt und bereichert.

Die **Vermittlung interkultureller Kompetenz** wird in den jüngst erschienenen *Bildungsstandards im Fach Deutsch für die Allgemeine Hochschulreife* (2012) unter den allgemeinen Zielen des Faches Deutsch explizit hervorgehoben: Sie zeige sich im verständigen und souveränen Umgang mit dem kulturell Anderen.

»Im Deutschunterricht erfahren die Schülerinnen und Schüler Alterität in vielfältiger Gestalt: in Texten und Sprachformen, die durch historische Distanz bestimmt sind, in Texten der Gegenwart, die offen oder verschlüsselt unterschiedliche kulturelle Perspektiven thematisieren oder durch Verfremdung Identifikation verhindern.« (2012, S. 10)

Als **Zielvorstellungen** einer interkulturellen Sprachdidaktik haben sich bislang herauskristallisiert:
- Einsicht in die Kulturalität sprachlichen Handelns,
- kulturelle und sprachliche Bewusstheit sowie
- die Fähigkeit zum Fremdverstehen.

Deren Ausdifferenzierung ist als künftige Aufgabe einer interkulturellen Sprachdidaktik anzusehen.

I.2.4 Grundlegendes

Sprachdidaktik:
Aktuelle Konturen
einer Disziplin

Literatur

Adamzik, Kirsten/Krause, Wolf-Dieter (Hg.) (2005): Text-Arbeiten. Textsorten im fremd- und muttersprachlichen Unterricht an Schule und Hochschule. Tübingen.

Adamzik, Kirsten/Neuland, Eva (2005): Zur Linguistik und Didaktik von Textsorten. In: Der Deutschunterricht 1/2005, S. 2–11.

Ammon, Ulrich/Kellermeier-Rehbein, Birte (1997): Dialekt als Sprachbarriere passé? 25 Jahre danach: Versuch eines Diskussions-Erweckungsküsschens. In: Deutsche Sprache 25,1/1997, S. 21–38.

Andresen, Helga/Funke, Reinhold (2003): Entwicklung sprachlichen Wissens und sprachlicher Bewusstheit. In: Bredel, Ursula u. a. (Hg.): Didaktik der Deutschen Sprache, Bd. 1. Paderborn, S. 438–451.

Bartsch, Renate (1985): Sprachnormen: Theorie und Praxis. Tübingen.

Becker-Mrotzek, Michael (1997): Zum Verhältnis von Sprachwissenschaft und Sprachdidaktik. In: Didaktik Deutsch 3/1997, S. 16–32.

Bernstein, Basil (1972): Studien zur sprachlichen Sozialisation. Düsseldorf.

Beschlüsse der Kultusministerkonferenz (2012): Bildungsstandards im Fach Deutsch für die Allgemeine Hochschulreife. In: http://www.kmk.org/fileadmin/veroeffentlichungen_beschluesse/2012/2012_10_18-Bildungsstandards-Deutsch-Abi.pdf (03.01.2013).

Blüml, Karl (1992): Textgrammatik für die Schule. Zu einem umstrittenen Kapitel der neuen Deutschlehrpläne. Wien.

Bolten, Jürgen (1993): Interaktiv-interkulturelles Fremdsprachenlernen. Zur Konzeption von Planspielen und Fallstudien im wirtschaftsbezogenem Fremdsprachenunterricht. In: Kelz, Heinrich P. (Hg.): Internationale Kommunikation und Sprachkompetenz. Bonn, S. 99–140.

Boueke, Dietrich (1984): Reflexion über Sprache. In: Hopster, Norbert: Handbuch »Deutsch« Sekundarstufe I. Paderborn, S. 334–373.

Budde, Monika/Riegler, Susanne/Wiprächtiger-Geppert, Maja (2011): Sprachdidaktik. Berlin.

Coseriu, Eugenio (1988): Sprachkompetenz. Grundzüge und Theorie des Sprechens. Tübingen.

Eichler, Wolfgang/Henze, Walter (2003): Sprachwissenschaft und Sprachdidaktik. In: Lange Günther/Neumann, Karl/Ziesenis, Werner (Hg.): Taschenbuch des Deutschunterrichts. Grundlagen – Sprachdidaktik – Mediendidaktik. 8. Aufl. Hohengehren, S. 101–123.

Ermert, Karl (Hg.) (1979): Gibt es die Sprachbarriere noch? Soziolinguistik – Sprachdidaktik – Bildungspolitik. Düsseldorf.

Fix, Ulla (2005): Texte zwischen Musterbefolgen und Kreativität. In: Der Deutschunterricht 1/2005, S. 13–22.

–/Poethe, Hannelore/Yos, Gabriele (2001): Textlinguistik und Stilistik für Einsteiger. Ein Lehr- und Arbeitsbuch. Frankfurt a. M.

Flechsig, Karl-Heinz (2000): Kulturelle Orientierungen. Internes Arbeitspapier 1/2000. Göttingen.

Förster, Jürgen/Neuland, Eva/Rupp, Gerhard (Hg.) (1989): Wozu noch Germanistik? Wissen – Beruf – Kulturelle Praxis. Stuttgart.

Funke, Reinhold (2008): Einleitung. In: Ders./Jäkel, Olaf/Januschek, Franz (Hg.): Denken über Sprechen. Facetten von Sprachbewusstheit. Flensburg, S. 9–25.

Glinz, Hans (1970): Sprachwissenschaft heute. Aufgaben und Möglichkeiten. Stuttgart.

Gloy, Klaus (1997): Sprachnormen als »Institutionen im Reich der Gedanken« und die Rolle des Individuums in Sprachnormierungsprozessen. In: Mattheier, Klaus (Hg.): Norm und Variation. Frankfurt a. M., S. 27–37.

Gogolin, Ingrid (1994): Der monolinguale Habitus der multilingualen Schule. Münster/ New York.

Henze, Walter (1972): Sprachwissenschaft und Sprachpädagogik. In: Wolfrum, Erich (Hg.): Taschenbuch des Deutschunterrichts. Grundfragen der Sprach- und Literaturpädagogik. Esslingen, S. 3–20.

Heringer, Hans-Jürgen (1974): Linguistik und Didaktik. In: Linguistik und Didaktik 4,18/1974, S. 119–130.

– (2004): Interkulturelle Kommunikation. Grundlagen und Konzepte. Tübingen/Basel.

– (2012): Interkulturelle Kompetenz. Ein Arbeitsbuch mit interaktiver CD und Lösungsvorschlägen. Tübingen/Basel.
Herrlitz, Wolfgang (1979): Sprachwissenschaft und Sprachdidaktik. In: Boueke, Dietrich (Hg.): Deutschunterricht in der Diskussion: Forschungsberichte. 2. Aufl. Paderborn, S. 168–192.
Hildebrand, Rudolf (1890): Gesammelte Aufsätze und Vorträge zur deutschen Philologie und zum deutschen Unterricht. Leipzig.
Hofstede, Geert (2001): Culture's Consequences. Comparing Values, Behaviors, Institutions and Organizations Across Nations. 2. Aufl. London/Neu Delhi.
Huneke, Hans Werner/Steinig, Wolfgang (2007): Sprachdidaktik Deutsch. Eine Einführung. 3. Aufl. Berlin.
Ingendahl, Werner (1999): Sprachreflexion statt Grammatik. Tübingen.
Ivo, Hubert (1975): Handlungsfeld: Deutschunterricht. Argumente und Fragen einer praxisorientierten Wissenschaft. Frankfurt a. M.
– (1977): Zur Wissenschaftlichkeit der Didaktik der deutschen Sprache und Literatur. Vorüberlegungen zu einer »Fachunterrichtswissenschaft«. Frankfurt a. M.
–/Neuland, Eva (1991): Grammatisches Wissen. Skizze einer empirischen Untersuchung über Art, Umfang und Verteilung grammatischen Wissens (in der Bundesrepublik). In: Diskussion Deutsch 121/1991, S. 437–493.
Luchtenberg, Sigrid (2001): Language(s) and Cultural Awareness: Ein Thema für die Fremdsprachenlehrerausbildung? In: Neusprachliche Mitteilungen 54,3/2001, S. 130–138.
Lüsebrink, Hans-Jürgen (2012): Interkulturelle Kommunikation, Interaktion, Fremdwahrnehmung, Kulturtransfer. 3. Aufl. Stuttgart/Weimar.
Maas, Utz/Wunderlich, Dieter (Hg.) (1972): Pragmatik und sprachliches Handeln. Mit einer Kritik am Funkkolleg »Sprache«. Frankfurt a. M.
Ministerium für Schule und Weiterbildung des Landes Nordrhein-Westfalen (2012): Kernlehrplan für den verkürzten Bildungsgang des Gymnasiums (G8) in Nordrhein-Westfalen. Deutsch. In: http://www.standardsicherung.schulministerium.nrw.de/lehrplaene/upload/lehrplaene_download/gymnasium_g8/gym8_deutsch.pdf (03.01.2013).
Ministerium für Schule und Weiterbildung des Landes Nordrhein-Westfalen (2012): Kernlehrplan für die Hauptschule in Nordrhein-Westfalen. Deutsch. In: http://www.standardsicherung.schulministerium.nrw.de/lehrplaene/upload/lehrplaene_download/hauptschule/Deutsch_HS_KLP_Endfassung.pdf (03.01.2013).
Müller-Jacquier, Bernd (1999): Interkulturelle Kommunikation und Fremdsprachendidaktik. Koblenz.
Müller-Michaels, Harro (1980): Positionen der Deutschdidaktik seit 1949. Königstein/Ts.
Nemeth, Cornelia (2008): Sprachbarrieren in der Diskussion. Eine wissenschaftsgeschichtliche Darstellung. Berlin.
Neuland, Eva (1979): Soziolinguistik und Sprachunterricht. In: Boueke, Dieter (Hg.): Deutschunterricht in der Diskussion. Bd. 1. Paderborn, S. 140–288.
– (1993): Reflexion über Sprache. Reformansatz und uneingelöstes Programm der Sprachdidaktik. In: Bremerich-Vos, Albert (Hg.): Handlungsfeld Deutschunterricht im Kontext. Frankfurt a. M., S. 85–101.
– (1994): Vielfältiges Deutsch und eine eigene Sprache. Anmerkungen zum Lernziel: Reflexiver Sprachgebrauch. In: ide. Informationen zur Deutschdidaktik, Heft 4: Über Sprache nachdenken, S. 28–42.
– (1996): Sprachkritiker sind wir doch alle! Formen öffentlichen Sprachbewußtseins. Perspektiven kritischer Deutung und einigen Folgerungen. In: Böke, Karin u. a. (Hg.): Öffentlicher Sprachgebrauch. Praktische, theoretische und historische Perspektiven. Opladen, S. 110–121.
– (1998): »Sprachnormen« – kein Thema mehr? Zur Neubelebung einer verschütteten Diskussion. In: Der Deutschunterricht 3/1998, S. 4–13.
– (2002): Sprachbewusstsein – eine zentrale Kategorie für den Sprachunterricht. In: Der Deutschunterricht 3/2002, S. 4–10.
– (2003): Die Rolle der Linguistik im Rahmen der Professionalisierung der Lehrerausbildung. In: Hass-Zumkehr, Ulrike/König, Christoph (Hg.): Literaturwissenschaft und Linguistik von 1960 bis heute. Göttingen, S. 69–86.

- (2006): Text als Schnittstelle von Sprachforschung und Sprachunterricht am Beispiel von Erzähltexten. In: Neuland, Eva/Foschi Albert, Marina/Hepp, Marianne (Hg.): Texte in Sprachforschung und Sprachunterricht. Pisaner Fachtagung 2004 zu neuen Wegen der italienisch-deutschen Kooperation. München, S. 19–33.
-/Balsliemke, Petra/Baradaranossadat, Anka (2012): Schülersprache – Schulsprache – Unterrichtssprache. In: Becker-Mrotzek, Michael (Hg.): Mündliche Kommunikation und Gesprächsdidaktik. Baltmannsweiler, S. 392–407.

Nussbaumer, Markus (1991): Was Texte sind und wie sie sein sollten. Ansätze zu einer sprachwissenschaftlichen Begründung eines Kriterienrasters zur Beurteilung von schriftlichen Schülertexten. Tübingen.

Oomen-Welke, Ingelore (2008): Deutschunterricht in der multikulturellen Gesellschaft. In: Kämper-van den Boogaart, Michael (Hg.): Deutschdidaktik. Leitfaden für die Sekundarstufe I und II. Berlin, S. 72–85.

Peyer, Ann/Portmann, Paul R. (Hg.) (1996): Norm, Moral und Didaktik. Die Linguistik und ihre Schmuddelkinder. Eine Aufforderung zur Diskussion. Tübingen.

Polenz, Peter von (1982): Sprachkritik und Sprachnormenkritik. In: Heringer, Hans-Jürgen (Hg.): Holzfeuer im hölzernen Ofen. Aufsätze zur politischen Sprachkritik [1973]. Tübingen, S. 70–93.

Roche, Jörg (2001): Interkulturelle Sprachdidaktik. Eine Einführung. Tübingen.

Rösler, Dietmar (2012): Deutsch als Fremdsprache. Eine Einführung. Stuttgart/Weimar.

Scherner, Maximilian (1984): Sprache als Text. Ansätze zu einer sprachwissenschaftlich begründeten Theorie des Textverstehens. Tübingen.

- (2003): Grammatik und Textualität. In: Bredel, Ursula u. a. (Hg.): Didaktik der deutschen Sprache. Bd. 1. Paderborn, S. 476–486.
-/Ziegler, Arne (Hg.) (2006): Angewandte Textlinguistik – Perspektiven für den Deutsch- und Fremdsprachenunterricht. Tübingen.

Schlieben-Lange, Brigitte (1975): Metasprache und Metakommunikation. Zur Überführung eines sprachphilosophischen Problems in die Sprachtheorie und in die sprachwissenschaftliche Forschungspraxis. In: Dies. (Hg.): Sprachtheorie. Hamburg, S. 189–205.

Sitta, Horst (1974): Didaktik und Linguistik. In: Diskussion Deutsch 19/1974, S. 431–445.

Thomas, Alexander (2005): Grundlagen der interkulturellen Psychologie. Nordhausen.

Wandruschka, Mario (1979): Die Mehrsprachigkeit des Menschen. München/Zürich.

Welsch, Wolfgang (1998): Kultur im Umbruch. Und der Deutschunterricht? In: Köhnen, Ralph (Hg.): Wege zur Kultur: Perspektiven für einen integrativen Deutschunterricht. Frankfurt a. M.

- (2000): Transkulturalität. Zwischen Globalisierung und Partikularisierung. In: Jahrbuch Deutsch als Fremdsprache 26/2000, S. 227–351.

Wimmer, Rainer (1982): Überlegungen zu den Aufgaben und Methoden einer linguistisch begründeten Sprachkritik. In: Heringer, Hans-Jürgen (Hg.): Holzfeuer im hölzernen Ofen. Aufsätze zur politischen Sprachkritik. Tübingen, S. 290–313.

Zinnecker, Jürgen (Hg.) (1975): Der heimliche Lehrplan. Untersuchungen zum Schulunterricht. Weinheim.

II. Arbeitsfelder und Lernbereiche

1. Mündlicher Sprachgebrauch

1.1 Sprachentwicklung und Sprachlernen vor Schulbeginn
1.2 Rede- und Gesprächserziehung: Förderung mündlichen Sprachgebrauchs in der Schule
1.3 Kommunikationspsychologie und Gesprächslinguistik als Rahmenorientierungen
1.4 Kommunikative Kompetenz, kommunikative Ethik und Gesprächskultivierung

Unter den vier großen Lernbereichen des Deutschunterrichts: mündlicher und schriftlicher Sprachgebrauch, Grammatikunterricht und Literaturunterricht ist der mündliche Sprachgebrauch zwar insofern der jüngste, als ihm erst in den 1970er Jahren ein bedeutsamer Stellenwert zugewiesen wurde. Doch ist der mündliche Sprachgebrauch ontogenetisch gesehen das erste sprachliche Kommunikationsmedium, und so soll auch diese Darstellung damit beginnen.

1.1 | Sprachentwicklung und Sprachlernen vor Schulbeginn

Für die Sprachdidaktik und den Deutschunterricht in der Schuleingangsphase ist es unabdingbar, die Entwicklungsprozesse und Entwicklungsstände der Schulanfänger vor Schulbeginn zu berücksichtigen.

1.1.1 | Spracherwerb in der Interaktion

Spracherwerb und vorschulische Sprachentwicklungen finden fast ausschließlich im Medium der Mündlichkeit statt. Studien zum frühen Spracherwerb belegen die Bedeutsamkeit der verbalen Interaktion zwischen dem Kind und seinen Bezugspersonen, und zwar unter Einschluss soziolinguistischer Differenzierungen.

Das Konzept Spracherwerb in der Interaktion des amerikanischen Entwicklungspsychologen Jerôme Bruner und seiner Schüler bietet sich als Alternative in der Empirismus-Nativismus-Kontroverse der Spracherwerbstheorien an (vgl. dazu die Forschungsdiskussionen bei z.B. Klann-Delius 2008; Szagun 2010). Dieses Konzept verbindet Ansätze der Sprachentwicklungs- und der Interaktionsforschung, indem ein quasi universeller **Spracherwerbsunterstützungsmechanismus LASS** (*Language*

Acquisition Support System) hypostasiert wird. Diese Annahme steht im Kontrast zu Sprachentwicklungskonzepten der generativen Grammatik, die von einem anlagebedingten universellen **Spracherwerbsmechanismus LAD** (*Language Acquisition Device*) ausgehen und sich auf den Erwerb des grammatischen Regelsystems konzentrieren.

Den interaktionistischen Vorstellungen zufolge hilft insbesondere der mütterliche Interaktionsstil (*motherese*) in der **Mutter-Kind-Dyade** dem Kind, sich »von der [vorsprachlichen] Kommunikation zur Sprache« (so Bruner 1979) weiterzuentwickeln. Studien von Snow/Ferguson (1977) veranschaulichen frühe Muster der noch vorsprachlichen Kommunikation, die auf wechselseitigen Rollenübernahmen und einer zunehmend sprachlichen Aktivität des Kindes beruhen.

Dazu ein Beispiel aus dem deutschen Sprachraum von Jochens (1979), in dem es um Referenzherstellung und adäquate Bezeichnungen beim Betrachten eines Bilderbuchs geht. Dabei erwirbt das Kind zugleich Grundstrukturen der Gesprächsführung:

Mutter-Kind-Interaktion   Beispiel 1
(aus Jochens 1979, S. 122)

M: *Hm, und was ist das denn?*
      ((M zeigt auf Schiff.))
K: *Audo.*
M: *'n Schiff!*
K: *Siff*
M: *Was ist das?*
      ((M zeigt auf Auto.))
K: *Auto?*
M: *Ja, das ist'n Auto. Was is' das denn hier?*
[...]

Die These von der impliziten Pädagogik der Mütter (dazu Snow/Ferguson 1977; s. auch Kap. I.2.2.2) bringt zum Ausdruck, dass diese eher unbewusst und implizit didaktische Intentionen des Sprachlernens verfolgen, die sich zum Teil aber auch metasprachlich, als ›Gespräch über Sprache‹ (so Weinrich 1976) äußern können, z. B. *Wie heißt das? Wie sagt man?* – Solche Beispiele finden sich in der Spracherwerbsforschung z. B. bei Ramge (1976) und Augst (1977). **Motherese**, das sog. Mutterische, ist allerdings ein Sozialisationsregister, das von allen Bezugspersonen des Kindes, unabhängig vom biologischen Geschlecht, in mehr oder minder starker Ausprägung realisiert werden kann.

Mündlicher Sprachgebrauch

1.1.2 | Sprachliche Sozialisation im Vorschulalter

Die Bedeutung der familialen Sprachprozesse führt konsequenterweise wieder zur Frage nach den intra- und interkulturellen Differenzierungen des Sprachgebrauchs. Eine wichtige Vorreiterrolle für die frühe empirische Erfassung hat der britische Erziehungswissenschaftler Basil Bernstein im Rahmen seiner soziolinguistischen Studien gespielt.

Formen sozialer Kontrolle in der Theorie der linguistischen Codes: Auf solche soziolinguistischen Unterschiede hat Bernstein in seinen *Studien zur sprachlichen Sozialisation* (1972) hingewiesen. Ein Beispiel für sprachliche Ausdrucksformen stellen die sogenannten **elterlichen Kontrolltechniken** dar, mit denen Eltern soziokulturelle Sozialisationsmaxime vermitteln und das Verhalten der Kinder regulieren wollen (vgl. Cook-Gumperz 1976). Dabei wird zwischen imperativen Formen sozialer Kontrolle und positionalen sowie personalen Appellen unterschieden.

- In den **positionalen Appellen** erfolgt eine sprachliche Vergemeinschaftung, z. B. mit altersgleichen *peers* (*Kinder in deinem Alter*), mit Geschlechtsgenossen (*Kleine Jungen weinen nicht!*) oder mit einer bestimmten Subkultur (*Leute wie wir ...*).
- Im Unterschied dazu werden bei **personalen Appellen** individuelle Absichten und Befindlichkeiten berücksichtigt, was oft zu einer elaborierteren sprachlichen Formulierung führt.

Das folgende Beispiel veranschaulicht diese idealtypische Differenzierung, die Bernstein in Verbindung mit den von ihm unterschiedenen linguistischen Codes, dem **elaborierten Code** der Mittelschicht und dem **restringierten Code** der Unterschicht, formuliert:

Beispiel 2 **Formen sozialer Kontrolle**
(aus Bernstein 1972, S. 220)

Stellen wir uns eine Situation vor, in der ein Kind seinen Großvater besuchen muss, dem es nicht gut geht. Das Kind möchte ihn nicht küssen, weil sich der Großvater seit einiger Zeit nicht rasiert hat. Die eine Mutter sagt zu ihrem Kind, bevor sie gehen:

M: *Kinder küssen ihren Großvater* (positional).
K: *Ich möchte nicht – warum muss ich ihn immer küssen?*
M: *Es geht ihm nicht gut* (positionaler Grund) – *und jetzt genug mit deinem Unsinn* (Imperativ).

Eine andere Mutter sagt in demselben Zusammenhang:

M: *Ich weiß, dass du Großvater nicht küssen magst, aber es geht ihm nicht gut, er mag dich sehr gern, und es macht ihn sehr glücklich, wenn du ihm einen Kuss gibst.*

In der kritischen Rezeption der Bernstein'schen Theorie in Deutschland wurden zwar insbesondere die vereinfachenden Charakterisierungen des elaborierten und restringierten Codes zurückgewiesen, doch löste der Gedanke eines Zusammenhangs von Sprache und sozialer Herkunft und einer soziolinguistischen Differenzierung des kindlichen Sprachgebrauchs vor Schulbeginn wichtige Impulse für den schulischen Sprachunterricht aus (vgl. v. a. Oevermann 1968).

Sprachbarrieren zu Schulbeginn: Fragestellungen, die auch empirisch verfolgt wurden, betreffen unter der These der Sprachbarrieren v. a. das Verhältnis der schulischen Sprachnormen zu den soziokulturellen Sprachgebrauchsweisen der Schulanfänger (vgl. die zusammenfassende Diskussion bei Neuland 1979 und die Darstellung in Kap. III.2).

Zur didaktischen Beachtung der sozialen Differenzierung traten in späteren Jahren die der Geschlechterdifferenzen und sodann der kulturellen Differenzen zwischen Schulanfängern verschiedener Herkunftskulturen und Herkunftssprachen hinzu (s. die Darstellung in Kap. III.3). Für die Schuleintrittsphase ergibt sich daraus als didaktisches Übergangsproblem, die **sprachliche Heterogenität der Schulanfänger** so zu berücksichtigen, dass ›Milieubrüche‹ und Missachtungen der familialen Sprachsozialisation möglichst vermieden werden.

1.2 | Rede- und Gesprächserziehung: Förderung mündlichen Sprachgebrauchs in der Schule

Die Mündlichkeit hatte in den Vorstufen sprachlicher Bildung und im institutionalisierten Deutschunterricht bis in die Mitte des letzten Jahrhunderts hinein eher eine dienende Funktion für die Schriftlichkeit, die fraglos den Mittelpunkt der unterrichtlichen Bemühungen bildete.

»Das Hauptgewicht soll auf die gesprochene und gehörte Sprache gelegt werden [...]«. Diese Forderung von Rudolf Hildebrand aus dem Jahr 1867 zielte auf eine Reform des neuzeitlichen Deutschunterrichts, in dem das ›gebildete Deutsch‹ mit der Schriftsprache, dem ›Dintendeutsch‹, gleichgesetzt wurde und die gesprochene Sprache zu einem Randphänomen verkümmert war. Die antike Rhetorik hatte in den Lateinschulen des Mittelalters neben der Grammatik noch einen zentralen Platz und fand auch Eingang in den weiterführenden Unterricht. Als Vortragskunst sowie als Einübung rhetorischer Stilmittel im schriftlichen wie im mündlichen Bereich blieb sie jedoch stets an die Schrift- und Literatursprache gebunden und damit einem bestimmten Ideal rhetorisch-poetischer Stilbildung verpflichtet (vgl. dazu Neuland 2009).

1.2.1 | Geschichte der Sprecherziehung im Deutschunterricht

Nach der Normierung der Sprechsprache durch Theodor Siebs (1898) und insbesondere nach der Entwicklung von **Sprechkunde** und **Sprecherziehung** durch Erich Drach (1922) und Christian Winkler (1954) wurde der Stellenwert der gesprochenen Sprache (nicht nur) im Deutschunterricht entschieden angehoben. Doch wurde die Sprecherziehung gleichzeitig auf die Dimension des ›lautreinen‹ und ›ausdrucksrichtigen‹ Sprechens festgelegt.

In der traditionellen Methodik und Didaktik des Deutschunterrichts fand die Sprecherziehung mit dem Lernziel des lautreinen und gestalteten Sprechens ihren systematischen Ort im Gefüge der Lernbereiche. Die Differenzierung eines Kanons formgebundener mündlicher **Darstellungsarten** (Gespräch, Vortrag, Lesung, Rezitation etc.) führte zu Übungen der mündlichen Gestaltungslehre nach festgelegten Stilmitteln und Ablaufmustern - analog der schriftlichen Gestaltungslehre. Dabei wurde insbesondere für die Gesprächserziehung ein Katalog formaler Redemuster wie Rund-, Kreis-, Frage- Antwort- Gespräch, Leitfadengespräch, Debatte und Diskussion eingeübt, ohne noch auf mögliche unterschiedliche Sprechabsichten, Themen oder Wirkungen Bezug zu nehmen.

Allein Erika Essen berücksichtigte bei der Gesprächserziehung neben der Sachbeziehung auch eine Partnerbeziehung im Ideal einer konsensorientierten schulischen »Gesprächsgemeinschaft« (1972, S. 280 ff.). Jedoch erschienen eigene Meinungen und Überzeugungen unerwünscht, und »die im öffentlichen Leben gebräuchlichen Diskussionsformen« wurden eher dem Sozialkunde- als dem Deutschunterricht zugewiesen.

Zwei Formen des Gesprächs: Ulshöfer unterscheidet in seiner *Methodik des Deutschunterrichts* im zweiten Teil der Mittelstufe (1974, S. 67 ff.) abgesehen von der Plauderei zwei lehrbare Arten des formgebundenen Gesprächs: die ›lockere‹ Art des **Rundgesprächs**, in dem es um die gemeinsame Klärung einer Frage ›von allgemeiner Bedeutung‹ gehen soll, und die ›strenge‹ Form des **Streitgesprächs** nach dem ›Vorbild‹ der Gerichtsverhandlung oder der Parlamentsdebatte. Die Vorschläge zur stark lehrerorientierten Unterrichtsmethodik sehen Spielregeln und je genau umrissene Aufgaben für Diskussionsleiter und -teilnehmer vor; für den Leiter des Rundgesprächs u. a. Abwehr ›abwegiger‹ Äußerungen, für die Teilnehmer Verantwortung gegenüber dem Wort, Verpflichtung zur Beteiligung. Die Themenbeispiele präjudizieren moralische Wertungen und nehmen mögliche Gesprächsergebnisse vorweg. So finden sich folgende Vorschläge für Rundgespräche: »Warum ich den Streber nicht schätze«, »Warum wir keine Schundliteratur lesen« (S. 91 f.), für Streitgespräche: Pro und Contra zu Themen wie Schlüsselkinder, Schülerstreik.

Der Grad der Formalisierbarkeit entschied als didaktisches Auswahlkriterium über die ›Lehrbarkeit‹ von Gesprächen – und reduzierte damit gleichzeitig die Gesprächserziehung auf eine formale Technik der Befolgung festgelegter ›Spielregeln‹, die sich gegenüber den relativ beliebigen vorgegebenen Inhalten als Lernziele verselbstständigten. So wird das Streitgespräch formal durch Abstimmung entschieden und beschlossen, was auch seine Funktionsbestimmung als ›Form öffentlicher Meinungsbildung‹ auf ein formal- bzw. scheindemokratisches Verfahren einschränkt.

Nach Helmers schließlich soll das **Gesprächstraining** am Ende der Sekundarstufe I eine »von Verstößen freie Sprechleistung ermöglichen« und erst auf der Sekundarstufe II mit einer »reflektorischen Bewußtmachung der Sprechhaltung« und »der verschiedenen Elemente dieser Gesprächsformen« verbunden werden (1976, S. 129 ff.). Auch hier scheint die Unterscheidung von Gesprächsformen nach rein formalen Oberflächenkriterien ohne sprachwissenschaftliche Fundierung vorgenommen: So wird das Gespräch im Unterschied zum Vortrag durch eine »Abfolge jeweils relativ kurzer Rede- bzw. Reaktionsabschnitte der einzelnen Partner«, die Diskussion als ›ungeplant‹ und durch ›ruckartiges inhaltliches Springen‹ charakterisiert. Festzuhalten bleibt, dass die Sprech- und Gesprächserziehung im Rahmen der Methodik und Didaktik des Deutschunterrichts von einer normativ-präskriptiven Vorstellung der »Pflege des gesprochenen Wortes«, d. h. des ›richtigen Sprechens‹ und des ›guten Gesprächs‹ geleitet wurde.

1.2.2 | Lernziel kommunikative Kompetenz

Die alten Forderungen von Hildebrand zielten jedoch nicht nur auf eine Gewichtung und Pflege der gesprochenen Sprache; vielmehr stehen sie im Kontext einer grundsätzlichen Orientierung des Sprachunterrichts an der lebendigen Alltagssprache der Schüler. Solche Überlegungen sollten jedoch erst von den Reformkonzepten der 1970er Jahre wieder aufgegriffen werden.

Innovationen durch die kommunikative Didaktik: Nunmehr rückte die Förderung der mündlichen Kommunikationsfähigkeit zu einem zentralen Lernziel auf: Mündliche Kommunikation wurde innerhalb weniger Jahre neben der schriftlichen Kommunikation, dem Umgang mit Texten und der Reflexion über Sprache »zur vierten Säule des Deutschunterrichts«, so Mihm (1975, S. 84). Dieser fachdidaktische **Paradigmenwechsel** im Verhältnis von Mündlichkeit und Schriftlichkeit verdankte sich weitgehend dem Entwicklungsschub der kommunikativen Didaktik, der durch die Forschungen zur gesprochenen Sprache, linguistischen Pragmatik und Soziolinguistik ausgelöst wurde (s. Kap. I.4.2).

Gegenüber der ›Erziehung zum richtigen Sprechen‹ reklamierten die hessischen *Rahmenrichtlinien Deutsch SI* (1972) die Berücksichtigung der Funktionen des Sprechens im gesellschaftlichen Prozess. ›Richtiges Sprechen‹ wurde programmatisch umdefiniert als »Bestandteil einer Strategie zur Wahrnehmung solcher Interessen, die den Entwicklungszielen und Erfordernissen einer demokratischen Gesellschaft angemessen sind« (1972, S. 10). Je nach fachpolitischer Ausrichtung betonten die zeitgenössischen Konzepte als Begründungskontexte stärker die Demokratisierung der Gesellschaft (der redefähige Bürger, so z. B. Geißner 1979), die kom-

Mündlicher Sprachgebrauch

munikative Anpassung an veränderte Wirtschaftsverhältnisse (so Dyck 1974) sowie Herrschaftskritik (Grünwaldt 1974) und schließlich die Chancengleichheit und Emanzipation des Einzelnen (Kochan 1974).

Einen Überblick über Lernzielformulierungen aus der damaligen sprachdidaktischen Diskussion und vor allem aus den zeitgenössischen Richtlinien präsentiert Lewandowski (1979, S. 229). Neben der Kommunikationsdidaktik der ›Lüneburger Gruppe‹ (Behr u.a. 1972, 1975) und den Projektvorschlägen des ›Bremer Kollektivs‹ (Grünwaldt 1974) nahm die ›Didaktik der mündlichen Kommunikation‹ von Detlef C. Kochan einen besonderen Stellenwert in der Fachgeschichte ein.

Dem Lernbereich ›mündliche Kommunikation‹ schreibt er

»in erster Linie das Bemühen um die kommunikative Kompetenz des Schülers als Identität von sprachlichem und sozialem Handeln zu. Der Unterricht muß den Schülern ermöglichen, ihre Sprechtätigkeit nach Anlaß und Situation zu erproben und zu prüfen, sowie in kommunikativen Situationen bewußt in die Spannungen zwischen den Beteiligten einzugreifen, im Sprachhandeln die eigenen Absichten zu verwirklichen und deren Wirkungen abzuschätzen.« (Kochan/Bünting 1973, S. 168)

Didaktisch-methodische Umsetzungen dieses Lernbereichs fanden vor allem in der Sprachbuchreihe *Sprache und Sprechen* ihren Niederschlag. Hier enthält jede Jahrgangsstufe ein eigenes Kapitel zur mündlichen Kommunikation mit vielen Unterrichtsanregungen zur Förderung einzelner Sprechhandlungen und kommunikativer Strategien (z. B. ›Sich Weigern‹ in der Jahrgangsstufe 6 nach einem Vorschlag von Kochan/Wallrabenstein 1974, S. 286, s. Abb. 1).

Als wichtigste Methode der Förderung kommunikativer Kompetenzen wurde das **Rollenspiel** entwickelt (vgl. Barbara Kochan 1976). Dabei wird hervorgehoben, dass das Rollenspiel aus den Phasen der Planung, Realisierung und der Reflexion besteht, aus der wiederum neue Phasen einer eventuell veränderten Motivation, Aktion und Reflexion resultieren können. Dies veranschaulicht Abbildung 2.

Das Rollenspiel ist als eine wichtige Methode sprachlichen und sozialen Lernens bis heute nicht mehr aus dem Unterricht wegzudenken. Allerdings wird in der Praxis die Reflexionsphase oft zugunsten der spielerischen Produktionsphase verkürzt, was den Eindruck einer Überbetonung des kommunikativen Könnens und einer Vernachlässigung der reflexiven Komponente in der kommunikativen Sprachdidaktik verstärkt (s. dazu Kap. I.1.4.2 mit der allgemeinen Einschätzung der kommunikativen Sprachdidaktik).

Abb. 1: Lehrbucheinheit zu ›Sich Weigern‹ in: *Sprache und Sprechen* 6 (aus Kochan/Wallrabenstein 1974, S. 286).

1.2.3 | Aktualisierungen und neue Schwerpunktsetzungen

Dominanz der Methodik: Nachdem die kommunikative Sprachdidaktik die Bedeutung des Lernbereichs der mündlichen Kommunikation so stark hervorgehoben hatte, ist ab Mitte der 1980er Jahre zunächst ein Stillstand in den konzeptionellen Ausarbeitungen dieses Lernbereichs zu bemerken. Demgegenüber herrschen methodisch orientierte Beiträge vor, die zwar eine breite Palette von Unterrichtsanregungen präsentieren, jedoch keinen Anschluss an eine Theoriebildung suchen (so z. B. Pschibul 1980; Behme 1985 und vor allem Berthold/Naumann 1984 sowie Berthold 1981 und 1993; Polz 2012a).

Insgesamt wird auf der einen Seite das Gegenstandsfeld der Gesprächsförderung stark ausgeweitet: Als besondere Schwerpunkte erweisen sich Formen und Bestandteile von Diskussion und Argumentation. Die Gesprächsbeispiele beziehen auch sogenannte ›personenbezogene‹ Alltagsgespräche ein und greifen Ergebnisse der neueren linguistischen Pragmatik und Gesprächsforschung auf (so Neuland 1980; Sucharowski 1982; Ramge 1994). Dabei geht es zunehmend auch um:

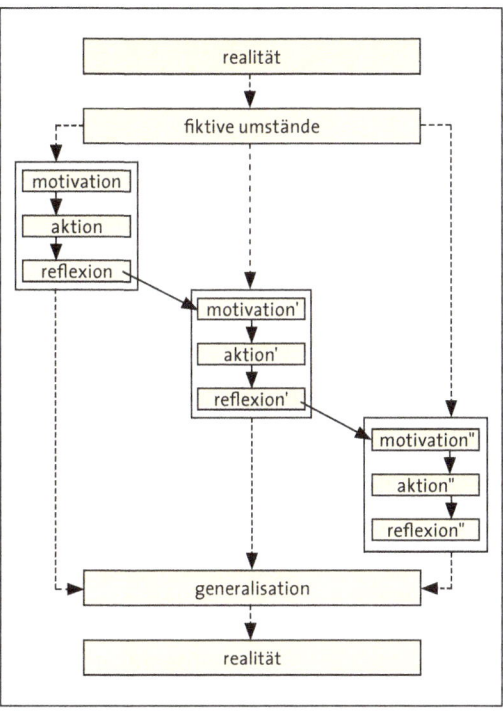

Abb. 2: Grundstruktur von Rollenspielen (nach Steinchen 1976, S. 278)

- verschiedene kommunikative Funktionen (wie Information, Unterhaltung, Selbstdarstellung),
- Darstellungsmodi (narrativ, diskursiv, appellativ) innerhalb von Gesprächen,
- Aspekte der Beziehungsgestaltung (Dominanzen, Kooperationsverstöße, Imagewahrung, -verletzung) sowie
- Prozesse unterschiedlicher Situationsdefinitionen und Bedeutungszuschreibungen und nicht zuletzt
- Probleme des Missverstehens.

Aktualisierungen: Man kann – gerade für den Lernbereich ›mündlicher Sprachgebrauch‹ und das zentrale Lernziel der kommunikativen Kompetenz – folgern, dass in der Fachgeschichte nicht mehr hinter die Entwicklungen der kommunikativen Sprachdidaktik zurückgegangen werden kann. Doch sind gegenüber der frühen Entwicklungsphase wichtige Aktualisierungen zu verzeichnen, wie z. B.:

- der Einbezug größerer **Gesprächskontexte** und komplexerer **Gesprächstypen**,

- die Erweiterungen **kommunikativer Zwecksetzungen** der Erfolgsorientierung und Effizienz um Verständigungsorientierung, Phantasie und Kreativität,
- die Differenzierung von **Gesprächsstilen** in sozio- und interkultureller Hinsicht.

Beispiele für solche Aktualisierungen des Lernbereichs unter dem Aspekt der Förderung von kommunikativer Kompetenz betreffen z. B. die folgenden Gesprächstypen: Diskussion, Erzählung, Erklärung, Präsentation, Moderation.

Doch bleiben noch manche didaktische Probleme ungelöst: Dies zeigt sich vor allem an der Frage nach der **Bewertung mündlicher Leistungen** in Rede und vor allem Gespräch, die nur vereinzelt aufgegriffen wird, ebenso wie an der Frage des curricularen Aufbaus sowie an der Übertragbarkeit von Lerneffekten in die außerschulische Lebenswirklichkeit (vgl. dazu Fiehler 1998; weiterhin Mönnich/Spiegel 2012 sowie Eriksson 2012).

Folgen von Tendenzwenden: Begründungen für die immer noch bemerkbare Zurückhaltung in der Theoriebildung und unterrichtsbezogenen empirischen Forschung zur Mündlichkeit mögen mit folgenden Tendenzwenden zusammenhängen, die die Sprachdidaktik der 80er und 90er Jahre beeinflussten:

- die **Schriftlichkeitswende**
- die **kognitive Wende** und
- die **kommunikationspsychologische Wende**.

Dabei hängen die beiden erstgenannten Entwicklungen sicherlich auch mit der Kritik an der kommunikativen Didaktik und ihrer Betonung des kommunikativen Könnens zusammen.

Zur Wieder- und Neuentdeckung der Schriftlichkeit in Forschung und Lehre trugen aber vor allem auch die psycholinguistischen und entwicklungspsychologischen Forschungen zu Schrifterwerb und Schriftentwicklung sowie zu Prozessen und Funktionen des Schreibens bei. Wie bereits in Kapitel I.2.2.1 angedeutet, haben solche Forschungen, die bedauerlicherweise keine Entsprechung im Bereich der Mündlichkeit fanden, wichtige Impulse für die Didaktik ausgelöst. Möglicherweise tritt als ein eher außengeleitetes Motiv die kulturkritische Klage über den sog. **Verlust der Schriftkultur** in Medien und Öffentlichkeit hinzu, aus der zum Teil ganz konkrete bildungspolitische Forderungen für den Deutschunterricht erwuchsen.

Die kognitive Wende hat mit ihrem Interesse an den universellen kognitiven Dimensionen des Lernens, am Aufbau von Sprachbewusstsein und an der Eigenaktivität der Lernenden (so das Leitthema des Symposion Deutschdidaktik in Zürich 1994) in der Deutschdidaktik vor allem für den Schreib- und für den Grammatikunterricht weiterführende Perspektiven erschlossen. Für die Mündlichkeit mit ihren spontaneren Produktionsprozessen und variableren Gestaltungsformen wurden bedauerlicherweise erst wenige Anregungen aus diesem Kontext aufgegriffen.

Die kommunikationspsychologische Wende bildet schließlich eine dritte Entwicklungstendenz, die eine Verschiebung der wissenschaftlichen Grundlagen im Lernbereich ›mündlicher Sprachgebrauch‹ bewirkte. Diese hatte sich im Bereich des außerschulischen Kommunikationstrainings schon länger durchgesetzt und dominierte rasch auch die fachdidaktischen Vorstellungen zur Förderung des mündlichen Sprachgebrauchs. Ein Beispiel dafür bildet die Einführung in die Fachdidaktik Deutsch von Schuster (1999), die (angehenden) Deutschlehrkräften eine kommunikationspsychologische und gesprächstherapeutische Weiterbildung bot (u.a. Themenzentrierte Interaktion, Gestaltpädagogik, Transaktionsanalyse), ohne einen Anschluss an die Gesprächslinguistik zu suchen.

1.3 | Kommunikationspsychologie und Gesprächslinguistik als Rahmenorientierungen

Die Herausforderung der kommunikationspsychologischen Wende führte in der Didaktik des mündlichen Sprachgebrauchs aber auch zu einer wieder verstärkten Auseinandersetzung mit theoretischen Rahmenorientierungen.

1.3.1 | Möglichkeiten und Grenzen der Kommunikationspsychologie

Um die Beschreibung und Erläuterung von Kommunikationsprozessen haben sich zunächst insbesondere Kommunikationspsychologen gekümmert. Bekannt sind die Arbeiten des Psychologen Paul Watzlawick, der seine **Axiome der Kommunikation** aus psychotherapeutischen Gesprächen mit seinen Patienten ableitete. Diese fünf Axiome betreffen grundlegende Aspekte der Kommunikation, wie z.B. die Unterscheidung von Inhalts- und Beziehungsaspekt, von digitaler und analoger, also z.B. von verbaler und nonverbaler und von symmetrischer oder komplementärer Kommunikation (vgl. Watzlawick 1969).
1. Man kann nicht nicht kommunizieren.
2. Jede Kommunikation hat einen Inhalts- und einen Beziehungsaspekt.
3. Kommunikation ist immer Ursache und Wirkung.
4. Menschliche Kommunikation bedient sich analoger und digitaler Modalitäten.
5. Kommunikation ist symmetrisch oder komplementär.

Diese Axiome haben schon lange Einzug in die Lehrwerke insbesondere zu Beginn der Oberstufe gefunden (so z.B. in *Texte, Themen und Strukturen*, hg. von Schurf/Wagener, 2009, S. 88ff.). Die entsprechenden Unterrichtseinheiten bieten nicht immer Anregungen für einen kritischen Umgang mit einem solchen Lerngegenstand, der quasi abbilddidaktisch präsentiert wird (s. Kap. I.1.2.3). Für eine kritische Rezeption seien hier nur zwei Aspekte hervorgehoben:

Mündlicher
Sprachgebrauch

- Dass man »nicht nicht kommunizieren« kann, ist vielleicht das bekannteste Axiom, das darauf abzielt, dass alles, was wir tun oder eben auch nicht tun, also unterlassen, als Absicht verstanden und gedeutet werden kann. Dies bedeutet allerdings noch lange nicht, dass etwas, was so und so gedeutet wird, auch so und so gemeint wird. Zwischen **Meinen und Verstehen**, darauf hat Peter von Polenz (2008) hingewiesen, können oft beträchtliche Diskrepanzen bestehen. Dies aber weist dem Verständnis und der Verständnissicherung im Gespräch eine bedeutsame Rolle zu, insbesondere bei Gesprächsstörungen oder -irritationen.
- Die Unterscheidung zwischen dem Inhalts- und dem Beziehungsaspekt ist ebenfalls in der Sprachdidaktik auf großes Interesse gestoßen: Der **Beziehungsaspekt** dient oft als letzterklärendes Schlüsselwort in der Analyse von Kommunikationsprozessen auch im Unterricht, ohne dass ein sprachlicher Bezug oder gar Beleg dazu gesucht würde.

Abb. 3: Die vier Seiten (Aspekte) einer Nachricht (nach Schulz von Thun 1981, S. 30)

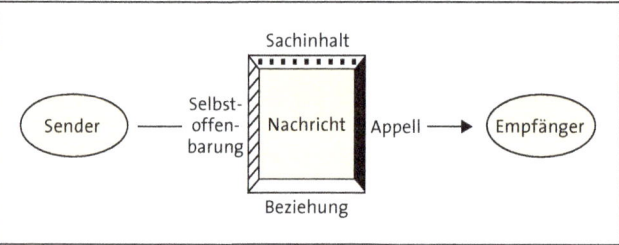

Einen zentralen Stellenwert nimmt dieser Begriff bei einem weiteren bekannten Kommunikationspsychologen ein, und zwar bei Friedemann Schulz von Thun. In seinen Schriften zum *Miteinander reden* entwickelt er ein psychologisches Modell der zwischenmenschlichen Kommunikation, das vier Seiten/Aspekte einer Nachricht enthält (s. Abb. 3).

Dieses Modell stellt eine um den Beziehungsaspekt erweiterte Darstellung des Bühler'schen Organonmodells dar. Zur Veranschaulichung mag das berühmte folgende Beispiel dienen: Die Ehefrau sitzt am Steuer. Der Ehemann sagt: *Du, da vorne ist grün.* Entsprechend dem Vier-Seiten-Modell kann die Ehefrau diese Botschaft nun mit ›vier Ohren‹ hören und verstehen (s. Abb. 4).

Abb. 4: Das Botschaftengeflecht einer Nachricht unter der kommunikationspsychologischen Lupe (nach Schulz von Thun 1981, S. 31)

Auch hier lässt sich, wie schon bei Watzlawick, ein hörerseitiger Deutungseffekt erkennen, der auch eine Miss-Deutung sein kann. So gängig also das Bild des ›vierohrigen Empfängers‹ auch sein mag, so ist doch bei der Deutung des Beziehungsaspekts eine sorgfältige Prüfung angebracht: Denn Deutungen sind prinzipiell auch abhängig von **Top-down-Prozessen**, also von Wissensbeständen und Vorerfahrungen des Hörers.

Damit stellt sich ein wichtiges **methodologisches Problem**: Wie können Deutungen von kommunikativen Äußerungen abgesi-

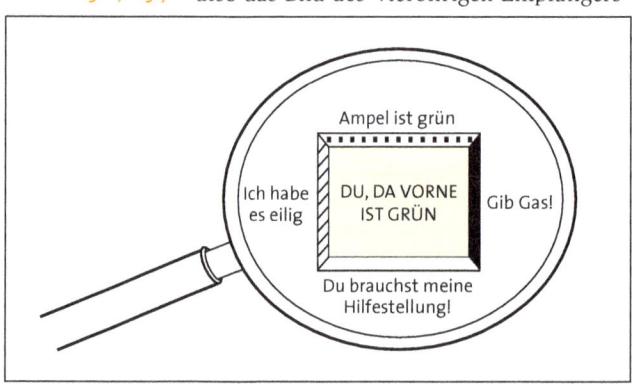

chert werden? Dazu bietet es sich an, den unmittelbaren kommunikativen Kontext und den sprachlichen Kotext genauer zu betrachten:
- In welcher Situation fällt eine Äußerung?
- Wie wird in der konkreten Interaktion auf diese Äußerung verbal und nonverbal reagiert?
- Auf welche sprachlichen Belege kann sich die Deutung berufen?

Aus linguistischer Sicht ergeben sich schließlich gewisse **Begrenzungen kommunikationspsychologischer Ansätze**:
- Es handelt sich in den allermeisten Fällen um konstruierte und hier zudem noch isolierte Beispieläußerungen. Schulz von Thun greift auf das Klischee eines Ehepaares mit traditioneller Rollenverteilung zurück. Welche Kommunikation aber würde sich bei anderen Rollenverhältnissen ergeben?
- Die Beispieläußerungen beschränken sich auf eine sprecherseitige Äußerung und beinhalten nicht etwa **interaktive** Äußerungsfolgen. Wie könnten z. B. mögliche Erwiderungen lauten, wie könnte sich das Gespräch weiterentwickeln?

Solche Überlegungen, die Zweifel an der Faszination kommunikationspsychologischer Beschreibungen auslösen können, sind auch in der Lehreraus- und -fortbildung und im Oberstufenunterricht angebracht. Dazu eignen sich z. B. Textanalysen wie Loriots *Szenen einer Ehe*, vor allem das Gespräch: »Das Ei ist hart!«, das ein anregendes Beispiel für die Widerständigkeit von eingefahrenen Kommunikationsroutinen darstellt. Für die Erklärung der Kommunikationstaktik der Ehefrau im Umgang mit der Kooperativität im Gespräch (s. Kap. I.1.3.2 und 1.4.1) erwiesen sich aber gesprächslinguistische Kenntnisse als notwendig (z. B. Einsatz von indirekten und teilresponsiven Gesprächsakten, von Taktiken des Überhörens und Abschwächens). Neben der analytischen Arbeit können auch produktive Arbeitsformen zum Einsatz kommen, z. B. bei Fortsetzungen oder Veränderung der Textvorlagen.

Textanfang von ›Szenen einer Ehe‹ — Beispiel 3
(aus Loriot 1983)

Das Ei ist hart

Er: *Bertha, das Ei ist hart*
Sie: *Ja...*
Er: *Das Ei ist hart*
Sie: (schweigt)
Er: *Das Ei ist hart!*
Sie: *Ich habe es gehört...*
Er: *Wie lange hat das Ei denn gekocht...*
Sie: *Zuviel Eier sind gar nicht gesund...*
Er: *Ich meine, wie lange dieses Ei gekocht hat...*
[...]

1.3.2 | Gesprächslinguistik und Gesprächsdidaktik

Gespräch: Mit ›Gespräch‹ bezeichnet man gemeinhin das Miteinanderreden von verschiedenen Gesprächspartnern, sieht man vom Selbstgespräch ab. Damit erscheint als wichtiger Aspekt der **Sprecherwechsel**, der das Gespräch als Motor in Gang hält und ohne den ein Monolog stattfinden würde. Der Wechsel der Sprecher- und Hörerrolle begrenzt die einzelnen **Gesprächsschritte**, die allerdings nicht isoliert nebeneinander stehen, sondern thematische und strukturelle Bindungen aufweisen können. Ein Gespräch erscheint als eine »zentrierte Interaktion« zwischen wenigstens zwei Kommunikationspartnern mit freiem Wechsel der Sprecher-/Hörerrolle (Fuchs/Schank 1975).

Bereits Humboldt hat das Gespräch als eine Grundeinheit menschlicher Rede bezeichnet und folgendermaßen erläutert: »Es liegt aber in dem ursprünglichen Wesen der Sprache ein unabänderlicher Dualismus, und die Möglichkeit des Sprechens selbst wird durch Anrede und Erwiderung bedingt« (zit. nach Henne/Rehbock 2001, S. 12). Der amerikanische Interaktionsforscher Erving Goffman spricht vom grundsätzlichen ›**Paar-Charakter‹ von Sprache** und schlägt die Begriffe ›statement and reply‹ dafür vor. **Anrede** und **Erwiderung** erscheinen somit als universale Kategorien dialogischen Sprechens.

Ein Gespräch, wie z. B. ein Einkaufsgespräch, ein Amtsgespräch, ein Unterrichtsgespräch, kann man nach Henne/Rehbock (2001) auf der **Makroebene** als Folge bestimmter Gesprächsphasen, vor allem Eröffnung, Hauptteil, Beendigung, beschreiben. Auf der **mittleren Ebene** bietet sich die Unterscheidung von Gesprächsschritten, Gesprächssequenzen und Gesprächsmustern an. Auf der **Mikroebene** können innerhalb eines Gesprächsschrittes sprechaktinterne Elemente von Syntax, Lexik, Phonologie und Prosodie unterschieden werden. Weiterhin sind aber auch kürzere Kommentare, Rückmeldungen oder Versuche der Gesprächsschrittbeanspruchung auf der Hörerseite zu bemerken, die oft simultan erfolgen und zu Unterbrechungen des derzeitigen Sprechers führen können. Henne/Rehbock (2001, S. 20) haben folgende Analysekategorien der Gesprächsanalyse zusammengestellt:

Kategorien der Gesprächsanalyse

→ **Kategorien der Makroebene: Gesprächsphasen**
- Gesprächseröffnung
- Gesprächsbeendigung
- Gesprächs-»Mitte«: Entfaltung des Hauptthemas und der Subthemen
- Gesprächs-»Ränder«

→ **Kategorien der mittleren Ebene**
- Gersprächsschritt (*turn*)
- Sprecher-Wechsel (*turn-taking*): Regeln der Gesprächsfolge
- Gesprächssequenz

Kommunikations-
psychologie und
Gesprächslinguistik

- Gesprächsakt/Hörverstehensakt
- Gliederungssignal
- *back-channel-behaviour*

→ **Kategorien der Mikroebene**
Sprechaktinterne Elemente: syntaktische, lexikalische, phonologische und prosodische Struktur

Die **Gesprächslinguistik** beschäftigt sich mit den Regelmäßigkeiten oder auch Regeln des Gesprächs, die man sich normalerweise nicht bewusst macht und denen man dennoch auf Grund der sprachlichen Sozialisation folgt. Schon früh haben Linke/Sitta (1987) die Fruchtbarkeit der Gesprächsforschung für die Gesprächsdidaktik aufgezeigt. Sie unterscheiden generell vier Ebenen der schulischen Gesprächsförderung, und zwar:
- das Unterrichtsgespräch selbst als Übungsfeld,
- die Analyse von fremden Gesprächen,
- die metakommunikative Analyse von eigenen Gesprächen sowie
- spezielle Übungsformen einzelner Aspekte.

Greifen wir zur Veranschaulichung nun einige Aspekte heraus:

Wechsel von Gesprächsschritten: Dieser lässt sich nach Henne/Rehbock (2001, S. 254f.) mit folgender Systematik beschreiben: Abgesehen von einer Unterbrechung können sogenannte glatte Wechsel unterschieden werden, bei denen sich die Gesprächsschritte nur geringfügig überlappen, und schließlich Gesprächswechsel nach einer längeren Pause:
- Wechsel mit Unterbrechung
- glatter Wechsel
- fugenlos
- überlappend
- zäsuriert
- Wechsel nach Pause

Der Umgang mit solchen Pausen ist oft eine Herausforderung für die Gesprächspartner, und die kulturkontrastive Gesprächsforschung hat herausgefunden, dass gerade deutsche Sprecher solche Pausen im Gespräch schneller als Angehörige anderer Kulturen (etwa auch als deutsch-schweizer Sprecher) selbst füllen. Ein solcher Effekt ist auch oft in Unterrichtsgesprächen zu beobachten, wenn die Lehrkraft entstandene Pausen selbst füllt. Dies veranschaulicht das folgende Beispiel:

Auszüge aus einem Unterrichtsgespräch über Werbung
(aus Neuland 1978, S. 20ff.)

Beispiel 4a

L1: *Bitte, wer faßt mir jetzt mal . das, was, an der Tafel über die Notwendigkeit und Bedeutung der Werbung steht, in ein paar Sätzen zusammen. Da stehn ja nur Stichworte ... Also Thema jetzt: Notwendigkeit und Bedeutung der Werbung ... Könnt ihr doch ... Albert!*

II.1.3
Arbeitsfelder und Lernbereiche

Mündlicher Sprachgebrauch

An dieser Lehreräußerung wird zugleich erkennbar, dass in der institutionellen Kommunikation des Unterrichtsgesprächs der Sprecherwechsel weiteren Regelungen unterliegt, wie hier z. B. einer Einschränkung des freien Sprecherwechsels in Form der ›Fremdwahl durch Aufforderung‹.

Unterbrechungen: Ein weiteres Beispiel aus diesem Unterrichtsgespräch demonstriert den Umgang mit Unterbrechungen.

Beispiel 4b **Auszüge aus einem Unterrichtsgespräch über Werbung**
(aus Neuland 1978, S. 20 ff.)

L2: *Ja, gut, schön, Dagmar! Wer nimmt jetzt mal: Gefahren und Grenzen der Werbung und versucht, genau wie Dagmar eben bei dem ersten Thema, da ein paar zusammenhängende Sätze darüber zu sagen? ... Sigrid ja? Bitte!*
S1: *Hm, so zum Beispiel mit der Werbung noch mal also*
L3: *Ist es gut, wenn wir mit ›zum Beispiel‹ anfangen? Du solltest zusammenfassen, Sigrid, ja?*

Lehrkräfte haben als dominierende Sprecher Vorrechte zu unterbrechen (zur Kommunikation im Unterricht s. Kap. III.4). Während der Sprecherwechsel in institutionellen Kommunikationssituationen zumeist genau festgelegt ist, gilt dies nicht für die private Kommunikation, in der ein zumeist freier Sprecherwechsel vorherrscht und es daher oft zu Überlappungen oder Unterbrechungen und simultanem Sprechen kommt. Ein kompetenter Umgang mit dem Sprecherwechsel ist daher auch ein wichtiges Lernziel für den mündlichen Sprachgebrauch. Dies gilt insbesondere für den Umgang mit Unterbrechungen im Gespräch: Wie gelingt es, eine Sprecherrolle zu behalten oder eine Gesprächsschrittbeanspruchung zum Anlass zu nehmen, die Rede an einen nächsten Sprecher weiterzugeben? Welche metakommunikativen Kommentare sind in solchen Situationen angebracht?

Höreraktivitäten: Ein weiterer wichtiger Aspekt von Gesprächslinguistik und -didaktik bezieht sich auf Höreraktivitäten im Gespräch. Der Hörer ist kein passiver Rezipient; vielmehr äußert er sich in vielfacher Weise verbal, z. B. durch Kurzkommentare wie: *wirklich? unglaublich! klasse!*, aber auch nonverbal durch alle bekannten mimischen und gestischen Rückmeldungen, z. B. Heben der Augenbrauen, Herunterziehen der Mundwinkel und schließlich auch paraverbal wie Gelächter, Aufstöhnen usw. Die Funktion von Höreraktivitäten kann als eine Unterstützung des gegenwärtigen Sprechers bezeichnet werden; solche Aktivitäten sind interkulturell höchst unterschiedlich ausgeprägt.

In der Didaktik des mündlichen Sprachgebrauchs hat dies zu einer neuen Lernzielformulierung geführt, und zwar: das **aktive Zuhören** und seine hörerseitige Bedeutung einer Unterstützung des jeweiligen Sprechers sowie seine sprecherseitige Bedeutung eines möglichst genauen Verständnisses des Gesagten. Für diese Bereiche sind entsprechende Übungsformen entwickelt worden (vgl. u. a. Berthold 2000).

Gesprächssequenzen: Ein weiterer Ansatzpunkt der Gesprächslinguistik ist die Untersuchung des thematischen wie strukturellen **Zusammenhangs zwischen Gesprächsschritten**. Gesprächsbeiträge müssen in einem gewissen Sinne ›passen‹. Wenn sie als unpassend wahrgenommen werden, wenn z. B. ein Gruß nicht erwidert wird, eine Frage nicht beantwortet, ein Vorwurf ins Leere geht, dann wird dies als eine Gesprächsstörung empfunden. Die Gesprächslinguistik spricht daher von **Gesprächssequenzen**, z. B. Gruß und Gegengruß, Frage und Antwort, Vorwurf und Rechtfertigung, aber auch Gegenvorwurf, Entschuldigung, metasprachlicher Kommentar. Neben diesem pragmatischen Aspekt der Sequenzbildung gibt es einen inhaltlichen: Gesprächsbeiträge müssen auch inhaltlich passen und aneinander anknüpfen (nach Henne/Rehbock 2001, S. 254 f.). Wir sprechen in diesem Fall von thematischer oder inhaltlicher **Kohärenz** oder auch **Responsivität** von Gesprächsschritten.

Verknüpfung von Gesprächsakten:
1. vom ersten Akt ausgehend: Initiierung/Determination
2. vom zweiten Akt ausgehend: Responsivität
   - responsiv: Konsens oder Dissens; reaktiv oder initiativ
   - teilresponsiv
   - nicht responsiv

Zur Illustration sei auf die Beispiele aus Kapitel I.1.3.1 zurückgegriffen, womit zugleich die unterschiedlichen Betrachtungsweisen des Kommunikationspsychologie und der Gesprächslinguistik im Hinblick auf die Berücksichtigung des sprachlichen Kontextes verdeutlicht werden sollen. Im Beispiel von Schulz von Thun sagt der Ehemann: *Du, da vorne ist grün.* Reagiert die Ehefrau nun z. B. mit einer Äußerung wie: *Hast du an die Blumen für meine Mutter gedacht?*, so wird die Initiative der Vorgängeräußerung inhaltlich sowie pragmatisch übergangen und ein neues Thema angeschnitten. Bewusst herbeigeführt, kann ein solches Gesprächsverhalten als eine Taktik zur Vermeidung einer Antwort bzw. zur Zurückweisung der initiativen Äußerung verstanden werden. In jedem Fall kann es als Zeichen von **Nonresponsivität** bzw. **Nonkooperativität** gewertet werden und Gesprächskrisen auslösen.

Im Loriot-Sketch erwidert Bertha auf die Äußerung ihres Mannes, *Wie lange hat das Ei denn gekocht?, Zuviel Eier sind gar nicht gesund.* In diesem Fall kann man von einer **Teilresponsivität** sprechen, da zwar eine thematische Anbindung, nicht aber eine pragmatische erfolgt. Bertha begeht damit zwar einen Kooperationsverstoß, versucht aber durch ihre teilrespektive Reaktion, der erwartbaren Antwort auszuweichen und eine neue Sequenz auszulösen.

Ein Gespräch besteht mithin in der Regel nicht aus einer zusammenhanglosen Folge von Äußerungen; es stellt vielmehr ein komplexes Handlungsmuster mit wechselseitigen Verpflichtungen dar: **Gesprächsarbeit** muss von allen geleistet werden. Dies aber stellt eine wichtige Lernzieldimension für die Gesprächsdidaktik dar. Das folgende Beispiel eines

II.1.3
Arbeitsfelder und Lernbereiche

Mündlicher Sprachgebrauch

Comics, zu dem Schreier-Hornung (1987) eine Unterrichtseinheit für die achte Jahrgangsstufe entwickelt hat, demonstriert das sehr anschaulich.

[...]

Abb. 5: »Aneinander vorbeireden« (aus Schreier-Hornung 1987, S. 42 ff.)

Arbeitsfelder und Lernbereiche

Kommunikations-
psychologie und
Gesprächslinguistik

1.3.3 | Erzählforschung und Erzählförderung

Ein nicht nur für die Grundschuldidaktik besonders aufschlussreiches Gegenstandsfeld ist das Erzählen, das erst seit den 80er Jahren unter dem Aspekt der **mündlichen Kommunikation** in der Sprachdidaktik Beachtung findet. Zuvor war es vor allem die **schriftliche Erlebniserzählung**, die zumal im sprachgestaltenden Aufsatzunterricht der Grundschule und frühen Sekundarstufe I eine zentrale Rolle spielte (s. dazu Kap. II.2.4.1) und auf Grund der präskriptiven Stilbildung, v. a. der sogenannten ›Höhepunktsoptik‹ vielfache fachliche Kritik erfahren hatte.

Zu dieser neuen Entwicklung trugen die linguistischen Studien zur Erzählentwicklung sowie zum Erzählen im Gespräch (z. B. Ehlich 1980) maßgeblich bei.

Erzählerwerb und Erzählentwicklung: Dem Erzählerwerb und der Erzählentwicklung sind die empirischen Studien von Boueke u. a. (1995) und von Hausendorf/Quasthoff (1996) gewidmet. Boueke u. a. schlossen aus ihren Beobachtungen für die frühen Altersstufen auf eine relativ universalistische Entwicklungsreihenfolge:

- ausgehend von einem **isolierten Erzählen** im Kindergartenalter und
- einem **strukturierten** Erzähltyp im 2. Schuljahr bis zu
- einem **narrativen** Erzähltyp im 4. Schuljahr.

Ein frühes Beispiel für den letzteren, narrativ strukturierten Typ zeigt die folgende Erzählung einer Bildergeschichte eines Viertklässlers:

Mündliche Erzählung eines Viertklässlers Beispiel 5
(aus Boueke u. a. 1995, S. 242)

> FRANK: an einem schönen Sommer*tag* äh fuhr Herr Jakob mit seinem Fahrrad . äh . auf einem *Feld*weg lang . dann is er an einer Kreuzung . fährt er . an einer Kreuzung vorbei und da kommt ein anderer Mann mit einem Fahrrad . kommt aus dem Weg von der Kreuzung *raus* . dann pralln die beiden zusammen ... und dann entschuldigt sich Herr Jakob bei dem weil es sein könnte daß er zu schnell gefahren is oder ä daß er halten könnte .. **und** . dann ... ähm .. r/ dann schimpft der noch und dann schimpft der andere Mann noch mit Herrn Jakob ähm . und dann repariert er dem das .. das Rad **vorne** wieder was da dran kaputt gegangen is und an seinem is . nix k/ **dran** kaputt gangen . **und** eh . **dann** ... **is** . ham se daraus n Tandem gebaut die Sachen die da noch äh die se nich mehr . br/ gebr*au*chen konnten ham se dann am Straßengraben liegen . lassen . sind dann zu zweit auf einem Rad weitergefahren

---

Sie weist eine Exposition auf, in der Ort, Zeit, handelnde Person(en) genannt und die Handlung auf den Weg gebracht wird. Sie enthält ebenfalls eine Komplikation, also eine den normalen Ereignislauf unterbrechende und dadurch erzählenswerte Begebenheit, sowie eine Auflösung. Auch die für Boueke u. a. zentrale Kategorie der »Affektmarkierung« (ebd. S. 181 f.) ist vorhanden; hierfür muss vor allem die Komplikation implizit als emotional bedeutsam (hier: Unfall) angesehen werden und am besten noch explizit als solches markiert sein (hier durch Wörter wie *zusammenprallen* oder *schimpfen*).

Mündliches Erzählen: Insgesamt hat die linguistische Erzählforschung seit den 80er Jahren der Erzähldidaktik wesentliche Impulse vermitteln können und vor allem dem mündlichen Erzählen als einem sozialen Interaktionsprozess mit besonderen strukturellen und funktionalen Merkmalen gegenüber dem Erzählen als schriftlicher Darstellungsart in der traditionellen Sprachlehre neue Perspektiven eröffnet. Ausgehend von den Studien von Labov/Waletzky (1973) über das mündliche Erzählen persönlicher Erfahrung und den kommunikationsorientierten Erzähltextanalysen von Gülich/Raible (1974) sowie der handlungstheoretischen Erzählanalyse von Quasthoff (1980) erhielt insbesondere der Typ des Erzählens eigenerlebter Erfahrungen einen neuen Stellenwert für die Erzähldidaktik der Unter- und Mittelstufen (vgl. dazu v.a. Frommer 1992). Dabei unterscheidet er in seinen didaktischen Vorschlägen zwischen **erlebten**, **erfundenen** und **vorgefundenen** Geschichten.

Beim mündlichen Erzählen treten noch besondere strukturelle Merkmale hinzu wie das gemeinsame Erzählen mit einem Wechsel von Sprecher- und Hörerrolle und die Bedeutung des aktiven Zuhörens. Die oben zitierte Erzählung aus Boueke u.a. zeigt deutlich Elemente mündlicher Sprache wie Pausenfüller (*ähm*; aber auch die häufige Verwendung von *und ... dann*), Verschleifungen (*ham se*), Wortvarianten wie *nix* oder häufige Wiederholungen gleicher Satzbaumuster und Einleitungen. Eher mündlich geprägt ist – bis auf den Beginn – auch der Tempusgebrauch. Andererseits sind auch einzelne eher für schrift(sprach)liche Texte typische Elemente zu finden wie das Präteritum im ersten Satz und Teile der verwendeten Lexik (der teilweise formelhafte erste Satz, *Tandem*, *Feldweg* oder *Straßengraben*). Sie weisen auf einen für das Alter durchaus differenzierten und schriftnahen Wortschatz hin.

Auch lässt sich erkennen, dass sich die übliche schulische Einbettung des Erzählens in manchen Aspekten von der alltagsbezogenen Erzählpraxis unterscheidet. Dies hängt zweifellos mit den unterschiedlichen Funktionen des Erzählens in Schule und Alltag zusammen. Im Alltag kann Erzählen dazu dienen, den Zuhörern subjektiv Erzählwürdiges mitzuteilen und somit z.B. zur psychischen Entlastung und zur Herstellung intersubjektiver Gemeinsamkeit beizutragen, auch im Hinblick auf die Selbstdarstellungen und Rollengestaltungen beim Erzählen. Dem gegenüber verselbständigen sich beim schulischen Erzählen oft die Zwecke des Einübens, z.B. der Reihenfolge von Erzählelementen und des textsortengerechten Stils.

Positiv ist hervorzuheben, dass in manchen Lehrwerken die Unterschiede zwischen mündlichem und schriftlichen Erzählen ausführlich thematisiert werden (so z.B. in *deutsch.punkt 1* 2005, S. 30ff.).

Hausendorf/Quasthoff betonen in ihrer Studie den Interaktionskontext zwischen Kind und Erwachsenem und verstehen das Erzählen als gemeinsames Handeln zwischen Erzähler und Zuhörer, das sich unterstützend und fördernd auf die Entwicklung auswirken kann. Neuere Studien wie die von Becker (2011) betonen für jüngere Kinder (5 bis 9 Jahre) die Abhängigkeit der Erzählleistung von der Textsorte (Nacherzählung, Bildererzählung, Phantasieerzählung, Erlebniserzählung).

Erzählen als Lernmedium und Lerngegenstand: In Verbindung mit dem kreativen Schreiben haben die narrativen Formen der Identitätsdarstellung einen neuen Platz im Oberstufenunterricht gefunden. Der funktionale Gedanke, das Erzählen als Medium der Identitätsbildung aufzufassen, und mithin Erzählen als Lernmedium und Lerngegenstand zu betrachten, hat sich insbesondere für die Erzähldidaktik der Oberstufe fruchtbar ausgewirkt (vgl. dazu Fritzsche 2000/2001).

Formen der Erzählförderung: Eine Reihe von jüngeren Arbeiten haben besonders für die Grundschule und die frühe Sekundarstufe eine Vielfalt von methodischen Hinweisen und originellen Erzählanlässen entwickelt, darunter die **Erzählwerkstatt** (Claussen/Merkelbach 1995; Claussen 2000), deren Ziel es vor allem ist, Kinder auf verschiedenen Weisen zum Erzählen zu motivieren. Weiterhin wird die Bedeutung des mündlichen Erzählens für die Entwicklung von Literalität und Textkompetenz allgemein hervorgehoben, wie die Beiträge in Feilke/Schmidlin (2005) zeigen. Auch wird gefordert, dass verschiedene Modi des Erzählens im Sprachunterricht Platz finden müssen: Neben eher vollzugsbezogenen eben auch reflexive, bei denen es um die Betrachtung des Erzählens, seiner Formen und Funktionen geht (so Ohlhus/Stude 2012).

Neben allen strukturellen und funktionalen Aspekten des Erzählens, auf die die Forschung aufmerksam gemacht hat, bleibt aber stets auch der Einfluss sozialer Erfahrungen und eben auch interkultureller Erfahrungen beim Erzählen als nicht zu vernachlässigender Aspekt im Deutschunterricht und in der Deutschlehrerausbildung.

1.4 | Kommunikative Kompetenz, kommunikative Ethik und Gesprächskultivierung

In den *Bildungsstandards für das Fach Deutsch* wird mehrfach der Terminus der ›**Gesprächskultur**‹ verwendet. Bereits für den Primarbereich wird »eine demokratische Gesprächskultur« (2004, S. 9) gefordert. Auch für den Mittleren Schulabschluss (2003) ist der Terminus der Gesprächskultur bereits aufgenommen und mit den Merkmalen: aufmerksames Zuhören und respektvolles Gesprächsverhalten charakterisiert (S. 8). In den jüngsten *Bildungsstandards im Fach Deutsch für die Allgemeine Hochschulreife* wird gefordert, dass die Schülerinnen und Schüler in ihren Gesprächen ein auf Verständigung zielendes und respektvolles Verhalten zeigen sollen (S. 14). Wie allerdings solche allgemeinen Kategorien auf den konkreten Sprachgebrauch anzuwenden sind, bleibt meistens offen. Dazu wollen die folgenden Ausführungen einige Anregungen vermitteln.

1.4.1 | Kooperation im Gespräch

Kooperative Gesprächsarbeit kann sich in vielerlei Hinsicht zeigen, z. B.:
- Gespräch eröffnen/wieder aufnehmen,
- Gesprächspartner einbeziehen, geregelte Gesprächsrollenübergabe,
- Gesprächsthemen von gemeinsamen Interesse finden,
- Themenkohärenz beachten, Themenwechsel begründen,
- Handlungsmuster im Gespräch (z. B. Erzählen) initiieren/ratifizieren,
- Gesprächspausen füllen/überbrücken oder aushalten,
- Gesprächsphasen strukturieren, resümieren,
- aktives Zuhören, rückmelden,
- Gesprächsabschlüsse vorbereiten/durchführen.

Für solche Lernziele sind bereits entsprechende Übungsformen für verschiedene Altersgruppen entwickelt worden.

Darüber hinaus aber stellen sich Fragen einer kommunikativen Ethik, nach der durchaus nicht alle kommunikativen Zwecke zu heiligen sind, wie es bei einer kommunikativen Effizienz der Fall sein könnte. Welche Kriterien einer kommunikativen Ethik wären aber zu diskutieren? Die Gesprächslinguistik greift dazu auf das grundlegende **Kooperationsprinzip** des Konversationstheoretikers H. Paul Grice zurück (dazu ausführlicher die Darstellung nach Ehrhardt/Heringer 2011, S. 72 ff.). Diesem kooperativen Prinzip sind die folgenden **vier generellen Maximen** untergeordnet:

Die vier Maximen des Kooperationsprinzips

Kooperationsprinzip
Mache deinen Beitrag zu einem Gespräch so, wie der akzeptierte Zweck oder die Richtung des Gesprächs es verlangen an der Stelle, wo du ihn machst.
1. Maxime der Quantität 1.1 Mache deinen Beitrag so informativ wie nötig. 1.2 Mache deinen Beitrag nicht informativer als nötig.
2. Maxime der Qualität 2.1 Sag nichts, was du für falsch hältst. 2.2 Sag nichts, wofür du keine gute Rechtfertigung hast.
3. Maxime der Relevanz 3.1 Sei relevant! Sag nur, was zum gegenwärtigen Thema gehört.
4. Maxime der Art und Weise 4.1 Vermeide unklare Ausdrucksweise. 4.2 Vermeide Vagheit. 4.3 Fasse dich kurz (ohne Umschweife). 4.4 Sprich geordnet.

Die kritische Würdigung der Kooperationsprinzipien hob u. a. hervor, dass diese ausschließlich sprecherbezogen formuliert wurden und um eine wichtige hörerbezogene Maxime zu ergänzen seien. In Orientierung an der linguistischen Höflichkeitsforschung, v. a. an Leechs Überlegungen, wurde daher als eine 5. Maxime vorgeschlagen:

5. Maxime der Höflichkeit
Sei höflich und versuche Gesichtsverletzungen des Gegenübers zu vermeiden.

Kommunikative
Kompetenz
und Ethik

Kooperation und Gesprächskultur: Kooperation im Gespräch ist eine wesentliche Bedingung kommunikativer Verständigung und der gemeinsamen Gesprächsarbeit. Dies kann sich im Einzelnen dadurch realisieren, dass **kommunikative Verpflichtungen** erfüllt werden, also z. B.:

- Gesprächsregeln, z. B. beim Sprecherwechsel, einhalten und ausreden lassen,
- Gesprächsinitiativen thematisch und pragmatisch responsiv aufgreifen,
- Themenkohärenz und Handlungsabläufe beachten,
- Unterstützung des Gesprächspartners, z. B. durch aktives Zuhören,
- das Verständnis inhaltlich und im Hinblick auf die Beziehungsgestaltung sichern,
- institutionelle Spezifika respektieren, z. B. kommunikative Vorrechte von institutionellen Agenten (von Lehrkräften).

Mit der Berücksichtigung kommunikationsethischer Prinzipien der Kooperation im Gespräch sind wir zugleich dem wichtigen Ziel einer **Gesprächskultur** ein Stück näher gerückt. Was ist damit gemeint? Zweifellos nicht die Dominanz einer normativen Hochkultur des Gesprächs, die sich vielleicht in geschliffenen Redewendungen ausdrücken mag. Demgegenüber geht es gerade um Toleranz gegenüber einer Vielfalt von unterschiedlichen Gesprächsstilen, wie sie zwischen verschiedenen Kulturen, zum Teil aber auch schon zwischen Generationen, und wie manche behaupten, auch zwischen Geschlechtern zum Ausdruck kommen können. Zu einem kultivierten Umgang im Gespräch gehört auch der Respekt vor unterschiedlichen Meinungen und gegensätzlichen Standpunkten und die Bereitschaft, das eigene Gesprächsverhalten wie das der anderen zum Gegenstand der Reflexion und Metakommunikation zu machen.

1.4.2 | Gesprächskultivierung

Neben der kooperativen Gesprächsführung stellt die Gesprächskultivierung durch **Toleranz von Normenvielfalt** und Variationsreichtum kommunikativen Handelns ein weiteres Ziel der Gesprächsförderung dar. Diese Dimension betrifft sowohl die Förderung des kommunikativen Könnens als auch insbesondere des kommunikativen Wissens, denn dabei geht es auch um eine Selbstaufklärung über das eigene kommunikative Handeln im Sinne der übergeordneten Kategorie eines reflexiven Sprachgebrauchs.

Ein heutiger Begriff von Gesprächskultur kann aber auch an die Idee der **Kunst der Konversation** in der europäischen Zivilisationsgeschichte anknüpfen. Wie Claude Lévi-Strauss (1973) und Norbert Elias (1989) gezeigt haben, sind Gesprächs- und Tischkulturen hier eine enge Verbindung eingegangen. Dabei ging es weniger um den Erwerb elementarer technisch-handwerklicher Geschicklichkeit als um die Aneignung symbolischer Formen sozialer Ordnung im gesellschaftlichen Zusammenleben, das in der Tischgesellschaft versinnbildlicht wurde. So hebt der Komparatist Alain Montandon in der Einleitung der von ihm 1991 herausgegebenen Untersuchungen zur Entwicklung der Kommunikationsvorstellungen in den deutschsprachigen Ländern mit dem Titel *Über die deutsche Höflichkeit* die Verwandtschaft von Tischkunst und Wortkunst hervor:

»Die Anweisungen für den Ablauf der Unterhaltungen ähneln dem Ritual der Mahlzeit [...]. (Zum Beispiel) jemandem nicht das Wort abzuschneiden, sondern die Kunst der rechten Anknüpfung zu entwickeln, scheint durchaus den Forderungen zu entsprechen, das Fleisch dort aufzuschneiden, wo es angeschnitten wurde.« (Montandon 1991, S. 12f.)

Die Kunst der Konversation zeigt sich also insbesondere im geselligen Umgang im Gespräch, also gerade im persönlichen, von unmittelbaren Handlungszwängen entlasteten Gespräch, dessen moderne Bezeichnung als ›Smalltalk‹ den von ihm zu erfüllenden kommunikativen Anforderungen wohl kaum gerecht wird.

Brigitte Schlieben-Lange beschrieb in den *Traditionen des Sprechens* (1983) im Rückgriff auf historische Konversationsethiken das Gespräch als Ort möglicher Synthesebildung und spricht vom **Glück der Konversation**, die einen Ort der zeitweisen Vereinigung unvereinbarer Identitäten und der Herstellung sozialen Wissens darstellt (dazu auch Berger/Luckmann 1980).

Das Gespräch als Kernstück des geselligen Umgangs ist ein besonderes Symbol der gesellschaftlichen Ordnung einer Epoche im jeweiligen historischen Bedingungsrahmen. Zweifellos manifestieren sich Gesprächskulturen heute in anderen Formen von Geselligkeit und Lebensstilen. Je nach Kontexten, Zielen, Themen und Partnern sind Variationen im Gespräch zu beobachten, die nicht nur die Sprechstile (z. B. soziolektal, dialektal) betreffen, sondern das Gespräch selbst mit seinen Merkmalen, Regeln und Erscheinungsweisen. Die Vielfalt von Gesprächsstilen kann exemplarisch im Unterricht behandelt werden.

Ein Beispiel für die **soziokulturelle Differenz** von Gesprächskulturen können wir der Kommunikation unter Jugendlichen entnehmen: Wie wir aus der Jugendsprachforschung (vgl. z. B. Deppermann/Schmidt 2001) wissen, weisen solche Gespräche eine andere Muster- und Regelhaftigkeit auf als die, die wir bislang kennengelernt haben. So sind sie eher durch assoziative Übergänge und eine **Angebotskommunikation** sowie eine kompetitive Gesprächsorganisation gekennzeichnet, um nur einige Besonderheiten zu nennen (s. dazu Bsp. 6).

Die Beherrschung eines Repertoires unterschiedlicher Gesprächsformen und Gesprächsstile ist schließlich ein wichtiger Aspekt der **kommunikativen Kompetenz**. Kooperation im Gespräch ist eine wichtige Bedingung kommunikativer Verständigung und gemeinsamer Gesprächsarbeit, die zu einem reflektierten Umgang mit unterschiedlichen Gesprächsstilen und mit fremden wie eigenen Meinungen führen kann.

Schulische Gesprächsförderung beginnt schon im Grundschulalter, wenn es um die Einigung auf einige Grundregeln geht, die das Miteinander-Sprechen erst ermöglichen (s. Abb. 6). So werden bereits induktiv und im Rückgriff auf eigene Erfahrungen erste gesprächsorganisatorische Kenntnisse gewonnen (vgl. dazu genauer Neuland 2013 i.E.).

Für die schulbezogene Gesprächsförderung erweist sich der Bereich der frühen Sekundarstufe I als besonderer Schwerpunkt. Als Arbeitsfelder können hier gezielte Einübungen bestimmter Gesprächsformen wie Erzählen, Argumentieren, Moderieren hervorgehoben werden (vgl. dazu Becker-Mrotzek 2012, Kap. G).

Gesprächsmuster und Variationen im Unterricht:
Der analytische wie produktive Umgang mit vorzugsweise fremden, ansatzweise aber vielleicht auch schon eigenen Gesprächen steht dann im Mittelpunkt der späteren Sekundarstufe I sowie der Sekundarstufe II. Beispieltexte können auch aus fiktionalen Gesprächen, aus Gesprächen in Medien und in Institutionen sowie aus Gesprächen im privaten eigenerlebten Alltag gewonnen werden, wie z. B. Gruppengespräche unter Jugendlichen. An diesem Beispiel lassen sich die Variationen von Gesprächsstilen besonders deutlich zeigen:

> _Gesprächsregeln_:
> einander zuhören
> aufeinander eingehen
> nacheinander reden
> alle zu Wort kommen lassen
> ausreden lassen
> beim Thema bleiben
> das Gesprächsziel im Auge behalten
> nicht beleidigen oder herabsetzen

Abb. 6: Gesprächsregeln aus dem Sprachbuch *Sprachschlüssel A/B5* für die fünfte Jahrgangsstufe (1993, S. 34)

Gruppengespräche von Jugendlichen: Schüler lästern über Lehrende
(aus Wachau zit. nach Schlobinski/Kohl/Ludewigt 1993, S. 58)

Beispiel 6

1 A: ich hab den gar nicht gesehen auf'm elternabend.
2 M: der sieht schrecklich aus.
3 A: ziemlich gammelig kann das sein?
4 M: ja (.) der sieht aus wie james bond. ((Lachen))
5 I: wie welcher?
6 J: sag ich doch ziemlich gammelig.
7 M: conney (.) so total schleimig weiß ich auch nicht so total öh
8 J: wie heißt die lehrerin?
9 M: frau hinz.
10 J: mein Name ist hinz ((lacht)) hans hinz ((lacht)).
11 A: hinz und kunz
12 M: und ich hab die lizenz zum töten ((lacht)).
13 A: mit schlechten zensuren! ((Lachen))
14 J: die lizenz zum töten noch mal (.) ohgr! ((lacht)) du sollst nicht fluchen!

Dieses Gespräch funktioniert trotz ungeordneter Redeverteilung per Selbstwahl, trotz fortlaufender Unterbrechungen und assoziativer Themenbehandlung als Angebotskommunikation und kommunikativer Wettbewerb mit Witz und Sprachstil. Ein solcher Gesprächsstil ist allerdings höchst kontextspezifisch sowie adressatenabhängig und setzt Vertrautheit der Gesprächspartner voraus.

In produktiven Arbeitsformen können z. B. Themen- und Situationsvariablen kreativ verändert werden: Wie würde ein solches Gespräch ablaufen, wenn es um das Thema ›Planung einer Gruppenparty oder eines gemeinsamen Wochenenddausflugs‹ ginge? Und wie, wenn plötzlich ein Erwachsener hinzuträte?

Außerschulische Gesprächsförderung: Eine außerschulische Gesprächsförderung hat sich mittlerweile als Arbeitsfeld der angewandten Gesprächsforschung etabliert. Auf die Vielzahl der Untersuchungen zur institutionellen Kommunikation (z. B. im Sozialamt) und in Dienstleistungsbetrieben (z. B. in der Autowerkstatt, im Restaurant), in medizinischen (z. B. in der Sprechstunde, in der Visite) und juristischen Bereichen (z. B. in der Anwaltskanzlei oder vor Gericht) kann hier nur summarisch verwiesen werden. Die von Ehlich/Rehbein ab 1980 herausgegebene Reihe: *Kommunikation und Institution* enthält u. a. Analysen zur Kommunikation im Sozialamt, in medizinischen Kontexten von Visite und Ambulanz, in juristischen Kontexten oder auch in der betrieblichen Ausbildung. Der Sammelband von Fiehler/Sucharowski (1972) informiert über verschiedene Anwendungsfelder von Kommunikationsberatung und Kommunikationstraining, ebenso wie der Sammelband von Niemeyer/Diekmannshenke (2008).

In der angewandten Gesprächsforschung lässt sich eine ›implizite‹ Didaktik erkennen, die auch von Seiten der schulischen Didaktik leider noch zu wenige Berührungspunkte aufweist. Sie trägt dem deutlichen **Weiterbildungsbedarf** der professionell Handelnden in kommunikationsintensiven Berufen im Hinblick auf eine zielgruppen- und bereichsspezifische Gesprächsberatung Rechnung. Dabei geht es z. B. um eine bürgerfreundliche Behördenkommunikation oder auch um eine patientenfreundliche bzw. klientenorientierte Gesprächsführung.

An der Schnittstelle zwischen **Experten-Laien-Kommunikation** eröffnet sich ein weites didaktisches Feld für Kommunikationsberatung und -förderung, in der z. B. aktives Zuhören, Verständnissicherung, Gesprächsstrukturierung eine wichtige Rolle spielen. Insbesondere im berufsbildenden Deutschunterricht und an der Schnittstelle von Schule und Beruf sollten solche Unterrichtsvorhaben vermehrt aufgegriffen werden.

1.4.3 | Gesprächsförderung im DaF-Unterricht und in mehrsprachigen Lerngruppen

Fachgeschichtliche Entwicklung: In der fachgeschichtlichen Entwicklung der DaF-Didaktik lassen sich Parallelen zur muttersprachlichen Didaktik erkennen: Auch hier herrschte zunächst im Rahmen der **Grammatik-Übersetzungs-Methode** die ausschließliche Orientierung an der zielsprachlichen Schrift- und Standardsprache vor, und auch hier bewirkte erst die kommunikative Wende eine stärkere Berücksichtigung des mündlichen Sprachgebrauchs und der gesprochenen Sprache. Die phonetische Komponente des Zielsprachenerwerbs stand allerdings schon zuvor im

Mittelpunkt der **audiolingualen Methode**. Die Anpassung an die korrekten Aussprachenormen und die weitgehend sprecherseitige Ausrichtung führten jedoch zu deutlichen Beschränkungen dieses Konzepts.

Der kommunikative Ansatz führte in der DaF-Didaktik zu vergleichbaren Veränderungen wie in der muttersprachlichen Didaktik im Hinblick auf eine größere Alltagsnähe und Authentizität der Anlässe, Themen und Arten des Sprechens. Die Kritik zielte auch hier darauf ab, dass eher triviale Gebrauchssituationen des kommunikativen Alltags als komplexere und anspruchsvollere Aufgabenstellungen den Unterricht bestimmten. Im DaF-Unterricht blieb die mündliche Kommunikation gleichwohl hinter der Bedeutung der schriftlichen Kommunikation zurück. Problematisch bleibt auch in stärker kommunikationsorientierten Ansätzen das in der Unterrichtspraxis oft noch vorherrschende Einüben einzelner **Sprechfertigkeiten** sowie die Konzentration auf das Sprechen und die Aussprache gegenüber dem Zuhören und der sprachlichen Interaktion.

Eine weitere wichtige Zäsur gerade auch für die Lernbereiche des Sprechens und vor allem der mündlichen **Interaktion** hat die Vorlage des *Gemeinsamen Europäischen Referenzrahmens* (**GER**) (Trim u. a. 2001; Bausch u. a. 2003) und der *Profile Deutsch* (Glaboniat u. a. 2002) bewirkt, die hier neu für die DaF-Didaktik eingeführt wurde. Der GER reklamiert in besonderer Weise den Einbezug interaktiver, sozialer und interkultureller Aspekte der Gesprächsführung. In den einzelnen Kann-Beschreibungen werden die progressiven Kompetenzstufen genauer beschrieben und veranschaulicht, was allerdings auch eine Fülle von Einzelkritik hervorrief.

So weist z. B. die Übersicht über ›mündliche Textmuster‹ (Glaboniat u. a. 2002, S. 164) nicht nur begriffliche Unklarheiten bei den grundlegenden Unterscheidungen auf, die sehr unterschiedlichen Ordnungsebenen entnommen sind: z. B. Ansage – Durchsage, Prüfung oder Prüfungsgespräch, Rede – Vortrag – Vorlesung etc. Es fehlen z. B. so wichtige Textmuster wie: Beratungs- und Unterrichtsgespräche, Moderationen, Reklamationen etc. In den Kann-Beschreibungen im Bereich ›Interaktion mündlich‹ sind nicht alle auf interaktive Prozesse ausgerichtet (z. B. »B1: kann sich über einzelne Sachverhalte beschweren«), und auch die Progression mag verwundern, wenn gerade Interaktionen in Alltagsgesprächen als besonders leicht auf der Niveaustufe A2 erlernbar dargestellt werden (vgl. dazu ausführlicher Neuland 2013).

Aktuelle theoretische Orientierungen für die Gesprächsförderung in der DaF-Didaktik können aus handlungsbezogenen sowie aus interkulturellen Ansätzen gewonnen werden. Der aktive Umgang mit der Gesprächsführung und kulturkontrastive Vergleiche von Gesprächstypen in der Herkunfts- und der Zielkultur lassen sich besonders gut für den DaF-Unterricht und den Unterricht mit mehrsprachigen Lerngruppen verbinden, wobei gesprächsanalytische Kenntnisse als Grundlage dienen können.

Gesprächsmuster und Variationen: Betrachten wir exemplarische Beispiele zum Gegenstandsfeld ›Gesprächsmuster und Variationen‹, so können z. B. institutionelle Gesprächstypen wie Auskunfts- und Beratungsgespräche oder auch informelle Gesprächstypen des Smalltalks Vorlagen bieten, die zunächst analytisch bearbeitet und kulturkontrastiv verglichen und in handlungsorientierten Unterrichtsphasen produktiv umgeformt werden. Für den universitären DaF-Unterricht kann das folgende Beispiel eines Sprechstundengesprächs Anregungen bieten, die institutionellen Bedingungen im Hinblick auf das Rederecht, auf Thematisierungsrechte und -pflichten, auf Vorrechte von Unterbrechungen etc. aber auch im Hinblick auf bestimmte Gesprächsphasen, z.B der Anliegensformulierung, der Lösungsaushandlung zu erarbeiten.

Beispiel 7 **Universitäres Sprechstundengespräch**
(vereinfachte Darstellung nach Boettcher/Meer 2000, S. 185 f.)

1 L: *Guten Tag.*
2 S: *Guten Tag.*
3 L: *Bitte sehr. Womit kann ich Ihnen helfen?*
4 S: *Is schon ne Weile her. Und zwar im letzten Sommersemester habe ich bei Ihnen Einführung in die Sprachwissenschaft gemacht.*
5 L: *Das ist in der Tat ne Weile her.*
6 S: *Ich hatte auch bei Ihnen ein Protokoll über Gesprächsanalyse geschrieben und hatte einen Zettel dazu gelegt.*
7 L: *Ich erinnere mich dunkel, aber ich sag Ihnen eins: Wenn ich Papiere so spät bekomme, kann ich sie wirklich nicht mehr einordnen. Ich will mal schauen. (...) Tatsächlich, ich hab hier was. Aber lesen Sie sich mal meine Anmerkungen durch, was daran alles zu korrigieren war!*
8 S: *Das tut mir leid.*
9 L: *Dafür können Sie auf keinen Fall einen Schein bekommen, dazu noch bei einer so späten Abgabe!*
10 S: *Ja, aber ich brauche den Schein jetzt dringend für die Anmeldung zum Examen. Kann ich da nich noch was verbessern?*
11 L: *Normalerweise geht das, aber so spät...*
[...]

In einer **analytischen** Unterrichtsphase kann zunächst die institutionstypische Merkmalskonstellation des Gesprächs und seine Phasenstrukturierung untersucht werden. In **produktiven** Unterrichtsphasen kann das Gesprächsmuster fortgesetzt oder aber auch verändert und in Rollenspielen präsentiert werden, in denen z.B. das Anliegen (z.B. Beschwerde über eine zu schlecht beurteilte oder zurückgewiesene Arbeit) oder aber der Gesprächsstil durch unterschiedliche Höflichkeitsgrade variiert werden. Auch in interkultureller Hinsicht finden sich viele unterschiedliche Möglichkeiten des Vergleichs solcher Gespräche in verschiedenen Wissenschaftskulturen. Selbstverständlich eignet sich ein solches Beispiel mit leichten Veränderungen auch für den mutter- bzw. erstsprachlichen Deutschunterricht in der Oberstufe.

Kommunikative
Kompetenz
und Ethik

1.4.4 | Lehrkräfte als Kommunikationskünstler?

Lehrkräfte müssen Kommunikationskünstler sein: Sie müssen instruieren und informieren, anweisen und argumentieren, erzählen und ermahnen, korrigieren und Konflikte bewältigen, moderieren und Streit schlichten, loben und tadeln und noch vieles mehr. Die Kommunikationspraxis von Lehrkräften umfasst neben den Formen des Unterrichtsgesprächs Eltern- und Schülerberatungen, Fachkonferenzen, Gespräche mit den Schulbehörden etc.

Zur Bewältigung solch komplexer Kommunikationspraxen ist daher die Vermittlung von Wissen über Kommunikation in der Lehrerausbildung besonders bedeutsam. Die in den meisten Bundesländern vorgesehenen Veranstaltungen zur **Sprecherziehung** in der traditionellen Lehrerausbildung reichen dazu heute nicht mehr aus. Theorie und Praxis mündlicher Kommunikation sollte demgegenüber zu einem festen Bestandteil zeitgenössischer Lehrerausbildung werden, und zwar im Bereich Deutsch als Erst-, Zweit- und Fremdsprache (vgl. dazu Neuland 2007).

Drei Beispielfelder sollen die hohen Ansprüche an die Kommunikationskompetenz von Lehrkräften veranschaulichen:

- **Missverstehen im Gespräch:** Auch in der Lehrer-Schüler- bzw. Lehrer-Eltern-Kommunikation muss man davon ausgehen, dass Verständigung im Gespräch nicht selbstverständlich ist, sondern vielmehr der Gesprächsarbeit bedarf. In dem im Kapitel I.2.3 zitierten Unterrichtsgespräch über Werbung in einer neunten Hauptschulklasse gibt die Lehrerin mehrfach die Arbeitsanweisung, ›rein sprachlich‹ eine Zusammenfassung der Stichworte an der Tafel zu präsentieren. Die Schüler bemühen sich im Folgenden mehrfach vergeblich, dieser Aufforderung nachzukommen, ohne dass die Lehrerin die von ihr gewünschte Antwort erhält. Diese erhält sie erst am Ende der Unterrichtsphase, indem sie quasi einen Satzrahmen als eine Art Lückentext vorgibt, den die Schüler nur noch in der gewünschten Weise auszufüllen haben. Auf die Idee, dass sie sich möglicherweise mit dem Ausdruck ›rein sprachlich‹ missverständlich ausgedrückt hat, ist die Lehrerin leider nicht gekommen.
- **Umgang mit Nebenkommunikation im Unterricht:** Der angemessene Umgang mit Nebenkommunikation im Unterricht stellt zweifellos eine besonders große didaktische Herausforderung für Lehrkräfte dar (s. dazu ausführlicher Kap. III.4). Im Hinblick auf die Hauptkommunikation des Unterrichtsgesprächs werden Nebenkommunikationen überwiegend als Störungen aufgefasst, die einen effektiven Unterrichtsablauf hemmen, wenn nicht gar verhindern können. Solche Nebenkommunikationen wurden erstmals ausführlich beschrieben von einer Arbeitsgruppe Braunschweiger Sprachwissenschaftler und Sprachdidaktiker (Baurmann u. a. 1981); die Frage nach einer angemessenen didaktischen Vorgehensweise blieb jedoch dabei weitestgehend ungeklärt, so dass auch heute noch einschlägige Diskussionen über den Umgang mit Schülerbriefchen im Internet zu finden sind.

Mündlicher Sprachgebrauch

Dabei ist die Palette von Handlungsmöglichkeiten groß: Sie reicht von dem Versuch, Nebenkommunikationen ganz ohne Reaktion zu übergehen, mit nonverbalen Signalen (z. B. strafende Blicke, Zeigefinger vor den Mund führen) zur Unterlassung aufzufordern, verbalisierte Aufforderungen, Androhung von Sanktionen bis hin zu ihrer Durchführung. Die angemessene Wahl hängt zweifellos vom Verhältnis der Beteiligten zueinander, von der kommunikativen Vorgeschichte, von der Unterrichtsphase und nicht zuletzt von der Art der Nebenkommunikation ab.

- **Beleidigungen und Grenzen von Kooperation**: Schließlich ist in diesem Zusammenhang auch an intendierte Störungen oder auch Beleidigungen von Lehrkräften zu denken, wobei nicht zu übergehen ist, dass Beleidigungen auch von Lehrkräften selbst ausgehen können. Dabei sind auch Interaktionsprozesse zu beachten, die zu solchen Eskalation führen können, wie sie das folgende Beispiel demonstriert:

Beispiel 8 **Beispiel für einen Kooperationsverstoß in einer 8. Klasse**
(aus Cherubim/Neuland 2011, S. 45)

Eine Lehrkraft fordert eine Schülerin mehrfach auf, einer Schreibaufgabe nachzukommen, was diese aber verweigert. Am Ende fällt die Äußerung der Schülerin:
Ey, schreiben is' nich, hasde das jetzt verstanden?

In diesem Fall ist nicht nur eine Nebenkommunikation zu einer massiven Störung oder sogar schon selbst zur Hauptkommunikation geworden, vielmehr liegt ein deutlicher Verstoß gegen das grundlegende Kooperationsprinzip vor, mit der Intention, durch das Duzen und die imperative Form der Aussage die Lehrkraft zu beleidigen und zu verletzen. Daraus ist zu schließen, dass Lehrkräfte bei aller ›Kunst der Konversation‹ auf kommunikativ unüberwindbare Grenzen der Kooperationsbereitschaft stoßen können und daraus die Konsequenzen ziehen müssen.

1.4.5 | Mündlichkeit und Schriftlichkeit in der Sprachdidaktik

Zum Abschluss des Kapitels über den mündlichen und im Übergang zum Kapitel über den schriftlichen Sprachgebrauch sei festgehalten, dass Mündlichkeit und Schriftlichkeit in der Sprachdidaktik heute nicht mehr rein kontrastiv zu behandeln sind. Die kontrastive Betrachtungsweise zwischen gesprochener und geschriebener Sprache, die auch in der Sprachwissenschaft der 60er Jahre vorherrschte, hat sich zwar von einer defizitären Betrachtung der Mündlichkeit zu einer die jeweiligen Besonderheiten der Grammatik und Pragmatik von Mündlichkeit und Schriftlichkeit kontrastierenden gewandelt und damit wichtige neue Dimensionen der unterrichtlichen Behandlung von Mündlichkeit eröffnet (s. Kap. II.3.5.3).

Kommunikative Kompetenz und Ethik

Ein Blick in deutsche Lehr- und Bildungspläne belegt die Notwendigkeit solch neuer Dimensionen, denn nach wie vor werden, wie etwa in den Bildungsstandards, Sprechen, Zuhören und Schreiben getrennt voneinander behandelt und Letzterem wird ein weit größerer Stellenwert beigemessen.

Kontrast- und Kontinuumsmodelle: Andererseits haben aber auch Annäherungen stattgefunden, die ein bipolares Beschreibungsmodell als angemessener erscheinen lassen. Ein solches Beschreibungsmodell wurde vor allem durch die Schriften von Koch/Oesterreicher (1985) initiiert, die zwischen einer **medialen** und **konzeptionellen** Mündlichkeit und Schriftlichkeit unterschieden. Während die mediale Dimension auf die Realisationsform einer sprachlichen Äußerung bezogen wird, betrifft die konzeptionelle Dimension die in der Äußerung gewählte Ausdrucksweise. Koch/Oesterreicher weisen dem konzeptionellen Mündlichkeitspol die Charakteristik der ›Nähe‹, dem Schriftlichkeitspol der ›Distanz‹ zu. So ist z. B. ein Vortrag in der klassischen Form zwar medial mündlich, aber schriftlich konzipiert. Das Chatten im Internet vollzieht sich medial schriftlich, ist aber mündlich wie ein Gespräch konzipiert. Dies veranschaulicht Dürscheid (abgeändert nach Koch/Oesterreicher 1994) wie folgt:

	Konzeption	
	konzeptionell mündlich	konzeptionell schriftlich
medial schriftlich	Grußkarte	Gesetzestext
medial mündlich	Gespräch mit Freunden	wissenschaftlicher Vortrag

Abb. 7: Konzeptionelle Mündlichkeit und Schriftlichkeit (nach Dürscheid 2012, S. 45)

Die Entwicklung der neuen Medien hat viel zu diesem gewandeltem Verhältnis von Mündlichkeit und Schriftlichkeit beigetragen (s. dazu ausführlicher Kap. III.5).

Solche Entwicklungen haben auch in der Sprachdidaktik zu einer integrativen Betrachtungsweise des Sprechens und Schreibens geführt, wie es heute vielfach schon als Lernbereichsbezeichnung in Richtlinien und Lehrplänen lautet. Dabei wird auch die **Prozessorientierung** als wichtiger Bezugspunkt der neueren Sprachdidaktik einbezogen. Die Differenzierung zwischen medialer und konzeptioneller Mündlichkeit und Schriftlichkeit hat sich für die Textdidaktik und das Formulieren als besonders bedeutsam erwiesen.

So können nicht nur Formulierungen z. B. von schriftlichen Glückwünschen oder Urlaubsgrüßen in unterschiedlichen Textsorten, wie Postkartennachricht, SMS-/E-Mail-Mitteilungen, mündliches Telefonat, unter diesen Aspekten analysiert, sondern auch produktiv konstruiert und verändert werden, um unterschiedliche kommunikative Ausdrucksweisen und Wirkungen im Spektrum von Mündlichkeit und Schriftlichkeit zu erproben (vgl. auch Dürscheid 2006; Schwitalla/Betz 2006).

II.1.4 Mündlicher Sprachgebrauch

Literatur

Abraham, Ulf (2008): Sprechen als reflexive Praxis. Mündlicher Sprachgebrauch in einem kompetenzorientierten Unterricht. Freiburg.
Augst, Gerhard (1977): Grundwortschatz und Ideolekt. Empirische Untersuchungen zur semantischen und lexikalischen Struktur des kindlichen Wortschatzes. Tübingen.
Baurmann, Jürgen (1984): Mündlicher Sprachgebrauch. In: Ders./Hoppe, Ottfried (Hg.): Handbuch für Deutschlehrer. Stuttgart, S. 258–280.
–/**Cherubim, Dieter/Rehbock, Helmut** (Hg.) (1981): Neben-Kommunikation. Beobachtungen und Analysen zum nichtoffiziellen Schülerverhalten innerhalb und außerhalb des Unterrichts. Braunschweig.
Bausch, Karl-Richard/Christ, Herbert/Königs, Frank G./Krumm, Hans-Jürgen (Hg.) (2003): Der Gemeinsame Europäische Referenzrahmen für Sprachen in der Diskussion. Arbeitspapiere der 22. Frühjahrskonferenz zur Erforschung des Fremdsprachenunterrichts. Tübingen.
Becker, Tabea (2011): Kinder lernen erzählen. Zur Entwicklung der narrativen Fähigkeiten von Kindern unter Berücksichtigung der Erzählform. Baltmannsweiler.
– (2010): Mündliche Kommunikation. In: Lange, Günther/Weinhold, Swantje (Hg.): Grundlagen der Deutschdidaktik. Sprachdidaktik – Mediendidaktik – Literaturdidaktik. Baltmannsweiler, S. 55–72.
Becker-Mrotzek, Michael (2012): Mündliche Kommunikationskompetenz. In: Ders. (Hg.), S. 66–83.
– (Hg.) (2012): Mündliche Kommunikation und Gesprächsdidaktik. Deutschunterricht in Theorie und Praxis. Bd. 3. 2., korr. Aufl. Hohengehren.
–/**Brünner, Gisela** (Hg.) (2004): Analyse und Vermittlung von Gesprächskompetenz. Frankfurt a. M.
Behme, Helma (1985): Miteinander reden lernen. Sprechspiele im Unterricht. München.
Behr, Klaus/Grönwoldt, Peter/Nündel, Ernst/Schlotthaus, Werner (1972): Grundkurs für Deutschlehrer: Sprachliche Kommunikation. Weinheim/Basel.
Behr, Klaus/Grönwoldt, Peter/Nündel, Ernst/Schlotthaus, Werner (1975): Folgekurs für Deutschlehrer: Didaktik und Methodik der sprachlichen Kommunikation. Weinheim/Basel.
Berger, Peter/Luckmann, Thomas (1980): Die gesellschaftliche Konstruktion der Wirklichkeit. Frankfurt a. M.
Berkemeier, Anne (2006): Präsentieren und Moderieren im Deutschunterricht. Baltmannsweiler.
Bernstein, Basil (1972): Studien zu sprachlichen Sozialisation. Düsseldorf.
Berthold, Siegwart (1981): Grundlagen der Sprecherziehung. Düsseldorf.
– (1993): Reden lernen. Übungen für die Sekundarstufe I und II. Frankfurt a. M.: Scriptor.
– (2000): Im Deutschunterricht Gespräche führen lernen. Unterrichtsanregungen für das 5.–13. Schuljahr. Essen.
–/**Naumann, Carl Ludwig** (1984): Mündliche Kommunikation im 5.–10. Schuljahr. Didaktische Konzepte und Unterrichtsvorschläge. Bad Heilbrunn.
Beschlüsse der Kultusministerkonferenz (2003): Bildungsstandards im Fach Deutsch für den Mittleren Schulabschluss. In: http://www.kmk.org/fileadmin/veroeffentlichungen_beschluesse/2003/2003_12_04-BS-Deutsch-MS.pdf (03.01.2013).
– (2004): Bildungsstandards im Fach Deutsch für den Primarbereich. In: http://www.kmk.org/fileadmin/veroeffentlichungen_beschluesse/2004/2004_10_15-Bildungsstandards-Deutsch-Primar.pdf (03.01.2013).
– (2012): Bildungsstandards im Fach Deutsch für die Allgemeine Hochschulreife. In: http://www.kmk.org/fileadmin/veroeffentlichungen_beschluesse/2012/2012_10_18-Bildungsstandards-Deutsch-Abi.pdf (03.01.2013).
Boettcher, Wolfgang/Meer, Dorothee (2000): »Ich hab nur ne ganz kurze Frage« – Umgang mit knappen Ressourcen. Sprechstundenkommunikation an der Hochschule. Neuwied.
Boueke, Dietrich (Hg.) (1979): Deutschunterricht in der Diskussion. 2. Aufl. Paderborn.
– u. a. (1995): Wie Kinder erzählen. Untersuchungen zur Erzähltheorie und zur Entwicklung narrativer Fähigkeiten. München.
Bredel, Ursula u. a. (Hg.): Didaktik der deutschen Sprache. Paderborn.

Bruner, Jerôme S. (1979): Von der Kommunikation zur Sprache. Überlegungen aus psychologischer Sicht. In: Martens (Hg.), S. 9–60.
Cherubim, Dieter/Neuland, Eva (2011): Aggression und Unhöflichkeit bei Jugendlichen heute. In: Der Deutschunterricht 2/2011, S. 44–50.
Claussen, Claus (2000): Wer erzählt und warum? In: Die Grundschulzeitschrift 134/2000, S. 20–22.
–/**Merkelbach, Valentin** (1995): Erzählwerkstatt – Mündliches Erzählen. Braunschweig.
Cook-Gumperz, Jenny (1976): Strategien sozialer Kontrolle in der Familie. Düsseldorf.
Deppermann, Arnulf/Schmidt, Axel (2001): Hauptsache Spaß – Zur Eigenart der Unterhaltungskultur Jugendlicher. In: Der Deutschunterricht 6/2001, S. 27–38.
Der hessische Minister für Erziehung und Volksbildung (1972): Rahmenrichtlinien Sekundarstufe I Deutsch SI-D. Wiesbaden.
deutsch.punkt 1 – Sprach-, Lese- und Selbstlernbuch (2005). Erarb. von Elisabeth Schuchart. Stuttgart.
Drach, Erich (1922): Sprecherziehung. Die Pflege des gesprochenen Wortes in der Schule. Frankfurt a. M.
Dürscheid, Christa (2006): Äußerungsformen im Kontinuum von Mündlichkeit und Schriftlichkeit. Sprachwissenschaftliche und sprachdidaktische Aspekte. In: Neuland (Hg.), S. 375–388.
– (2012): Einführung in die Schriftlinguistik. 4., überarb. u. akt. Aufl. Göttingen.
Dyck, Joachim (1974): Rhetorik in der Schule. Kronberg.
Ehlich, Konrad (Hg.) (1980): Erzählen in Alltag. Frankfurt a. M.
– (Hg.) (1984): Erzählen in der Schule. Tübingen.
–/**Rehbein, Jochen** (1977): Wissen, kommunikatives Handeln und die Schule. In: Goeppert, Herma C. (Hg.): Sprachverhalten im Unterricht. München, S. 36–114.
Ehrhardt, Claus/Heringer, Hans Jürgen (2011): Pragmatik. Paderborn.
Elias, Norbert (1989): Studien über die Deutschen. Machtkämpfe und Habitusentwicklung im 19. und 20. Jahrhundert. Frankfurt a. M.
Eriksson, Birgit (2012): Leistungsmessung. In: Becker-Mrotzek (Hg.), S. 445–457.
Essen, Erika (1972): Methodik des Deutschunterrichts [1955]. Heidelberg.
Feilke, Helmuth/Schmidlin, Regula (Hg.) (2005): Literale Textentwicklung. Frankfurt a. M.
Fiehler, Reinhard (1998): Bewertungen und Normen als Problem bei der Förderung von Gesprächsfähigkeit. In: Der Deutschunterricht 1/1998, S. 53–65.
– (2012): Mündliche Kommunikation. In: Becker-Mrotzek (Hg.), S. 25–51.
–/**Sucharowski, Wolfgang** (Hg.) (1972): Kommunikationsberatung und Kommunikationstraining: Anwendungsfelder der Diskursforschung. Opladen.
Frommer, Harald (1992): Erzählen. Eine Didaktik für die Sekundarstufe I und II. Frankfurt a. M.
Fritzsche, Joachim (2000/2001): Zur Didaktik und Methodik des Deutschunterrichts. 3 Bde. Stuttgart.
Fuchs, Harald P./Schank, Gerd (1975): Texte gesprochener deutscher Standardsprache III. »Alltagsgespräche«. München.
Geißner, Hellmut (1979): Rhetorische Kommunikation. In: Praxis Deutsch 33/1979, S. 10–21.
Glaboniat, Manuela u. a. (2002): Profile deutsch. Gemeinsamer europäischer Referenzrahmen. Lernzielbestimmungen. Kannbeschreibungen, kommunikative Mittel, Niveau A 1, A 2, B 1, B 2. Berlin u. a.
Goffman, Erving (1976): Replies and Responses. In: Language and Society 5/1976, S. 257–313.
Grice, Herbert Paul (1975): Logic and Conversation. In: Cole, Peter/Morgan, Jerry L. (Hg.): Speech Acts. New York, S. 41–58.
– (1979), Logik und Konversation. In: Meggle, Georg (Hg.): Handlung, Kommunikation, Bedeutung. Frankfurt a. M., S. 243–265.
Grünwaldt, Hans-Joachim (1974): Kommunikative Übungen. In: Bremer Kollektiv (Hg.): Grundriß einer Didaktik und Methodik des Deutschunterrichts der Sekundarstufe I und II. Stuttgart.
– (1984): Mündliche Kommunikationsübungen. Methodik für den Deutschunterricht. Frankfurt a. M.

Mündlicher Sprachgebrauch

Gülich, Elisabeth/Raible, Wolfgang (1974): Überlegungen zu einer makrostrukturellen Textanalyse: J. Thurber. The Lover and his Lass. In: Gülich, Elisabeth/Heger, Klaus/Raible, Wolfgang (Hg.): Linguistische Textanalyse. Hamburg.

Hausendorf, Heiko/Quasthoff, Uta (1996): Sprachentwicklung und Interaktion. Eine linguistische Studie zum Erwerb von Diskursfähigkeiten. Opladen.

Helmers, Hermann (1976): Didaktik der deutschen Sprache. Einführung in die Theorie der muttersprachlichen und literarischen Bildung [1966]. Stuttgart.

Henne, Helmut/Rehbock, Helmut (2001): Einführung in die Gesprächsanalyse [1978]. 4., durchges. und bibliograph. erg. Aufl. Berlin.

Hildebrand, Rudolf (1867): Vom deutschen Sprachunterricht in der Schule und von etlichem ganz Anderen, das doch damit zusammenhängt. Leipzig.

ide. Informationen zur Deutschdidaktik (2009): Sprechen. Mündlichkeit im Unterricht. 4/2009.

Jochens, Birgit (1979): ›Fragen‹ im Mutter-Kind-Dialog: Zur Strategie der Gesprächsorganisation von Müttern. In: Martens (Hg.), S. 110–132.

Klann-Delius, Gisela (2008): Spracherwerb. 2., aktual. und erw. Aufl. Stuttgart/Weimar.

Klippert, Heinz (2004): Kommunikationstraining. 10., überarb. Aufl. Weinheim.

Koch, Peter/Oesterreicher, Wulf (1985): Sprache der Nähe – Sprache der Distanz. Mündlichkeit und Schriftlichkeit im Spannungsfeld von Sprachtheorie und Sprachgeschichte. In: Romanistisches Jahrbuch 36/1985, S. 15–43.

–/– (1994): Schriftlichkeit und Sprache. In: Günther, Hartmut/Ludwig, Otto (Hg.): Schrift und Schriftlichkeit. Ein interdisziplinäres Handbuch internationaler Forschung. Bd. 1. Berlin/New York, S. 587–604.

Kochan, Barbara (Hg.) (1976): Rollenspiel als Methode sprachlichen und sozialen Lernens. Ein Reader. Kronberg.

Kochan, Detlef C. (1974): Sprache als soziales Handeln: Ders./Wallrabenstein (Hg.), S. 52–61.

–/Bünting, Karl-Dieter (1973): Linguistik und Deutschunterricht. Kronberg.

–/Wallrabenstein, Wulf (Hg.) (1974): Ansichten eines kommunikationsbezogenen Deutschunterrichtes. Kronberg.

Kotthoff, Helga (2010): Grundlagen der Gesprächsanalyse und ihre schulische Relevanz. In: Hunecke, Hans-Werner (Hg.): Taschenbuch des Deutschunterrichts. Bd. 1: Sprach- und Mediendidaktik. Baltmannsweiler, S. 105–122.

Labov, William/Waletzky, Joshua (1973): Erzählanalyse: Mündliche Versionen persönlicher Erfahrung. In: Ihwe, Jens (Hg.): Literaturwissenschaft und Linguistik. Frankfurt a. M., S. 78–126.

Lévi-Strauss, Claude (1973): Der Ursprung der Tischsitten. Mythologica III [1968]. Frankfurt a. M.

Lewandowski, Theodor (1979): Mündliche Kommunikation. Entwicklung der kommunikativen Kompetenz und des sprachlichen Handelns. In: Boueke (Hg.), S. 219–239.

Linke, Angelika/Sitta, Horst (1987): Gespräche: Miteinander reden. In: Praxis Deutsch 83/1987, S. 14–26.

Loriot (1983): Großes Tagebuch. Zürich.

Luchtenberg, Sigrid (2003): Entwicklung mündlicher Fähigkeiten im mehrsprachigen Unterricht. In: Bredel u. a. (Hg.), S. 121–132.

Martens, Karin (Hg.) (1979): Kindliche Kommunikation. Theoretische Perspektiven, empirische Analysen, methodologische Grundlagen. Frankfurt a. M.

Mihm, Arend (1975): Mündliche Kommunikation im Deutschunterricht. In: Sowinski, Bernhard (Hg.): Fachdidaktik Deutsch. Köln/Wien, S. 83–103.

Mönnich, Annette/Spiegel, Carmen (2012): Kommunikation beobachten und beurteilen. In: Becker-Motzek (Hg.), S. 429–444.

Montandon, Alain (Hg.) (1991): Über die deutsche Höflichkeit. Entwicklung der Kommunikationsvorstellungen in den Schriften über Umgangsformen in den deutschsprachigen Ländern. Bern u. a.

Neuland, Eva (1978): Sprache und Schicht. Texte zum Problem sozialer Sprachvariation. Kommunikation/Sprache, Materialien für den Kurs- und Projektunterricht. 3. Aufl. Frankfurt a. M.

– (1979): Soziolinguistik und Sprachunterricht. In: Boueke (Hg.), S. 240–288.

- (1980): Alltagsgespräche. Untersuchungen zu ihrer Struktur, Funktion und didaktischen Relevanz. In: Linguistik und Didaktik 43/44/1980, S. 179–199.
- (1983): »Ja, laß doch erzählen!« Konversationelles Erzählen im Alltag. In: Wirkendes Wort 33/1983, S. 361–384.
- (1995): Mündliche Kommunikation: Gesprächsforschung – Gesprächsförderung. Entwicklungen, Tendenzen und Perspektiven. In: Der Deutschunterricht 1/1995, S. 3–16.
- (1996): Miteinander Reden Lernen. Überlegungen zur Förderung von Gesprächskultur. In: Peyer, Ann/Portmann, Paul R. (Hg.): Norm, Moral und Didaktik: Die Linguistik und ihre Schmuddelkinder. Eine Aufforderung zur Diskussion. Tübingen, S. 161–179.
- (1998): Gesprächskultur heute: Zwischen der Kunst der Konversation und der Technik der Gesprächsführung. In: Köhnen, Ralph (Hg.): Wege zur Kultur. Perspektiven für einen integrativen Deutschunterricht. Frankfurt a. M., S. 275–287.
- (Hg.) (2006): Variation im heutigen Deutsch: Perspektiven für den Sprachunterricht. Frankfurt a. M.
- (2007): Mündliche Kommunikation als Schlüsselkompetenz: Entwicklung eines Moduls für germanistische Studiengänge. In: Info DaF 2007, S. 428–438.
- (2009): Rhetorik und Stilistik in der Sprachdidaktik. In: Fix, Ulla/Gardt, Andreas/Knape, Joachim (Hg.): Rhetorik und Stilistik. Berlin, S. 2350–2363.
- (2013 i. E.): Gesprächsmuster und Variationen der mündlichen Kommunikation im DaF-Unterricht. In: Moraldo, Sandro M./Missaglia, Federica (Hg.): Gesprochene Sprache im DaF-Unterricht. Grundlagen – Ansätze – Perspektiven. Heidelberg, S. 147–165.

Niemeyer, Susanne/Diekmannshenke, Hajo (Hg.) (2008): Profession und Kommunikation. Frankfurt a. M.
Oevermann, Ulrich (1968): Sprache und soziale Herkunft. Frankfurt a. M.
Ohlhus, Sören/Stude, Juliane (2012): Erzählen im Unterricht der Grundschule. In: Becker-Mrotzek (Hg.), S. 471–486.
Polenz, Peter von (2008): Deutsche Satzsemantik. Grundbegriffe des Zwischen-den-Zeilen-Lesens. 3. Aufl. Berlin/New York.
Polz, Marianne (2012a): Methodenübersicht. In: Becker-Mrotzek (Hg.), S. 223–250.
- (2012b): Die Entwicklung des Lernbereichs: Von der Rhetorik zur Didaktik mündlicher Kommunikation. In: Becker-Mrotzek (Hg.), S. 3–22.

Pschibul, Manfred (1980): Mündlicher Sprachgebrauch: Verstehen und Anwenden gesprochener Sprache. Donauwörth.
Quasthoff, Uta (1980): Erzählen in Gesprächen. Linguistische Untersuchungen zu Strukturen und Funktionen am Beispiel einer Kommunikationsform des Alltags. Tübingen.
Ramge, Hans (1976): Spracherwerb und sprachliches Handeln. Düsseldorf.
- (1993): Spracherwerb. Grundzüge der Sprachentwicklung des Kindes. 3. Aufl. Tübingen.
- (1994): Alltagsgespräche. Arbeitsbuch für den Deutschunterricht in der Sekundarstufe II und zum Selbststudium. Frankfurt a. M. u. a.

Schlieben-Lange, Brigitte (1983): Traditionen des Sprechens. Elemente einer pragmatischen Sprachgeschichtsschreibung. Stuttgart.
Schlobinski, Peter/Kohl, Gaby/Ludewigt, Irmgard (1993): Jugendsprache. Fiktion und Wirklichkeit. Opladen.
Schlotthaus, Werner (1975): Wohin steuert der Kommunikationsbegriff den Deutschunterricht? In: Wolfrum, Erich (Hg.): Kommunikation. Aspekte zum Deutschunterricht. Baltmannsweiler, S. 11–27
Schreier-Hornung, Antonie (1987): Aneinandervorbeireden. In: Praxis Deutsch 83/1987, S. 42–47.
Schulz von Thun, Friedemann (1981): Miteinander reden. Bd. 1: Störungen und Klärungen. Allgemeine Psychologie der Kommunikation. Hamburg.
- (1981): Miteinander reden. Bd. 2: Stile, Werte und Persönlichkeitsentwicklung. Differenzielle Psychologie der Kommunikation. Hamburg.
- (1981): Miteinander reden. Bd. 3: Das innere Team und Situationsgerechte Kommunikation. Hamburg.

Schuster, Karl (1999): Einführung in die Fachdidaktik Deutsch. 8., akt. Aufl. Baltmannsweiler.

Mündlicher Sprachgebrauch

Schwitalla, Johannes/Betz, Ruth (2006): Ausgleichsprozesse zwischen Mündlichkeit und Schriftlichkeit in öffentlichen Textsorten. In: Neuland (Hg.), S. 389–402.
Siebs, Theodor (1898): Deutsche Bühnenaussprache. Berlin u. a.
Snow, Catherine E./Ferguson, Charles A. (Hg.) (1977): Talking to Children: Language Input and Acquisition. Cambridge.
Spinner, Kaspar (1997): Reden lernen. In: Praxis Deutsch 144/1997, S. 16–22.
Sprachschlüssel A/B5. Sprachbuch 5. Schuljahr (1993). Neubearbeitung für Nordrhein-Westfalen. Stuttgart.
Steinchen, Renate (1976): Methodische Organisation des Rollenspiels. In: Kochan (Hg.), S. 273–280.
Sucharowski, Wolfgang (1982): Zusammenhänge zwischen schriftlichem und mündlichem Erzählen. In: Der Deutschunterricht 4/1982, S. 20–34.
Szagun, Gisela (2010): Sprachentwicklung beim Kind: ein Lehrbuch [1968]. 3. Aufl. Weinheim.
Texte, Themen und Strukturen (2009): Schülerbuch. Gymnasium Nordrhein-Westfalen. Hg. von Bernd Schurf und Andrea Wagener. Berlin.
Trim, John/North, Brian/Coste, Daniel (Hg.) (2001): Gemeinsamer europäischer Referenzrahmen für Sprachen: lernen, lehren, beurteilen. Berlin u. a.
Ulshöfer, Robert (1974): Methodik des Deutschunterrichts, Bd. 3, Mittelstufe 2 [1957]. 3. Aufl. Stuttgart.
Vogt, Rüdiger (1995): Was heißt Gesprächserziehung? Institutionelle Bedingungen von mündlicher Kommunikation (nicht nur) in der Sekundarstufe I. In: Der Deutschunterricht 1/1995, S. 43–53.
Wachau, Susanne (1989): »...nicht so verschlüsselt und verschleimt!« Über Einstellungen gegenüber Jugendsprache. In: Osnabrücker Beiträge zur Sprachtheorie 41/1989, S. 69–97.
Wagner, Roland W. (2006): Mündliche Kommunikation in der Schule. Paderborn.
– (2010): Mündlichkeit im Unterricht – medial und konzeptionell. In: Hunecke, Hans-Werner (Hg.): Taschenbuch des Deutschunterrichts. Bd. 1: Sprach- und Mediendidaktik. Baltmannsweiler, S. 287–304.
Watzlawick, Paul u. a. (1969): Menschliche Kommunikation. Formen, Störungen, Paradoxien. Bern.
Weinrich, Harald (1976): Von der Alltäglichkeit der Metasprache. In: Ders. (Hg.): Sprache in Texten. Stuttgart, S. 90–112.
Winkler, Christian (1954): Deutsche Sprechkunde und Sprecherziehung. Düsseldorf.

2. Schriftlicher Sprachgebrauch

2.1 Linguistische und psychologische Grundlagen des Schriftspracherwerbs und des Rechtschreibens
2.2 Modelle und Methoden des Schriftspracherwerbs
2.3 Rechtschreiben
2.4 Formen weiterführenden Schreibens in der Schule

2.1 | Linguistische und psychologische Grundlagen des Schriftspracherwerbs und des Rechtschreibens

2.1.1 | Linguistische Grundlagen: Schrift und Schriftsystem

In Sprachwissenschaft und Sprachdidaktik herrscht seit geraumer Zeit Einigkeit darüber, dass die Schrift nicht einfach nur die Übertragung mündlicher Sprache in ein anderes Medium ist, sondern dass Schrift auch ihren eigenen Gesetzmäßigkeiten folgt, die von der Sprachwissenschaft beschrieben werden müssen (vgl. Dürscheid 2006). Nichtsdestotrotz bestehen enge **Verbindungen zwischen mündlicher und schriftlicher Sprache**. So handelt es sich bei der deutschen Schrift um eine Alphabetschrift, deren beherrschendes Prinzip darin besteht, dass die kleinsten schriftlichen Zeichen (Buchstaben, Grapheme) den kleinsten lautlichen Einheiten (Laute, Phoneme) zugeordnet werden. Diese Zuordnung passiert allerdings nicht auf der Basis konkret artikulierter Laute, sondern auf der Grundlage von durch ihre Position im Lautsystem des Deutschen charakterisierten und abstrahierten Lauten, den **Phonemen**. Aus der Perspektive der Leser des Geschriebenen leuchtet dies auch unmittelbar ein. Würde tatsächlich die konkrete Aussprache-Lautung verschriftet, schriebe jeder anders und stellte die Leser vermutlich vor nicht lösbare Aufgaben. So würde etwa die Verschriftung dialektaler Aussprachevarianten das Lesen von Texten dann über enge regionale Grenzen hinaus stark erschweren. Die deutsche Schrift beruht daher auf einer Standardlautung und ist keine Lautschrift.

Das lateinische Alphabet als Ausgangspunkt: Erschwerend kommt hinzu, dass die deutsche Schrift ein Zeichensystem verwendet, das nicht für die Verschriftung der deutschen, sondern der lateinischen Lautung entstanden ist. Das lateinische Alphabet dient wiederum der Verschriftung

II.2.1 Arbeitsfelder und Lernbereiche

Schriftlicher Sprachgebrauch

der Lautsysteme verschiedener Sprachen. Es nimmt daher nicht Wunder, dass keine 1-zu-1-Zuordnung zwischen kleinsten lautlichen Einheiten und Schriftzeichen besteht. (Einzel-)sprachinterne Prozesse wie etwa der Sprachwandel verkomplizieren die Relation zwischen den beiden Ebenen – meist als ›**Phonem-Graphem-Korrespondenz**‹ bezeichnet – noch zusätzlich. So gibt es auch Schreibungen, die vor allem historisch zu erklären sind, wie etwa die <ie>-Schreibung für das lange /i/. Resultat sind viele nicht-ein-eindeutige Zuordnungen: Ein Phonem kann durch verschiedene Grapheme wiedergegeben werden.

Besonders komplex sind die Verhältnisse im Deutschen etwa bei den langen Vokalen. Das lange /o/ kann grafisch durch ein einfaches <o> realisiert werden (*loben*), durch <oo> (*Moor*), durch <oh> (*Sohn*), in einigen wenigen Fällen sogar durch <oe> (*Soest*). Andererseits kann eine grafische Realisierung für verschiedene Lauteinheiten, also Phoneme stehen. Das Graphem <s> kann etwa als /s/ realisiert werden (*Kiste*), als /z/ wie in *summen* oder als /ʃ/ wie in *Strich*. Die nicht vorhandene Eindeutigkeit der Zuordnung teilt das deutsche Schriftsystem mit einigen Nachbarsprachen. Im Englischen liegen Schreibung und Lautung teilweise noch weiter auseinander; man spricht hier von einem ›tiefen‹ Schriftsystem. Auf der anderen Seite haben einige verbreitete Migrantensprachen wie Spanisch oder Türkisch ein deutlich flacheres System mit einer weniger uneindeutigen Phonem-Graphem-Zuordnung. Für Kinder mit diesen Erstsprachen ist der Erwerb der deutschen Schrift unter Umständen besonders schwierig.

Elemente der Graphematik: Innerhalb der Sprachwissenschaft hat sich in den letzten ca. 20 Jahren eine eigene Teildisziplin herausgebildet und etabliert, die sich speziell mit den Regularitäten des Schriftsystems beschäftigt: die Graphematik. Die beiden folgenden Zitate grenzen den Aufgabenbereich der Graphematik von dem der Orthografie als verwandter Teildisziplin ab: »Die Graphematik beschreibt, wie man schreibt. [...] Die Orthographie legt fest, was ›richtig‹ ist« (Fuhrhop 2006, S. 1).

> »Die Schreibung umfasst unter dem Systemaspekt [...] die strukturell organisierte Gesamtheit der sprachlichen Elemente, die in einer Sprachgemeinschaft graphisch realisiert werden können. [...] Die Orthographie als Norm der Schreibung bezieht sich dagegen nur auf die in einem bestimmten Zeitabschnitt in einer Gemeinschaft allgemein anerkannten und verbindlichen Möglichkeiten der graphischen Realisierung der Sprache sowie die entsprechenden Formen in der schriftlichen Kommunikation.« (Nerius u. a. 2007, S. 31)

In der Graphematik werden die in der Schrift verwendeten kleinsten Zeichen, die **Grapheme** beschrieben und zu den Phonemen in Beziehung gesetzt (vgl. die ausführliche Darstellung von Eisenberg 2013). Vertreter der Graphematik haben in den vergangenen Jahren mehrfach darauf hingewiesen, dass die deutsche Schreibung deutlich regelhafter sei, als die – im Rechtschreibunterricht oft übliche – Aufstellung einer großen Zahl orthografischer Regeln und der Ausnahmen von diesen Regeln vermuten ließen. Die starke Systematik betrifft vor allem den Kernbereich des Schriftsystems, lediglich an der Peripherie fänden sich ausnahmehafte Fälle (vgl. Fuhrhop 2006; Bredel/Fuhrhop/Noack/Ossner 2011; Müller

2010). Verschiedene Bereiche bzw. Ebenen des Schriftsystems sind innerhalb der Graphematik bislang unterschiedlich intensiv bearbeitet und beschrieben worden. So nimmt neben den einzelnen Laut-Buchstaben-Zuordnungen in den letzten Jahren die Einheit ›**Silbe**‹ einen großen Raum ein. Regularitäten der Silbe sind hier etwa in Bezug auf die Schreibung von Doppelkonsonanten (wie etwa in *Hüt-te*) oder auf das silbeninitiale *h* (*ge-hen*) untersucht worden. Im weiteren Kontext der Graphematik sind auch Arbeiten zu den notorischen Problembereichen Groß- und Kleinschreibung sowie Zusammen- und Getrenntschreibung erschienen (Röber 1999; Bredel/Reißig 2011). In der Graphematik wird nun betont, dass es möglich sei, »die Struktur des Schriftsystems analysier- und lernbar zu machen« (Müller 2010, S. 21).

»Die Orientierung an der Sachlogik des Gegenstandes, wie er durch seine sprachwissenschaftliche Fundierung nahegelegt wird, ist dabei nicht gleichzusetzen mit einem Gleichschritt im Lernen – und auch nicht mit dem Versuch, sprachwissenschaftliche Theorien in den Unterricht einzubinden, denn didaktische Modelle brauchen zwar die fachwissenschaftliche Fundierung, bilden diese aber nicht adäquat ab. Vielmehr soll die Orientierung an der ›Sache‹ didaktischer Beliebigkeit und der häufig ergebnislosen und frustrierenden Suche nach Erklärungen für Schreibungen, deren Systematik nicht erkannt wird, entgegenwirken.« (ebd.)

Orthografische Prinzipien und Regeln: Wie oben bereits erwähnt, ist die Orthografie vor allem dafür zuständig festzulegen, wie etwas richtig geschrieben wird. Orthografie kann mit Nerius u. a. (2007) definiert werden als »Norm der Schreibung einer Sprache überhaupt, das heißt als Norm der formalen Seite der geschriebenen Sprache, und zwar aller Teilbereiche der Schreibung einschließlich der Interpunktion« (ebd., S. 30). In der Orthografie-Forschung geht man einmütig davon aus, dass die Rechtschreibung durch eine begrenzte Anzahl von Prinzipien bestimmt wird (Maas 1992; Nerius u. a. 2007; Augst/Dehn 2009). Die Prinzipien bilden »den theoretischen Rahmen für die verschiedenen Arten von orthografischen Regeln [und] bedürfen immer der Umsetzung bzw. Konkretisierung durch die orthografischen Regeln« (Nerius u. a. 2007, S. 87 f.). Man kann sich solche Prinzipien gut als ›Wesenszüge‹ eines Schriftsystems vorstellen, denen man die einzelnen Regeln gebündelt zuordnen kann bzw. die von den Regeln umgesetzt werden. Gallmann/Sitta (1996) beschreiben die Prinzipien als Grundkonzepte oder leitende Ideen.

Das phonologische Prinzip: Das Basisprinzip unserer Orthografie ist das phonologische oder alphabetische – in manchen Veröffentlichungen etwas zu unscharf als ›Lautprinzip‹ bezeichnet. Der Grundzug einer jeden Alphabetschrift ist demnach die Zuordnung kleinster lautlicher zu kleinsten schriftlichen Einheiten (s. o.).

Das morphologische Prinzip: Ebenso einmütig wird ein zweites zentrales Prinzip angesetzt, das auf das grafische Konstanthalten größerer, bedeutungstragender Elemente des Wortes rekurriert. Der traditionelle Terminus ›Stamm(erhaltungs)prinzip‹ suggeriert, es ginge ausschließlich um die Konstantschreibung von Wortstämmen. Wortbildungsmorpheme, Suffixe wie *-ung* oder Präfixe wie *ver-*, werden aber ebenfalls in den verschiedenen Wortformen gleich verschriftet. Dies ist gerade auf Grund der Häufigkeit der fraglichen Elemente eine didaktisch wichtige Ergänzung. Das Prinzip heißt aus dem genannten Grund auch häufig ›morphologisches‹ oder ›morphematisches‹ Prinzip (so auch in der Graphematik). Gallmann/Sitta (1996) verwenden die Bezeichnung »Prinzip der Schemakonstanz« (S. 35f.) und betonen damit sowohl die Gültigkeit der Gleichschreibung auch für andere Einheiten als Wortstämme als auch die Annahme eines bei den Schreibern vorhandenen **Schreibschemas** für die jeweils konstante Einheit (vgl. dazu auch August/Dehn 2009).

Die Annahme weiterer Prinzipien stößt nicht mehr auf so ungeteilte Zustimmung. Besonders von Vertretern der Graphematik wird ein **silbisches Prinzip** angesetzt (Eisenberg 2009; Günther 2010; Müller 2010). Es regelt etwa die Schreibung an den Silbengrenzen (z.B. die Konsonantendopplung im sogenannten ›Silbengelenk‹, etwa bei *Hüt-te* und die Schreibung des silbeninitialen *h* in *ge-hen*). Nerius u.a. (2007) schlagen vor, silbische Regularitäten unter ein **phonologisches Grundprinzip**, das auch in erster Linie die Phonem-Graphem-Zuordnungen (s.o.) regelt, zu subsumieren. Weiterhin wird häufig ein grammatisches oder auch **syntaktisches Prinzip** angenommen. Dieses regelt Aspekte wie die Großschreibung am Satzanfang oder die satzinterne Großschreibung von Nomen. Es liefert weiterhin Festlegungen für die Markierung von Wortgrenzen (Zusammen- und Getrenntschreibung) und für die Zeichensetzung. Auch die stark fehleranfällige Unterscheidung von *das* und *dass* ist nur auf Basis der grammatischen Eigenschaften der beiden Wörter zu erklären. In der Literatur werden noch weitere Prinzipien mit geringerer Reichweite diskutiert, die hier nicht dargestellt werden (vgl. etwa Gallmann/Sitta 1996; August/Dehn 2009 oder kritisch Nerius u.a. 2007).

2.1.2 | Kognitionspsychologische und psycholinguistische Grundlagen: Voraussetzungen für den Erwerb des Schriftsystems

Eine Alphabetschrift verlangt den Kindern eine doppelte Abstraktionsleistung ab. Zunächst müssen Zeichen gelernt werden, die nicht mehr **ikonisch** sind für das Gemeinte, wie dies etwa bei Zeichnungen oder Abbildungen von Kindern der Fall ist. Eine Ähnlichkeit zum Bezeichneten liegt nicht vor. Zweitens stehen die Zeichen auch nicht in unmittelbarer Weise für konkrete gesprochene Wörter, sondern für deren standardsprachliche und abstrahierte Lautung (s.o.). Das Erlernen der Schriftsprache ist ein für Kinder voraussetzungsreicher Prozess. Dieser ist – entgegen der lange Zeit vorherrschenden Vorstellung von Lesen- und Schreibenlernen als Aneignung bloßer Techniken – eine **kognitive Leistung**. In der kognitionspsychologischen und mittlerweile auch in der didaktischen Forschung zum Schriftspracherwerb besteht relativer Konsens darüber, dass Lerner Einsichten in Funktion und Struktur der Schrift erlangen müssen. Scheerer-Neumann spricht in diesem Zusammenhang von einem »konstruktiven

Aspekt« (1998, S. 33) des Schriftspracherwerbsprozesses. Dieser Prozess ist darüber hinaus offenbar zumindest teilweise eigenaktiv von den Schülerinnen und Schülern gesteuert. Eine solche Sichtweise stützen beispielsweise zahlreiche Analysen von Schreibungen von Vorschulkindern oder Erstklässlern, die interessante Einblicke in ihre Zugänge zur Schrift und in Hypothesenbildungen über das zu Verschriftende gewähren (vgl. etwa Valtin 1998).

Der Zugang zur Sprache muss sich beim Erwerb der Schriftsprache qualitativ ändern. Nicht zu Unrecht wird in diesem Zusammenhang häufig Wygotskys Metapher vom **qualitativen Sprung** (1934) verwendet, um zu verdeutlichen, dass es sich nicht nur um die Umsetzung von Sprache in eine andere Medialität handelt. Um schreiben zu können, müssen Kinder lernen, eine andere Perspektive auf Sprache einzunehmen, sie quasi ›von außen‹ zu betrachten. Untersuchungen aus dem Umfeld der Spracherwerbsforschungen zeigen allerdings, dass Kinder schon relativ früh, durchaus im Kindergartenalter über Sprache sprechen und sie so zum Thema machen können (vgl. Andresen 1985; Andresen/Funke 2003; s. dazu auch Kap. II.3.2.1).

Dabei ist jedoch weniger die **Formseite**, als vielmehr die **Inhaltsseite** von Sprache Thema der kindlichen Betrachtung. Kinder können durchaus im Alter von drei oder vier Jahren beklagen, dass eine bestimmte Formulierung nicht zutrifft oder gemein ist etc. Diese Art des Blicks auf Sprache ist aber noch nicht von der konkreten Sprachhandlungssituation losgelöst, also noch nicht dekontextualisiert (vgl. Bredel 2006). Ein solcher Schritt wird in der Regel beim Erwerb von Schrift erst vollzogen. Dass er Kindern nicht immer leicht fällt, belegen Fälle, in denen junge Schüler der Lehrperson bei Sprachbetrachtungen nicht auf die formale Ebene folgen (können). So antworten sie etwa auf die Frage, welches Wort länger sei, *Kuh* oder *Piepvögelchen*, überzeugt mit *Kuh*, weil die ja viel größer sei (Bosch nach Röber 2011).

Wortkonzept und lautliche Durchgliederung: Im Einzelnen wird in der Forschung relativ übereinstimmend auf zwei besonders wichtige sprachanalytische Fähigkeiten Bezug genommen, die Kinder erwerben müssen (z. B. Valtin 1998): Sie müssen ein Wortkonzept entwickeln und die lautliche Durchgliederung von Wörtern lernen (vgl. z. B. Valtin 1998, 2000). Viele Schreibungen von Erstklässlern zeigen, dass Wortgrenzen beim Schreiben zunächst nicht oder nicht immer beachtet werden (s. Abb. 1).

Da wir beim Sprechen unsere Artikulation nicht nach Wörtern unterbrechen, sondern nur nach größeren Sinneinheiten Pausen einlegen und Wörter koartikulieren, muss eine Trennung nach einzelnen Wörtern beim Schreiben und für das Schreiben erst gelernt werden. Auch dass die zeitliche Abfolge artikulierter oder zu artikulierender Wörter beim Schreiben in eine lineare Abfolge von links nach rechts umgesetzt werden muss, ist vie-

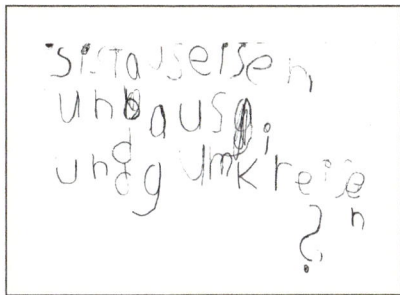

Abb. 1: Schreibung ohne Spatien, Klasse 1 (aus Dehn 1994, S. 127)

len Schreib- und Leseanfängern noch nicht klar (vgl. die Experimente von Ferreiro aus den 80er Jahren, kommentierend zitiert in Schründer-Lenzen 2004). Weiterhin verschriften Schreibanfänger oft nicht alle Wörter eines Satzes: Gerade Funktionswörter wie Artikel oder Präpositionen werden besonders häufig entweder ausgelassen oder mit nachfolgenden Substantiven zu einer grafischen Einheit verschmolzen. Es zeigt sich also, dass die **Segmentierung größerer Einheiten** in Wörter noch schwierig ist. Offenbar wird die ursprüngliche Gliederung von Sprache nach Sinneinheiten vorgenommen und nicht nach formalen Einheiten. Spatien zwischen Wörtern sind auch optische Gliederungshilfen, an die sich Kinder bereits in der Vorschulzeit durch häufiges Sehen von Geschriebenem gewöhnen können. Sind sie bereits häufig mit Schrift und dem typischen Schriftbild in Kontakt gekommen, werden sie es leichter haben, Spatien als typisches Mittel des Schreibens aufzunehmen, als Kinder mit wenig Schriftlichkeitserfahrung.

Phonologische Bewusstheit: Eine weitere kognitive Fähigkeit, die die Kinder erwerben müssen, ist die der **lautlichen Durchgliederung** der einzelnen Wörter. Da unsere Schreibung zumindest schwerpunktmäßig auf der Lautung beruht, müssen die systematischen Sprachlaute (Phoneme) zunächst ermittelt werden, um ihnen dann entsprechende Schriftzeichen (Grapheme) zuordnen zu können. Da viele deutsche Wörter aber nicht lauttreu verschriftet werden und viele lautsystematische Gesichtspunkte durch konkrete Artikulationsprozesse überdeckt werden, kommt es zu Beginn des Schreibenlernens quasi zwangsweise zu vielen Fehlschreibungen. Schüler müssen also lernen, von konkreten lautlichen Eigenschaften zu abstrahieren. Die Fähigkeit, Wörter in Phoneme zu gliedern, wird oft als **phonologische Bewusstheit im engeren Sinne** bezeichnet, während die phonologische Bewusstheit im weiteren Sinne auch Aspekte wie das Gliedern in Silben und das Erkennen von rhythmischen Elementen und Reimen umfasst (Schneider 2001).

Die phonologische Bewusstheit wird oft als entscheidende Größe für einen gelingenden Schriftspracherwerb angesehen (Valtin 1998; Scheerer-Neumann 1996). Mangelnde phonologische Bewusstheit wiederum erscheint als einer der Haupt-Prädiktoren für **Lese-Rechtschreib-Schwierigkeiten**. Um diesen vorzubeugen, sind in den letzten 20 Jahren zahlreiche Programme zum Training der phonologischen Bewusstheit für den Beginn der Schulzeit, aber auch schon für den Vorschulbereich entwickelt worden. Die Auswertungen von Evaluationen zeigen allerdings, dass ein isoliertes Training etwa der Diskriminierung einzelner Laute in Wörtern kaum einen signifikanten Einfluss auf die spätere Lese- und Rechtschreibleistung zu haben scheint (Schneider 2001). Andererseits kann beobachtet werden, dass entsprechende phonologische Fähigkeiten mit dem Schriftspracherwerb wachsen. Phonologische Bewusstheit scheint demnach sowohl eine Voraussetzung wie eine Folge des Umgangs mit Schrift zu sein. Eine Förderung der phonologischen Bewusstheit ist vermutlich dann am effektivsten, wenn sie in einem gesamtschriftsprachlichen Zusammenhang geschieht und nicht auf ein rein lautbasiertes Training beschränkt wird.

In einem weiteren Bezugsrahmen bestätigen sowohl Arbeiten aus der Leseforschung wie aus der Rechtschreib- und Schriftspracherwerbsforschung, dass vorschulische Kontakte mit der Schriftsprache sehr wichtig für das spätere Lesen und Schreiben sind. Hier nimmt das **Vorlesen** eine zentrale Rolle ein, das die Kinder mit typisch schriftsprachlichen grammatischen oder lexikalischen Formen vertraut macht, die sich von mündlichen Strukturen unterscheiden. Weiterhin sind aber auch **Lieder und Spiele** wichtig, die die Aufmerksamkeit der Kinder auf die lautlichen und rhythmischen Qualitäten von Sprache richten. Beide Maßnahmen sind in den Kindertageseinrichtungen des Elementarbereichs vor allem für die Kinder wichtig, die aus sogenannten ›schriftfernen Haushalten‹ stammen, also zu Hause kaum Kontakt mit Schriftsprache haben. Dies trifft nicht nur, aber zu einem großen Prozentsatz auf Kinder mit Migrationshintergrund zu. In Anlehnung an angloamerikanische Konzepte wird die Herausbildung schriftsprachbezogener Kompetenzen als ***literacy*** bezeichnet (Ulich 2003; Dehn/Hüttis-Graff 2002). *Literacy* bezeichnet »die Teilhabe an der Buch-, Schrift- und Erzählkultur« (Nickel 2007, S. 87). Gerade mit Bezug auf Kinder mit Deutsch als Zweitsprache setzen viele Sprachförderprojekte auf eine Unterstützung bei der Entwicklung von *literacy* im frühen Kindesalter, so auch das FörMig-Projekt. Dieses größte Sprachförderprojekt Deutschlands umfasst als eines seiner vielen Teilprojekte *family literacy*, in dem neben den Tageseinrichtungen auch die Eltern in den Ausbau des Kontakts mit schriftlicher und literarischer Sprache einbezogen werden (vgl. die Projektseite: http://www.foermig.uni-hamburg.de/web/de/all/home/index.html).

2.2 | Modelle und Methoden des Schriftspracherwerbs

2.2.1 | Entwicklungsmodelle des Schriftspracherwerbs

Die oben formulierte Sichtweise auf den Schriftspracherwerb als einem eigenaktiven Prozess der Aneignung des Schriftsystems sowie die Analyse von ›Schreibungen‹ von Vorschulkindern und Erstklässlern haben zur Entstehung zahlreicher Modellierungen des Erwerbsprozesses geführt (zu einer vergleichenden Betrachtung der bis zum jeweiligen Zeitpunkt erschienenen Modelle vgl. Thomé 1999 oder Becker 2008). Die Modelle gleichen sich darin, dass sie eine stufenweise Annäherung an die Fähigkeit des korrekten Schreibens annehmen. Zentraler Zweck ist feststellen zu können, in welchem Stadium innerhalb des Erwerbsprozesses sich Schülerinnen und Schüler jeweils befinden. Hat man dies diagnostiziert, so ist es wichtig, diejenigen Fördermaßnahmen oder Materialien anzubieten, die es dem Schüler ermöglichen, die nächsthöhere ›Stufe‹ innerhalb des Entwicklungsschemas zu erreichen. Die Modelle unterscheiden sich in Anzahl und Differenziertheit der Stufen, dem angenommenen Startpunkt des Prozesses, aber auch in der Berücksichtigung des Zusammenhangs von Schreiben und Lesen.

Als Konsens der Modelle ist festzuhalten, dass alle eine Stufe annehmen, auf der Lerner quasi ganzheitlich schreiben (und auch lesen). Sie merken sich einzelne Wörter auf Grund von manchmal recht individuellen Merkmalen (Wortlänge, Schriftfarbe, einzelne Buchstaben etc.) und geben sie auswendig wieder (nach Günther 1986: »look and say-Strategie«; zitiert nach Valtin 2000). Ein Lautbezug der Schrift wird in dieser sogenannten **logografischen Phase** in der Regel noch nicht erkannt. Diese Strategie erweist sich mit der Zeit als unökonomisch, da die Speicherkapazität des Gedächtnisses für solche ›Wortbilder‹ begrenzt ist. Als Resultat schulischer Bewusstmachung oder auch bereits in der Vorschulzeit wird deutlich, dass die Schrift einen Bezug zur Lautung aufweist. In einer nächsten Phase müssen Schreiber also lernen, zu schreibende Wörter lautlich zu durchgliedern und den identifizierten lautlichen Einheiten Schriftzeichen zuzuordnen. Man spricht hier in der Regel von einer **alphabetischen oder auch phonologischen Phase**. Lerner wenden in dieser Phase demnach überwiegend eine ›schreibe wie du sprichst-Strategie‹ an. Auch diese muss irgendwann zumindest überformt werden, wenn die Schreiber feststellen, dass im Deutschen eben vieles nicht genau so geschrieben wird, wie es gehört oder gesprochen wird. Folgend erreichen sie die sogenannte **orthografische Phase**, in der Schreibungen erlernt werden, die nicht über unmittelbaren Lautbezug zu erschließen sind, sondern durch andere orthografische Regelungen bestimmt werden. Auch das Erkennen größerer, immer gleich zu schreibender Einheiten wie Morpheme spielt in dieser Phase eine wichtige Rolle.

Übergänge zwischen Entwicklungsphasen und Schreibstrategien: Aus didaktischer Sicht sind an diesen Modellen besonders die Übergänge zwischen den einzelnen Phasen bzw. Strategien interessant. Es ist hier u.E. sehr sinnvoll, von Strategien zu sprechen, auf die Schreiber typischerweise in bestimmten Phasen der Schreibentwicklung hauptsächlich zugreifen (können), weil sie das Bemühen der Schreiber deutlich machen, sich einer korrekten Schreibung immer weiter anzunähern. So geschieht der Übergang von der logografischen zur phonologischen Phase nicht abrupt, sondern schrittweise, indem die Kinder zunächst einige Laute des Wortes auf dem Weg zur kompletten Lautgestalt verschriften. In der Forschung wird häufig von **Skelettschreibung** gesprochen (z. B. Scheerer-Neumann 1996/2003; Valtin 2000).

Im Übergang von der alphabetischen zur orthografischen Strategie lassen sich als typische Übergangserscheinungen die sogenannten **Übergeneralisierungen** feststellen: Die Schüler beginnen damit, orthografische Regeln zu lernen und wenden sie auch auf Fälle an, auf die sie nicht zutreffen: So finden sich Schreibungen wie *liler Sofer* für *lila Sofa*, die vermutlich aus einer fälschlichen Übertragung der Schreibung von Wörtern wie <Mutter> und <Vater> resultieren (vgl. dazu Spitta 1989). Lehrenden gewähren solche Fehler Einblicke in strategische Überlegungen der Schüler; auch in solche, die eher implizit bleiben und nicht verbalisiert werden.

Modelle und Methoden des Schriftspracherwerbs

Scheerer-Neumann legt in ihrem Modell (1996; s. Abb. 2) einen Schwerpunkt darauf, dass neben der lautbezogenen Konstruktion zu schreibender Wörter für Lerner in jeder Phase auch die Möglichkeit des Abrufens von bereits verinnerlichten Schreibungen aus dem Gedächtnis besteht. Auch August/Dehn betonen das Vorhandensein dieser beiden prinzipiellen Strategien in ihrem »**Zwei-Wege-Modell**« (2009, S. 37f.). Wichtig ist, dass beide Wege im Unterricht gefördert werden müssen.

Regelgeleitete Konstruktionen	»Lernwörter«	Bemerkungen
1. willkürliche Buchstabenfolgen »Pseudowörter« oder Kritzelschrift	Die Buchstaben eines Wortes werden ohne Bezug zum Lautwert auswendig gelernt (z. B. eigener Name); nur wenige Wörter können erworben werden.	Durch die fehlende Unterstützung durch die gesprochene Sprache kommt es oft zu Buchstabenauslassungen und Umstellungen.
2. Erste Versuche, die gesprochene Sprache zu »übersetzen«: beginnende (»rudimentäre«) *phonemische Strategie*, z. B. TG = Tiger, HS = Haus	Wie unter 1.; aber das Auswendiglernen wird schon durch einige erkannte Buchstabe-Laut-Beziehungen gestützt; immer noch sehr wenige Lernwörter.	Erwerb von Phonem-Graphem-Korrespondenzen
3a. *entfaltete phonemische Strategie*: Es werden jetzt mehr Laute eines Wortes wiedergegeben, z. B. WOKE = Wolke HUT = Hund	Phonemisch gestützte Speicherung von Lernwörtern, Beginn der Entwicklung einer »Rechtschreibsprache«; auch visuelle und graphomotorische Lernhilfen.	Die phonemische Strategie überwiegt oft das Abrufen von Lernwörtern: phonemische Konstruktionen (z. B. Rola, komt, si) oft auch bei Lernwörtern aus der Fibel.
3b. *voll entfaltete phonemische Strategie*: z. B. lesn = lesen, manchmal Wiedergabe phonetischer Nuancen, z. B. Phaul = Paul Khint = Kind	Mit zunehmender Entfaltung der phonemischen Strategie können *immer mehr Lernwörter* gelernt werden. Behalten werden müssen vor allem die *Abweichungen von phonemischen Konstruktionen*, z. B. das zweite ‹t› in »Bett«, das ‹e› in »liebe« etc.	
4. *entfaltete phonemische Strategie, korrigiert durch strukturelle Regelmäßigkeiten*, z. B. les*en*, Gab*el*	Wie 3.; zusätzliche Lernhilfe durch Erkennen von strukturellen Regelmäßigkeiten	Ohne besondere Zuwendung der Aufmerksamkeit (Briefschreiben, Aufsätze) oft Bevorzugung von Konstruktionen über Lernwörter.
5. wie 4.; weiteres Erkennen und Anwenden von orthographischen Strukturen, z.T. explizit vermittelt, z. B. ▪ Auslautverhärtung ▪ Vorsilben ver-, vor- ▪ Morpheme -ig, -lich, -ung	Wie 3a und 3b; zusätzliche Lernhilfen durch Kenntnisse weiterer orthographischer Regelmäßigkeiten, z. B. ▪ Hun*d* ▪ *ver*gessen ▪ fröh*lich* leichter Erwerb von Lernwörtern	Häufig Übertragung der erkannten orthographischen Regelmäßigkeiten auf ungeeignete Fälle (»Übergeneralisierung«), z. B. ▪ Re*z*ebt ▪ ver*t*ig ▪ Strun*g* (Strunk)
6. Allmähliches Überwiegen des Abrufens von Lernwörtern über Konstruktionen (»Automatisierung«); Reihenfolge der Buchstaben beim Schreiben wird aber immer noch von der gesprochenen Sprache begleitet und geleitet. Phonemische und orthographische Konstruktionen sind möglich.		

Empirische Belege für eine Erwerbsreihenfolge wie die oben skizzierte liegen in Form von Auswertungen von Schülerschreibungen vor allem für die Schuleingangsphase vor. Echte Längsschnittstudien sind allerdings rar, vor allem solche, die auch weiterführendes orthografisches Lernen

Abb. 2: Modell der Rechtschreibentwicklung von Scheerer-Neumann (2009, S. 59)

mitberücksichtigen. Eine Studie von Scheele (2006) zeigt, dass sich nach Beherrschen alphabetischer bzw. phonologischer Schreibungen sowohl deutlich stärkere interindividuelle Unterschiede zeigen wie solche, die von einzelnen schriftsystematischen Schwerpunkten abhängen. Hier könne nach Ansicht von Scheele kaum mehr von einer einheitlichen Phase oder Strategie gesprochen werden. Daneben hat auch die durch PISA und IGLU bestätigte Tatsache, dass ein Viertel der Schülerinnen und Schüler größere Schwierigkeiten beim Erwerb der Schriftsprache zeigt, zu erster Kritik an den Entwicklungsmodellen, vor allem an ihrem didaktischen Nutzen geführt (Röber 2011; Bredel u. a. 2011).

2.2.2 | Methodische Konzepte des Schriftspracherwerbs

Die Diskussion um die beste Methode für den Schriftspracherwerb ist schon alt. Vor allem in den 50er und 60er Jahren wurde sie heftig geführt, zwischen den Vertretern des **synthetischen und des analytischen Ansatzes**. Erstere können auf eine lange Tradition zurückblicken, die bis ins 16. Jahrhundert auf die Arbeiten von Valentin Ickelsamer zurückgeht. Er stellte der bis dahin allein üblichen **Buchstabiermethode** die erste vom einzelnen Laut ausgehende Methode gegenüber. Von den verschiedenen lautbezogenen Methoden ist vor allem die **Anlautmethode** heute noch üblich. Wurden auf diese Weise recht schnell und systematisch alle Schriftzeichen über ihren Lautbezug vermittelt, erwuchsen die Schwierigkeiten aus dem anschließend notwendigen Zusammenschleifen, also Synthetisieren der einzelnen Buchstaben.

Im 18. Jahrhundert entstanden die sogenannten ganzheitlichen oder analytischen Methoden, die von Wörtern oder Sätzen ausgingen, aus denen im weiteren Verlauf des Unterrichts kleinere lautliche Einheiten ausgegliedert wurden. Unterstützung bekamen die Vertreter der Ganzheitsmethode im 20. Jahrhundert aus der Gestaltpsychologie. Bekannt wurde vor allem der Ansatz der Brüder Kern in den 1950er und 60er Jahren, der ebenfalls vom ganzheitlichen Erlesen von Wörtern und Sätzen ausging, danach aber relativ bald eine akustische Analyse des Materials vorsah. Nach über zwei Jahrzehnten erbitterten Streits wurde durch die ersten empirischen Untersuchungen in diesem Bereich gezeigt, dass keine Methode eine wirkliche Überlegenheit beanspruchen konnte (z. B. Ferdinand 1972). Auch auf theoretischer Ebene kam man zu dem Schluss, dass es am sinnvollsten sei, die Vorzüge beider Seiten in einem **methodenintegrierten Unterricht** zu vereinen (eine ausführliche Darstellung des Methodenstreits findet sich etwa in Gümbel 1993 und in Menzel 1995).

Auch in der jüngeren Zeit gibt es erkennbare Kontroversen um den ›richtigen‹ methodischen Ansatz für den Schriftspracherwerb. Erreichte die Diskussion der Frage: »Fibel, ja oder nein?« in den späten 70er und frühen 80er Jahren zunächst noch ein ähnlich heftiges Ausmaß wie der Streit um analytische versus synthetische Methode, so scheinen sich die Vertreter verschiedener Ansätze in den letzten Jahren durchaus anzunähern. Nichtsdestotrotz sind unterschiedliche methodische Konzepte zu erkennen, die vor allem darin divergieren, welche schriftsprachlichen Grundlagen sie annehmen und wie sie das Verhältnis ›Instruktion durch den Lehrer – Aneignung durch die Schüler‹ gewichten. Einige zentrale Konzepte sollen im Folgenden kurz skizziert werden.

Fibelkritik und Spracherfahrungsansatz: Zu Beginn der 80er Jahre wurde massive Kritik am sogenannten ›Fibeltrott‹ laut. Diese ist vor allem vor dem Hintergrund einer veränderten Sichtweise der kindlichen Aneignung von Schrift zu verstehen. Vertreter des **Spracherfahrungsansatzes** wie Hans Brügelmann hielten dem bis dahin verbreitetsten Medium der Vermittlung von Lesen und Schreiben vor, dass auf die Voraussetzungen der Schülerinnen und Schüler zu Schulbeginn keine Rücksicht genommen werde. Die Ausgangslage der Erstklässler sei bezüglich der Erfahrungen mit Schrift sehr unterschiedlich. Und tatsächlich ist es so, dass in ersten Klassen Kinder, die bereits viele Wörter lesen und schreiben können, neben jenen sitzen, die quasi keine Vorerfahrungen mit Schrift haben. Einer solch heterogenen Ausgangslage könne man nicht mit einem für alle in gleicher Weise und Reihenfolge wie im gleichen Tempo durchgeführten **Lehrgang mit einer Fibel** gerecht werden. Da jedes Kind sich die Schrift eigenaktiv aneignen, ihre Funktion und ihren Aufbau sozusagen für sich (re-)konstruieren soll (s.o.), könne eine vorstrukturierte Präsentation aufeinander folgender Teile nicht für alle Lerner der richtige Weg sein. Kognitive Einsicht wird zum leitenden Prinzip (vgl. Valtin 2001), nicht schrittweiser Nachvollzug. Die Kontroverse lässt sich der Deutlichkeit halber auf diese und ähnliche Dichotomien zuspitzen, wie auch die zwischen eigenaktiver Entwicklung und Instruktion, offenem und lehrerzentriertem Unterricht.

Seit Ende der 1990er Jahre haben sich die Positionen allerdings merklich angenähert. Neuere Fibeln folgen häufig dem Bausteinprinzip, integrieren zahlreiche Anlässe und Materialien zum eigenaktiven und differenzierten Lernen (wie etwa auch Anlauttabellen). Auch Fibelautoren sind mittlerweile der Ansicht, man müsse Schülern Material und Verfahren bieten, die ihnen ermöglichen, die Schrift zu durchdringen (vgl. Metze 2001). Vertreter des Spracherfahrungsansatzes wiederum legen Wert darauf, dass Lehrpersonen das Materialangebot, das sie Schülern für den Erwerb der Schriftsprache machen, auch strukturieren können und bieten dementsprechende Hilfen an (etwa in Form von ›Ideenkisten‹ etc., vgl. Brinkmann/Brügelmann 2001). Die **didaktische Landkarte** versammelt Lernfelder wie die Lautanalyse, aber auch den Aufbau eines Sicht-Wort-schatzes für die (systematische) Erfassung der Schriftsprache (ebd.). Mittlerweile scheint es sich vor allem um graduelle Unterschiede zu handeln, die die unterschiedlichen Anteile verschiedener Arbeitsformen bzw. die unterschiedliche Beteiligung von Schülern und Lehrenden am Erwerbsprozess betreffen und die grundlegendere Frage, ob instruktive oder eher entwicklungsorientierte Verfahren die effektiveren für den Erwerb der Schriftsprache darstellen (vgl. Schründer-Lenzen 2004).

Lesen durch Schreiben: Ein sehr bekannt gewordenes Konzept, das sich lose einigen Grundgedanken des Spracherfahrungsansatzes zuord-

Schriftlicher Sprachgebrauch

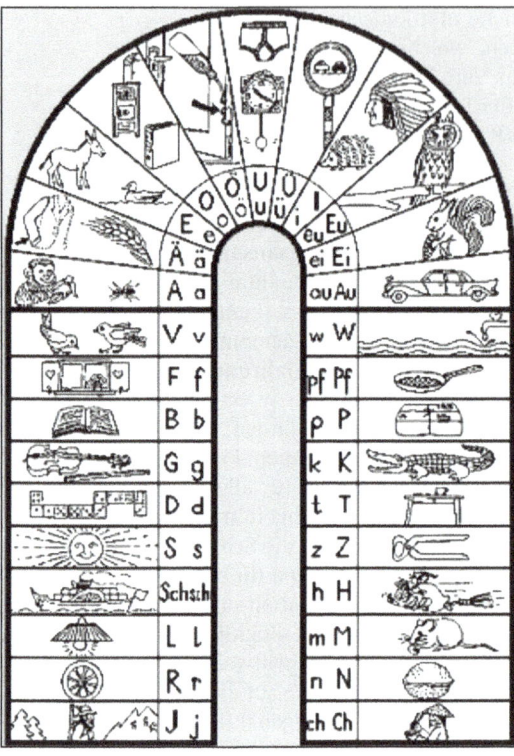

Abb. 3: Anlauttabelle (aus Reichen 1988)

nen lässt, ist ›Lesen durch Schreiben‹ von Jürgen Reichen. Sein Konzept beruht auf drei Prinzipien:
- dem unterrichtsmethodischen Prinzip des Werkstattunterrichts,
- dem lernpsychologischen Prinzip des selbstgesteuerten Lernens und
- dem lesedidaktischen Prinzip ›Lesen durch Schreiben‹ (Reichen 2001).

Reichen propagiert eine extreme Variante von offenem Unterricht und Selbsttätigkeit der Schüler. Spracherwerbsprozesse und damit auch der Erwerb der Schriftsprache entfalten sich nach Reichen am besten ungestört, vom Kind gesteuert und in anregungsreicher Umgebung. Mit letzterem ist aber, im Unterschied zu den Vorstellungen etwa bei Brügelmann und Brinkmann, kein Materialangebot gemeint, das auf Grund der Logik der Schriftsprache strukturiert wäre, sondern eher allgemeine freundliche Unterstützung durch die Lehrperson und Material, das freie, werkstattartige Arbeit beim Schreiben erlaubt. Im Zentrum des Prinzips ›Lesen durch Schreiben‹ steht die Arbeit mit der **Anlauttabelle** (s. Abb. 3).

Mit ihrer Hilfe können die Schüler laut Reichen alles (frei) schreiben, was sie möchten. Voraussetzung ist eine sehr genaue lautliche Durchgliederung der zu schreibenden Wörter. Es liegt damit eine starke **Betonung auf den lautlichen Aspekten** von Schrift, streng genommen sogar auf den phonetischen, nicht auf den phonologischen. Kinder werden dazu angehalten, möglichst genau ihre eigene Artikulation abzuhören und diese in Einheiten zu zergliedern, denen wiederum mit der Anlauttabelle Buchstaben zuzuordnen sind. Korrigiert werden – zumindest im 1. Schuljahr – auch nur orthografische Fehler, die auf einer mangelnden lautlichen Durchgliederung beruhen, nicht aber Aspekte wie Dehnung und Schärfung, Groß- und Kleinschreibung oder fehlende Wortzwischenräume. Da die Kinder darüber hinaus auch zunächst keine (fremden) Texte lesen und das Lesen überhaupt in Reichens Konzept quasi als Beiprodukt des Schreibens miterlangt wird, fehlt der Input an orthografisch korrektem Material. Die Schüler haben kaum Möglichkeiten, korrekte **Schreibschemata** auszubilden, sich auch auf die visuellen Eigenschaften von Schrift zu stützen. So bleibt ihnen in diesem Konzept der zweite Weg zu korrekten Schreibungen unter Umständen komplett verschlossen. Dies könnte eine Gefahr gerade für schwächere Schüler darstellen; eine These, die durch erste empirische Untersuchungen untermauert wird (vgl. z. B. Schründer-Lenzen 2004; Röber 2011).

In Kombination mit anderen Wegen des Schreibenlernens ist eine Anlauttabelle allerdings ein motivierendes Werkzeug zum Erwerb lautorientierter Schreibungen. Die meisten Fibeln der letzten 15 Jahre enthalten neben Übungen zum Schreiben von Lernwörtern eine Anlauttabelle in der einen oder anderen Form. Im Vergleich zur Reichen-Tabelle enthalten neuere oft auch Zuordnungen von Lauten im Wort zu den passenden Graphemen (etwa für das [ŋ] in Ring), haben manche Laut-Bild-Zuordnungen ausgetauscht oder die Laute systematischer angeordnet.

Die silbenanalytische Methode: Die jüngste der hier dargestellten methodischen Konzepte zum Schriftspracherwerb hat sich vornehmlich seit den 1990er Jahren entwickelt. Ähnlich wie in der sprachwissenschaftlichen Orthografieforschung und vor allem in der Graphematik hat die Silbe auch in der rechtschreibdidaktischen Diskussion der letzten Jahre einen starken Aufschwung genommen (zu einer Zusammenfassung vgl. etwa Berkemeier 2007). Vertreter der Graphematik wie Eisenberg, Fuhrhop und Hinney (didaktisch vor allem Röber 2011; Müller 2010) betonen besonders, dass unter Rekurs auf silbentheoretische Aspekte bestimmte orthografische Phänomene wie die Konsonantendopplung oder bestimmte Vorkommen des h konsequenter erklärt werden können als traditionell über Berücksichtigung der Vokallänge und Regeln für den Einsatz von h möglich. Während Betrachtungen des **Silbengelenks** oder des silbeninitialen h eher einzelne orthografische Bereiche neu zu erklären versuchen, gibt es auch Ansätze, die neben dem gesamten frühen Rechtschreiblehrgang den Schriftspracherwerb als solchen auf dem Konzept der Silbe aufbauen. Besonders bekannt sind hier die Arbeiten von Röber geworden, die sich auf die Herausarbeitung verschiedener Silbentypen des Deutschen stützt. Die Unterscheidungen beruhen auf der linguistischen Beschreibung von Silben, vor allem auf orthografietheoretischen Kriterien von Utz Maas (z. B. 1992).

Ausgangspunkt der unterrichtlichen Beschäftigung mit Silben ist dabei die am häufigsten in der deutschen Sprache vorkommende Wortform des trochäischen Zweisilbers, also der Kombination einer betonten mit einer unbetonten Silbe. Rechtschreibdidaktisch interessant ist nun die Beobachtung, dass orthografische Schwierigkeiten und zu beachtende Fälle (wie Dehnungs- und Dopplungserscheinungen) fast ausschließlich in betonten Silben auftreten. Reduktionssilben enthalten in sehr vielen Fällen (vor allem in solchen Wörtern, die in der Grundschule vorkommen) ein Schwa mit wenigen Konsonanten, z. B. *grin-sen*, *spie-len*, *Fens-ter* etc.). Für betonte Silben gibt es im Wesentlichen vier Möglichkeiten der Vokal-Konsonanten-Verteilung für häufige deutsche Wörter. Wenn Schüler dies durchschauen, haben sie einen Einblick in die Schriftstruktur gewonnen. Röber hat dazu methodische Hilfsmittel wie die inzwischen recht bekannten **Silbenhäuschen** entwickelt, die vor allem die unterschiedlichen Vokallängen in Silben visualisieren und damit lernbar machen sollen (vgl. dazu Röber-Siekmeyer 1997, 2011; s. Abb. 4). Erste Erfahrungsberichte sind ausgesprochen positiv (Röber 2011).

Schriftlicher Sprachgebrauch

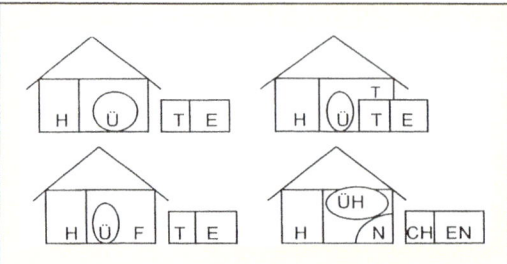

Abb. 4: Silbenhäuschen (aus Röber-Siekmeyer 1997)

Die starke Betonung rein silbischer (und damit phonologischer) Aspekte zur Erfassung aller wesentlichen Regularitäten der Rechtschreibung ist allerdings eine starke Engführung. Ein Ausschluss semantisch-morphologischer Aspekte verhindert eine Durchdringung der Wortstruktur auf semantischer und wortbildungsbezogener Basis, wo doch ein Durchschauen der Schriftstruktur – und nicht nur der Silbenstruktur – erklärtes Ziel des Ansatzes ist. Es empfiehlt sich daher beispielsweise eine Kombination von morphologischer und auf Silben bezogener Visualisierung, wie sie etwa Bredel in Erweiterung von Röbers Modell vorschlägt (2009). Die Rückführung einer Wortform wie *kommst* auf den zweisilbigen Wortstamm *kommen*, bei dem die Doppelkonsonanten-Schreibung durch das Silbengelenk erklärt werden kann, ist nur unter Rückgriff auf morphologisches Wissen möglich. Hinweise dieser Art finden sich auch in Müller (2010) sowie Hinney (2010), wobei die bei beiden Autorinnen verwendete Bezeichnung ›Silbenprobe 2‹ für eine solche morphologische Operation ein wenig irreführend ist.

Empirische Untersuchungen zum Erfolg einzelner Methoden des Schriftspracherwerbs: Es existieren mittlerweile einige empirische Studien, deren Ergebnisse darauf hindeuten, dass sich Lernende die Schriftsprache in vergleichbarer Qualität aneignen, unabhängig davon, mit welcher konkreten Methode die Unterweisung bzw. Unterstützung des Schriftspracherwerbs erfolgt. So zeigt bereits eine Untersuchung von Ferdinand (1972), dass sich Schülerinnen und Schüler, die nach der analytischen Methode Lesen und Schreiben gelernt hatten, in ihren Leistungen nicht nennenswert von denen unterschieden, die auf synthetischem Wege unterrichtet wurden. Knapp 40 Jahre später kommt Weinhold in ihren Untersuchungen zwar etwas modernerer Methoden, aber eines ähnlichen Streitpunktes zu im Grunde recht ähnlichen Ergebnissen. Gegen Ende des 4. Schuljahres zeigen sich bei Klassen, die mit einer Fibel, nach der Reichen-Methode (s.o.) und nach der silbenanalytischen Methode unterrichtet wurden, keine signifikanten, auf die Methode zurückführbaren Unterschiede (Weinhold 2009). Zwar zeigen sich gerade in den ersten beiden Schuljahren an manchen Stellen Leistungsvorsprünge der einzelnen Klassen, die auf Elemente der verschiedenen Methoden zurückgeführt werden könnten, doch haben sich diese zum Ende der Grundschulzeit quasi wieder nivelliert. Insgesamt verdichten sich die Anzeichen dafür, dass – gerade, aber nicht nur für schwächere Schüler – nicht auf eine einzelne Ebene des Schriftsystems und einen einzigen methodischen Weg rekurriert werden kann (vgl. Pracht 2010).

Neuere Untersuchungen vor allem aus der Erziehungswissenschaft schreiben Variablen wie der allgemeinen Klassenleistung, der Qualität der im Unterricht erfolgenden Instruktion, der Variabilität der Unterrichts- und Übungsformen, dem Reichtum des eingesetzten Materials sowie der Motivationsfähigkeit der Lehrperson einen stärkeren Einfluss als methodischen Einzelaspekten zu (vgl. Schründer-Lenzen 2004). Hier ist noch ein deutlicher Bedarf an fachlich fundierten empirischen Untersuchungen zu verzeichnen, vor allem an echten Längsschnittstudien über die gesamte Grundschulzeit.

2.3 | Rechtschreiben

2.3.1 | Didaktische Grundzüge des Rechtschreibunterrichts

Entdeckendes Rechtschreiblernen: Lange Zeit war es im Rechtschreibunterricht Usus, Regeln für bestimmte Rechtschreibphänomene und die entsprechenden Ausnahmen auswendig zu lernen bzw. in Übungen zu trainieren. Empirische Studien zeigen allerdings, dass die Zahl der Rechtschreibfehler auch am Übergang von der Grundschule in die Sekundarstufe (noch) ziemlich hoch ist, dies vor allem in Relation zu einer großen Menge an Zeit, die im Unterricht der Rechtschreibung gewidmet wird (vgl. Voss u.a. 2007). Ähnlich wie beim Grammatikunterricht (s. Kap. II.2.3.3) scheint auch beim traditionellen Rechtschreibunterricht der Arbeitsaufwand in keinem Verhältnis zum Erfolg zu stehen. Ossner betont, dass derjenige, der eine Rechtschreibregel aufsagen könne, dadurch eben nicht schon richtig schreiben könne (2010, S. 130). Bloßes Auswendiglernen zeitigt also offenbar wenig Erfolg. Auch bei der Rechtschreibung ist Einsicht in das System wichtig, die durch **entdeckendes bzw. forschendes Lernen** zu gewinnen ist (vgl. *Praxis Deutsch* 170/2001: Themenheft »Rechtschreiben erforschen«; Eisenberg/Feilke 2001). Daher setzt die neuere Rechtschreibdidaktik stärker auf das Durchschauen der orthografischen Systematik, auf das Ausbilden von ›**Rechtschreib-Bewusstheit**‹ (Nickel/Spitta 2003) und das Ausbilden von **Rechtschreibstrategien** (vgl. z.B. Günther 2010).

Rechtschreiben von Anfang an versus Freies Schreiben – und eine veränderte Sicht auf Rechtschreibfehler: Traditionell wurde im Lernbereich ›Schreiben‹ darauf Wert gelegt, dass die Schülerinnen und Schüler die Schriftsprache zunächst annähernd korrekt beherrschen lernen, bevor sie zum Schreiben eigener Texte übergehen konnten. Die Gefahr wurde als groß eingeschätzt, dass sich die Schülerinnen und Schüler falsche Schreibungen, die bei frühem Produzieren eigener Texte zwangsläufig vorkommen, einprägen und der Weg zum korrekten Schriftbild besonders lang oder gar verstellt sei. Im Zuge der kognitiven Wende in der Rechtschreibdidaktik wandelte sich allerdings die Sicht auf Rechtschreibfehler entscheidend. **Fehler** wurden lange als Gefahr dafür angesehen, dass sich Schüler falsche Wortbilder einprägen könnten. Diese Bedenken konnten allerdings empirisch in keiner Weise gestützt werden (vgl. Augst/Dehn 2009). Im Gegenteil ließ sich zeigen, dass Schüler sich gerade über den Weg des Ausprobierens von Schreibungen der Schrift annähern, indem sie Einsichten über ihre Systematik gewinnen. Im Zuge der Beobachtung von kindlichen Schreibern und der fortlaufenden Analyse ihrer Texte kam man zu dem Schluss, dass es äußerst schreibförderlich ist, wenn die **kommunikative Funktion des Schreibens** im Vordergrund steht. Wenn Schülern beim Schreiben deutlich wird, dass sie auf diese Weise den Adressaten etwas mitteilen können, bekommt das richtige Schreiben eine ganz eigene und sofort einsichtige Motivation: Die Schreiber möchten verstanden werden. Gerade dem Freien Schreiben billigen seine Befürworter eine besonders hohe Motivationsleistung für das Erstellen von Texten zu (Böttcher/Becker-Mrotzek 2003). Auch freie Texte können hinterher in Bezug auf ihre rechtschreibliche Realisierung vom Autor überarbeitet werden, um sicher zu gehen, dass die Adressaten sie auch lesen und richtig verstehen können. Freies Schreiben und Rechtschreiben müssen sich also nicht ausschließen.

2.3.2 | Methoden des Rechtschreibunterrichts

Rechtschreibstrategien: Strategieorientiertes Rechtschreiblernen richtet sich an den oben genannten leitenden Prinzipien der Orthografie aus. Schreibungen, die dem morphologischen Prinzip unterliegen (s.o.), können etwa durch das konsequente Aufstellen von Wortfamilien und das Benutzen eines entsprechenden Wörterbuchs, aber auch durch häufiges Ableiten, Aufbauen und Analysieren von Wortformen verinnerlicht werden (Günther 2010; Risel 2004/2006). Ein solcher Unterricht ist nicht prinzipiell unvereinbar mit einem regelorientierten Vorgehen. Allerdings werden die Regeln nicht durchgehend vorgegeben, sondern als Regularitäten von den Schülerinnen und Schülern entdeckt. Eichler hat schon früh darauf aufmerksam gemacht, dass Lerner ›**Eigenregeln**‹ aufbauen (1985, 1992): Diese Abstraktionen aus einzelnen Schreibungen müssen dem orthografischen System nicht immer angemessen sein und können zunächst zu falschen Übertragungen oder Interpretationen von Schreibungen führen. Eichler bezeichnet diese als »kreative Schreibirrtümer« (1992, S. 134f.); sie zeugen vom Ausprobieren auf dem Weg zur richtigen Schreibung und können als Ausgangspunkt für Weiterentwicklungen dienen.

Rechtschreibgespräche: Für Lehrende ist es allerdings nicht immer einfach, Einsicht in diese inneren Regelbildungsprozesse zu erlangen. Unter Umständen sind sie aus charakteristischen Fehlschreibungen zu erschließen. So lässt sich aus dem berühmten *liler Sofer (s. Kap. II.2.2.1) erkennen, dass der Schreiber/die Schreiberin vermutlich die Eigenregel gebildet hat, dass man Wörter, bei denen man am Ende ein kurzes a hört, mit <er> schreibt. Eine andere gute Möglichkeit, eventuelle Motivationen für bestimmte Schreibungen herauszufinden, bieten die sogenannten Rechtschreibgespräche (z. B. August/Dehn 2009). Sie umfassen das gemeinsame Nachdenken und Sprechen über die richtigen (und auch die falschen) Schreibweisen von Wörtern. Hier können Begründungen für bestimmte Schreibungen formuliert und ausgetauscht werden. Passiert dies regelmäßig, können solche Gespräche zur Ausbildung eines Rechtschreibgespürs führen. Im folgenden Beispiel geht es um die Schreibung von Wörtern mit sogenannter ›Auslautverhärtung‹. Im Rahmen des Gesprächs werden die besprochenen Wörter aus den Schülertexten dann in einer Tabelle nach Rechtschreibphänomenen geordnet.

L:	Übrigens wurde hier von einem Zwerg gesprochen. Wer kann denn mal über das Wort nachdenken? ...
	Wer sagt, zu welchem Feld an der Tafel Zwerg eher gehört als zu diesem (auf Handwerk weisend).
S:	Zum Kuckuck.

SchülerInnen erstaunt.

Meike:	Zum Pferd und zum Hemd.
L:	Warum?
Meike:	Weil es mit »d« am Ende ist; hm, aber Zwerg?
L:	Doch, denk mal weiter nach.
S:	Es wird mit »g« am Ende geschrieben.
L:	Und wie findet man das raus?
mS:	Zwerge (das »e« am Ende betonend). Viele Zwerge.
L:	Wie haben wir das rausgefunden, das »d« am Ende? Kurt hat die Regel gesagt, sagst du sie noch mal?
Kurt:	Die Mehrzahl.
L:	Gut, was mußt du bei Zwerg machen?
Kurt:	Auch die Mehrzahl.
L:	Wer schreibt Zwerg hier noch an, damit wir es noch klar haben?

Alex schreibt.

L:	Übung beendet. Eine Übung, die wir nie länger als 25 Minuten machen, nie.*

Abb. 5: Rechtschreibgespräch und daraus entwickelte Wortliste (aus Dehn 1994, S. 159)

In der jüngeren rechtschreibdidaktischen Diskussion findet sich als Zieldimension auch der Terminus **Rechtschreibbewusstheit**. Nickel/Spitta definieren diese als

»Fähigkeit, als Schreiber/in die eigenen mentalen Prozesse bei der Konstruktion einer gewählten Schreibweise willkürlich steuern, reflektieren und darüber Auskunft geben zu können, also die eigene metasprachliche Theorie sich selbst bewusst, und damit Reflexions- und Modellierungsprozessen zugänglich machen zu können.« (2003, S. 279)

Noch näher zu erforschen bleibt, welche didaktisch-methodischen Konzepte Lerner bei der Ausbildung von Rechtschreibbewusstheit besonders gut unterstützen. Rechtschreibgespräche scheinen hier eine vielversprechende Möglichkeit darzustellen.

Grundwortschatz-Ansätze: Neben regelorientierten Ansätzen spielen der Aufbau und die Verwendung von Grundwortschätzen vor allem in den unteren Klassen eine große Rolle. In den meisten aktuellen Lehrplänen für die Grund- und Sekundarschulen ist die rechtschreibliche Sicherung eines ›Lernwortschatzes‹ nach wie vor verankert. Während allerdings in den 80er Jahren vor allem die Häufigkeit von Wörtern das entscheidende Kriterium für seinen Eingang in eine solche Wörtersammlung war (vgl. Sennlaub; kommentierend zitiert nach Risel 2008), sind mittlerweile auch Aspekte wie Bedeutsamkeit der Wörter für die Lerner sowie die Stellung eines Wortes im orthografischen System von großer Bedeutung. So plädiert etwa Naumann für »klassen-« oder »themenbezogene« Grundwortschätze (1999). Weiterhin geht es nicht mehr nur darum, Wörter aufzunehmen, damit man sie als Ausnahmen auswendig lernen kann, sondern besonders solche zu berücksichtigen, die Modellcharakter für analog geschriebene Wörter haben. So verfährt etwa der »**Orientierungswortschatz**« von Naumann (1999), der die aufgenommenen 2000 Wörter nicht nur alphabetisch, sondern auch nach bestimmten Rechtschreibphänomenen geordnet auflistet. Es wäre also gut vorstellbar, eine Wörterliste wie die oben stehende zu einem Klassenwortschatz aus- bzw. umzubauen.

Insgesamt ist in der neueren didaktischen Forschung zum Rechtschreibunterricht ein Schwerpunkt auf den Ansätzen zu verzeichnen, die einen bewussten Umgang mit den Regularitäten der Schrift ermöglichen sollen und möglichst vielfältige Zugänge bieten. Dass viele Didaktiker und Pädagogen das Schreiben von Anfang an befürworten, führt zu einer stärkeren Integration von Schriftspracherwerb und weiterführendem Schreiben.

2.4 | Formen weiterführenden Schreibens in der Schule

2.4.1 | Vom Aufsatzunterricht zur schriftlichen Kommunikation und zum Schreiben

In diesem Unterkapitel soll ein kurzer Überblick über zentrale Konzeptionen in der Aufsatzdidaktik seit ca. 1900 gegeben werden. Es ist dabei von mehr als nur historischem Wert, da ein Blick in die Geschichte und Entwicklung des Aufsatz- bzw. Texteschreibens hilft, aktuelle Diskussionen besser zu verstehen und entweder als Abkehr oder Weiterentwicklung von bereits Dagewesenem erkennen zu können. So sind beispielsweise viele der auch heute noch in Schulen geschriebenen Textsorten wie Bericht, Beschreibung und Erörterung auch aus der Tradition der Disziplin heraus zu betrachten.

Der Freie Aufsatz: Der Beginn des 20. Jahrhundert war vor allem vom ›Freien Aufsatz‹ und der bewussten Abkehr seiner Vertreter vom sogenannten ›Gebundenen Aufsatz‹ geprägt, in dessen Rahmen die Schüler vor allem vorgegebene Texte reproduzieren sollten, sowohl hinsichtlich ihrer Form wie ihres Inhalts. In der Konzeption des ›Freien Aufsatzes‹ wurde dies als zu starr und wenig kindgerecht abgelehnt. Sie gründete sich vor allem auf reformpädagogische Strömungen wie die Arbeitsschulbewegung oder auch die Kunsterziehungsbewegung (vgl. dazu ausführlicher Merkelbach 1982). Zentral war beim ›Freien Aufsatz‹ der Gedanke, die Schüler sollten die Möglichkeit erhalten, ihre eigenen Gedanken und Erlebnisse frei auf das Papier zu bringen und so ihre individuellen kreativen Kräfte zu entfalten. So sollten sie zunächst vor allem zum Schreiben motiviert werden. Der Unterricht diente somit zuvorderst der Persönlichkeitsbildung. Der Erlebnisaufsatz stand im Zentrum der schreibenden Tätigkeiten.

Der sprachschaffende Aufsatz: Auch als Reaktion auf den ›Freien Aufsatz‹ entwickelte sich in den 1920er Jahren der **sprachschaffende** oder **stilbildende** (so Ludwig 1988) **Aufsatz**. Besonders von Lehrern und Didaktikern für den gymnasialen Deutschunterricht wurde moniert, es reiche nicht aus, das Schreiben lediglich zum Ausdruck eigenen Erlebens zu nutzen, wie im ›Freien Aufsatz‹ üblich. So formulierte Wilhelm Schneider (1956) eine Unterscheidung in subjektive und objektive Formen des Schreibens, die große Teile des Aufsatzunterrichts bis heute prägt. Neben den Erlebnisaufsatz sollten Formen des Schreibens mit sachlichem, objektivem Stil als Mittel der generellen Stilbildung treten. Als Vorbereitung auf das Schreiben dieser Texte schlug Schneider Stilübungen vor, in denen Wortschatzübungen den größten und wichtigsten Platz einnahmen (ebd., S. 82 f.).

Walther Seidemann nannte als Hauptaufgabe des gesamten Deutschunterrichts die »innere Sprachbildung« (1965). Der sogenannte sprachschaffende Aufsatz hatte seine Grundlage nach Seidemann nicht im Erlebnis als solchem, sondern im sprachlichen Gestaltungserlebnis. Aufsätze wurden nicht um des Themas, sondern um der Sprache willen geschrieben. Dem ›Freien Aufsatz‹ warf er vor, lediglich ein »stoffschöpfender Aufsatz« zu sein (1965, S. 86 f.) Er forderte daher, die Schüler sollten nicht Stoffaufgaben, sondern Gestaltungsaufgaben bearbeiten, etwa einen sachlichen Bericht oder die Beschreibung einer Person. Auch die Anlehnung an literarische Muster war erlaubt, um die als defizitär charakterisierte Alltagssprache der Schüler hin zu einer »zuchtvollen Sprachgestaltung« zu lenken (zitiert nach Merkelbach 1982, S. 46). Fritz Rahn formulierte 1938 wie folgt: »Planmäßiges Vorgehen im Aufsatzunterricht hat zur Voraussetzung, daß der Schüler in seinen Aufsätzen festgelegt wird auf bestimmte Stilformen und daß er womöglich auch im Stofflichen an einen Rahmen gebunden bleibt« (1938/1965, S. 63 f.).

Diese Ideen haben auch die Nachkriegsdiskussion über den Aufsatz zunächst bis in die 1960er Jahre eindeutig bestimmt und zur Verfestigung des Schreibens von Aufsatzformen und Stilübungen geführt. Während beim sprachschaffenden Aufsatz der 1920er Jahre aber noch stärker die Sprachschöpfung durch das Kind im Mittelpunkt stand, ging es dem **sprachgestaltenden Aufsatz** vor allem um die Gestaltung eines Textes nach bestimmten Kriterien. Im Vergleich zum ›Freien Aufsatz‹ bedeutete dies auch eine Rückkehr zu einer stärkeren Lernzielorientierung und zu einer sprachlich korrekten Darstellung innerhalb eines engen Kanons von **Darstellungsarten**.

Theo Marthaler (1962) zeigte die Systematik der Aufsatzformen in ihrer klarsten Ausprägung. Die von Wilhelm Schneider eingeführte Trennung von subjektiven und objektiven Formen des Schreibens wurde hier mit einer Dreiteilung der darzustellenden Gegenstände der Aufsätze zum folgenden Schema kreuzklassifiziert:

	Subjektbezogen	Objektbezogen
Geschehnisse	Erzählungen	Berichte
Sachverhalte	Schilderungen	Beschreibungen
Gedanken	Betrachtungen	Abhandlung/Erörterung

Abb. 6: Systematik der Aufsatzformen (nach Marthaler 1962, S. 53f.)

Bis in die Gegenwart bestimmt das Schreiben von Erzählungen, Berichten, Beschreibungen, Schilderungen und Erörterungen den Unterricht an den Schulen mit. Aus den möglichen Funktionen des Schreibens (s. Kap. II.2.4.2) wurde allerdings nur ein Ausschnitt ausgewählt; vor allem die Darstellungsfunktion von Sprache wurde hier besonders stark betont. Authentische Schreibanlässe kamen weitestgehend nicht mehr vor. Der Weg zur Beherrschung dieser **Darstellungsformen** geht über aufeinander aufbauende Übungen zu Wort und Text. Dadurch wurde allerdings das eigentliche Schreiben von den stilbezogenen, formalen Aufgaben getrennt. Die methodischen Möglichkeiten dieser losgelösten Übungen wurden stark überbetont. Durch die starke Akzentuierung bestimmter formaler Merkmale von Texten, die gelernt werden mussten, war der Aufsatzunterricht in dieser Phase ausgesprochen normativ geprägt.

Der Kommunikative Aufsatz: Eben diese Aspekte führten ab Ende der 1960er Jahre zu deutlichen kritischen Reaktionen und Trendwenden. Bekannt wurde vor allem der von der Aachener Gruppe, Wolfgang Boettcher und anderen, propagierte »kommunikative Aufsatz«. In Anlehnung v. a. an die Kommunikationstheorie von Watzlawick forderten die Autoren eine stärkere Ausrichtung des Aufsatzunterrichts »auf das augenblickliche Leben der Schüler, ihre Lebenspraxis, ihre Interessen und Bedürfnisse« (Boettcher u. a. 1973, S. 101). Texte sollten in authentischen (oder zumindest: gut simulierten) Kommunikationssituationen entstehen und an echte Leser gerichtet sein. Die sogenannten **Zweckformen des Schreibens**, wie Lebensläufe, Bewerbungsschreiben oder Briefe, erhielten hier wieder eine wichtige Position im Aufsatzunterricht. Es handelte sich um Texte, die im gegenwärtigen oder späteren Leben der Schüler bzw. in ihrer tatsächlichen schriftlichen Kommunikation eine Rolle spielten. Vorschläge für Schreibprojekte beinhalteten etwa einen Beschwerdebrief an den Oberstadtdirektor oder das Schreiben einer Eingabe für einen Robinson-Spielplatz (ebd., S. 89f.). Die Arbeit an der sprachlichen Ausführung der geschriebenen Texte geschah nach Boettcher u.a. zum einen durch den Vergleich von Formulierungen verschiedener Schülertexte zur gleichen Schreibaufgabe, die auf ihre je spezifischen potentiellen Wirkungen befragt wurden. Zur Übung und Bearbeitung einzelner Formulierungen wurden zum anderen die von Hans Glinz für den Grammatikunterricht entwickelten Sprachproben (z.B. Umformprobe, Erweiterungsprobe etc.; s. dazu Kap. II.3.4.1) herangezogen. Schüler sollten dabei lernen, ihre Sätze durch Umformungen, Ergänzungen oder Streichungen zu verbessern und in ihrer Wirkung zu optimieren.

Wie unschwer zu erkennen ist, ließen sich allerdings auch hier nicht alle Textarten in das Konzept integrieren. So wurden etwa Formen des Schreibens für sich selbst (z.B. Tagebucheintrag) oder auch des ästhetischen Schreibens nicht berücksichtigt. Die Betonung der kommunikativen Funktion(en) von Sprache, hier besonders von Schriftsprache, ist in Sprachwissenschaft und Sprachdidaktik oft als **kommunikative Wende** bezeichnet worden. In diesem Rahmen wird bezüglich geschriebener Texte in der Schule häufig nicht mehr von ›Aufsatz‹ gesprochen, sondern von ›**schriftlicher Kommunikation**‹. Bis in die heutige Didaktik des Schreibens hinein hat sich der Grundgedanke erhalten, dass Schüler die Schreibaufgaben motivierter erledigen, bei denen sie einen echten Adressaten (und damit auch einen Leser) erkennen können (vgl. dazu Baurmann 2006).

Freies Schreiben und Kreatives Schreiben: Seit den 80er Jahren ist eine neue Betonung der Individualität der Schreibenden zu beobachten, die sowohl vom Freien Schreiben wie vom Kreativen Schreiben betont wird. So fordert etwa Gerhard Sennlaub (1980), dass die Schüler schreiben können, was sie wollten und wann sie wollten. Ziel ist vor allem, zunächst die Schreibfreude junger Schüler zu erhalten und möglichst noch zu befördern. Ähnliche Schwerpunkte setzt der aus den USA stammende Ansatz des Kreativen Schreibens. Zur Erhöhung der Schreibmotivation von Schülern entwickelte vor allem Gabriele Rico (1984) kreative Techniken zur Ideenfindung und Visualisierung von Gedanken. Im Vergleich zum Freien Schreiben steht hier eher die Ausbildung von Phantasie bzw. Imaginationskraft als Ziel im Vordergrund. Dieser Aspekt wird in der Deutschdidaktik besonders von Spinner (2002) betont.

Methodische Unterschiede: Während beim Freien Schreiben möglichst gar keine Vorgaben gemacht werden, arbeitet das Kreative Schreiben mit Stimuli wie etwa Bildvorlagen oder literarischen Texten, die als Grundlage bzw. Anstoß für die eigene Textproduktion dienen sollen. In diesem Rahmen werden Methoden der Ideenfindung und -anordnung genutzt, wie z.B. die **Mindmap** oder das von Rico entwickelte **Clustering**. Das Kreative Schreiben wird seit den 1990er Jahren auch für Schüler mit Migrationshintergrund und Deutsch als Zweitsprache empfohlen (vgl. etwa die Arbeiten von Pommerin 1996 und Böttcher 1999). Gründe da-

II.2.4
Arbeitsfelder und Lernbereiche

Schriftlicher Sprachgebrauch

für liegen in dem eher geringen Stellenwert, den das Konzept normativen Aspekten des Schreibens (wie Orthografie und Grammatik) beimisst. Lernern einer Zweitsprache wird so ein Teil der Angst vor dem (falschen) Schreiben genommen. Auch die relativ freie Themenwahl und die damit verbundenen Möglichkeiten des Einbringens persönlicher und (inter-)kultureller Aspekte sind günstig für den Schreibunterricht in der Zweitsprache. So können die Schüler beispielsweise Texte zu ihren jeweiligen Herkunftsländern verfassen und diese in einem Buch sammeln.

Die sogenannte ›kognitive Wende‹: Nach der kommunikativen Wende lässt sich in den 80er/90er Jahren eine kognitive Wende diagnostizieren (s. Kap. II.1.2.3). Der Schwerpunkt des Interesses verlagert sich in der aus Amerika kommenden **Schreibforschung** von der Frage, was geschrieben werden soll (also Aufsatz- bzw. Textarten), auf die kognitiven Prozesse, die beim Schreiben von Texten eine Rolle spielen. Diese Ausrichtung wird spätestens nach der Jahrtausendwende vorherrschend in der Aufsatz- und Schreibdidaktik. Auch in curricularen Papieren der letzten ca. 15 Jahre wird der entsprechende schulische Lernbereich nun mit »Schreiben« bezeichnet, um den **prozessualen Aspekt der Textproduktion** zu betonen und weniger Art und Auswahl des Endproduktes. Der Terminus ›prozessual‹ bezieht sich innerhalb der Schreibforschung auf zwei Aspekte, die wiederum ausschlaggebend sind für die zwei hauptsächlichen Forschungsrichtungen: Erstens ist der konkrete Prozess der Produktion eines (einzelnen) Textes gemeint, der sich in analytisch trennbaren, aber auch empirisch auffindbaren Teilprozessen vollzieht. Zweitens meint ›Prozess‹ aber auch einen Entwicklungsprozess, die fortschreitende Entfaltung von Schreibkompetenz(en) bei den Schreiberinnen und Schreibern. Auf Grund des starken Gewichts dieser Forschungsrichtung ist einigen ihrer zentralen Fragen und Konzepte im Folgenden ein eigenes Unterkapitel gewidmet.

Zentrale Elemente des heutigen Schreib- bzw. Aufsatzunterrichts lassen sich nach einem Blick in die Geschichte der Aufsatzdidaktik besser verstehen. So erklärt sich die (immer noch vorhandene) Dominanz bestimmter Textarten wie Beschreibung oder Erörterung auch aus der Tradition des sprachgestaltenden Aufsatzes und den dort betonten Darstellungsformen. Die in diesem Ansatz deutlich normative Ausrichtung auf das Einhalten bestimmter Merkmale von Textarten hat sich allerdings in den letzten Jahrzehnten zumindest teilweise gelockert. Neben dem Schreiben nach festgelegten Textsorten haben seit den 1980er Jahren auch Formen des Freien bzw. Kreativen Schreibens Eingang in die Aufsatzdidaktik gefunden. Diese greifen Ideen des Freien Aufsatzes aus der Reformpädagogik sowie Elemente des Creative Writing aus den Vereinigten Staaten auf und stellen weniger die Texte, als vielmehr die Person des Schreibers in den Mittelpunkt. Eine solche schreiberbezogene Sichtweise wird ergänzt durch das Bemühen, den Schreibprozess des Einzelnen stärker in den Blick zu bekommen, um ihn so gezielter fördern zu können (s. Kap. II.2.4.2).

2.4.2 | Entwicklung von Schreibkompetenz: Schreibfunktionen, Schreibentwicklung und Schreibprozesse

Schreibkompetenz(en): Zentral bei der Frage nach der Entwicklung von Schreibkompetenz ist es zunächst, den Zielpunkt genau zu definieren. Dies ist beim Gegenstand Schreibkompetenz auf zweierlei Weisen möglich: Man kann eine allgemeine Definition des Ganzen versuchen oder sich dem Komplex über die Angabe von Teilkompetenzen nähern. Beide Möglichkeiten sind in der Forschung beschritten worden und sollten sich nicht ausschließen, sondern möglichst ergänzen. Ein häufig zitiertes Beispiel für den ersten Weg stammt von Jakob Ossner (1995, S. 46):

»Unter einer voll ausgebildeten Schreibkompetenz (engl. writing literacy) versteht man die Fähigkeit, einen Text, abstrahiert vom Hier und Jetzt, über die unmittelbare Schreibzeit und den Schreibort hinaus prinzipiell für jedermann lesbar verfassen zu können.«

Etwas stärker den kommunikativen Charakter von Texten und damit auch die Beziehung zwischen Schreiber und Leser betonend definieren Becker-Mrotzek/Grabowski (2012) Schreibkompetenz als »Fähigkeit zur flüssigen Produktion kohärenter, verständlicher und zielführender Texte«.

Flankierend zu diesen eher allgemeinen Definitionen werden in der Forschung in der Regel **Dimensionen der Schreibkompetenz** unterschieden, das komplexe Konstrukt also in Teilkompetenzen zerlegt. So lässt sich verdeutlichen, welche einzelnen Fähigkeiten und Fertigkeiten notwendig sind, um die komplexe Aufgabe des Texteschreibens bewältigen zu können. Fix (2006) führt aus, dass für das schulische Schreiben besonders das Zusammenspiel von Sach- und Methodenkompetenz wichtig sei: »Sachwissen, z. B. über Textsorten, steht nicht isoliert, sondern wird mit arbeitstechnischem Wissen verknüpft« (2006, S. 23). Er betont vor allem die Wichtigkeit prozeduralen Wissens als Teil der Methodenkompetenz für das Schreiben; Lerner müssen also vor allem Schreibstrategien erwerben. Anschließend nennt Fix die folgenden vier Teilkompetenzen und verbindet sie mit Fragen, die der Schreiber beantworten können muss:

	Was schreibe ich? Inhaltliche Kompetenz	
Warum und für wen schreibe ich? Zielsetzungskompetenz	**Interdependente Fragen im Schreibprozess**	Wie formuliere und überarbeite ich? Formulierungskompetenz
	Wie baue ich den Text auf? Strukturierungskompetenz	

Abb. 7: Teilbereiche der Schreibkompetenz (nach Fix 2006, S. 26)

Schriftlicher Sprachgebrauch

Schreiber müssen in der Lage sein (vgl. Fix 2006, S. 33):
- sich auf Grund der erfassten Funktion des Textes ein Schreibziel zu setzen und dabei
- die Angemessenheit des zu Schreibenden für potentielle Leser zu antizipieren,
- ihr Vorwissen zum Thema zu aktivieren und bei Bedarf neues Wissen zu rezipieren,
- ein bestimmtes Textmuster in kohärenter Weise zu realisieren und
- ihr sprachliches Wissen und ihre Überarbeitungskompetenz zu aktivieren.

Die Umsetzung in die Form von Fragen macht deutlich, vor welchen Teilaufgaben der Schreiber beim Verfassen eines Textes steht und dass er Strategien zu ihrer Lösung braucht. Es ist anzunehmen, dass die Gewichtung der Teilkomponenten je nach zu schreibendem Text unterschiedlich ist, also z. B. von der Textsorte abhängt. Wichtig ist zu fragen, ob etwaige Schwierigkeiten eines Schreiblerners eventuell nur im Bereich einer Teilkompetenz liegen, die dann gezielt gefördert werden kann. Didaktisch sinnvoll ist eine solche Aufteilung also vor allem dann, wenn sich zur Aktivierung und Förderung der einzelnen Teilkompetenzen jeweils bestimmte **Schreibarrangements** als besonders förderlich erweisen. Es muss daher Teilaufgaben zur Beschaffung notwendigen Sachwissens ebenso geben, wie solche zur Formulierung einzelner Textpassagen etc. Andererseits macht das Beherrschen einer einzelnen Teilkompetenz noch keinen guten Schreiber aus, da etwa Wissen über einen Sachverhalt nicht ausreicht, wenn der Schreiber sich nicht in potentielle Leser hineinversetzen kann oder nicht weiß, in welcher Form er sein Wissen in einen Text gießen kann.

Definition

> → **Schreibkompetenz** bezeichnet die Fähigkeit eines Schreibers, Texte zu produzieren, die seinen eigenen Zielen und Ausdrucksabsichten gerecht werden, sich an den in der Sprachgemeinschaft üblichen Textmustern orientieren und auf potentielle Leser abgestimmt sind. Schreibkompetenz lässt sich als Verbund aus verschiedenen Teilkompetenzen auffassen; diese betreffen einerseits die sprachliche Gestaltung und den Aufbau des zu schreibenden Textes, andererseits aber auch die inhaltliche bzw. thematische Dimension des Textes sowie die Berücksichtigung des Verhältnisses von Produzent und Rezipient.

Funktionen des Schreibens: Wenn es darum geht, Schreibkompetenz(en) zu entwickeln bzw. zu fördern, ist damit in der Regel die Frage nach den Funktionen des Schreibens als Zweck solcher Kompetenz(en) verbunden. Aspekte wie Strukturierung und Auswahl sprachlicher Mittel sind in der Regel von der Funktion eines Textes abhängig. Die Frage, welche Funktionen Schreiben haben kann, ist nicht neu und liegt mehr oder weniger implizit sowohl der Auswahl der Darstellungsformen des sprachgestaltenden Aufsatzes zu Grunde wie auch den Argumenten für einen kommunikativen Aufsatz (s. Kap. II.2.4.1). In beiden genannten Fällen ist die Argumentation für bestimmte Funktionen jedoch recht einseitig. Während die Vertreter des sprachgestaltenden Aufsatzes besonders die Darstellungsformen und damit auch die auf Sachverhalte bezogene **Darstellungsfunktion** von Sprache – hier genauer: von Schreiben – in den Mittelpunkt rücken, setzen etwa Boettcher u. a. (1973) die **kommunikative Funktion** des Schreibens absolut.

Die erste wirklich systematische und umfassende Beschäftigung mit der Frage nach den Funktionen geschriebener Sprache – besonders im Kontext des schulischen Schreibens – stammt von Otto Ludwig (1980). Er nimmt zunächst eine allgemeinere Dreiteilung vor: Neben Sachverhaltsdarstellungen und kommunikativen Formen des Schreibens nennt Ludwig das »**Schreiben für sich selbst**« (ebd., S. 80) als dritten funktionalen Schwerpunkt. Diese drei werden im weiteren Verlauf in neun Einzelfunktionen weiter differenziert.

Eine sehr verbreitete, an Ludwig angelehnte Bestimmung verschiedener Funktionen des Schreibens nimmt Jakob Ossner (1995) vor. Er betont dabei die Wichtigkeit einer funktionalen Perspektive auf das Schreiben, da sie die Möglichkeit bietet, Schülerinnen und Schülern den Sinn und Zweck des Schreibens zu erhellen. Schreibfunktionen könnten so auch als Lehr-/Lernziele aufgefasst werden (vgl. ebd., S. 40). Ossner unterscheidet zunächst fünf Funktionen:
- für sich schreiben,
- für andere schreiben,
- an andere schreiben,
- schreiben zur Gedächtnisentlastung,
- schreiben, um Erkenntnisse zu gewinnen.

Den Funktionen lassen sich prototypisch Textsorten zuordnen, die jeweils einen »prominenten Lösungsmodus für die schriftliche Aufgabe« (ebd.) darstellen. So wäre etwa für die erste Funktion das Tagebuch zu nennen, für die zweite der Brief usw. Ossner betont ausdrücklich, dass es aber auch andere Wege zur Erfüllung der Funktionen gebe, als die dort jeweils (proto-)typischen Textsorten.

Merz-Grötsch (2010) nimmt zunächst vier Grundfunktionen des Schreibens an:
- Kommunikation, Austausch und Kontakt mit anderen (= kommunikative Funktion),
- Dokumentation und Speicherung von Gedanken und Arbeitsergebnissen (= memorativ-konservierende Funktion),
- Unterstützung der Denk- und Lernentwicklung (= epistemische Funktion),
- Selbstreflexion und Selbstausdruck (= (Selbst-)reflexive Funktion).

Der kommunikativen Funktion weist sie den Status der Hauptfunktion des Schreibens zu. »Sie dient im Wesentlichen dem Austausch, der Verständigung und der Unterhaltung« (S. 13); auch die Weitergabe von Informationen fällt darunter. Merz-Grötsch versteht Schreibfunktionen als »Grundfunktionen sprachlicher Handlungen« (ebd.), die sich aus der Intention des Schreibers und der Funktion des Textes zusammensetzen und in einer Textsorte realisiert werden. Wichtig (nicht nur) für das schulische Schreiben ist allerdings, dass authentische Texte nur selten einer einzigen Funktion zugeordnet werden können, gerade im Hinblick auf die oft angeprangerte Lebensferne traditioneller schulischer Textsorten. So enthält etwa ein argumentierender Text häufig beschreibende Teile etc.

Die Herausarbeitung von Schreibfunktionen ist wichtig, um die Annahme von Textsorten als Lösungsmuster für wiederkehrende kommunikative Aufgaben sowohl theoretisch als auch im praktischen Umgang zu motivieren. Textsorten erscheinen so nicht als statische Ansammlung von bestimmten sprachlichen Merkmalen, sondern als Muster für sprachliche Handlungen (s. dazu Kap. II.2.4.3). Dadurch kann gerade Schreiblernern auch klar werden, dass das Schreiben von verschiedenen Texten mit bestimmten Zwecken und Schreibzielen verbunden ist. Das Erkennen eines echten Schreibzwecks kann wiederum erheblich zur Schreibmotivation beitragen.

Schreibentwicklung: In der neueren Forschung wurde gerade für schulische Kontexte auch die Frage virulent, wie man zu einem kompetenten Schreiber werden, Schreibkompetenz also erwerben könne. In der traditionellen Schreibdidaktik herrschten Vorstellungen vor, die Fähigkeit zu schreiben:

- werde durch das Lesen schriftlicher Texte plötzlich ›wachgeküsst‹ (Dornröschen-Konzept),
- differenziere sich innerhalb der allgemeinen Entwicklung als Begabung einfach aus (Genie-Konzept) oder
- entwickele sich durch das Nachahmen von Textmustern (Mimikry-Konzept; vgl. Feilke 1995).

Im Zuge der Verbreitung der Schreibforschung entstanden differenziertere Modelle, in denen der Weg zu einer ausgebildeten Schreibkompetenz als Entwicklungsprozess über verschiedene Teilfähigkeiten des Schreibens beschrieben wurde. Das erste und immer noch bekannteste dieser Modelle zur Schreibentwicklung stammt von Carl Bereiter aus dem Jahr 1980 (s. Abb. 8). Bereiter beschreibt **fünf Schreibmodi** und sechs dafür notwendige Teilkompetenzen des Schreibens:

- Schreibanfänger reihen oft assoziativ und unzusammenhängend aneinander, was ihnen zu einem bestimmten Thema einfällt (*associative writing*).
- Nach einer Phase der verstärkten Berücksichtigung normativer Aspekte der Rechtschreibung, Grammatik und Textsorte (*performative writing*)
- rückt der Leser und dessen Bedürfnisse stärker in den Fokus des Schreibers (*communicative writing*).
- Auf einer nächsten Stufe erwirbt der Schreiber die Fähigkeit, seinen eigenen Text quasi von außen kritisch zu betrachten und seine Qualität zu beurteilen (*unified writing*).

- Endpunkt der Entwicklung ist die Kompetenz, das Schreiben auch auf Grund seiner im Vergleich zur Mündlichkeit deutlichen Verlangsamung und stärkeren Gegliedertheit als Mittel des Denkens zu nutzen (*epistemic writing*).

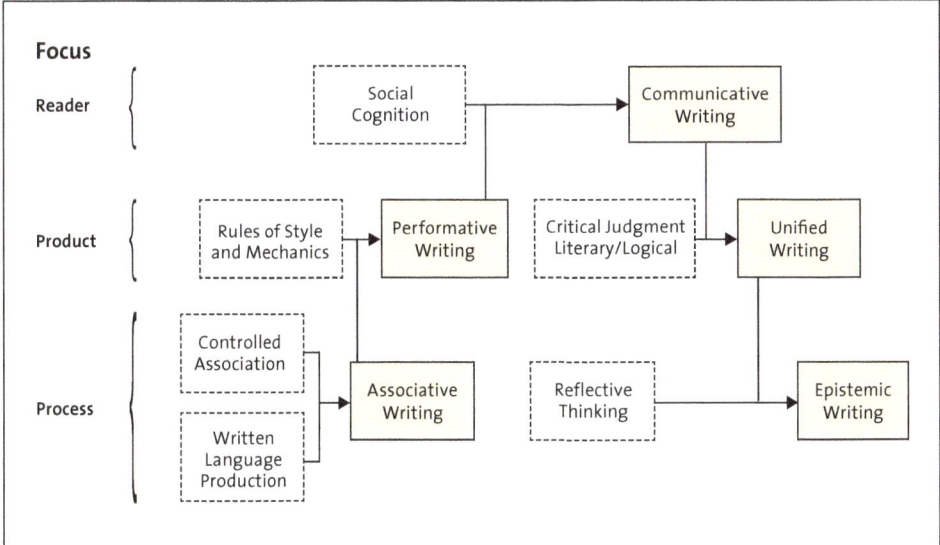

Die Schreibmodi sind nicht als klar voneinander abgrenzbare Stufen zu verstehen, die einander ablösen oder ersetzen; vielmehr nimmt der nachfolgende Schreibmodus den jeweils vorhergehenden auf. So können die Teilfähigkeiten zu einer komplexen Schreibkompetenz integriert werden. Empirische Studien bestätigen, dass Schreibanfänger zunächst tatsächlich assoziativ reihen, sich dann stark an sprachlichen und textuellen Normen orientieren, bevor sie einen stärker leserorientierten Schreibstil entwickeln (vgl. Feilke 2003, S. 187).

Abb. 8: Schreibentwicklungsmodell von Bereiter (nach Merz-Grötsch 2010, S. 47)

Kritik an und Weiterentwicklung von Entwicklungsmodellen: An solchen Modellen der Schreibentwicklung und vor allem an den in ihnen angenommenen Entwicklungsstufen ist die ihnen zugrunde liegende entwicklungspsychologische Interpretation von Schreibleistungen kritisiert worden. Ossner (1996) etwa stellt die Entwicklungsbedingtheit der Reihenfolge, die solche Modelle implizieren, in Frage und merkt an, dass überindividuell in ähnlicher Reihenfolge auftretende Veränderungen in Texten von Schülern auch schul- bzw. unterrichtsinduziert sein können. Viele Schüler durchlaufen die Stufen in der genannten oder einer ähnlichen Reihenfolge, weil die Institution Schule genau diese Entwicklung durch den typisierten Aufbau ihres Schreibcurriculums in Form einer relativ streng festgelegten Reihenfolge von Textsorten provoziert (ähnlich Merz-Grötsch 2010, S. 136). Für eine solche Interpretation sprechen Daten, die zeigen, dass Schüler beispielsweise schon sehr früh in der Lage sind, adressatenorientierte (nach Bereiter: kommunikative) Texte zu schreiben, wenn sie eine motivierende und altersangemessene Schreibaufgabe bekommen und der Text einen echten Adressaten hat (z. B. ein Einladungsschreiben an die Eltern der Klasse zum Anlass eines Klassenfestes o. Ä.). Je nach Schreibaufgabe erreichen Schüler bei manchen Texten auch Resultate, die für eine Stufe der Schreibentwicklung charakteristisch sind, die sie in anderen Fällen nicht erreichen.

Offenbar ist weniger das Lebensalter der entscheidende Faktor für die Entwicklung von Schreibfähigkeit(en), sondern vielmehr die Schreiberfahrung(en) und das Lernalter (Feilke 2003 spricht von »**Schreibalter**«, S. 182). Bei den Altersangaben in entsprechenden Modellen kann es sich daher allenfalls um »grobe Anhaltspunkte [handeln], die im Einzelfall auch stark variieren können« (Böttcher/Becker-Mrotzek 2006, S. 66). Eine solche eher grobe Vorstellung von zu entwickelnden Teilkompetenzen des Schreibens ist für die Schule allerdings ausgesprochen wichtig, da sie den Lehrpersonen helfen kann, die Schreibleistungen einzelner Schüler in den Rahmen des Erwartbaren einzuordnen. Lehrende können so auch Aufschluss darüber erlangen, welche Teilkompetenzen noch besonders gefördert werden müssen.

Augst u. a. (2007) schließen aus den Daten ihrer Längsschnittstudie über drei Grundschuljahre, dass es generell eine text(sorten)übergreifende Entwicklung in vier Stadien gibt, an deren Endpunkt der Text von den Schreibern »in seiner Gegliedertheit [...] von seinem Ende her bzw. von seinem funktionalen Ziel her wahrgenommen und gestaltet« (S. 350) wird. Dieser Endpunkt kann jedoch bei verschiedenen Textsorten unterschiedlich schnell und unterschiedlich vollständig erreicht werden. So erreichen nach den Daten von Augst u. a. die Schüler einer 4. Klasse bei Erzählungen zu einem viel höheren Prozentsatz das höchste angesetzte Entwicklungsniveau, als dies etwa bei Berichten der Fall ist.

Der Schreibprozess: Von den amerikanischen Forschern Hayes und Flower (1980), die Schreiber bei der Textproduktion beobachtet und ihr lautes Denken protokolliert haben, wurde ein Modell des Schreibprozesses entwickelt, das auch heute noch als Grundlage der meisten Modellierungen in diesem Bereich dient (s. Abb. 9).

Schreiben wird in einem solchen Modell als **Problemlöseprozess** verstanden. Als ›Problem‹ liegt dem Schreiber die zu lösende Schreibaufgabe vor. Wie er diese Aufgabe lösen kann, ist u. a. von seinem Langzeitgedächtnis und dem Aufgabenumfeld abhängig. Im Gedächtnis des Schreibers befindet sich beispielsweise Wissen über das Thema des zu schreibenden Textes oder über Schreibpläne, was in etwa einem Textsorten- bzw. Textmusterwissen vergleichbar wäre (s. Kap. II.2.4.3). Der Schreibprozess selbst lässt sich in die drei **Subprozesse Planen, Formulieren und Überarbeiten** untergliedern. Das Aufgabenumfeld (*writing assignment*) wiederum nimmt etwa in Form von Schreibaufgaben Einfluss auf die Schreibmotivation und damit auch auf den gesamten Schreibprozess.

Kritik am Modell: Das Modell von Hayes und Flower ist in Deutschland breit rezipiert worden, gleichwohl gab es auch kritische Stimmen. Der ge-

Formen weiterführenden Schreibens

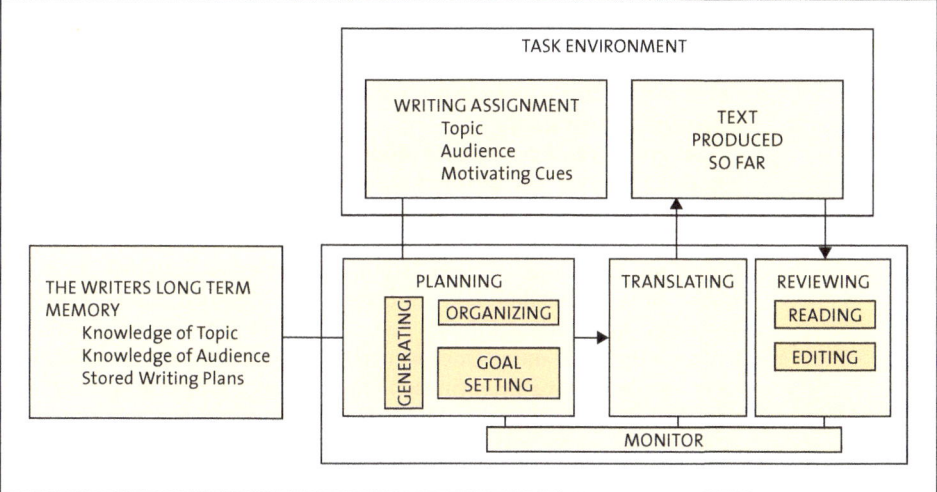

Abb. 9: Schreibprozessmodell (nach Hayes/Flower 1980, S. 11)

wichtigste Einwand ist sicherlich der, das Modell beziehe sich nur auf die ideale Schreibsituation eines erwachsenen Schreibers, sei auf Schreiblerner aber nicht anwendbar bzw. berücksichtige keine Aspekte der Schreibentwicklung (vgl. Merz-Grötsch 2010). Weiterhin wurde kritisiert, dass das Modell ein sukzessives Abarbeiten der einzelnen Teilprozesse in einem Nacheinander suggeriere (vgl. Fix 2006): Zuerst plant ein Schreiber seinen Text, dann setzt er seine Planungen in Sprache um und dann wird diese sprachliche Realisierung überarbeitet. Viele empirische Studien zeigen, dass die (Schreib-)Wirklichkeit anders aussieht: Schon während des Planens werden Ideen verworfen, wird Beschlossenes korrigiert; beim Überarbeiten wird gleichzeitig wieder eine neue Textvariante geplant etc. Die einzelnen Teilprozesse überlappen sich also, laufen teilweise parallel ab und können jeweils mehrfach durchlaufen werden (vgl. Baurmann 2002). Zu diesem Kritikpunkt muss allerdings gesagt werden, dass Hayes und Flower diese Rekursivität und Iterativität durchaus mittels der Pfeile in ihrem Modell verdeutlicht haben.

Ergänzungen des Modells: Ludwig (1983) erweitert das Modell um mehrere didaktisch relevante Faktoren, wie etwa die motivationale Basis und die motorischen Prozesse. Die einzelnen Sub-Prozesse werden stärker ausdifferenziert. So umfassen die konzeptionellen Prozesse der Planung sowohl das Setzen bzw. Erfassen eines Schreibziels, die den möglichen Leser des Textes antizipierende gedankliche Konzeption des Textes wie einen ersten Schreibplan. Redigierende Tätigkeiten differenziert Ludwig sowohl nach Umfang wie nach Tiefe des Eingriffs in einen bereits vorhandenen Text, unterscheidet also etwa bloße Nachträge oder lokale Korrekturen von Reformulierungen oder gar einer Neukonzeption des Textes. Eine Modellierung von Schreibprozessen muss nicht bedeuten, dass sie bei allen Schreibern gleich abläuft. In empirischen Studien hat sich deutlich gezeigt, dass es verschiedene **Schreibertypen** gibt, die

Schriftlicher Sprachgebrauch

nach recht unterschiedlichen **Schreibstrategien** vorgehen. So tendieren manche Schreiber zu einer sehr sorgfältigen und kleinschrittigen Planung ihrer Texte, andere schreiben einen Text zunächst zügig auf, um ihn hinterher mehrfach zu überarbeiten usw. (zu den verschiedenen Schreibstrategien vgl. Ortner 2000).

Das große Verdienst solcher Modelle ist es zu verdeutlichen, dass der komplexe Prozess des Texteschreibens in Teilaufgaben zerlegt werden kann. In der Schule können beispielsweise zunächst die verschiedenen Teilprozesse einzeln geübt werden. So gibt es Schreibaufgaben, die zunächst nur das Erstellen einer Mindmap oder eines Entwurfs für einen später zu schreibenden Text umfassen oder lediglich das Ordnen von Textteilen nach ihrem inhaltlichen und sprachlichen Zusammenhang. Hilfreich für die Planung ist es weiterhin, das Formulieren eines Schreibziels zu üben, etwa in Form der Fragestellung: »Warum und für wen schreibst Du?« (Fix 2006, S. 26). Da das Schreiben vielen Schülern schwer fällt, stellen solche Zerlegungen eine deutliche Entlastung dar. Schreiben erscheint so weniger als etwas, das man entweder kann oder nicht, sondern als etwas Lernbares! Neuere Richtlinien und Kernlehrpläne enthalten genauso Umsetzungen schreibforschungsbezogener Ideen wie die Bildungsstandards Deutsch. So sind in jedem dieser Papiere Verweise auf die Teile des Schreibprozesses zu finden; vor allem das Überarbeiten ist in breiter Form integriert.

Hier wurden in der Schreibprozessforschung auch **konkrete Methoden** entwickelt, die in der schulischen Vermittlung des Schreibens starke Verbreitung gefunden haben. Besonders in der Grundschule und den ersten Jahren der Sekundarstufe sind neben die traditionellen Arten des Korrigierens (wie Lehrerkorrektur oder Einzelüberarbeitung) Formen des kooperativen Überarbeitens wie die **Schreibkonferenz** (vgl. Spitta 1993) oder die **Textlupe** getreten. Bei der Textlupe unterstützen Mitschüler die jeweiligen Textproduzenten bei der Überarbeitung ihrer Erstversion, indem sie Kommentare zu einer ersten Textversion verfassen (vgl. Böttcher/Wagner, zit. nach Baurmann 2006), z. B. in der folgenden, durch Fragen gelenkten Form:

Textlupe zu:		
Das hat mir besonders gefallen.	Hier habe ich Fragen. / Hier stört mich etwas.	Ein Vorschlag
…	…	…

Abb. 10: Textlupe (nach Baurmann 2006, S. 109)

In Schreibkonferenzen macht jeweils eine Gruppe von Mitschülern Verbesserungsvorschläge für einen Text, die das Autorenkind entweder annehmen oder ablehnen kann. Hierbei ist allerdings zu beachten, dass die Schüler dazu schon einiges über die inhaltliche, strukturelle und sprachliche Gestalt von Texten und über ihre Funktionen wissen müssen. Dieses Wissen müssen sie dann auch noch verbalisieren können. Soll also in einer Schreibkonferenz nicht lediglich z. B. die Rechtschreibung korrigiert werden, muss das Betrachten und Besprechen von Texten sorgfältig geübt werden. Gelingt dies, so ist eine solche Art von Textarbeit auch ausgesprochen förderlich für die Sprachbewusstheit (s. dazu Kap. II.3.2; vgl. auch das *Praxis Deutsch*-Themenheft »Texte und Formulierungen überarbeiten«, 137/1996 sowie das Heft »Schreibarbeit« der Zeitschrift *Der Deutschunterricht*, 3/2003).

2.4.3 | Die Rolle von Textsorten und Textmustern bei der Vermittlung des Schreibens

Betrachtet man Schreiben als Lerngegenstand, ist eine Klassifizierung dessen, was es in diesem Bereich zu lernen gilt, hilfreich. Mindestens bis in die 1960er Jahre hinein war das Schreiben im Fach Deutsch als Aufsatzunterricht organisiert, der vor allem die Vermittlung der traditionellen Darstellungsformen zum Ziel hatte (s. Kap. II.2.4.1). Diese wirken teilweise bis heute in den Schreibunterricht an Schulen hinein. In der fachdidaktischen Diskussion haben sich allerdings die Schwerpunkte verlagert. Neben der Berücksichtigung der Prozesshaftigkeit des Schreibens haben spätestens seit den 80er Jahren **Erkenntnisse der Textlinguistik** Eingang in didaktische Konzepte gefunden (s. Kap. I.2.1.3 zur Textorientierung). Dies hat zu einer Orientierung an Textsorten bzw. Textmustern geführt. Erinnert dies zunächst an ein bloßes Fortschreiben der Ausrichtung an Darstellungsformen, so hat sich der Blick auf Arten von Texten doch deutlich verschoben. Sie sollen nicht mehr als lediglich reproduktiv zu befolgende Vorgaben dienen, sondern das Wissen um in der Gesellschaft häufig zur Lösung von kommunikativen Aufgaben verwendete Textmuster bildet quasi den Rahmen für die Lösung einer konkreten Schreibaufgabe. Schreiben zu lernen, kann so auch als fortschreitender Prozess der Erfahrungsgewinnung angesehen werden. Je sicherer Schreiblerner über ein Repertoire an Textmustern verfügen können, desto eher sind sie in der Lage, diese Muster für den eigenen Schreibprozess zu nutzen, sie den Bedürfnissen der individuellen Schreibaufgabe anzupassen, sie dabei letztendlich auch zu überschreiten, z. B. zu spielerischen Zwecken. Dazu ist es notwendig, sowohl viele Texte zu lesen als auch zu schreiben. Textsorten und Textmuster spielen also bei der Vermittlung des Texteschreibens eine zentrale Rolle, da sie als Rahmen für das Verstehen und Produzieren authentischer Texte dienen können.

Textmusterwissen bei Grundschülern: Erfahrungen mit Textsorten geschriebener Sprache lassen sich bereits in der Grundschule anbahnen. Weinhold (2002) betont, dass »Textstrukturwissen [den Grundschülerinnen und Grundschülern] Halt beim Textaufbau gibt« und die Schüler so die Möglichkeit haben, sie interessierende Inhalte auch komplexerer Art zu verschriftlichen. Auch die Texte aus Projekten von Dehn (z. B. 1999) zeigen, dass bereits Erst- und Zweitklässler sehr ansprechende und zumindest teilweise textsortenkonforme Beispiele produzieren, wenn sie

Schriftlicher Sprachgebrauch

sich nach Textvorlagen, z. B. Erzählungen älterer Grundschüler richten können. Weiterhin kann man bereits in den ersten Schuljahren auf den Erfahrungen aufbauen, die die Schülerinnen und Schüler mit Textsorten schon außerschulisch gesammelt haben (vgl. dazu Kruse/Reichardt 2011; Kruse 2006). Auch Grundschüler sind schon mit zahlreichen Texten in Berührung gekommen, seien sie vorgelesene schriftliche Texte (z. B. Märchen oder andere Geschichten/Erzählungen) oder erste eigene schriftliche Versuche (Einladungen, Briefe etc.). Hier sind keine perfekten Realisierungen zu erwarten, sondern Annäherungen an adäquate Umsetzungen der jeweiligen Textmuster. Wichtig ist, auf dem aufzubauen, was die Kinder bereits mitbringen und dies auszubauen. Das mag sich zunächst auf den Gebrauch einiger typischer Elemente beschränken, z. B. auf einen Märchenanfang oder -schluss, auf gereihte Begründungen, warum der Schreiber jemanden mag, in einem Freundschaftstext. Kruse bezeichnet ein solches didaktisches Konzept als ›Texterfahrungsansatz‹: Erfahrungen mit Texten werden zur Ausbildung von Textkompetenz genutzt (2006, S. 147).

Dehn betont, dass Musterbildung beim Schreiben als »implizites Lernen und innere Regelbildung« (2005, S. 24 f.) verstanden werden kann. Strukturen für zu Schreibendes werden nachgebildet und (dabei) neu gebildet. Dies kann akzidentell auf der Basis außerschulischer Begegnungen mit literarischen oder medialen Mustern passieren. Andererseits sollte man im Unterricht auch Mustervorgaben präsentieren, als »Herausforderung für Transformationen« (ebd., S. 26). Nicht immer führt die Präsentation von Mustervorgaben zur direkten Ausbildung und (transformierenden) Nutzung von Mustern beim Schreiben, doch sind etwa die positiven Auswirkungen des Lesens und Vorlesens auf die Ausbildung von Textmustern inzwischen durch erste empirische Studien belegt. So zeigt z. B. die Untersuchung von Birkle (2012) die Wichtigkeit des Vorlesens für die Ausprägung von Textmusterwissen.

Schreibenlernen als Routinisierung: Je älter Schülerinnen und Schüler werden, umso mehr Textsorten und zugrunde liegende Textmuster können sie erwerben. Feilke und Lehnen (2012) beschreiben das schrittweise Annähern an konventionelle musterhafte Texte als Prozess der ›Routinisierung‹. Durch ihr Wissen über Texte, deren Aufbau und typische Merkmale unterscheiden sich routinierte Schreiber von Schreibnovizen. Untersuchungen zum wissenschaftlichen Schreiben (z. B. Steinhoff 2007; Lehnen 2012) zeigen, dass die Frage, wie weit ein Schreiber in der Routinisierung vorangeschritten ist, offenbar wenigstens zum Teil auch domänenabhängig ist. Auch Schreiber, die schulische Textsorten den Anforderungen gemäß bewältigt haben, können beim wissenschaftlichen Schreiben – als neuem Modus des Schreibens, der andere als die bislang gewohnten Textsorten erfordert – wieder größere Schwierigkeiten haben. Ähnlich wie der Musterbegriff sollen die sogenannten »Textroutinen« (Feilke 2012) mit Vorstellungen kreativen Ordnungswillens durchaus kompatibel sein. Sie sollen »gerade auch im Schriftlichen die Grundlage bilden für die Eröffnung von Spielräumen des sprachlichen Handelns«

(Feilke/Lehnen 2012, S. V). Textroutinen sind damit integraler Bestandteil der Schreibkompetenz. Sie können sich auf die verschiedenen Textebenen (auch in kleinerem Umfang) beziehen, so auf die Lexik, die Syntax oder die Makrostruktur des Textes (Feilke 2012, S. 17f.).

Zusammenspiel produkt- und prozessorientierter Aspekte des Schreibens: Eine Orientierung an Textmustern bedeutet keine Rückkehr zu einer rein produktorientierten Sichtweise und damit eine Absage an die Prozessorientierung des Schreibens. Baurmann/Pohl (2009) zeigen in ihrem integrativen Modell der Schreibkompetenz (S. 94ff.), dass ein kompetenter Schreiber sowohl produktorientierte Kompetenzen wie das Strukturieren eigener Texte auf der Basis seines **Textsortenwissens** als auch prozessorientierte Teilkompetenzen wie das Planen und Überarbeiten eines Textes entwickeln muss. Auch in Unterrichtsvorschlägen lassen sich Kombinationen der beiden Ausrichtungen finden. So können etwa bestimmte Textmuster wie das Argumentieren schrittweise durch das Analysieren von Mustertexten und das Überarbeiten eigener Texte nach textmusterbezogenem Feedback durch Mitschüler geübt werden (vgl. etwa Björk 2000). Bachmann/Becker-Mrotzek empfehlen »Schreibaufgaben, die so klar konturiert sind, dass sie für die Lerner/innen in einem klar erkennbaren und nachvollziehbaren Handlungszusammenhang stehen bzw. einen solchen abbilden« (2010, S. 194). Aus konkreten Handlungszusammenhängen ergeben sich die in ihnen und für sie gebräuchlichen Textmuster. Entscheidendes Merkmal des Textes ist dann zunächst seine spezifische Funktion, aus der sich weitere Merkmale ergeben. Baurmann (2011) exemplifiziert dies an Anleitungstexten, die besonders dann als Schreibaufgaben erfolgreich sind, wenn die Lerner den kommunikativen Sinn der Aufgabe erkennen und der Text in eine für die Lerner bedeutsame Situation eingebettet ist. Eine Spielanleitung sollte Mitschüler oder andere Leser dazu befähigen, das Spiel auch tatsächlich zu spielen, eine Versuchsanleitung sollte in die Lage versetzen, das Experiment im Unterricht tatsächlich durchzuführen etc. Solche Fälle situierten Schreibens sind für Schüler besonders motivierend und – wo möglich – zu empfehlen.

Die Qualität der Texte kann etwa dadurch beurteilt werden, dass sie mit anderen Exemplaren des gleichen Textmusters verglichen werden. Dabei wie auch beim (gemeinsamen) Überarbeiten kann der Fokus auf bestimmte gewünschte Qualitätsmerkmale des Textes, z. B. der sprachlichen oder inhaltlichen Gestaltung, gelegt werden (Baurmann 2011, S. 8ff.). Auf diese Weise wird auch ein Vokabular zum Reden über Texte ausgebildet.

Schulische und außerschulische Textsorten: Im Unterschied zur früheren Ausrichtung an Darstellungsformen geht es in der neueren Schreibdidaktik nicht mehr um lediglich idealtypisch vorhandene, im authentischen Kommunikationsverkehr aber nicht existierende Arten von Texten. Schülerinnen und Schüler werden laut Becker-Mrotzek (2005) auf diese Weise nur mit einem recht eingeschränkten Textsortenspektrum konfrontiert – dies dazu auf wenig systematische Weise. Didaktisch legt das den Schluss nahe, authentische, der Lebenswelt der Schüler entstammende Texte mit in das schulische Curriculum aufzunehmen, damit Schüler an ihnen bekannten Texten die Leistung von Textsorten als musterhafte Lösungen für kommunikative Aufgaben erkennen können. Das hat auch motivationale Gründe: Schreibaufgaben haben sich dann als besonders motivierend und gut zu bearbeiten herausgestellt, wenn die jungen Schreiberinnen und Schreiber den Sinn der Schreibaufgabe auch einsehen können (vgl. Baurmann 2002; Merz-Grötsch 2010). Dies sollten allerdings nicht nur Texte aus der privaten, sondern auch aus der öffentlichen Lebenswelt sein, die etwa die Schüler auf wichtige kommunikative Aufgaben im Zusammenhang mit der zukünftigen Berufswelt vorbereiten. So sind gerade in den mittleren Klassen der Sekundarschulen häufig Textsorten wie Bewerbungsschreiben und Lebensläufe, aber auch Gebrauchsanleitungen oder Reklamationen Thema. Dabei geht es zum einen um das Erkennen normativer Strukturelemente der entsprechenden Textsorten. Bei weniger stark genormten Textsorten ist aber auch das Erkennen gerade funktionaler Aspekte wichtig, verbunden mit der Frage, wie diesen im Text am besten Ausdruck verliehen werden kann.

Textsorten und Mehrsprachigkeit/Interkulturalität: Vor allem mit Bezug auf mehrsprachige Schülerinnen und Schüler rückt in jüngerer Zeit auch die Frage nach der Vergleichbarkeit von Textsorten und -mustern unterschiedlicher Kulturen in den Blickpunkt des Interesses (vgl. etwa Hepp 2005; Foschi u. a. 2010; Kaiser 2002). Dies ist besonders für die sogenannten Seiteneinsteiger relevant, die bereits in ihrer Erstsprache Schreiben gelernt haben. Unter Umständen haben sie ähnliche Textsorten wie die in der deutschen Schule vorkommenden bereits in ihrem Herkunftsland kennengelernt und haben nun beim Schreiben Schwierigkeiten mit den Aspekten, in denen sich die Texte kulturell bedingt unterscheiden. Andererseits lassen sich gerade diese Texterfahrungen durchaus für das Schreiben in der Zweitsprache nutzbar machen. Generelle Aspekte von Textualität wie die Notwendigkeit der Kohärenzherstellung lassen sich übertragen, kulturell bedingte Unterschiede zwischen Textsorten im kontrastiven Vergleich zur Bewusstmachung und Reflexion nutzen. So nehmen etwa didaktische Ansätze im Rahmen von ›Language Awareness‹-Konzepten (s. Kap. II.3.2) inzwischen neben Vergleichen auf lexikalischer und syntaktischer Ebene auch textuelle Gemeinsamkeiten und Unterschiede zwischen Sprachen in den Blick (vgl. etwa Oomen-Welke 2010).

Verstärkt untersucht wurden allerdings vor allem Aspekte wissenschaftlichen Schreibens. Hier zeigen sich z.B. bei Studierenden des Deutschen als Fremdsprache teilweise deutliche Probleme, die durch die Andersartigkeit und unterschiedliche kulturelle Prägung akademischer Textsorten hervorgerufen werden (Kaiser 2002). Insgesamt sind neben den genannten wissenschaftlichen vor allem Textsorten für fortgeschrittene Leser wie Lebensläufe (Hepp 2005) und Todesanzeigen (Linke 2001) betrachtet worden. Für jüngere Schüler mit Migrationshintergrund liegen bislang kaum vergleichende Untersuchungen von schulisch relevanten Textsorten in der deutschen Sprache und solchen aus zentralen Migrantensprachen vor. Hier liegt sicher ein Forschungsdesiderat.

2.4.4 | Beurteilungen und Bewertungen von schriftlichen Schülerleistungen

Im Bereich geschriebener Texte ist die fachdidaktische und pädagogische Diskussion um Bewertung von Schülerleistungen und deren Kriterien seit Jahrzehnten besonders lebhaft. Dabei gibt es keine einheitliche Fassung der Termini ›**Beurteilen**‹ **und** ›**Bewerten**‹. Beide werden teilweise synonym verwendet, in anderen Arbeiten auch unter Betonung unterschiedlicher Aspekte voneinander abgegrenzt. Sinnvoller, als diese terminologische Diskussion noch zu erweitern, scheint es zu sein, eine Unterscheidung zu treffen »zwischen dem fördernden, den Schreibprozess begleitenden Beurteilen und dem abschließenden, bewertend-prüfenden Beurteilen« (Merz-Grötsch 2010, S. 110; vgl. generell auch Baurmann 2002). Während ersteres vor allem dazu dient, Merkmale und Qualitäten von Texten zu bestimmen und den Schülern durch Hinweise die Möglichkeit zu geben, sich den für die jeweilige Schreibaufgabe notwendigen Texteigenschaften zu nähern, dient letzteres der Leistungsbewertung und damit auch der Notengebung.

Kriterien der Beurteilung schriftlicher Texte: Die Beurteilung innerhalb des traditionellen Aufsatzunterrichts war in der Theorie durch eine stark normative Ausrichtung an den Merkmalen der vorgeschriebenen Darstellungsformen orientiert (s. dazu Kap. II.2.4.1). In der Praxis zeigt sich teilweise bis in die jüngere Vergangenheit ein Festhalten an wenig reflektierten, theoretisch kaum abgesicherten oder systematischen Kriterien bei der Beurteilung von Schülertexten (vgl. dazu die Untersuchung von Abraham 1993). Andererseits zeigen bereits Untersuchungen aus den 1970er Jahren, dass viele Lehrpersonen einen »verbindlichen Kriterienkatalog« zur Beurteilung von Aufsätzen fordern (Beck 1979, zitiert nach Grzesik/Fischer 1984, S. 4).

Grzesik und Fischer (1984) stellen einen Kriterienkatalog mit 17 Kriterien zur Beurteilung von Aufsätzen zusammen. In einer umfangreichen Untersuchung stellte sich heraus, dass diese hohe Zahl an Kriterien offenbar nicht in entsprechendem Maße dazu beitrug, dass eine Mehrheit der befragten Lehrpersonen bei den ihnen vorgelegten Texten zu demselben Urteil gelangte. Eine Beurteilung nach globalem Ersteindruck erzielte eine ähnlich hohe (oder eben niedrige) Übereinstimmung zwischen den verschiedenen Beurteilern. Dies mag allerdings auch daran liegen, dass es sich bei den Testpersonen um erfahrene Lehrkräfte und damit auch geübte Beurteiler handelte, die vermutlich auch beim globalen Ersteindruck ihre bewährten (und eventuell unbewussten) Bewertungskriterien zu Grunde legten. Neben dem stark ausdifferenzierten Raster mit 17 Kriterien legten Grzesik und Fischer den Testpersonen eine reduzierte Variante mit drei Kriterienpaaren vor, die fast zu den gleichen Bewertungen führte:

1. **textanalytisch** gut – textanalytisch schlecht (positive Qualität bezieht sich auf differenzierte themenbezogene Aussagen),
2. **sprachlich** gut – sprachlich schlecht (umfasst grammatische, orthografische, semantische und stilistische Aspekte),

3. in Kontextbezügen gut – in Kontextbezügen schlecht (Bezug des Textes zum außertextuellen Wissen bzw. zur außertextuellen Wirklichkeit).

Die Leistung von Beurteilungskriterien kann nach den Autoren weniger in der Herstellung (absoluter) Bewertungsobjektivität liegen. Kriterien werden von Personen notwendigerweise zumindest partiell subjektiv angewendet. Es ist aber notwendig, diese Subjektivität mittels der Kriterien in rationalen Grenzen zu halten und zu reflektieren sowie die Grundlage der Beurteilung transparent zu machen. Vielversprechend erscheinen Kombinationen von Merkmalskatalogen und globalen Beurteilungsverfahren.

Generell folgen auch heute noch viele Kriterienkataloge einer verschieden weit unterdifferenzierten Dreiteilung in die Bereiche ›Sprache‹, ›Inhalt‹, ›Aufbau‹, so auch der untenstehende Basiskatalog aus Böttcher/Becker-Mrotzek (2003).

Dimension	Kriterium	Grad		
		1 ☺	0,5 😐	0 ☹
Sprache I Orthografie	1. Werden die vermittelten Rechtschreibregeln angewendet?			
Morphologie (Wortform)	2. Sind die Wortformen grammatisch richtig gebildet?			
Satzbau	3. Sind die Sätze grammatisch korrekt?			
Sprache II Wortwahl	4. Wird ein der Aufgabe angemessenes Wortmaterial verwendet, z. B. Fachwörter?			
Sprachstil	5. Ist der gewählte Sprachstil der Aufgabe angemessen und wird er im Text beibehalten (sachlich, spannend, anschaulich ...)?			
Wagnis	6. Sind Wortwahl und Satzbau dem Thema in besonderer Weise angepasst (wörtliche Rede, Leseranrede ...)?			
Inhalt Gesamtidee	7. Lässt der Text eine Gesamtidee erkennen (z. B. passende Überschrift)?			
Umfang	8. Ist der Umfang der Aufgabe angemessen?			
Relevanz	9. Sagt der Text etwas für die Aufgabe bzw. das Thema Relevantes oder Neues aus?			
Aufbau Textmuster	10. Wird ein der Aufgabe angemessenes Textmuster verwendet (Erzählung, Beschreibung, Anleitung ...)?			
Textaufbau	11. Ist der Text sinnvoll aufgebaut (Reihenfolge)? Lässt er eine innere/äußere Gliederung erkennen (Abschnitte)?			
Prozess Planen/Überarbeiten	12. Lässt der Text Planungs- und Überarbeitungsspuren erkennen?			

Abb. 11: Basiskatalog zur Beurteilung von Schülertexten (nach Böttcher/Becker-Mrotzek 2003, S. 56)

Arbeitsfelder und Lernbereiche

Formen weiterführenden Schreibens

Der Basiskatalog wird zum konkreten Gebrauch nach Altersstufe und Textsorte modifiziert. So erscheint für die Textsorte ›Erzählung‹ etwa unter dem Punkt »Sprache« die Frage nach dem korrekten Vergangenheitstempus etc.

Das Zürcher Textanalyseraster: Einen Meilenstein für die Analyse und Beurteilung von Texten stellt sicherlich das von der Schweizer Forschergruppe um Markus Nussbaumer und Peter Sieber entwickelte Zürcher Textanalyseraster dar (vgl. etwa Sieber 1994). Die hier angesetzten Kriterien sind aus der Analyse zahlreicher authentischer Schülertexte gewonnen, darüber hinaus aber auch sorgfältig text- und verstehenstheoretisch begründet. Neben der Bestimmung der Textlänge und der Menge bzw. Größe verschiedener sprachlicher Einheiten (im unten stehenden Raster der Teil 0) und der eher traditionellen, hier aber schon sehr differenzierten Untersuchung der sprachlichen und formalen Richtigkeit eines Textes (Teil A), ist vor allem der B-Teil des Rasters (Funktionale Angemessenheit: Verständlichkeit/Kohärenz) bemerkenswert. Hier liegt sehr deutlich die Idee zu Grunde, dass ein Text so gestaltet werden muss, dass er von einem Leser (re-)konstruiert werden kann. Zu diesem Zweck muss eine Gesamtidee erkennbar und angemessen entfaltet werden etc. Weiterhin werden Aspekte berücksichtigt, die vorher vermutlich vor allem deshalb keine systematische Rolle in der Textbeurteilung gespielt haben, weil sie erst gar nicht vorgeben, dem ohnehin nicht erreichbaren Ideal einer absolut objektiven Beurteilung nachzukommen, sondern genau das fokussieren, was einen Text eben zu einem guten Text macht – etwa ein inhaltliches oder formales Wagnis. Ein solch vieldimensionales Raster ermöglicht eine sehr differenzierte Textanalyse, die den Erfordernissen der jeweiligen Schreibaufgabe,

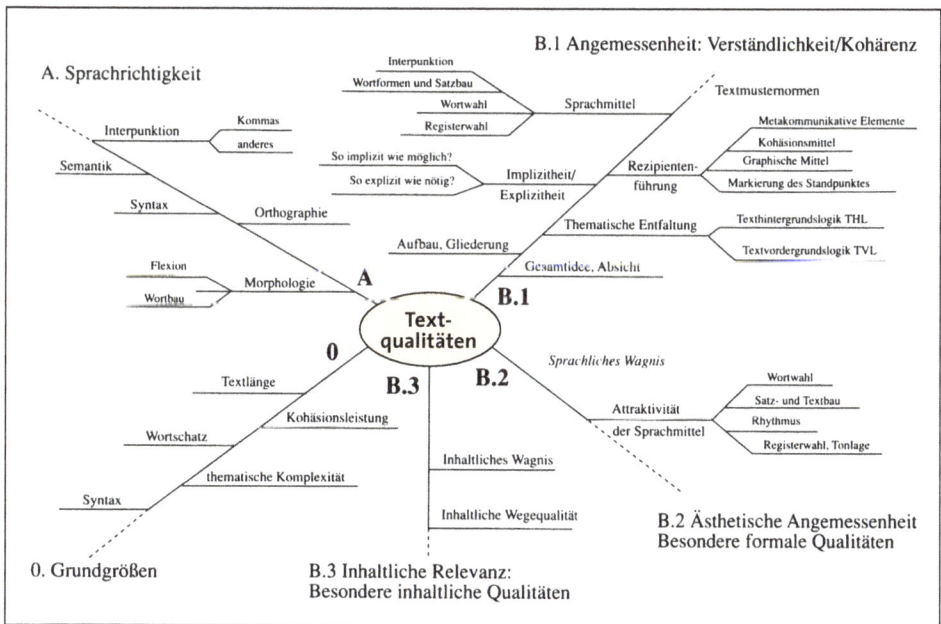

Abb. 12: Zürcher Textanalyseraster (aus Nussbaumer 1996, S. 110)

der Art des zu scheibenden Textes, aber auch dem einzelnen Schreiber Rechnung tragen kann. Nussbaumer (1996) spricht von einer »lernerorientierten Textanalyse«. Werden Schüler mit den Kriterien zur Textbeurteilung vertraut gemacht, sollte sich dies positiv auf die Fähigkeiten auswirken, die eigenen Texte (und den eigenen Schreibprozess) zu reflektieren.

Eine für jüngere Schüler adaptierte Variante des Analyserasters bietet das »Linguoskop Schreiben« von Büchel und Isler (2003). Ein wichtiger Aspekt bei neueren Analyseinstrumenten ist die Transparenz der Kriterien. Schüler sollen nachvollziehen können, warum ein Text eine bestimmte Beurteilung erfährt; dies baut Teile der oft demotivierenden Wirkung von Bewertungen ab (vgl. Merz-Grötsch 2010). Darüber hinaus können Schüler aus einer transparenten Beurteilung auch Schlüsse für ihr weiteres Schreiben ziehen, da sie Hinweise erhalten, auf welche Textmerkmale und Arbeitsschritte bei der Textproduktion sie noch besonders zu achten haben (vgl. *Praxis Deutsch* 223/2010: »Kriterien entwickeln – Schreiben fördern«).

Prozessorientiertes Beurteilen: Mit der Verbreitung der Prozessorientierung in der Schreibdidaktik sind weitere Aspekte in die Theorie und auch die Praxis des Beurteilens eingezogen. Soll nicht nur das fertige Textprodukt Grundlage einer Beurteilung/Bewertung sein, sondern auch der ihm zu Grunde liegende Prozess, gibt es mehrere Vorgehensweisen. So kann einerseits ein Text erst dann bewertet werden, wenn der Schüler die Möglichkeit hatte, ihn zu überarbeiten. Hier existieren wiederum verschiedene Möglichkeiten, die Überarbeitung in die Bewertung mit einzubeziehen. Einmal kann das Endprodukt beurteilt werden; hier liegt dann quasi eine weiter an das Ende des Schreibprozesses geschobene, aber im Endeffekt doch wieder produktbezogene Bewertung vor. Zum anderen kann die Lehrperson versuchen zu bewerten, inwiefern der Text durch die Überarbeitung an Qualität gewonnen hat. Böttcher/Becker-Mrotzek (2003) schlagen hierfür den folgenden Kriterienkatalog vor:

Dimension		Kriterium	Grad		
			1 ☺	0,5 😐	0 ☹
Sprache I Orthografie	1.	Du hast die bekannten Rechtschreibregeln richtig verwendet.	← X		
Satzbau	2.	Du hast verständliche, einfache Sätze gebildet, aber auch schon Sätze miteinander verbunden.			
	3.	Du hast unterschiedliche Satzanfänge gewählt.		← X	
Sprache II Wortwahl	4.	Du hast treffende Ausdrücke (spannend, lustig, traurig …) verwendet.	X →		
Tempus	5.	Du hast deinen Text in der für dich passenden Zeitform (Perfekt) formuliert.		← X	
Wagnis	6.	Du hast deine Geschichte so erzählt, dass der Leser sie gerne liest und weiß, was du ihm mitteilen möchtest.	X		
	7.	Du hast über dich und deine Gefühle in der Geschichte geschrieben.		← X	

Abb. 13: Überarbeitungsbezogener Kriterienkatalog (nach Böttcher/Becker-Mrotzek 2003, S. 187)

Arbeitsfelder und Lernbereiche

Formen weiterführenden Schreibens

Eine noch stärker prozessorientierte Form der Beurteilung ist das Bewerten von **Portfolios**. Hier werden alle Dokumente, die am Prozess der Entstehung eines Textes beteiligt sind (z. B. Notizen, Skizzen, Bilder, Textentwürfe etc.) in einer Mappe zusammengestellt. Der Schüler kann durch diese Zusammenstellung seine Lernfortschritte dokumentieren und diese ebenfalls der Bewertung zugänglich machen. In der Regel werden die Bewertungskriterien vorher gemeinsam von der Lehrperson und den Schülern festgelegt (vgl. Brunner/Häcker/Winter 2011).

Beurteilen unter Schülerbeteiligung: Im Zuge der stärkeren Prozessorientierung des Schreibens gewinnt auch die Beteiligung der Schülerinnen und Schüler an der Beurteilung schriftlicher Texte an Bedeutung. So sind die in Kapitel II.2.4.2 erwähnten Methoden der Schreibkonferenz und der Textlupe Beispiele für sogenanntes ›peer feedback‹, bei dem Schülertexte durch eine »Beratergruppe« aus Mitschülern beurteilt werden (vgl. etwa Merz-Grötsch 2010, S. 88 f.). Die Stärke von *peer*-Feedbacks liegt sicherlich darin, dass Schüler auf diese Weise das Vokabular und Methodenrepertoire erwerben, um über Texte nachzudenken und zu reden. Soll das Beurteilen von Texten ein förderndes sein, müssen die Schüler die von anderen (traditionell: von Lehrpersonen) vorgenommenen Bewertungen nicht nur nachvollziehen können, sondern zunehmend in die Lage versetzt werden, ihre Texte mittels eines Instruments (z. B. des Zürcher Textanalyserasters) selbst zu beurteilen. Winter (1996) entwirft ein Muster für eine mehrschrittige Beurteilung, die sowohl Rückmeldungen des Lehrenden, den Kommentar eines Mitschülers wie eine Selbstbeurteilung beinhaltet und diese zu einer abschließenden Gesamtbeurteilung zusammenfasst.

Resümierend kann es nicht die Kriterien schlechthin zur Bewertung schriftlicher Schülerleistungen geben. Eine differenzierte, kriteriengeleitete Sichtweise auf Texte ist wichtig, um den Blick auf verschiedenen Eigenschaften von Texten zu richten – dies in Abhängigkeit von Schreiber und Schreibaufgabe. Eine solche Beurteilung bedarf weiterhin der Transparenz, soll sie der weiteren Schreibentwicklung der Schüler förderlich sein.

Literatur

Abraham, Ulf (1993): Verbesserung statt Korrektur. Was man aus der Geschichte der ›Aufsatzkorrekturen‹ für deren Gegenwart lernen kann. In: Diskussion Deutsch 134/1993, S. 464–472.
Andresen, Helga (1985): Schriftspracherwerb und die Entstehung von Sprachbewußtheit. Opladen.
–/Funke, Reinhold (2007): Entwicklung sprachlichen Wissens und sprachlicher Bewusstheit. In: Bredel, Ursula u. a. (Hg.): Didaktik der deutschen Sprache. Bd. 1. Paderborn, S. 438–451.
Augst, Gerhard u. a. (2007): Text – Sorten – Kompetenz. Eine echte Longitudinalstudie zur Entwicklung der Textkompetenz im Grundschulalter. Frankfurt a. M.
–/Dehn, Mechthild (2009): Rechtschreiben und Rechtschreibunterricht. 4. Aufl. Seelze.
Bachmann, Tomas/Becker-Mrotzek, Michael (2009): Schreibaufgaben situieren und profilieren. In: Pohl, Thorsten/Steinhoff, Thorsten (Hg.): Textformen als Lernformen. Duisburg, S. 191–210.
Baurmann, Jürgen (2006): Schreiben – Überarbeiten – Beurteilen. 2. Aufl. Seelze.

Schriftlicher Sprachgebrauch

- (2011): Anleitungen schreiben. In: Praxis Deutsch 229/2011, S. 4–11.
- /Ludwig, Otto (1985): Texte überarbeiten. Zur Theorie und Praxis von Revisionen. In: Boueke, Dieter/Hopster, Norbert (Hg.): Schreiben – Schreiben lernen. Tübingen, S. 254–276.
- /Pohl, Thorsten (2009): Schreiben – Texte verfassen. In: Bremerich-Vos, Albert/Granzer, Dietlinde/Behrens, Ulrike/Köller, Olaf (Hg.): Bildungsstandards für die Grundschule. Berlin, S. 75–103.

Becker, Tabea (2008): Modelle zum Schriftspracherwerb im Vergleich: Eine Bestandsaufnahme. In: Didaktik Deutsch 25/2008, S. 87–95.

Becker-Mrotzek, Michael (2005): Das Universum der Textsorten in Schülerperspektive. In: Der Deutschunterricht 1/2005, S. 68–77.

- /Grabowski, Joachim (2012): Teilkomponenten von Schreibkompetenz. In: http://www.ph-ludwigsburg.de/fileadmin/subsites/2b-dtsc-t-01/dieS-sommerschule/user_files/Grabowski-BeckerMrotzek_Ludwigsburg2012.pdf.

Berkemeier, Anne (2007): Zur Bedeutung der Silbe in der neueren rechtschreib-didaktischen Diskussion: Versuch einer Synopse. In: Osnabrücker Beiträge zur Sprachtheorie 73/2007, S. 81–96.

Birkle, Sonja (2012): Erwerb von Textmusterkenntnis durch Vorlesen. Stuttgart.

Björk, Lennart (2000): Über Textmuster und Schreibprozesse in der Oberstufe. In: Der Deutschunterricht 1/2000, S. 33–42.

Boettcher, Wolfgang u. a. (1973): Schulaufsätze – Texte für Leser. Düsseldorf.

Böttcher, Ingrid (Hg.) (1999): Kreatives Schreiben. Berlin.

- /Becker-Mrotzek, Michael (2003): Texte bearbeiten, bewerten und benoten. Berlin.
- /Becker-Mrotzek, Michael (2006): Schreibkompetenz entwickeln und beurteilen. Praxishandbuch für die Sekundarstufe I und II. Berlin.

Bredel, Ursula u. a. (2007) (Hg.): Didaktik der deutschen Sprache. 2 Bde. Paderborn.

- (2006): Sprachwissenschaftliche Grundlagen orthographischer Aneignungsprozesse. In: Dies./Günther, Hartmut (Hg.): Orthographietheorie und Rechtschreibunterricht. Tübingen, S. 1–5.
- (2009): Orthographie als System – Orthographieerwerb als Systemerwerb. In: Zeitschrift für Literaturwissenschaft und Linguistik 39/2009, S. 135–154.
- /Fuhrhop, Nanna/Noack, Christina (Hg.) (2011): Wie Kinder lesen und schreiben lernen. Tübingen.
- /Reißig, Tilo (Hg.) (2011): Weiterführender Orthografieerwerb. Baltmannsweiler.

Brinkmann, Erika/Brügelmann, Hans (2001): Lernbiographien – Auf dem Weg zur Schrift. In: Behnken, Imbke/Zinnecker, Jürgen (Hg.): Kinder. Kindheit. Lebensgeschichte. Seelze.

Brunner, Ilse/Häcker, Thomas/Winter, Felix (2011): Handbuch Portfolioarbeit. Seelze.

Büchel, Elsbeth/Isler, Dieter (2003): Sprachfenster: Linguoskop. Hilfsmittel für die Beobachtung individueller Sprachfähigkeiten in der Regelklasse und im Förderunterricht. Zürich.

Dehn, Mechthild (1994): Schlüsselszenen zum Schrifterwerb. Weinheim.

- (1999): Texte und Kontexte. Berlin.
- (2005): Schreiben als Transformationsprozess. Zur Funktion von Mustern: literarisch – orthografisch – medial. In: Dies./Hüttis-Graff, Petra (Hg.): Kompetenz und Leistung im Deutschunterricht. Spielraum für Muster des Lernens und Lehrens. Freiburg, S. 9–32.
- /Hüttis-Graff, Petra (2002): Elementare Schriftkultur. Was können wir von Schulanfängern erwarten? In: Grundschule 5/2002, S. 20–23.

Der Deutschunterricht (2003): Schreibarbeit 3/2003.

Dürscheid, Christa (2006): Einführung in die Schriftlinguistik. 3. Aufl. Göttingen.

Eichler, Wolfgang (1985): Rechtschreiblernen in und mit Regeln als regelgeleitetes Verhalten. In: Augst, Gerhard (Hg.): Graphematik und Orthografie. Frankfurt a. M., S. 244–260.

- (1992): Schreibenlernen: Schreiben – Rechtschreiben – Texte verfassen. Bochum.

Eisenberg, Peter (2009): Phonem und Graphem. In: Kunkel-Razum, Kathrin u. a. (Hg.): Duden. Die Grammatik. 8. Aufl. Mannheim.

- (2013): Grundriss der deutschen Grammatik. Bd. 1: Das Wort. 4. Aufl. Stuttgart/Weimar.

–/Feilke, Helmuth (2001): Rechtschreiben erforschen. In: Praxis Deutsch 170/2001, S. 6–15.
Feilke, Helmuth (1995): Auf dem Weg zum Text. Die Entwicklung der Textkompetenz im Grundschulalter. In: Augst, Gerhard (Hg.): Frühes Schreiben. Untersuchungen zum Schreiberwerb. Essen, S. 69–88.
– (2003): Entwicklung schriftlich-konzeptualer Fähigkeiten. In: Bredel, Ursula/Günther, Hartmut/Klotz, Peter/Ossner, Jakob/Siebert-Ott, Gesa (Hg.): Didaktik der deutschen Sprache. Paderborn, S. 178–192.
– (2012): Was sind Textroutinen? In: Lehnen/Feilke (Hg.), S. 1–32.
Ferdinand, Willi (1972): Über die Erfolge des ganzheitlichen und des synthetischen Schreib-(Lese-)Unterrichts in der Grundschule. In: Zeitschrift für Entwicklungspsychologie und Pädagogische Psychologie 4/1972, S. 105–117.
Fix, Martin (2006): Texte schreiben. Paderborn.
Foschi, Marina u. a. (Hg.) (2010): Text und Stil im Kulturvergleich. München.
Fuhrhop, Nanna (2006): Orthografie. 2. Aufl. Heidelberg.
Gallmann, Peter/Sitta, Horst (1996): Handbuch Rechtschreiben. Zürich.
Glinz, Hans (1952): Die innere Form des Deutschen. Bern/München.
Grzesik, Jürgen/Fischer, Michael (1984): Was leisten Kriterien für die Aufsatzbeurteilung? Theoretische, empirische und praktische Aspekte des Gebrauchs von Kriterien und der Mehrfachbeurteilung nach globalem ersten Eindruck. Opladen.
Gümbel, Ruth (1993): Erstleseunterricht. 5. Aufl. Frankfurt a. M.
Günther, Hartmut (2010): Strategiebasiertes Rechtschreiblernen. In: Ders. (Hg.): Beiträge zur Didaktik der Schriftlichkeit. Duisburg.
Haueis, Eduard (2003): Formen schriftlicher Texte. In: Bredel, Ursula u. a. (Hg.), S. 224–236.
Hayes, John R./Flower, Linda S. (1980): Identifying the Organization of Writing Processes. In: Gregg, Lee W./Steinberg, Edwin R. (Hg.): Cognitive Processes in Writing. Hillsdale, S. 3–30.
Hepp, Marianne (2005): Textsorten interkulturell. Ein Analysebeispiel aus dem universitären DaF-Unterricht in Italien. In: Der Deutschunterricht 1/2005, S. 78–82.
Hinney, Gabriele (2010): Wortschreibungskompetenz und sprachbewusster Unterricht. In: Bredel, Ursula/Dies./Müller, Astrid (Hg.): Schriftkompetenz und Schriftsystem: linguistisch, empirisch, didaktisch. Tübingen.
Kaiser, Dorothee (2002): Wege zum wissenschaftlichen Schreiben: eine kontrastive Untersuchung zu studentischen Texten aus Venezuela und Deutschland. Tübingen.
Kruse, Norbert (2006): Der Gebrauch von Textmustern bei der Rückmeldung zu Kindertexten. Schreibdidaktische und textlinguistische Perspektiven auf Lernprozesse beim Textschreiben in der Grundschule. In: Spiegel, Carmen/Vogt, Rüdiger (Hg.): Vom Nutzen der Textlinguistik für den Unterricht. Baltmannsweiler, S. 133–150.
–/Reichardt, Anke (2011): Muster und Formvorgaben beim Textschreiben – Hilfe oder Hindernis? In: Grundschulunterricht Deutsch 3/2011, S. 4–7.
Lehnen, Kathrin (2012): Erwerb wissenschaftlicher Textroutinen. In: Lehnen/Feilke (Hg.), S. 33–60.
–/Feilke, Helmuth (Hg.) (2012): Schreib und Textroutinen. Frankfurt a. M.
Linke, Angelika (2001): Trauer, Öffentlichkeit und Intimität. Zum Wandel der Textsorte »Todesanzeige« in der zweiten Hälfte des 20. Jahrhunderts. In: Fix, Ulla/Habscheid, Stephan/Klein, Josef (Hg.): Zur Kulturspezifik von Textsorten. Tübingen, S. 195–223.
Ludwig, Otto (1980): Funktionen geschriebener Sprache und ihr Zusammenhang mit der gesprochenen Sprache. In: Zeitschrift für germanistische Linguistik 8/1980, S. 75–92.
– (1983): Einige Gedanken zu einer Theorie des Schreibens. In: Grosse, Siegfried (Hg.): Schriftsprachlichkeit. Düsseldorf, S. 37–73.
– (1988): Der Schulaufsatz. Berlin.
Maas, Utz (1992): Grundzüge der deutschen Orthografie. Tübingen.
Marthaler, Theodor (1962): Es gibt sechs Aufsatzarten. In: Der Deutschunterricht 4/1962, S. 53–63.
May, Peter (2001): Lernförderlicher Unterricht. Hamburg.
Menzel, Wolfgang (1995): Lesen lernen – Schreiben lernen. Braunschweig.
Merkelbach, Valentin (1982): Aufsatzunterricht. Paderborn.

Merz-Grötsch, Jasmin (2010): Texte schreiben lernen. Seelze.
Metze, Wilfried (2001): Tobi-Fibel. Berlin.
Müller, Astrid (2010): Rechtschreiben lernen. Seelze.
Naumann, Carl Ludwig (1999): Orientierungswortschatz. Weinheim.
Nerius, Dieter u. a. (2007): Deutsche Orthografie. 4., neu bearb. Aufl. Hildesheim/Zürich.
Nickel, Sven (2007): Beobachtung kindlicher Literacy-Erfahrungen im Übergang von Kindergarten und Grundschule. In: Graf, Ulrike/Moser Opitz, Elisabeth (Hg.): Diagnose und Förderung im Elementarbereich und Grundschulunterricht. Baltmannsweiler, S. 87–104.
–/**Spitta, Gudrun** (2003): Rechtschreibbewusstheit als Konzept orthographischen Lernens? In: Brinkmann, Erika/Kruse, Norbert/Osburg, Claudia (Hg.): Kinder schreiben und lesen. Beobachten – Verstehen – Lehren. Freiburg, S. 279–286.
Nussbaumer, Markus (1996): Lernerorientierte Textanalyse – Eine Hilfe zum Textverfassen? In: Feilke, Helmuth/Portmann, Paul R. (Hg.): Schreiben im Umbruch. Stuttgart, S. 96–112.
Oomen-Welke, Ingelore (^{2}2010): Didaktik der Sprachenvielfalt. In: Ahrenholz, Bernt/Dies. (Hg.): Deutsch als Zweitsprache. Baltmannsweiler, S. 479–492.
Ortner, Hanspeter (2000): Schreiben und Denken. Tübingen.
Ossner, Jakob (1995): Prozeßorientierte Schreibdidaktik in Lehrplänen. In: Baurmann, Jürgen/Weingarten, Rüdiger (Hg.): Schreiben. Prozesse, Prozeduren und Produkte. Opladen, S. 29–50.
– (1996): Gibt es Entwicklungsstufen beim Aufsatzschreiben? In: Feilke, Helmuth/Portmann, Paul (Hg.): Schreiben im Umbruch. Schreibforschung und schulisches Schreiben. Stuttgart.
– (2010): Orthografie. Paderborn.
Pommerin, Gabriele (1996): Kreatives Schreiben. Handbuch für den deutschen und interkulturellen Sprachunterricht in den Klassen 1–10. Weinheim/Basel.
Pracht, Henrike (2010): Alphabetisierung in der Zweitsprache als Schemabildungsprozess. Münster.
Praxis Deutsch (1996): Texte und Formulierungen überarbeiten 137/1996.
– (2001): Rechtschreiben erforschen 170/2001.
– (2010): Kriterien entwickeln – Schreiben fördern 223/2010.
Rahn, Fritz (1938/1965): Aufsatzerziehung. Eine Handreichung für Deutschlehrer zur Erfüllung der Lehrplananforderungen. Frankfurt a.M.
Reichen, Jürgen (1988): Lesen durch Schreiben. Wie Kinder selbstgesteuert lesen lernen. Heft 1. 3. Aufl. Zürich.
– (2001): Hannah hat Kino im Kopf. Die Reichen-Methode Lesen durch Schreiben und ihre Hintergründe für LehrerInnen, Studierende und Eltern. Hamburg.
Rico, Gabriele (1984): Garantiert schreiben lernen. Hamburg.
Risel, Heinz (2004): Aspekte morphologischen Lernens in der Grundschule In: Bredel, Ursula/Siebert-Ott, Gesa/Thelen, Tobias (Hg.): Schriftspracherwerb und Orthographie. Baltmannsweiler, S. 47–71.
– (2006): Morphologiedidaktische Sondierungen – erste Bestandsaufnahmen und Perspektiven für eine qualitative Wende. In: Bredel, Ursula/Günther, Hartmut (Hg.): Orthographietheorie und Rechtschreibunterricht. Tübingen, S. 45–70.
– (2008): Arbeitsbuch Rechtschreibdidaktik. Baltmannsweiler.
Röber, Christa (1999): Ein anderer Weg zur Groß- und Kleinschreibung Stuttgart.
– (2011): Die Leistungen der Kinder beim Lesen- und Schreibenlernen. Baltmannsweiler.
Röber-Siekmeyer, Christa (1993): Die Schriftsprache entdecken. Rechtschreiben im Offenen Unterricht. Weinheim/Basel.
– (1997): Die Schriftsprache entdecken. 2. Aufl. Weinheim/Basel.
Scheele, Veronika (2006): Entwicklung fortgeschrittener Rechtschreibfertigkeiten. Ein Beitrag zum Erwerb der »orthographischen« Strategien. Frankfurt a.M.
Scheerer-Neumann, Gerheid (1996): Der Erwerb der basalen Lese- und Schreibfertigkeiten. In: Günther, Hartmut/Ludwig, Otto: Schrift und Schriftlichkeit. Bd. 2. Berlin, S. 1153–1169.
– (2003): Rechtschreibschwäche im Kontext der Entwicklung. In: Naegele, Ingrid/Valtin, Renate (Hg.): LRS in den Klassen 1–10. 6. Aufl. Weinheim, S. 45–65.

Schneider, Wilhelm (1956): Deutscher Stil- und Aufsatzunterricht [1926]. 9. Aufl. Frankfurt a. M.
Schneider, Wolfgang (2001): Training der phonologischen Bewusstheit. In: Klauer, Karl Josef (Hg.): Handbuch Kognitives Training. Göttingen, S. 69–95.
Schründer-Lenzen, Agi (2004): Schriftspracherwerb und Unterricht. Opladen.
Seidemann, Walther (1965): Der Deutschunterricht als innere Sprachbildung [1927]. 7. Aufl. Heidelberg.
Sennlaub, Gerhard (1980): Spaß beim Schreiben oder Aufsatzerziehung. Stuttgart.
Sieber, Peter (Hg.) (1994): Sprachfähigkeiten – besser als ihr Ruf und nötiger denn je! Aarau.
Spinner, Kaspar (2002): Kreatives Schreiben. In: Ders. (Hg.): Kreativer Deutschunterricht. Seelze, S. 108–125.
Spitta, Gudrun (1989): Erlernen die Kinder im offenen Unterricht die Rechtschreibung? 2 Fallstudien. In: Günther, Klaus B. (Hg.): Ontogenese, Entwicklungsprozeß und Störungen beim Schriftspracherwerb. Heidelberg, S. 323–349.
– (1993): Schreibkonferenzen in Klasse 3 und 4. Ein Weg vom spontanen Schreiben zum bewußten Verfassen von Texten. 2. Aufl. Frankfurt a. M.
Steinhoff, Torsten (2007): Wissenschaftliche Textkompetenz. Sprachgebrauch und Schreibentwicklung in wissenschaftlichen Texten von Studenten und Experten. Tübingen.
Thomé, Günther (1999): Orthographieerwerb: Qualitative Fehleranalysen zum Aufbau der orthographischen Kompetenz. Frankfurt a. M.
Ulich, Michaela (2003): Literacy – sprachliche Bildung im Elementarbereich. In: Kindergarten heute 3/2003, S. 6–18.
Valtin, Renate (1998): Erwerb und Förderung schriftsprachlicher Kompetenzen aus grundschulpädagogischer Sicht. In: Huber, Ludowika/Kegel, Gerd/Speck-Hamdan, Angelika (Hg.): Einblicke in den Schriftspracherwerb, Braunschweig, S. 59–74.
– (Hg.) (2000): Rechtschreiben lernen in den Klassen 1–6. Frankfurt a. M.
– (2001): Schwierigkeiten beim Schriftspracherwerb. Hinweise und Hilfen für die Förderdiagnostik. In: Naegele, Ingrid/Dies. (Hg.): LRS in den Klassen 1–10, Bd. 2. Weinheim, S. 48–69.
Voss, Andreas/Blatt, Inge/Kowalski, Kerstin (2007): Zur Erfassung orthographischer Kompetenz in IGLU 2006: Dargestellt an einem sprachsystematischen Test auf Grundlage von Daten aus der IGLU-Voruntersuchung. In: Didaktik Deutsch 23/2007, S. 15–33.
Weinhold, Swantje (2002): Textkompetenz am Schulanfang. In: Portman-Tselikas, Paul R./Schmölzer-Eibinger, Sabine (Hg.): Textkompetenz. Graz, S. 147–162.
– (2009): Effekte fachdidaktischer Ansätze auf den Schriftspracherwerb in der Grundschule. Lese- und Rechtschreibleistungen in den Jahrgangsstufen 1–4. In: Didaktik Deutsch 27/2009, S. 53–73.
Winter, Felix (1996): Schülerselbstbewertung. Die Kommunikation über Leistung verbessern. In: Friedrich-Jahresheft XIV: Prüfen und beurteilen, S. 34–37.
Wygotski, Lew Semjonowitsch (1934): Denken und Sprechen. Stuttgart.

3. Reflexion über Sprache

3.1 »Grammatik tut not!?« Zur Legitimationskrise des Grammatikunterrichts
3.2 Language Awareness, Sprachbewusstsein und Sprachbewusstheit
3.3 Reformansatz: Reflexion über Sprache
3.4 Modelle der Schulgrammatik
3.5 Neuere Entwicklungen in der Grammatikdidaktik

3.1 | »Grammatik tut not!?« Zur Legitimationskrise des Grammatikunterrichts

Wie um kein anderes Gegenstandsfeld muttersprachlichen Unterrichts wurde um den didaktischen Nutzen des Grammatikunterrichts gestritten: Schon 1950 fragte Konrad Gaiser »Wieviel Grammatik braucht der Mensch?«; Adalbert Elschenbroich erörterte 1966 »Die Frage nach dem Bildungswert des Grammatikunterrichts«, und 1976 fuhren Gerhard Augst sowie auch Helga Schwenk mit gleicher Fragestellung fort: »Welchen Sinn hat der Grammatikunterricht in der Schule?«.

»Auf jeden Fall bedeutet es in meinen Augen einen Skandal, wenn man gegenüberstellt, daß auf der einen Seite schon beinahe 3000 Jahre Grammatikunterricht in der Schule betrieben und diese Faktum als solches schon zur Legitimation herangezogen wird [...], daß es aber auf der anderen Seite keine (!) empirische Untersuchung darüber gibt, ob eine Korrelation zwischen Grammatikunterricht und der Erweiterung der sprachlichen Kompetenz besteht.« (August 1976, S. 331)

Dieses Fazit von Augst wird bis heute als eine Herausforderung verstanden, den didaktischen Nutzen des Grammatikunterrichts, etwa für die Verbesserung der kommunikativen Kompetenz empirisch nachzuweisen. Die Anzahl der Legitimationsargumente ist hingegen mannigfach; so führt Schwenk (1976, S. 311) u.a. für den Grammatikunterricht an, er

- diene dem Fremdsprachenunterricht,
- führe zum richtigen Sprachgebrauch,
- fördere das formal-logische Denken,
- diene der Hochsprache,
- gehöre zur Bildung schlechthin etc.

Einstellungen zum Grammatikunterricht: Solche und weitere Argumente wurden in der wissenschaftlichen Literatur diskutiert (vgl. z.B. bei Erlinger 1980; Ivo/Neuland 1991; auch noch Peyer 2010). In ihrer Studie zu Grammatikkenntnissen und Einstellungen zu grammatischem Wissen konnten Ivo/Neuland bei den befragten Schülern, Studierenden und Berufstätigen eine weitgehende Zustimmung zu solchen Legitimationsargumenten aus Lernersicht erheben. Allerdings zeigt deren Erlebnisresonanz aber auch deutliche Negativbewertungen der eigenen Schulerfahrungen von Grammatikunterricht auf: Die Erinnerung an kritikwürdige Unterrichtsmethoden erwies sich bei den Befragten als sehr präsent, die Erinnerung an Unterrichtsinhalte schien dagegen eher verblasst.

In der Einschätzung des eigenen Wissens herrschten überwiegend Mängelangaben und auch Widersprüchlichkeiten vor. Dass dennoch dem grammatischen Wissen von den Befragten eine hohe berufliche wie private Alltagsrelevanz zugesprochen und die **Nützlichkeits-, Prestige- und Verständigungsfunktionen** normorientierten Wissens hervorgehoben wurden, bleibt als ein widersprüchlicher Befund, der zweifellos der Art des vermittelten schulgrammatischen Wissens zuzurechnen ist. Der traditionellen, auf die Kernbereiche der Wort- und Satzlehre beschränkten Sprachlehre ist es solchen Befunden nach kaum gelungen, eine theoretische, reflexive Einstellung zur Sprache zu vermitteln und die Erkenntnisrelevanz von Grammatikunterricht – nämlich zu wissen, was man tut, wenn man spricht – und den emanzipativen Sinn grammatischer Reflexion konkret nachvollziehbar zu machen.

»Grammatikunterricht – nein danke!« – dieses Fazit zum Grammatikunterricht aus Schülerperspektive von Bremerich-Vos (1981) fand in der Studie von Ivo/Neuland dennoch keine Zustimmung; die Befragten plädierten eher für einen ›anderen‹ Grammatikunterricht. Dass sich ein solcher nicht in der schlichten Modernisierung neuerer Bezugsgrammatiken (Dependenzgrammatik, Transformationsgrammatik) erschöpfen kann, demonstrieren die Linguistisierung der Sprachdidaktik und die Krise des Grammatikunterrichts der 70er Jahre (s. dazu Kap. I.2.1.1). Die Linguistisierung beschränkte sich weitgehend auf eine Übernahme formalisierter linguistischer Modelle der Sprachbeschreibung, ohne sich von den viel kritisierten Methoden der traditionellen Sprachlehre: Segmentieren, Klassifizieren etc. zu lösen. Die Kritik (so z.B. Tegge 1975; Wunderlich 1975) bezog sich hauptsächlich auf folgende Punkte:

- Die Beschäftigung mit Grammatik erscheint weiterhin als Selbstzweck.
- Die Inhalte verschwinden hinter einer komplexen formalen Terminologie.
- Sprache erscheint losgelöst von ihren situativen und sozialen Bezügen.

Circulus vitiosus: Damit aber wurden die kritischen Punkte der traditionellen Sprachlehre nicht gemindert, sondern eher verstärkt. Hinzu trat noch ein weiteres Problem, und zwar die tiefen Negativ-Spuren, die die Überfrachtung mit den neueren linguistischen Modellen und Terminologien in den Köpfen von Lehrkräften bis heute hinterlassen hat. Dass sich dabei ein gewisser Circulus vitiosus ergibt, liegt auf der Hand: In der Schule ist der Grammatikunterricht überwiegend unbeliebt, und noch im Studium setzt sich diese Tendenz fort, obwohl Schüler wie Studierende im Hinblick auf die eigenen Grammatikkenntnisse Defizite konstatieren; Lehrkräfte müssen zwar Grammatikunterricht erteilen, doch beschränkt sich dieser oftmals auf die mittleren Jahrgangsstufen, während in der

Oberstufe oft immer noch überwiegend bis fast ausschließlich Literaturunterricht betrieben wird. - So konstatiert Wolfgang Boettcher:

> »Es ist, als gebe es ein geheimes Einverständnis zwischen Schule, Hochschule und Studienseminar, den Kelch ›Grammatikunterricht‹ ungetrunken vorbeizuschieben. Auf diese Weise nippen alle reihum immer wieder ein bissel dran, mit allen Zeichen beginnender stabiler Lähmung.« (1994, S. 30)

3.2 | Language Awareness, Sprachbewusstsein und Sprachbewusstheit

Ansatzpunkte für eine Wiederbelebung grammatischer Bildung lassen sich gleichwohl in den 1970er und 80er Jahren erkennen; sie werden mit den Phänomenen von Language Awareness, Sprachbewusstsein und Sprachbewusstheit sowie Sprachreflexion in Verbindung gebracht. Diese Begriffe werden in vielen aktuellen Richtlinien, Lehr- und Bildungsplänen wie selbstverständlich verwendet, ohne sie einer genaueren Definition und Abgrenzung zu unterziehen.

Begriffliche Unterscheidungen werden bei Neuland angeboten (2002, S. 6; vgl. auch Funke 2008):

- **Sprachthematisierung, Sprachbetrachtung, Sprachreflexion** akzentuieren bestimmte kognitive Prozesse in Form sprachlicher Handlungen, die in der Regel als offene Verbalisierung zum Teil aber auch verdeckt innersprachlich ablaufen können (z. B. beim **Nachdenken über Sprache**).
- **Sprachaufmerksamkeit, Sprachbewusstheit** verweisen auf sprachbezogene kognitive Zustände, die als interne Größen der direkten Beobachtung nicht zugänglich sind.
- **Sprachbewusstsein, Sprachwissen, Sprachkompetenz** bezeichnen kognitive Einheiten, die sich ebenfalls der direkten Beobachtung entziehen, die allerdings in ihrem Objektcharakter differenzierter beschreibbar sind, u. a. im Hinblick auf Erscheinungsweisen, Qualitäten und Wirkungen.
- **Sprachkompetenz** und **metasprachliche Fähigkeiten** verweisen schließlich auf kognitive Fähigkeiten, im Zustand der Sprachbewusstheit und im Rückgriff auf Bestände des Sprachbewusstseins und Sprachwissens Sprache zu gebrauchen und über Sprache zu reflektieren.

Sprachbewusstsein als zentrale Kategorie: Daraus kann abgeleitet werden, Sprachbewusstsein zugleich als übergeordnete und weitere Kategorie zu bestimmen, während Sprachthematisierung, Sprachbetrachtung und Sprachreflexion als externalisierte Erscheinungsweisen des Sprachbewusstseins gelten können, deren Untersuchung Rückschlüsse auf Inhalte und Qualitäten des Sprachbewusstseins ermöglichen. **Sprachaufmerksamkeit** (eine adäquate Entsprechung von Language Awareness) und Sprachbewusstheit (seit Andresen 1985) können dann als bestimmte

Bewusstseinszustände erfasst werden, die von anderen, graduell weniger bewussten zu unterscheiden sind, die ebenfalls – als *tacit knowledge* – Bestandteile von Sprachbewusstsein und Sprachwissen bilden. Aber auch Zustände bleiben prinzipiell interne, nicht direkt beobachtbare und nur erschließbare Größen. Dabei liegt der Schluss, Bewusstheit mit Versprachlichung als schlechthin gegeben zu betrachten, zwar nahe, doch ist eine solche quasi tautologische Bestimmung nicht weiterführend, wie noch bei den komplizierten Verhältnisbestimmungen von Sprachbewusstsein und Sprachgebrauch zu zeigen sein wird (s. dazu auch Kap. I.1.2.3.1).

Das Language Awareness-Konzept hat sich insbesondere für die Zweitspracherwerbsforschung und die Fremdsprachendidaktik als fruchtbar erwiesen (vgl. u. a. James/Garrett 1991). In der Fremdsprachen- wie aber auch in der Muttersprachendidaktik wird mit der Förderung von Sprachbewusstheit als allgemeinem Erziehungsziel gefordert, sich kritisch mit der umgebenden Welt auseinandersetzen zu können (vgl. dazu Wolff 2002 mit Bezug auf die Critical Language Awareness-Konzeption von Fairclough 1992). Bereits Eve Clark hatte 1978 einen weiten Begriff von Language Awareness vorgeschlagen, der auch spontane Selbstkorrekturen als Indikatoren sprachlicher Aufmerksamkeit einschließt. In der schulischen Sprachdidaktik wird der Begriff hingegen enger gefasst und dabei insbesondere die kognitive Domäne der Bewusstheit von Inhalten, Mustern, Regeln hervorgehoben. Im deutschen Kontext wird die Bedeutung von Sprachbewusstheit vor allem beim Umgang mit Sprachkontakten und Sprachkontrasten relevant, wie es sich z. B. bei der Entwicklung des Begegnungssprachenkonzepts 1992 in NRW gezeigt hat (vgl. dazu u. a. Luchtenberg 1995; Oomen-Welke 2003; Kutsch 1989).

Der Förderung von Sprachbewusstheit und Sprachbewusstsein wird in den letzten Jahrzehnten besondere Aufmerksamkeit im Sprachunterricht zuteil. Dabei geht es, wie manche Autoren betonen, nicht nur um den Aufbau von deklarativem, sondern vor allem auch um den Aufbau prozeduralen Wissens. Damit ist die Wendung gegen die Vermittlung eines reinen Benennungswissens verbunden, auf das sich die traditionelle Sprachlehre oftmals beschränkt hat. Sprachreflexion bedeutet in diesem Sinne ein **aktives Nachdenken über Sprache**, für das gleichwohl grammatische Beschreibungsbegriffe notwendig scheinen. Dies erweist sich auch bei einem Blick auf den Spracherwerb und auf vorschulische Formen von Sprachaufmerksamkeit.

3.2.1 | Nachdenken über Sprache bei Kindern

Schon bei Kindern sind Vorstufen von Sprachreflexion zu beobachten, wenn sie nach Bezeichnungen und vor allem nach Gründen für Bezeichnungen fragen: Weinrich hat den Prozess des Spracherwerbs als ein ›Gespräch über Sprache‹ bezeichnet, was sich auch an elterlichen Äußerungen wie: *Das heißt ...?, Wie heißt das ...?* oder auch: *Das sagt man nicht!* zeigt.

**Reflexion
über Sprache**

Dabei ist allerdings auffällig, dass Kinder sich eigentlich nie auf grammatische Einheiten, sondern vor allem auf die Semantik und auf die Pragmatik beziehen. Insbesondere die **Arbitrarität** von Wortbedeutungen bietet einen ständigen Anlass für die o.g. ›warum-Fragen‹, wie die folgenden Beispiele zeigen: *Heuschrecken – warum heißen die mit Schreck? Die müssen Schnecken heißen! Ich hab schon mal gesagt: ›Heuschnecken‹* (Weisgerber 1980), *Warum heißt der Frischkäse?* (August/Bauer/Stein 1977). Wie aus den Forschungen zur Entwicklungen von Wortbedeutungen bei Kindern bekannt ist, verbinden Kinder zunächst Bezeichnung und Bezeichnetes so eng miteinander, dass die Bezeichnung wie ein Name für das Bezeichnete erscheint. Dies zeigt die folgende Beobachtung:

Beispiel 1   **Die Kuh heißt ›Kuh‹**
(aus Wygotski 1971, S. 308 f.)

Einfache Versuche mit Kindern zeigen, dass diese noch im Vorschulalter die Namen von Dingen aus ihren Eigenschaften erklären:
Die Kuh heißt ›Kuh‹, weil sie Hörner hat, das Kalb heißt ›Kalb‹, weil seine Hörner noch klein sind, das ›Pferd‹, weil es keine Hörner hat, der ›Hund‹, weil er keine Hörner hat und klein ist, das ›Automobil‹, weil es überhaupt kein Tier ist.

Auch idiomatische Wendungen und Redensarten erklären sich Kinder im Vorschulalter oft ganz synkretistisch, wie August (V) auf Nachfrage bei seinem Sohn (K) erfuhr:

Beispiel 2   **Erwerb metaphorischer Bedeutungen: ›Vogel unterm Pony‹**
(nach August/Bauer/Stein 1977, S. 40)

  1 K: *Du hast einen Vogel unterm Pony!*
  2 V: *Was heißt das?*
  3 K: *Du bist verrückt!*
  4 V: *Was hat das mit dem Pony und dem Vogel zu tun?*
  5 K: *Das sagt man so!*
  6 V: *Was ist denn ein Pony?*
  7 K: *Ein Pony, das ist ein kleines Pferd.*
  8 V: *Und was soll der Vogel?*
  9 K: *Das ist so: Ein Vogel kommt zu dem Pferd und macht sein Nest in der Mähne von dem Pferd und legt Eier darein.*
10 V: *Kann man denn beim Friseur auch ein Pony kriegen?*
11 K: *Beim Friseur? Der hat doch keine Pferde!*
    (Der Vater erklärt die metaphorische Bedeutung von Pony)

Language Awareness, Sprachbewusstsein/ Sprachbewusstheit

Weitere Beispiele von Augst und von Neuland zeigen, dass Kinder Auffälligkeiten in der Wortverwendung und in Sprachstilen wahrnehmen. So notierte Augst eine metakommunikative Äußerung seines fünfjährigen Sohnes, der die Kommunikation des Vaters mit dem jüngeren Bruder wie folgt vorwurfsvoll kommentierte:

›So babyrich‹
Beispiel 3

(aus Augst/Bauer/Stein 1977, S. 88)

Du sprichst mit ihm (dem kleinen Bruder) *so babyrich*. Dabei hat das Kind genaue Vorstellungen, indem es die Wörter *Dunkelbierchen* und *Sprudelein* nannte und *Atta Atta* mit einem affektierte behaucht (t-h) sprach.

Neuland hielt durch Beobachtungen und Befragungen Folgendes fest:

›Feine Dame‹
Beispiel 4

(aus Neuland 1993c, S. 184 ff.)

Die fünfjährige Katharina antwortet auf die Frage, wie denn wohl Babysprache gehe:
Wau Wau ...Mama, guck ma ...da da ...hingehn, hingehn! [...]

Sie spielt, z. B. am Telefon, ›feine Dame‹. Dabei spricht sie mit folgenden stimmlichen Merkmalen: deutliche Artikulation und Akzentuierung, hohe Stimmlage und nasal.

Auf die Bitte, mir einmal vorzumachen, wie ›feine Leute‹ reden, reagiert sie mit ähnlichen stimmlichen Merkmalen und begleitet ihre Rede mit einer bestimmten Mimik (hochgezogene Brauen) und Gestik (ausladende Handbewegung) und Bewegungsart (Tippelschritte):
Ich muss mal eben austreten gehen.
Oh, eine schöne Kachel haben sie in der Toilette.

Auf meine Nachfrage, wie denn wohl ›ein feiner Herr‹ rede, sagt sie in tieferer Stimmlage:
Darf ich Sie zum Tanz auffordern?

Ein Beispiel zur Pragmatik des Sprachgebrauchs bieten die sogenannten ›Höflichkeitswörter‹: *bitte* und *danke*. Ramge (1975) beobachtete die Versuche seines zweieinhalbjährigen Sohnes, Bonbons von der Mutter zu bekommen. Nach mehreren vergeblichen Versuchen mit dem Einsatz verschiedener sprachlicher Mittel wie Lautstärke, Wiederholungen, persönliche Anrede, äußert es sich schließlich: *Heißt das bitte*! (mit Kratzfuß).

Beispiel 5 **Erwerb der ›Bitte-Handlung‹**
(nach Ramge 1975, S. 20f.)

Peter (29 Monate) sitzt mit den Eltern im Wohnzimmer, als ihm einfällt, daß im Schrank Bonbons sind:
1 P: *ich krieg nochma gonggon, mami!*
2 M: (reagiert nicht)
3 P: *mami!*
4 M: (reagiert nicht)
5 P: *ich krieg noch mehr gonggong! mami! ganz viele. ganz viele.*
6 M: (reagiert nicht)
7 P: *ganz viele gonggong, mami!* (heftig)
8 M: (reagiert nicht)
9 P: *mami!!!* (zornig)
10 M: (verweisend) *Peter!*
11 P: *Heißt das bitte!* (Kratzfuß)
12 M: (steht auf, um Bonbons zu holen)

Aktuelles und eigentliches Sprachbewusstsein: Es bleibt festzuhalten, dass Kinder schon vor Beginn des schulischen Sprachunterrichts Sprache in gewissen Teilbereichen thematisieren, was als Ausdruck eines je aktuellen Sprachbewusstseins gedeutet werden kann. Darüber hinaus zeigen die Beispiele von Vorschulkindern, dass diese bereits sprachliches Wissen angesammelt haben können, das sie in verständigungskritischen Situationen kontextgebunden einzusetzen vermögen. Eine solche **aktuelle Bewusstwerdung** hatte Wygotski vom »eigentlichen Sprachbewusstsein« abgegrenzt, das insbesondere erst durch den schulischen Schriftspracherwerb und Grammatikunterricht ausgebildet wird und durch Explizitheit, Willkürlichkeit und Systematik gekennzeichnet ist (vgl. dazu Andresen 1985).

Aber auch im **Grundschulalter** lassen sich noch viele Beispiele für die Vielfältigkeit kindlicher Erkundungsfreude und Neugier auf Sprache erkennen, wie das Beispiel in Abbildung 1 aus einem 3. Schuljahr zeigt, das vom damals neuen Lehrplan ›Sprache‹ in den »Grundschulrichtlinien Deutsch NRW« 1985 angeregt wurde.

Dabei ist auffällig, dass auf den Vorschlag, »Sprache [zu] untersuchen« (d.h. *Was würdet ihr untersuchen, wenn ihr Sprachforscher wärt?*) im 3. Schuljahr kein schulgrammatisches Wissen und

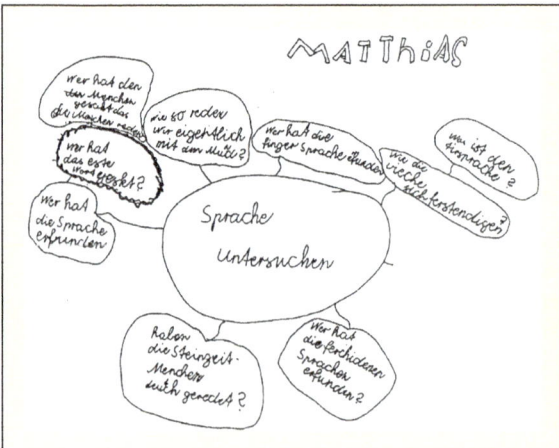

Abb. 1: Mindmap ›Sprache untersuchen‹ von Matthias (3. Klasse) (aus Neuland 1992, S. 10)

Language Awareness, Sprachbewusstsein/ Sprachbewusstheit

keine schulgrammatische Terminologie assoziiert wurde. Vielmehr richtet sich der sprachliche Wissensdurst auf die Historizität und Variabilität von Sprache, auf Fragen nach dem Sprachursprung und nach der Sprachverschiedenheit. Aus der Kritik am Auseinanderfallen eines kanonischen, norm- und systemorientierten Schulwissens über Sprache und der alltäglichen Sprach- und (Meta-)Kommunikationspraxis sind nach der Krise des Grammatikunterrichts für den neuen Lernbereich ›Reflexion über Sprache‹ weitreichende Konsequenzen gezogen werden.

3.2.2 | Nachdenken über Sprache bei Erwachsenen

In Abwandlung des bekannten Goethe-Zitats: »Ein jeder, weil er spricht, glaubt auch über Sprache sprechen zu können« stellte Peter von Polenz in einer Rede anlässlich der Verleihung des Duden-Preises 1980 mit dem Titel *Wie man über Sprache spricht* folgende These auf:

> »Das Reflektieren über Sprache, die Metakommunikation, ist also durchaus nicht ein Privileg von Sprachwissenschaftlern, sondern gehört zur hinreichend entwickelten Sprachbeherrschung aller Sprachbenutzer dazu, die einen Großteil ihrer gesellschaftlichen Arbeit auf relativ ausdrückliche sprachliche Weise zu bewältigen haben.« (S. 9)

Dass sich jeder über Sprache äußern kann, sagt jedoch noch nichts über die Qualität der Äußerungen und über die Entwicklungsstufen des Sprachbewusstseins aus (s. Kap. I.2.3.1), wie die folgenden Beispiele zeigen:

›Knabberein‹ im Angebot — Beispiel 6
(aus Neuland 1996, S. 110)

»Aha, Sie beschäftigen sich mit der deutschen Sprache? Da haben Sie aber eine wichtige Aufgabe, dafür wird doch viel zu wenig getan! Heute kann doch kaum mehr einer richtiges Deutsch: Konjunktiv, Genitiv ... Lernen die eigentlich in der Schule noch Grammatik? Aber das beherrschen die Deutschlehrer auch nicht mehr wie früher... Wissen Sie, was ich neulich gelesen habe?«

Mein Düsseldorfer Delikatessenhändler kann sich bei den von ihm entdeckten Symptomen des Sprachverfalls in Rage reden. Ich bedaure meine »Enttarnung«. Mein Blick wandert im Laden umher. Er bleibt auf einem von Hand geschriebenen Schild hängen: »Knabberein im Angebot«.

Reflexion über Sprache

Beispiel 7 **Kritik an der vermeintlichen Dominanz von Anglizismen**
(in Originalorthografie, aus Neuland 1996, S. 110)

Ein weiteres Beispiel: Nach den ersten Ankündigungen des Aachener Germanistentages 1994 in der Lokalpresse ging dem Vorstand des deutschen Germanistenverbandes ein umfangreiches Dossier eines sprachinteressierten Bürgers zu.

»Da ich der Meinung bin, daß durch die jahrzehntelange Dominanz anglo-amerikanischer Beiträge und durch die unnötige, häufige Verwendung von Anglizismen, in den deutschen Funk- und Fernsehanstalten, unsere Sprache und Kultur großen Schaden zugefügt wird, kämpfe ich seit fast 10 Jahren gegen dieses Übel an, aber bisher mit wenig Erfolg [...] Im Interesse unserer Sprache und Kultur würde es mich sehr freuen, wenn Sie dieses Thema auf Ihrer bevorstehenden Tagung aufgreifen würden.«

In öffentlichen Sprachdiskussionen von Laien wird in Form von Leserbriefen, Glossen und Zeitungskommentaren oder auch von Umfrageergebnissen ein Sprachbewusstsein deutlich, das immer wieder an vermeintlichen **Mängeln des Sprachgebrauchs** Anstoß nimmt. Solche Äußerungen können als Zeichen eines vortheoretischen, alltagsweltlichen Sprachbewusstseins charakterisiert werden, das eine Reihe von Vorurteilen und Fehlschlüssen enthält. Es ist an eine normative und restriktive Vorstellung von Sprache gebunden: Nicht die Vielfalt möglicher Sprachgebräuche, sondern das Bewahren einer ›richtigen‹ Sprache, des ›guten Deutsch‹ wird angestrebt; nicht der eigene, sondern je ein fremder Sprachgebrauch wird kritisiert: der der heutigen Jugend, der Presse, der Politiker.

Dieses Sprachbewusstsein richtet sich auf den sprachsystematischen Gegenstandsbereich, doch sind die Begründungen der Urteile über Sprache in der Regel **inadäquat** (vgl. dazu die Unterscheidungen in Kap. I.2.3.1):

- Sprachkompetenz wird auf die zumeist schriftsprachliche **Beherrschung von Grammatik und Orthografie** reduziert, die nach allgemeingültigen Normen geregelt werden.
- Normative Richtigkeitsvorstellungen werden auch in der **Semantik** erkennbar, so in der Annahme, es gebe richtige, und zwar die ursprünglichen Bedeutungen.
- Systematische Abweichungen in **Dialekten und Soziolekten** werden als ›Fehler‹, diese wiederum als Zeichen für Intelligenz- und Bildungsmängel gewertet.
- Sprachentwicklung wird im Rahmen einer Dekadenztheorie als ›**Sprachverfall**‹ gewertet.
- Sprache wird nicht als Summe von Konventionen oder Gebräuchen angesehen, sondern als ein ›Haus‹ oder ›Gebäude‹ vergegenständlicht, das ohne pflegendes und reinigendes Bemühen verkomme und verwildere.

- Das Verhältnis von Sprache und Wirklichkeit wird im Rahmen einer **Abbildtheorie** auf ein eindeutiges Analogieverhältnis beschränkt.

Sprachnorm- und Sprachmängelbewusstsein: Das hinter solchen Meinungen stehende Sprachbewusstsein kann als ein Sprachnorm- und Sprachmängelbewusstsein gekennzeichnet werden (so Neuland 1996). Es ist praktisch nützlich, da es soziale Orientierung und Kontrolle des Sprachverhaltens anderer (Jugendlicher, Politiker, Werbeleute) ermöglicht, zur Komplexitätsreduktion von Umwelterfahrungen beiträgt und wohl auch der Selbstverunsicherung vorbeugt, und zwar durch die pauschalen Schuldzuschreibungen an das ›Medienchaos‹ und an das ›Versagen‹ von Schule und Deutschunterricht. Didaktisch gesehen ist zu vermuten, dass die traditionelle, normorientierte Sprachlehre wesentlich zur Genese solcher Meinungen über Sprache beigetragen haben mag. Entsprechend münden die öffentlichen Diskussionen in Forderungen nach normorientierterem Sprachunterricht, nach mehr Grammatik, Rechtschreibung und ›guter‹ Literatur.

Derartige Meinungen über Sprache und speziell über den sprachlichen Wandel sind also mitnichten subjektive Belanglosigkeiten; vielmehr führen sie in der medialen Öffentlichkeit zu weitreichenden bildungspolitischen Folgerungen. Als aktuelles Beispiel sei auf den folgenden Kommentar zu Einflüssen von Migrantensprachen auf deutschsprachige Jugendliche verwiesen:

Mittelgroße Katastrophe: Eine Million sprachloser Jugendlicher   **Beispiel 8**

»Ein alltägliches Ausnahmeerlebnis: Dönerbude oder Kassenschlange im Supermarkt. Deutsche, türkische und aus Russland stammende Jugendliche reden miteinander. Ihr gesprochenes Deutsch ist fehlerhaft. Grammatik, Lexik und Aussprache weichen ganz erheblich von den anerkannten Regeln ab. Zunächst möchte der Zuhörer gern glauben, Zeuge einer sprachlichen Spielerei zu sein, doch lässt sich diese Illusion nur kurze Zeit aufrechterhalten. Nach einigen Minuten ist die Erkenntnis nicht mehr zu unterdrücken: Diese jungen Menschen können kein Deutsch. [...].«

(VDS *Sprachnachrichten* 1/2008, S. 1 von Reiner Pogarell)

Sprachthematisierungen von Laien werden von Linguisten gemeinhin milde belächelt und als unwissenschaftlich beiseite geschoben. Dies hat Tradition in der Geschichte der modernen Linguistik: Als ›objektive‹ Daten galten ihr zwar die sprachlichen Äußerungen der Informanten selbst; deren Äußerungen über Sprache waren jedoch in dem positivistischen Wissenschaftsverständnis verpönt (vgl. dazu ausführlicher Neuland 1993a). Skepsis bis strikte Ablehnung gegenüber solch internen, angeblich nur spekulativ, also ›unwissenschaftlich‹ fassbaren Größen wie Introspektion, Sprachgefühl, Meinungen über Sprache, Sprachbewusstsein wirkten als strukturalistisches und behavioristisches Erbe noch bis in die jüngste Gegenwart fort.

Sprachdifferenz- und Sprachselbstbewusstsein: Die Soziolinguistik und speziell die Spracheinstellungsforschung, aber auch die kritische Diskursanalyse haben sich seit einiger Zeit bereits mit den sozialen Bedingungen und Wirkungen des Sprachgebrauchs nicht nur in ihren unmittelbar äußerlich manifesten Erscheinungsweisen beschäftigt, sondern auch in der Verarbeitung kommunikativer Wirklichkeit im Bewusstsein von Sprechern und Hörern. Beiträge der Sprachkritik und der Sprachdidaktik haben zu dieser Beschäftigung beigetragen, speziell mit der Entwicklung des Konzepts eines **reflektierten Sprachgebrauchs**, der als Ziel einer Sprachgebrauchskritik formuliert wird. Dabei wird stets der Bezug zum unterrichtlichen Lernbereich ›Reflexion über Sprache‹ geltend gemacht. Denn für die Sprachdidaktik ergeben sich aus solchen kritischen Analysen des öffentlichen Sprachbewusstseins wichtige Konsequenzen im Hinblick auf die unterrichtliche Förderung eines wissenschaftlich fundierten, sachlich adäquateren Sprachbewusstseins (s. Kap. I.2.3.1), für das die korrespondierende Bezeichnung eines ›Sprachdifferenz- und Sprachselbstbewusstsein‹ vorgeschlagen wurde (Neuland 1996).

Das Thema ›Sprachverfall oder Sprachwandel‹ wird im Deutschunterricht der gymnasialen Oberstufe relevant (zum Wandel des Sprachgebrauchs s. Kap. III.1.4.2). In Lehrwerken werden dazu oft Texte mit unterschiedlichen Meinungen zum Thema ›Sprachverfall‹ präsentiert, u. a. von Journalisten und Wissenschaftlern, mit denen sich die Schülerinnen und Schüler auseinandersetzen sollen (vgl. dazu auch Bittner/Köpcke 2008). Zur Analyse solcher Texte können die Unterscheidungen unterschiedlicher Arten von Sprachbewusstsein und Sprachreflexion, ihrer Anlässe, Absichten und Gegenstandsfelder hilfreich sein.

3.3 | Reformansatz: Reflexion über Sprache

Der schulische Lernbereich ›Reflexion über Sprache‹ hat sich als ein Reformansatz der Deutschdidaktik in den 1970er Jahren entwickelt; er blieb noch längere Zeit ein uneingelöstes Reformprogramm der Sprachdidaktik.

3.3.1 | Innovatorische Ansprüche und ihre Reduktionen

Die Kategorie ›Reflexion über Sprache‹ nimmt in der Sprachdidaktik seit nunmehr über 40 Jahren einen zentralen Stellenwert ein. Aufschlussreich ist die frühe Verwendung des Begriffs weniger in den Grundlagentexten wissenschaftlicher Theoriediskussion als in Bildungsplänen (so im »Bildungsplan für das Fach Deutsch« in Hessen 1969) und Richtlinien für das Fach Deutsch, und zwar zur Bezeichnung eines eigenständigen Lernbereichs im Deutschunterricht.

Reformansatz: Reflexion über Sprache

Neuerungen: Den größten fachöffentlichen Wirkungsgrad hatten dabei zweifellos die entsprechenden Formulierungen in den *Hessischen Rahmenrichtlinien Deutsch SI* von 1972 (s. Kap. I.1.4.1). Unter der globalen Zielrichtung einer Ermöglichung humaner Sprachverwendung wurden dort vor allem drei didaktisch relevante Dimensionen von Sprache entfaltet und zugleich drei sprachwissenschaftlich relevante Zugänge erkennbar:

- die **kommunikativ-pragmatische** Dimension der unterschiedlichen Sprachverwendung in sozialen Zusammenhängen,
- die **soziolinguistische** Dimension der Sprache als Summe »eingefrorener« sozialer Erfahrungen sowie
- die **sprachkritische** Dimension der Sprache als Mittel von Manipulation und Herrschaftsausübung (*Hessische Rahmenrichtlinien Deutsch SI*, 1972, S. 65 f.).

Gegenüber der Systembeschreibung von Sprache, die bis dahin als ›Sprachlehre‹ oder Grammatik im engeren Sinne mit der ›Sprachkunde‹ den Lernbereich der ›Sprachbetrachtung‹ bildete, wird mit der hier vorgenommenen Erweiterung und Veränderung des Sprachbegriffs um das sprachliche Handeln, um Sprachvariation und um Funktionen und Wirkungen von Sprache und Kommunikation zugleich der **Gegenstandsbereich** der Sprachreflexion qualitativ erweitert. Während noch bei Helmers die Sprachbetrachtung »bildungswertig in sich selbst« war und »Sprache [...] in der Sprachbetrachtung als Objekt der Reflexion« (1970, S. 258 ff.) auftrat, wird sie nun funktional in den Dienst der Untersuchung realer Sprachverwendung gestellt, wobei als Ausgangspunkt für Sprachreflexion stets die Spracherfahrung der Schüler gelten sollen.

Damit ist eine weitere entscheidende Verlagerung erfolgt, die der didaktischen **Legitimation** des Lernbereichs ›Reflexion über Sprache‹, nämlich emanzipatorische Einsicht in die soziale Gebundenheit und Ideologiehaltigkeit von Sprache zu ermöglichen und zur kritischen Analyse und bewussten Steuerung auch des eigenen Sprachhandelns zu führen.

Beschränkungen: Die Innovation des Sprachunterrichts durch den Reformansatz ›Reflexion über Sprache‹ beschränkte sich allerdings weitgehend auf eine Modernisierung der traditionellen Sprachlehre durch die Orientierung der ›didaktischen‹ Grammatik als Reflexion über Sprache im engeren Sinne an ›modernen‹ wissenschaftlichen Bezugsgrammatiken.

Die Übernahme formalisierter linguistischer Modelle der Sprachbeschreibung betraf neben dem grammatischen Kernbereich auch die erstgenannte der neu hinzugewonnenen Dimensionen für die Sprachreflexion: die linguistische Pragmatik und Kommunikationsforschung. Der Einbezug von Aspekten der Kommunikations- und Sprechakttheorie in Sprachbücher und Unterrichtsvorschläge geschah oft dergestalt, dass menschliche Kommunikation auf technizistische Faktorenmodelle reduziert und sprachliches Handeln in isolierte Sprechakte atomisiert wurde.

Zwischenfazit: Für die Entwicklung des Lernbereichs ›Reflexion über Sprache‹ bleibt im Rückblick festzuhalten:

- einerseits die Erarbeitung unterrichtsbezogener Texte wie Richtlinien, Unterrichtsvorschläge und -materialien und

- andererseits in der wissenschaftlichen Theoriebildung die Rezeption gewisser linguistischer Theoriebestände.

Zwischen ›Didaktisierung‹ und ›Linguistisierung‹ entstand jedoch ein ›didaktisches Defizit‹, das zur Charakterisierung dieser Entwicklungsphase der Sprachdidaktik als ›**Abbilddidaktik**‹ geführt hat. Zu einer eigenständigen sprachdidaktischen Legitimation, Theoriebildung und systematischen Ausgestaltung des Lernbereichs ›Reflexion über Sprache‹ war der Weg noch weit.

Boueke zog 1984 das Resümee, dass der Begriff ›Reflexion über Sprache‹ durchaus noch nicht »zu einem selbstverständlichen Bestandteil der Fachterminologie« geworden war. Er schlug eine pragmatische, phänomenorientierte Aufteilung des Lernbereiches in **drei große Teilbereiche** vor und formulierte jeweils darauf bezogene Zielvorstellungen:

- Reflexion über das **Sprachsystem** (Grammatikunterricht) und Einsicht in den Bau der Sprache,
- Reflexion über fremdes und eigenes **sprachliches Handeln** (Kommunikationsanalyse und Metakommunikation) und Analyse der Funktion und Mittel sprachlicher Kommunikation sowie Befähigung zur Metakommunikation,
- Reflexion über unterschiedliche auf Sprache bezogene Fragestellungen: **Sprachkunde**.

Dieser Vorschlag kann und will den historisch überkommenen Mangel an begrifflicher Konsistenz und theoretischer Fundierung nicht ersetzen. Die Gefahr einer Verselbständigung der Teilbereiche als Selbstzweck und der Auflösung ihrer Zusammenhänge liegt nahe, wenn solche Zusammenhänge nicht durch übergeordnete Zielvorstellungen im Rahmen von didaktischen (kritischen, kommunikativen, emanzipatorischen) Konzeptionen gestiftet sind. Mit Recht konnte 1993 der Lernbereich ›Reflexion über Sprache‹ daher noch als ein ›uneingelöstes Reformprogramm‹ (so Neuland 1993b) bezeichnet werden.

3.3.2 | Sprachreflexion und Grammatikunterricht

Sprachreflexion oder Grammatikunterricht? Allerdings hat sich seit den 90er Jahren im Zusammenhang mit der kognitiven Wende eine Aktualisierung des Lernziels Sprachbewusstsein und der Bemühungen um grammatische Bildung vollzogen und eine Reihe neuerer Veröffentlichungen zum Zusammenhang von Sprachreflexion und Grammatikunterricht ausgelöst (vgl. dazu z. B. Eichler 1991, 2007; Behrens/Eichler 2008; Funke u. a. 2008). Bei allen unterschiedlichen Entwicklungen der jüngeren Zeit war ein ungebrochenes Zurück zur traditionellen Sprachlehre und zur Vermittlung eines deklarativen Benennungswissens im zentralen Bereich der Morphosyntax im Grammatikunterricht nicht mehr möglich. Dazu hatte maßgeblich der Entwurf eines ›anderen‹, situationsorientierten Grammatikunterricht von Boettcher/Sitta (1978; s. Kap. II.3.4.2) beigetragen, der

Reformansatz:
Reflexion
über Sprache

das reflexive Moment des Grammatikunterrichts besonders konsequent in den Fokus rückte.

Zwar hat sich die radikale Formulierung von Ingendahl: »Sprachreflexion statt Grammatik« (1999) in der Sprachdidaktik nicht durchsetzen können, doch bleibt unabhängig davon die Forderung bestehen, Sprachreflexion als grundlegendes Prinzip in allen Bereichen des Sprachunterrichts, also auch in den Lernbereichen ›mündlicher und schriftlicher Sprachgebrauch‹ als Unterrichtsprinzip zu beachten (s. Kap. I.2.3.2). Dies bedeutet aber keineswegs den Verzicht auf einen eigenständigen Lernbereich ›Reflexion über Sprache‹, wie es in der Lehrplankonstruktion im Deutschunterricht von Zeit zu Zeit diskutiert wurde. In vielen neueren Beiträgen wird versucht, den sprachreflexiven Anteil des Grammatikunterrichts hervorzuheben (vgl. dazu u. a. Köpcke/Ziegler 2007, 2011; Köpcke/Noack 2011; Anregungen auch bei Budde u. a. 2011, S. 140 ff.).

Sprachreflexion als integrativer Bestandteil: Es stellt sich somit die Frage, wo die grammatischen Kerninhalte in einem solchen Lernbereich ihren sinnvollen Platz haben. Zu suchen ist nach Konzeptionen, in denen sich der generell bei vielen sprachlichen Aktivitäten mögliche Blick auf fremden und eigenen Sprachgebrauch und eine Behandlung grammatischer Aspekte im engeren Sinne nicht ausschließen, sondern ergänzen oder sogar gegenseitig unterstützen. In der Sprachdidaktik der jüngeren Zeit wird in diesem Zusammenhang von verschiedenen **Modi der Sprachbetrachtung** (als weiterer Begriff) bzw. Sprachreflexion gesprochen (z. B. Bredel 2007). So unterscheidet Paul (1999) zwischen einer handlungspraktischen und einer handlungsentlasteten Sprachreflexion. Erstere ist an eine bestimmte Kommunikationssituation gebunden, wenn etwa eine Störung o. Ä. auftritt. Bei letzterer geht es um situationsunabhängige Reflexion über sprachliche Aspekte, wie sie prototypischerweise im Grammatikunterricht vorkommt. Hier findet im Unterricht »ein deutlich markierter Übergang von der sprachlichen Praxis zu einer davon abgrenzbaren Phase der Sprachreflexion statt« (Funke 2001, S. 22), während im anderen Fall sprachreflexive Elemente in die aktuelle sprachliche Praxis integriert sind.

Eine mögliche Dichotomie zwischen Grammatikunterricht und Sprachreflexion relativierend ist hinzuzufügen, dass auf einer zunächst rein handlungspraktischen Reflexion des sprachlichen Handelns ein »reflexiver Sprachgebrauch [...] die Ablösung vom bloß gewohnheitsmäßigen Gebrauch« (Neuland 1994, S. 32) bewirken kann. Aus der Kommunikation über den Sprachgebrauch kann eine Reflexion der Auswahl der für eine bestimmte kommunikative Handlung zur Verfügung stehenden Mittel erwachsen. Ebenso kann ein durch das Thematisieren verschiedener Varietäten des Deutschen befördertes Sprachdifferenzbewusstsein sich darauf erstrecken, dass man im Unterricht Spezifika pragmatisch-funktionaler Varietäten beschreibt, aber auch solche, die auf der systemgrammatischen Ebene liegen (s. auch Kap. II.3.5.3 sowie Kap. III.2). So lassen sich die Reflexionsarten sinnvoll miteinander verbinden, ohne automatisch ineinander überzugehen. Beide Modi müssen im Deutschunterricht bedient wer-

Reflexion über Sprache

den, und die Beteiligten müssen sich über den jeweiligen Schwerpunkt und den zu erreichenden Zweck im Klaren sein.

Die Arbeiten von Funke machen darüber hinaus deutlich, dass sich grammatisches Wissen nicht zwingend in deklarativer Form ausprägen muss. Er zeigt, dass auch dann grammatisches Wissen vorliegt, wenn Sprecher in der Lage sind

»syntaktische Informationen, die sie beim Sprechen erzeugt haben, wiederzuerkennen und zum Erfassen aktuell vorliegender syntaktischer Strukturen zu nutzen. Wenn sie das tun, so bilden sie grammatisches Wissen aus, indem sie sich in einem ›reflexiven‹ Prozess auf sich selbst zurückwenden« (2005, S. 306).

Funkes Daten zeigen, dass Sprecher (Bedeutungs-)Unterschiede in Sätzen, die auf Grund syntaktischer Varianz entstehen, erkennen können, auch wenn dies nicht mit der Fähigkeit, dies zu explizieren, einhergeht. Er schließt daraus: »Sprachreflexion und Grammatikunterricht sind in diesem Fall zwar nicht dasselbe, aber sie schließen sich auch gegenseitig nicht aus« (ebd.).

Übergeordneter Stellenwert: Die besondere Gewichtung und zugleich ein integratives Verständnis von Sprachreflexion und Grammatikunterricht wird schließlich auch im Modell der Kultusministerkonferenz (KMK) der nationalen Bildungsstandards von 2003, das zunächst für den Mittleren Schulabschluss vorgelegt wurde, präsentiert. Dabei weist der Bereich ›Sprache und Sprachgebrauch untersuchen‹ Beziehungen zu den drei übrigen Bereichen des Sprechens und Zuhörens, des Schreibens und des Lesens auf und ist ihnen zugleich deutlich übergeordnet.

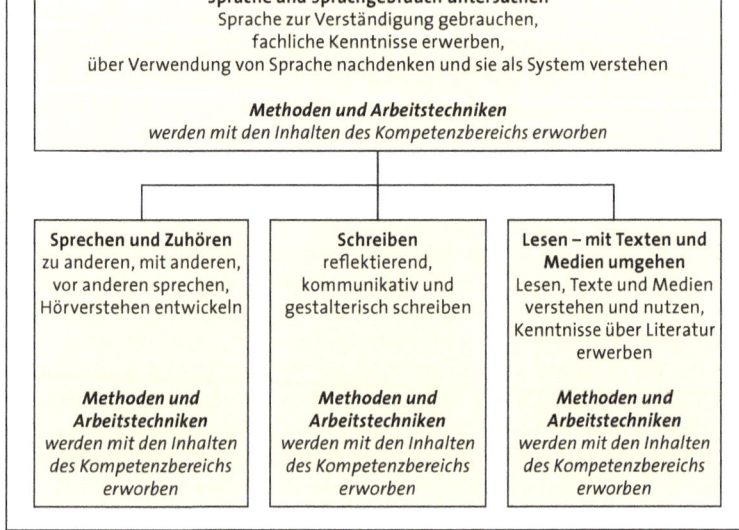

Abb. 2: Das Strukturmodell der *Bildungsstandards im Fach Deutsch für den Mittleren Schulabschluss* (nach KMK 2003, S. 8)

Zwischenfazit: Rufen wir uns noch einmal die mit dem Lernbereich ›Reflexion über Sprache‹ ursprünglich verbundene Verbreiterung des sprachlichen Gegenstandsfeldes in Erinnerung, so bleibt als Zwischenfazit der zumindest zeitweise Verlust der sprachkritischen Dimension und der nahezu vollständige Verlust der soziolinguistischen Dimension auch noch in aktuelleren Ausgestaltungen des Lernbereichs zu konstatieren. Allein die kommunikativ-pragmatische Dimension hat in neueren Entwicklungen der Grammatikdidaktik Beachtung gefunden (s. Kap. II.3.5). In diesem Band werden daher soziolinguistische und sprachkritische Aspekte des Sprachunterrichts im Kapitel III ausführlicher behandelt.

3.3.3 | Reflexion über Sprache im DaF-Unterricht

Einer der bemerkenswertesten Unterschiede in der Sprachdidaktik des Deutschen als Erst-, Zweit- und Fremdsprache ist die Tatsache, dass es in der DaF-Didaktik keinen Lernbereich ›Reflexion über Sprache‹ gibt. Dies ist umso verwunderlicher, als der Aspekt der Language Awareness gerade durch die Zweitspracherwerbsforschung (s. Kap. II.3.2) so nachdrücklich in seiner Bedeutsamkeit für sprachliches Lernen in den Blick gerückt wurde. Der zentrale Bereich des Grammatikunterrichts ist zwar im DaF-Unterricht breit ausgestaltet, und Bereiche der Kommunikationsanalyse sind im Lernbereich ›Sprechen/mündliche Interaktion‹ aufgehoben. Doch finden die bei Boueke (1984) aufgegliederten sprachkundlichen Anteile so gut wie keine Beachtung. Dies ist schon für die schulische DaF-Didaktik in den höheren Stufen problematisch, für die universitäre allzumal.

Somit bleibt die weiter vorn angedeutete Alternative, im Sprachunterricht die Sprachreflexion als grundlegendes Prinzip nicht nur im Grammatikunterricht, sondern gerade auch in den Bereichen des mündlichen und schriftlichen Sprachgebrauchs präsent zu halten. Dies reicht allerdings bei bestimmten Themen, die sich vielleicht auch nicht so ohne weiteres in die drei großen Lernbereiche einordnen lassen, nicht aus. Dazu gehören z. B. Sprachvariation und Sprachwandel, Angemessenheit sprachlicher Stile und Stilkompetenz, Sprachkritik.

3.4 | Modelle der Schulgrammatik

Während die bisherigen Betrachtungen in diesem Kapitel eher einer historisch-chronologischen Anordnung folgten, sollen im Folgenden ausgehend von der traditionellen Sprachlehre die wichtigsten neueren Modelle der Schulgrammatik als alternative Entwicklungen systematisch charakterisiert werden.

3.4.1 | Der traditionelle Grammatikunterricht

Im Zentrum des sogenannten traditionellen Grammatikunterrichts steht die Vermittlung deklarativen Wissens über die Struktur und den formalen Bau der Sprache, Wissen also, bei dem es um Benennungen bzw. Termini und explizierbare Regeln geht. Themen sind dabei vor allem die Ermittlung und Benennung von Wortarten und Satzgliedern. Der Unterricht folgt weitestgehend einer bestimmten Logik des Gegenstandes, in diesem Fall eines an die lateinische Grammatik angelehnten Grammatikmodells. Die Vermittlung geschieht hauptsächlich deduktiv: Grammatische Kategorien und die diese bezeichnenden Termini werden den Schülerinnen und Schülern vorgegeben und an Beispielen eingeübt. Es sind damit durchaus typische Charakteristika des traditionellen Grammatikunterrichts festzumachen, auch wenn sich sicher verschiedene Formen der konkreten Durchführung unter diesen Titel fassen lassen (vgl. Bredel 2007). Trotz bereits jahrzehntelanger Kritik vor allem am Formalismus, der deduktiven Vorgehensweise und der mangelnden Schülerorientierung des traditionellen Grammatikunterricht hat sich in der schulischen Wirklichkeit und auch in den neuesten curricularen Papieren wenig Substantielles geändert (vgl. Noack/Ossner 2011; Peschel 2011).

Der traditionelle Grammatikunterricht war und ist geprägt von der Überzeugung, dass die konsequente Vermittlung deklarativen Wissens über Sprache (in Form von Regeln und Termini) positive Auswirkungen auf einen korrekten, bewussten und differenzierten Sprachgebrauch habe. Diese These ist bis heute nicht belegt und wird vielfach angezweifelt (Augst 1976; Ossner 2006; Bredel 2007). Allerdings wurde sie auch nicht komplett falsifiziert (vgl. Peschel 2006). Auch wenn die Diskussion um Sinn oder Unsinn des Grammatikunterrichts schon lange währt, stehen immer noch konkrete Untersuchungen aus, die empirisch ausreichend belegen würden, welche Auswirkungen verschiedene methodische Ansätze tatsächlich auf die Sprachkompetenz und den Sprachgebrauch der Schülerinnen und Schüler haben (s. auch Kap. II.3.1). Die Kritik am traditionellen Grammatikunterricht hat vor allem seit den späten 70er und frühen 80er Jahren zu verschiedenen didaktisch-methodischen Alternativvorschlägen geführt.

3.4.2 | Der andere, situationsorientierte Grammatikunterricht

Der von Boettcher und Sitta (1978) propagierte ›andere Grammatikunterricht‹ versteht sich bewusst als Gegenentwurf zum bis dahin vorherrschenden traditionellen Grammatikunterricht. Gornik (2003) fasst wie folgt zusammen:

»Nicht Einsicht in ein geschlossenes grammatisches System wird in diesem Unterricht intendiert, sondern Grammatik soll nur in Teilen überhaupt thematisiert werden, und zwar dann, wenn sie ›in Situationen‹ relevant wird« (S. 820).

In solchen Situationen soll nach Boettcher/Sitta Sprache als funktional wahrgenommen werden; das Wirkungspotential sprachlicher Mittel soll in der Kommunikation, etwa bei Missverständnissen oder Fragen der Höflichkeit erkannt und thematisiert werden. Da es also um die **Rolle grammatischer Mittel im Verständigungsprozess** geht, soll der Grammatikunterricht hier auch als ›Reflexion über Sprache‹ betrieben werden. Es hieße, den Ansatz falsch verstehen, wollte man ihm Sprachsystemfeindlichkeit vorwerfen; das grammatische Programm im Anhang des Buches ist ambitioniert. Schwierigkeiten entstehen allerdings bei einer konsequenten Rückführung auf eine (nicht explizierte) grammatik- bzw. sprachtheoretische Grundlage sowie beim Aufbau einer logischen Progression der Inhalte. Nicht alle zu behandelnden grammatischen Themen ergeben sich zu einem für die Schüler geeigneten Zeitpunkt aus (quasi-)authentischen kommunikativen Situationen. Die genannten Gründe und die enormen Anforderungen an Flexibilität und grammatisches Wissen der Lehrpersonen haben vermutlich dazu geführt, dass sich der Ansatz nicht hat durchsetzen können.

3.4.3 | Der integrative Grammatikunterricht

In der Diskussion um den Grammatikunterricht wird eine ganze Skala von unterrichtlichen Methoden ebenso wie viele diesen zugrundeliegende theoretische Positionen als ›integrativ‹ bezeichnet. Das eine Ende dieser Skala ist die einfache Einbettung eines grammatischen Phänomens in einen Text, den man möglichst schnell vergisst, sobald das fragliche Element fokussiert worden ist. Der Text ist hier bloßes Vehikel und nicht wirklich ein eigenständiger weiterer Lerngegenstand. Das andere Ende ist ein fächerübergreifender und projektorientierter Unterricht, in dem ein grammatisches Phänomen an einer Stelle seinen Platz hat, an der es mehr oder weniger zufällig vorkommt. Wir möchten hier einen Mittelweg zwischen diesen beiden extremen Positionen einschlagen und mit einem ›integrativen Unterricht‹ das **Ineinandergreifen von Inhalten und Kompetenzen aus verschiedenen Lernbereichen** bezeichnen. Für den Grammatikunterricht heißt das zunächst vor allem, dass er eine **Verbindung mit dem »Texte Schreiben« oder auch dem »Texte Lesen«** eingeht, wie etwa Menzel (1999) oder Ulrich (2001) es vorschlagen.

Zentral ist, dass die Lerneffekte des einen Bereichs im anderen auch eine (wie auch immer gewichtete und geartete) Rolle spielen und schon dadurch ihren Sinn, aber auch eine zusätzliche Festigung und Motivierung erhalten. In einem solchen Fall von Integrativität sind die Erkenntnisse beider Bereiche füreinander ›funktional‹ im allgemeinen Sinne. Am folgenden Beispiel aus Einecke (1999) für die Sekundarstufe I kann man erkennen, wie die Behandlung eines Sachthemas (hier eines naturwissenschaftlichen Experiments), zu dem ein Text zu schreiben ist, und das Fokussieren eines grammatischen Phänomens (hier eines bestimmten Nebensatztyps) ineinander greifen.

Reflexion über Sprache

Beispiel 9 **Fokussieren eines grammatischen Phänomens im integrativen Grammatikunterricht**
(aus Einecke 1999, S. 172)

Reflexion: Schüler beobachten die inhaltliche Seite des Beispiels und ordnen einem ›Vorgang‹ eine ›Bedingung‹ zu. Sie beobachten die entsprechende syntaktische Gliederung und entwickeln die Begriffsbildung:

Die Tüte A steigt,	wenn man die Kerze darunter hält.
Vorgang	Bedingung
Hauptsatz	Gliedsatz
Aussagesatz	Bedingungssatz
	Konditionalsatz

Im Unterschied zum oben skizzierten ›situativen Grammatikunterricht‹ lässt sich erkennen, dass es sich auch hier in gewisser Weise um kommunikative Situationen handelt, in denen es um die funktionale Verwendung bestimmter grammatischer Mittel geht, doch sind diese Situationen beim integrativen Grammatikunterricht in systematischer Weise künstlich herbeigeführt. Trotz einzelner Kritikpunkte etwa an eben dieser Künstlichkeit und dem dadurch unter Umständen fehlenden Bezug zu echten sprachlichen Handlungen wird einem integrativen Ansatz in den meisten Sprachbüchern und Lehrkonzepten inzwischen der Vorzug vor einem isolierten Grammatikunterricht gegeben.

3.4.4 | Der funktionale Grammatikunterricht

Unter diesem Etikett findet sich möglicherweise noch Diverseres versammelt als beim ›integrativem Grammatikunterricht‹. Auf Grund der Gebrauchshäufigkeit des Terminus ›funktional‹ in vielen didaktischen Kontexten könnte man durchaus von einer beinahe inflationären Verwendung sprechen.

Gemeinsam ist funktionalen Ansätzen zunächst einmal lediglich, dass sie eine rein formbezogene Vermittlung der Grammatik ablehnen. Grammatische Formen bzw. Strukturen sollen im Zusammenhang mit ihren semantischen und pragmatischen Eigenschaften gesehen werden (vgl. Gornik 2003). Auffallend häufig wird auch in Bildungsstandard und Kernlehrplänen das Etikett ›funktional‹ verwendet. Im Lernbereich ›Sprache und Sprachgebrauch untersuchen‹ heißt es u. a., grammatische Terminologie solle nicht isoliert vermittelt, sondern »stets im funktionalen Zusammenhang angewandt« werden. Unklar bleibt, ob die Funktionalität der grammatischen Terminologie für andere Lernbereiche, z.B. für die Analyse von Texten gemeint ist oder die Leistung grammatischer Kategorien. Unter der Überschrift »Leistungen von Sätzen und Wortarten kennen und für Sprechen, Schreiben und Textuntersuchung nutzen« (*Bildungsstandards im Fach Deutsch für den Mittleren Schulabschluss*, 2003, S. 16) sollen die Schülerinnen und Schüler »Satzstrukturen kennen und funktional verwenden« und »Wortarten kennen und funktional gebrauchen« (ebd.) sowie schließlich »grammatische Kategorien und ihre Leistungen in situativen und funktionalen Zusammenhängen kennen und nutzen«. Hier sind wohl höchst wahrscheinlich die semantischen und pragmatischen Funktionen sprachlicher Mittel gemeint. Die genaue Bedeutung von ›funktional‹ bleibt aber diffus und wird in den Papieren auch nicht präzisiert.

Mehrere Stränge funktional-grammatischer Forschung lassen sich in der Fachdidaktik erkennen:

- Ausgangspunkt des ersten Forschungsstrangs sind die grammatischen Formen, denen dann bestimmte semantische (in Einzelfällen auch pragmatische) Funktionen zugeordnet werden. So können etwa die unterschiedlichen, sich aber auch partiell überschneidenden Funktionen der Vergangenheitstempora untersucht werden (vgl. Menzel 2004) oder auch die Funktion bestimmter adverbialer Nebensätzen oder des Konjunktivs etc.
- Ein anderer Ansatz betont die **kognitive, verstehensleitende Funktion** grammatischer Mittel. Nach Köller (1997) sind grammatische Zeichen unter anderem als Verstehenssignal oder -anweisung an den Hörer/Leser gedacht. So signalisieren etwa Konjunktionen dem Rezipienten, dass der Produzent den Inhalt von zwei Teilsätzen in einer bestimmt Relation zueinander verstanden wissen möchte.
- Der neueste Forschungsstrang ist stärker (funktional-)pragmatisch ausgerichtet und sieht **grammatische Mittel als Werkzeuge zur Realisierung sprachlicher Handlungen**. Die traditionelle Wortart Personalpronomen etwa vereint funktional gesehen zwei verschieden Dinge in einer traditionellen Kategorie. Während die Formen für die ersten beiden Personen (*ich*, *du*, *wir*, *ihr*) die Funktion haben, auf Sprecher bzw. Hörer zu zeigen, dienen die Elemente der dritten Person (*er*, *sie*, *es* – *sie*) dazu, das Thema eines Textes fortzusetzen (*Die Prinzessin ... Sie ...*).

Eine funktional-pragmatische Sichtweise auf die Grammatik ist also durchaus mit einem deutlichen Umdenken in Bezug auf die traditionellen grammatischen Kategorien und ihre unterrichtliche Progression verbunden.

Da die Einsicht in die Funktionen sprachlicher Formen und damit idealerweise auch in den Sinn grammatischen Arbeitens für Schüler ausgesprochen motivierend sein kann, gibt es wenig generelle Kritik an einer funktionalen Ausrichtung des Grammatikunterricht, wenn im Detail auch noch viele didaktische wie sprachtheoretische Fragen der Klärung bedürfen.

3.4.5 | Grammatikwerkstatt

Die Grammatikwerkstatt lässt sich zum Teil mit bereits dargestellten grammatikdidaktischen Modellen verbinden. So betont Menzel (1999), Grammatikunterricht müsse funktional und integrativ sein (S. 12). Ein rein formbezogenes Vorgehen wird ebenso abgelehnt wie ein situationsorientierter Grammatikunterricht. Einsichten in Aufbau und Funktion von Sprache sowie das Erkennen der Systematik der Grammatik werden durchaus als Eigenwerte akzeptiert. Zentral ist hierbei, den Schülerinnen und Schülern die Kategorien des grammatischen Systems nicht vorzugeben, sondern sie sie erarbeiten zu lassen. Die Schüler sollen möglichst durch das Handeln mit authentischem Sprachmaterial nachvollziehen können, wie die grammatischen Kategorien entstanden sind und wozu sie dienen.

Als Handwerkszeug für diese Erarbeitung dienen **grammatische Operationen**, vor allem in Form der bereits in den 50er Jahren vom Sprachwissenschaftler Hans Glinz entwickelten, im Grammatikunterricht sehr verbreiteten Proben wie **Umstell-, Weglass- und Ersatzprobe** (vgl. Eisenberg/Menzel 1995, S. 14; s. auch Kap. II.3.4.1). Es gehören demnach diejenigen sprachlichen Elemente zu einer Kategorie, die sich bei allen Proben gleich verhalten. Durch die Arbeit mit den Proben soll eine sprachforscherische Haltung befördert werden, die neben einem handelnden Verstehen vor allem auch Freude am Umgang mit Sprache mit sich bringt. Weiterhin grundlegend ist der Gedanke, dass Wissen besser verankert und behalten wird, wenn man an seiner Entstehung quasi beteiligt ist (genetisches Lernen). Damit erhebt die Grammatikwerkstatt den Anspruch, sowohl handlungs- wie prozessorientiert zu sein (s. dazu Kap. II.1.4.3).

Die folgenden Beispiele für die Klassen 4/5 zeigen Übungen zur Ermittlung der Kategorie ›Adjektiv‹ durch eine syntaktische Probe sowie einen Weg der Abgrenzung vom Adverb.

Beispiel 10   **Probe zur Bestimmung der Wortart ›Adjektiv‹**
(aus Menzel 1999, S. 60)

Experiment 1:
braun, schön, dick, dort, komisch, groß, mächtig, winzig

(a) Im Zoo sehen wir die _____ Blunschlis.
(b) Die Blunschlis sind _____.

Welche Wörter passen in die Lücken? Probiere aus!

Arbeitsfelder und Lernbereiche

Neuere Entwicklungen in der Grammatikdidaktik

Probe zur Abgrenzung Adjektiv/Adverb
(aus Menzel 1995, S. 29)

Beispiel 11

Kritik an der Faschingsfete
1. Mit der _____ Faschingsfete waren nicht alle Kinder ganz zufrieden.
2. Die _____ Wiederholungen der Musik waren ziemlich langweilig.
3. Es gab einige _____ Streitereien.
4. Schade um die _____ Papierschlangen.
5. Das _____ Geschrei ging vielen Kindern auf den Keks.
6. Durch die _____ Türen und Fenster wurde die Luft zu stickig.
7. Die _____ Spiele gefielen den meisten Kindern nicht sehr.

1. gestern – gestrig 2. viel – oft 3. manchmal – wenig 4. kaputt – entzwei 5. immer – ständig 6. zu – geschlossen 7. zuletzt - letzte

Kritik: Die Grammatikwerkstatt ist in der Fachdidaktik breit rezipiert und stellenweise hart kritisiert worden. Wird ihr in der Regel der Status einer motivierenden Methode durchaus zugestanden, so bemängeln Kritiker, dass gängige Werkstatt-Modelle lediglich der motivierenden Vermittlung überkommener grammatischer Begriffe dienten (z. B. Ossner 2006). Ingendahl (1999) moniert, dass die Schüler die Kategorien, die sie finden sollten, schon kennen müssten, um die Proben korrekt anzuwenden. In der Tat ist oft bereits ein ausgeprägtes Sprachgefühl notwendig, um das Resultat einer Probe als grammatisch oder ungrammatisch beurteilen zu können. Dies kann aber nicht in allen Fällen vorausgesetzt werden – etwa bei Schülerinnen und Schülern mit Migrationshintergrund. Fraglich ist weiterhin, ob allein durch die Arbeit mit vorgegebenem sprachlichem Material eine echte Vorstellung von der Funktionalität sprachlicher Mittel entstehen kann. Hier ließe sich aber durchaus eine Kombination von Phasen werkstattartiger Arbeit mit reflexiven Phasen und der Arbeit an Texten vorstellen.

3.5 | Neuere Entwicklungen in der Grammatikdidaktik

3.5.1 | Textgrammatik

Bis Ende der 60er Jahre galt der (komplexe) Satz als größte Einheit grammatischer Betrachtung. Im Zuge der **Entwicklung der Textlinguistik** (s. Kap. I.2.1.3), die Texte als sprachliche Einheiten untersucht, rückten auch deren grammatische Eigenschaften in den Horizont der Betrachtung. Texte wurden zunächst als Verkettung von Sätzen angesehen und

Reflexion über Sprache

die sprachlichen Elemente, die für diese Verkettung verantwortlich zeichnen, untersucht. Diese werden in der Textlinguistik in der Regel als Kohäsionsmittel bezeichnet. Wurde zunächst ein rein satzsyntaktischer Blick auf die Verbindungsleistung dieser Elemente geworfen, kamen mit der Entwicklung der Textlinguistik semantische und pragmatische Aspekte hinzu. So wurden neben der formalen Korrektheit der Mittel etwa ihre Leistungen für die Verständlichkeit des Textes, für die Entwicklung von Schreib- bzw. Textkompetenz (s. dazu Kap. II.2.2) und für die Ausprägung verschiedener Textsorten hervorgehoben.

Kohäsionsmittel: Gerade bei argumentativen Texten etwa lässt sich gut erkennen, welche wichtige Rolle die Grammatik bei der Textproduktion spielen kann. Kohäsionsmittel sind besonders gut dafür geeignet, den Aufbau eines Textes, die Abfolge wie den logischen Zusammenhang der Teiltexte zu verdeutlichen. Näher zu betrachten sind dabei vor allem die Untergruppen der **Verweismittel** (z. B. Pronomina) und **Verknüpfungsmittel** (z. B. Konjunktionen). Zwar sind solche sprachlichen Mittel nicht zwingend für das Vorhandensein eines Textes notwendig, doch erleichtert ihre Verwendung wesentlich den Nachvollzug des Textes durch die Leser.

Heringer (2001) hat hierfür das treffende Bild der ›Brücke‹ verwendet. Die Funktion der Brücke zwischen einzelnen Aussagen eines Textes leuchtet unmittelbar zunächst für die Verknüpfungsmittel ein. So verbindet etwa eine kausale Konjunktion wie *weil* Aussagen in einem Text, die einen Sachverhalt im weiteren Sinne und seine Ursache bzw. seinen Grund bezeichnen; *aber* signalisiert, dass im folgenden Text(teil) eine Gegenposition oder ein relativierendes Argument zum vorher Geschriebenen dargestellt wird.

Solche logischen Zusammenhänge der in den Teilsätzen bezeichneten Sachverhalte werden dem Leser durch den Einsatz der Konjunktionen unmittelbar signalisiert. Besonders deutlich wird eine textstrukturierende und verstehensleitende Funktion bei den sogenannten **Konjunktionaladverbien**. Die Verwendung von *deshalb* etwa zeigt an, dass das nun Kommende als Konsequenz oder Folge aus vorher im Text genannten Ursachen/Gründen verstanden werden soll. Auf diese Weise wird auch die Textgliederung signalisiert. Unter didaktischem Blickwinkel ist nun zu untersuchen, inwiefern Schreiblerner zu einer tatsächlich funktional angemessenen Nutzung dieser Mittel in der Lage sind oder ob Kohäsionsmittel eher willkürlich, zu selten oder gar dysfunktional eingesetzt werden. Daran anschließend stellt sich die Frage, inwieweit sich die adäquate Nutzung von Kohäsionsmittel lehren und lernen lässt. Fragen nach der notwendigen Menge dieser Mittel sind allerdings schwer über den einzelnen Text hinaus zu beantworten

Verweismittel: Die zweite Großgruppe der Kohäsionsmittel sind die sogenannten Verweismittel. Sie dienen dazu, thematische Gegenstände bzw. Sachverhalte im Text als konstant, zusammengehörig oder sich ändernd zu bezeichnen (vgl. Peschel 2006). So ist eine sehr typische Bezeichnung eines gleichbleibenden thematischen Gegenstandes etwa das Personalpronomen (*Die Prinzessin ... sie ... sie*). Untersuchungen aus der

Psychologie zeigen, dass eine konstante Bezeichnung zentraler thematischer Sachverhalte in einem Text das Verstehen deutlich erleichtern bzw. beschleunigen kann (vgl. Schnotz 1994, 2006). Fehler oder Ungenauigkeiten in diesem Bereich können wiederum das Verstehen erschweren, wie das unten stehende transkribierte Beispiel aus Klasse 10 zeigt. So kann sich das *ihr* in Zeile 7 grammatisch korrekterweise nicht auf *jeder Mensch* beziehen. Didaktisch gesehen, ist die Vermittlung von Kohäsionsmitteln also sowohl für das Lesen wie für das Schreiben relevant.

Beispiel für Probleme mit der korrekten Verwendung von Verweismitteln in Schülertexten
(aus Peschel 2006, S. 179)

Beispiel 12

1 In der heutigen Lebenswelt
2 arbeiten auch die Frauen. Außerdem
3 gibt es auch Frauen, die alleine
4 für das Geld und die Kinder sorgen.
5 Heutzutage kann jeder Mensch ob
6 männlich oder weiblich selbst entscheiden
7 wie **ihr** Leben später aussieht.
8 Mädchen und Jungen gehen
9 zusammen auf eine Schule.
10 Beide Geschlechter lernen das
11 gleiche.

3.5.2 | Grammatikunterricht in mehrsprachigen Klassen

Angesichts der zunehmenden – auch sprachlichen – Heterogenität in deutschen Schulklassen stellt sich auch in Bezug auf den Grammatikunterricht die dringende Frage, welche didaktisch-methodischen Konzepte etwa Schülerinnen und Schülern mit einer anderen Erstsprache als der deutschen gerecht werden können. Antworten auf eine solche Frage lassen sich nur geben, wenn bekannt ist, welche **grammatischen Vorkenntnisse und Fähigkeiten** man in einer Klasse voraussetzen kann. Während man beim muttersprachlichen Grammatikunterricht in der Regel davon ausgeht, dass der Erwerb zumindest basaler grammatischer Strukturen mit Eintritt in die Grundschule abgeschlossen ist, kann man dies bei Schülern mit Deutsch als Zweitsprache in vielen Fällen nicht.

Hier hat der Grammatikunterricht demnach nicht nur bzw. vor allem die Aufgabe, implizit bereits vorhandenes Wissen in ein explizites umzuwandeln und es dabei zu systematisieren (s. Kap. II.3.2), sondern muss unter Umständen auch einfache grammatische Strukturen erst aufbauen. Didaktische Vorschläge konzentrieren sich beispielsweise einerseits auf den Einbezug von **Sprachspielen** in den Unterricht, die einzelne gramma-

Reflexion über Sprache

tische Strukturen in motivierenden Kontexten immer wieder aufnehmen und auf diese Weise den Schülern im Gedächtnis bleiben. Auch Lieder und Gedichte können dazu dienen, Lerner mit bestimmten grammatischen Strukturen vertraut zu machen (vgl. dazu das folgende Beispiel aus Belke 2003 zur Flexion der Pronomina).

Beispiel 13 **Flexion von Pronomina**
(nach Belke 2003, S. 6)

Jeder Zug hat seinen Bahnhof, jede Nacht hat ihren Tag,
jedes Jahr hat seine Wochen, jede Taube ihren Schlag.
Jedes Haus hat seine Schwelle, jeder Besen seinen Stiel,
jeder Maurer seine Kelle, jedes Kind sein kleines Spiel.
(B.H. Bull)

Mehrsprachigkeit und Reflexion über Sprache: Andererseits ist in Bezug auf Schüler mit Deutsch als Zweitsprache auch immer wieder betont worden, dass sie durch ihre Mehrsprachigkeit **besondere Fähigkeiten zur Reflexion über Sprache** mitbringen. Gerade durch den Vergleich der zu erwerbenden deutschen Sprache mit vorhandenen Erstsprachen können Einsichten über den Bau und die Struktur der deutschen Sprache (aber auch der jeweiligen Erstsprache gewonnen werden (s. auch Kap. I.2.4.2 und Kap. II.3.2). So zeigt sich im nachfolgendem Beispiel von Oomen-Welke, dass die türkisch-deutschen Schüler durch den Sprachvergleich erste Einsichten in die Verwendung des Artikels erlangen.

Beispiel 14 **Einsichten in grammatische Strukturen (hier: Artikel) durch Sprachvergleich**
(aus Oomen-Welke 2000, S. 144)

Gespräch zu Dias aus der Türkei (3. Schuljahr; L = dt. Lehrerin, S = türkische Kinder)
L: *Und was sieht man noch auf dem Bild/ das habt ihr vorhin auch schon gesagt?*
S1: *Schafe / See*
S2: *Moschee / Hier ist die Moschee*
S3: *Ohne Artikel muss man das schreiben!*
L: *Warum ohne Artikel?*
S3: *Ohne Artikel*
S4: *Mit Artikel / bei Deutsche mit Artikel*
L: *Nein / das muss dortbleiben / das ist halt das deutsche Wort*
S5: *Wir schreiben dann türkisch*
S3: *Aber auf Türkisch Moschee schreibt man ohne Artikel!*

Nicht zuletzt ist noch genau zu klären, inwieweit der Grammatikunterricht für mehrsprachige Schüler auf Erkenntnisse über einen typischen Verlauf des Grammatikerwerbs in der Zweitsprache zurückgreifen kann bzw. sollte. Studien wie die von Diehl u. a. (2000) zeigen deutliche Regelmäßigkeiten in der Aneignung bestimmter grammatischer Strukturen, die in ihrer Erwerbsreihenfolge scheinbar von unterrichtlichen Bemühungen weitgehend unabhängig sind. Geschwindigkeit und Intensität des Erwerbs können allerdings vermutlich erhöht werden, wenn die für die Vermittlung Verantwortlichen sich dieser Reihenfolge bewusst sind und schwerpunktmäßig in der ›Zone der nächsten Entwicklung‹ fördern.

3.5.3 | Sprachnormen und Sprachgebrauch – Themen für den Grammatikunterricht?

Ein Ziel des traditionellen Grammatikunterrichts (s. Kap. II.3.5.1) war und ist die klare Unterscheidung zwischen richtigen und falschen Formen. Als richtig gilt dabei das, was der Norm der sogenannten Standardsprache entspricht. Sprachliche Formen, die von dieser an der Schriftsprache orientierten Norm abweichen, sind gerade im Grammatikunterricht lange lediglich als falsch stigmatisiert worden und werden dies auch vielfach heute noch. Erst in jüngster Zeit ist die in der Sprachdidaktik schon seit ca. 20 Jahren diskutierte Vorstellung in den Horizont der schulischen Arbeit gerückt, dass auch von der standardsprachlichen Norm abweichende Formen nicht prinzipiell defizitär sein müssen, sondern im Sprachgebrauch ihre durchaus eigene kommunikative Funktion haben (können). Eine solche Öffnung und Berücksichtigung nicht-standardsprachlicher Formen fällt sicherlich leichter im Lernbereich der mündlichen Kommunikation (s. Kap. II.1), in dem schon früh von den Schülern gefordert wurde, den Einsatz ihrer sprachlichen Mittel situations- und adressatengerecht – und damit durchaus variabel – zu wählen. **Variation** ist dagegen gerade im stark präskriptiv und normativ orientierten Grammatikunterricht bislang immer noch selten ein Thema. Gerade für die Grammatik der Mündlichkeit erscheint eine bloße Orientierung an einer feststehenden Norm allerdings deutlich weniger passend als die Untersuchung der sprachlichen Möglichkeiten variabler Anpassung an die jeweiligen kommunikativen Gegebenheiten (zu Sprachnormen im Unterricht s. Kap. III.1).

Da neuere Veröffentlichungen zum Grammatikunterricht gerade als Ziel des Lernbereichs postulieren, dass Schülerinnen und Schüler lernen sollen, aus einem Repertoire funktionsähnlicher sprachlicher Mittel das angemessenste auszuwählen (vgl. etwa Peyer 2010), kann der Grammatikunterricht diese Beschränkung auf die schriftsprachliche Norm kaum aufrechterhalten. Er muss in Erweiterung dazu vermitteln, dass Fragen der Richtigkeit einer grammatischen Form manchmal nur kontext- oder situationsabhängig beantwortet werden können. Köpcke (2011) schlägt vor, von einer **Skala von Akzeptabilitätsgraden** auszugehen: Während manche Formen vermutlich von den meisten Sprechern einer Sprache als

Reflexion über Sprache

akzeptabel eingestuft würden, sind es manche nur in bestimmten Kontexten. Solche Fragen sind in der Sekundarstufe auch gut mit Schülern zum Thema zu machen. Eine solche Besprechung kann dann zur Ausbildung eines Sprachdifferenzbewusstseins beitragen.

Grammatik der gesprochenen Sprache: Ein Bereich, dessen typische grammatische Formen für eine solche Besprechung in Frage kämen, ist der der gesprochenen Sprache. Hat schon die sprachwissenschaftliche Forschung sehr lange gebraucht, sich um die grammatischen Erscheinungen der gesprochenen Sprache zu kümmern (vgl. zusammenfassend dazu etwa Hennig 2006 oder Günthner 1993), so gilt dies für die Grammatikdidaktik und erst recht die Arbeit im schulischen Deutschunterricht sicherlich in besonderem Maße. Lange Zeit wurden typische Erscheinungen der gesprochenen Sprache als grammatisch defizitär und/oder nicht systematisch beschreibbar angesehen. Erst in den 90er Jahren setzte sich in der Sprachwissenschaft die Ansicht durch, dass viele solcher Erscheinungen eben doch einer Systematik unterliegen und sich konsequent aus den Bedingungen gesprochener Kommunikation ergeben. Inzwischen enthält etwa die letzte Ausgabe der Duden-Grammatik (2009) ein Kapitel zur Grammatik der gesprochenen Sprache. Bestimmte typische Phänomene sind in der Literatur immer wieder diskutiert worden, z.B. *weil*-Sätze, in denen das Verb nicht an der für Nebensätze typischen letzten, sondern an der zweiten Position des Satzes steht. Hier ein Beispiel aus einer Talkshow aus Hennig (2006):

Beispiel 15 *weil*-Sätze
(aus Hennig 2006, S. 140)

1 Ch: *Waren Sie ein stolzer, ein glücklicher Vater?*
2 W: *Ja, sehr, weil es war A war es ein Wunschkind, wenn man es so*
3   *nennen kann, also wir mußten damals nicht heiraten, wir haben*
4   *geheiratet und wir haben uns dann das Kind gewünscht, sie mehr*
5   *eigentlich noch wie ich, weil ich hatte schon noch ein bißchen Angst,*
6   *weil ich ja um meine Veranlagung wußte aber und dann dachte ich mir, [...]*

Günthner (2009) nennt Beispiele für elliptische Konstruktionen der Form Adjektiv plus dass-Satz: *Schön, dass du DA bist* (S. 152). Typisch für die Grammatik der gesprochenen Sprache sind etwa auch Rechts- oder Linksversetzungen; hier ein Beispiel von Fiehler (2009, S. 1210) aus der Duden-Grammatik:

*un * die Lehrer, die saßen da alle, auch * um so größere Tische herum.*

An den genannten Beispielen lässt sich ersehen, dass solche Konstruktionen in der gesprochenen Sprache völlig unauffällig und sehr häufig sind. Oft haben sie eine besondere Funktionalität (so wie etwa *weil* mit Verbzweitstellung eine Äußerungsbegründung einleiten kann; vgl. Hennig 2006) oder sie ergeben sich aus der Tatsache, dass gesprochene Sprache in Interaktion und damit vielfach in dialogischen Formen auftritt. So sind **Ellipsen** auch deshalb möglich und üblich, weil auf vorgängige Äußerungen reagiert wird, ohne alle Teile daraus zu wiederholen. Auf eine Frage wie: *Wann kommst Du Montag?* kann also schlicht mit *Am Morgen* geantwortet werden, ohne dass die Antwort als unvollständig betrachtet würde. **Linksversetzungen** können dazu dienen, einen bestimmten Satzteil in Reaktion auf eine Vorgängeräußerung besonders zu betonen (*Ich habe gehört, dass Peter seinen besten Freund mit dessen Frau betrogen hat. – Ach, dem Peter, dem hab' ich noch nie wirklich über den Weg getraut.*) etc. Manche Elemente der gesprochenen Sprache treten nicht nur in informellen Kontexten auf, sondern auch in monologischen und formelleren Formen wie Nachrichten oder Äußerungen von Politikern. Wenn also manche grammatischen Erscheinungen der gesprochenen Sprache nicht den Regularitäten der Schriftsprache entsprechen, so sind sie doch funktional.

Eine solche Sichtweise sollte zum einen auf das **Korrekturverhalten** von Lehrenden Einfluss haben. Tauchen Konstruktionen wie die oben genannten in Schülertexten auf, erfordern sie eine andere Art von Beurteilung als etwa Kasus- oder Numerusfehler. Weiterhin bietet sich der Gegenstand als Thema für die Sekundarstufe an. Hier können die Unterschiede zwischen geschriebener und gesprochener Sprache thematisiert werden, ebenso wie Fragen nach den jeweils im Sprachgebrauch herrschenden Normen für die beiden Register.

Sprachwandelphänomene: Manche Erscheinungen in der gesprochen Sprache können auch als Sprachwandelphänomene beschrieben werden. Günthner zeigt zwar für Sätze mit *weil* und Verbzweitstellung, dass diese auch in Texten der Mitte des 20. Jahrhunderts und noch früher ebenfalls vorkommen; vor allem dann, wenn in schriftlichen Texten Mündlichkeit fingiert wird. Empirisch lässt sich jedoch eine deutliche Zunahme des fraglichen Phänomens in den letzten Jahrzehnten beobachten (Günthner 2009). Insofern könnte man hier durchaus von Sprachwandel sprechen (vgl. Tophinke 2009; Ziegler 2009). Generell ist gesprochene Sprache anpassungsfähiger und variabler als geschriebene Sprache. Daher zeigen sich Sprachwandelphänomene hier auch eher und ausgedehnter. Dies hat wiederum Einfluss auf den Grad der Normierung, der nicht an den geschriebener Sprache heranreicht. Nichtsdestotrotz ist auch die gesprochene Sprache nicht beliebig, sondern auf Struktur und Vereinheitlichung angewiesen, um die Kommunikation nicht zu erschweren oder gar zu verhindern (vgl. dazu Fiehler 2009).

Sprachwandelphänomene betreffen aber durchaus auch Erscheinungen innerhalb der schriftsprachlichen Norm. So ändern sich beispielsweise Flexionsregularitäten von Nomen im Sprachgebrauch, wie Köpcke (2005) am Beispiel der sogenannten schwachen Maskulina zeigt. Der Titel *Die Prinzessin küsst den Prinz* zeigt die Tendenz zum Weglassen der Flexionsendung *-en*, der typisch für diese Flexionsklasse wäre. Auch die

Reflexion über Sprache

Kasusrektion der Präpositionen scheint vielfach im Wandel; der meistdiskutierte Fall ist sicher die Frage nach Genitiv oder Dativ nach *wegen*.

Grammatische Zweifelsfälle: Auf Grund von Sprachwandel, aber auch von Unterschieden zwischen verschiedenen Registern entstehen oftmals konkurrierende Möglichkeiten der Realisierung bestimmter grammatischer Kategorien. Sprachbenutzer stehen in solchen Fällen vielfach vor Entscheidungsschwierigkeiten. Bei diesen sogenannten Zweifelsfällen ist es wichtig, nicht vorschnell aus Gründen didaktischer Reduktion oder eines zu stark verstandenen Bedürfnisses nach einer klaren Trennung zwischen richtigen und falschen Formen eine der Alternativen als die einzig korrekte zu erklären. Stoßen Schülerinnen und Schüler auf Formen, die ihnen fragwürdig vorkommen oder ergeben sich in ihrer eigenen Textproduktion Unsicherheiten bei der Wahl zwischen verschiedenen Formen, so können diese zum Thema des Unterrichts gemacht werden. Auf diese Weise können Schülerinnen und Schüler für die interne Strukturiertheit des Sprachsystems sensibilisiert werden, aber auch dafür, dass etwa durch Sprachwandel oder aus anderen Gründen konkurrierende Formen entstehen (vgl. dazu genauer Peschel 2009 sowie das Themenheft 1/2012: »Orthografische und grammatische Spielräume« der Zeitschrift *Der Deutschunterricht*, hg. von Christa Dürscheid).

Man kann dann die Frage anschließen, ob eine der bestehenden Varianten zur Norm erhoben wurde und warum das so sein könnte. Generell kann die Behandlung grammatischer Zweifelsfälle so zu einem bewussteren Blick auf Sprachsystem und Sprachverwendung beitragen. Sie kann aber auch den Blick dafür öffnen, dass die in der Schule vermittelte Grammatik eben kein automatisch mit der Sprache gegebenes System ist, sondern ein von Menschen gesetztes (vgl. Menzel 1999). Es dient natürlich der Normierung im Sinne einer vereinheitlichten und kommunikationserleichternden Richtlinie, hat aber auch deutliche Spielräume (vgl. Dürscheid 2012), die es zu verstehen und zu nutzen gilt. Der Grammatikunterricht ist hier also gefordert, nicht auf Normen zu beharren, die etwa vom Sprachgebrauch längst überholt worden sind.

Lehrwerke nehmen in aller Regel noch sehr wenig Notiz von den grammatischen Regularitäten gesprochener Sprache. In den meisten Sprachbüchern tauchen sie einmal kurz bei der Behandlung der Tempora auf, wenn dem Perfekt im Gegensatz zum Präteritum die Rolle des mündlichen Vergangenheitstempus zugewiesen wird. Werden Element der gesprochenen Sprache in Lehrwerken thematisiert, handelt es sich zumeist um lexikalische Aspekte. Bestimmte Wörter oder Wendungen werden als typisch für die gesprochene Sprache deklariert, wobei hier häufig eine Gleichsetzung mit der Umgangssprache passiert (im Gegensatz zur Standardsprache). In einigen Fällen – wie etwa in dem folgenden Beispiel aus einem Sprachbuch für die 8. Klasse, werden Merkmale der gesprochenen Sprache in eine Einheit zur Jugendsprache eingeflochten. Nach einem fiktiven Interview zur Jugendsprache mit einem Schüler folgen einige Fragen bzw. Übungen:

Arbeitsfelder und Lernbereiche

Neuere Entwicklungen in der Grammatikdidaktik

> **1** Lest Bennis Aussagen noch einmal genau auf den Aspekt „Jugendsprache" hin (▷ S. 129).
> a) Fasst die wichtigsten Aussagen, die Benni dazu macht, in kurzen Sätzen zusammen.
> b) Das Schimpfwort, das sich die Klasse für den Mitschüler ausgedacht hat, wollte Benni in dem Interview nicht deutlich sagen (vgl. Z. 12). Stellt Vermutungen an, um was für ein Wort es sich handelt, und nennt Gründe, warum es Benni peinlich war, das Wort in der Interview-Situation auszusprechen.
>
> **2** Dem Text liegt ein Interview zu Grunde.
> a) Rekonstruiert die Fragen, die Benni in diesem Interview gestellt wurden.
> b) Beantwortet diese Fragen für euch selbst und vergleicht eure Antworten mit denen von Benni und untereinander.
>
> **3** Bennis mündlich gegebene Antworten sind genau so abgedruckt worden, wie er sie gesprochen hat.
> a) Sucht Beispiele aus dem Text, an denen deutlich wird, dass es sich um gesprochene Sprache handelt. Haltet eure Beobachtungen in verallgemeinerter Form in einer Tabelle fest:
>
>
>
> | | Gesprochene Sprache | Geschriebene Sprache |
> |---|---|---|
> | Wortwahl | | |
> | Satzbau | Abbruch von Satzanfängen (z. B.: Z. 4) | |
> | Aussprache/Schreibweise | | |
> | Sonstige Merkmale | | |
>
> b) Wählt eine Passage aus dem Text, in der sich der mündliche Sprachgebrauch besonders deutlich erkennen lässt. Übertragt die Aussagen in eine Form, die den Regeln des schriftlichen Sprachgebrauchs entspricht. Beachtet dabei auch den Satzbau und die Rechtschreibung.
> c) Welche zusätzlichen Ausdrucksmöglichkeiten der gesprochenen Sprache fallen beim Abdruck als Text weg? Ergänzt eure Tabelle aus Aufgabe a).

Sicherlich haben die Themen ihre jeweils eigene Berechtigung und sind für die Ausbildung von Sprachbewusstsein bzw. Sprachdifferenzbewusstsein wichtig. Es werden allerdings auf diese Weise Sprachvarietäten vermischt, die wohl Berührungspunkte haben, aber nicht identisch sind.

Hinzu kommt, dass in der Regel nicht mit authentischen Beispielen gearbeitet wird, sondern mit konstruierten. Ob dabei wirklich Eigenschaften der gesprochenen Sprache (oder auch der Jugendsprache) herausgestellt werden, ist manchmal fraglich. Einen Unterrichtsvorschlag für die Arbeit mit **authentischen Transkriptionen von Gesprächen** und der darauf aufbauenden Herausarbeitung auch von grammatischen Charakteristika gesprochener Sprache macht Paul (2002).

Ähnliches gilt für die Behandlung von Sprachwandel. Dieser ist als Thema in den curricularen Papieren im Rahmen des Lernbereichs ›Reflexion über Sprache‹ durchaus vorgesehen. Auch hier beschränken sich aber die meisten Lehrwerke auf einzelne lexikalische Fragen. Es bleibt

Abb. 3: Lehrbuchbeispiel zur gesprochenen Sprache (aus *Deutschbuch* 8, 2007, S. 127)

Reflexion über Sprache

also für den Grammatikunterricht noch einiges zu tun, will er die tatsächliche Vielfalt sprachlicher Strukturen und ihrer Variabilität und Funktionalität angemessen berücksichtigen.

Literatur

Andresen, Helga (1985): Schriftspracherwerb und die Entstehung von Sprachbewusstsein. Opladen.

–/**Funke, Reinhold** (2003): Entwicklung sprachlichen Wissens und sprachlicher Bewusstheit. In: Bredel, Ursula u. a. (Hg.): Didaktik der deutschen Sprache. Bd. 1. Paderborn. S. 438–451.

Augst, Gerhard (1976:) Welchen Sinn hat Grammatikunterricht in der Schule? In: Diskussion Deutsch 29/1976, S. 227–243.

– (1983): Welchen Sinn hat der Grammatikunterricht in der Schule? In: Braun, Peter/Krallmann, Dieter (Hg.): Handbuch Deutschunterricht. Bd. 1: Sprachdidaktik [1976]. Düsseldorf, S. 329–346.

–/**Bauer, Andrea/Stein, Anette** (Hg.) (1977): Grundwortschatz und Idiolekt. Empirische Untersuchungen zur semantischen und lexikalischen Struktur des kindlichen Wortschatzes. Tübingen.

Behrens, Ulrike/Eichler, Wolfgang (2008): Sprachbewusstheit messen. Konstruktionsprinzipien für gute Aufgaben im Bereich Sprache und Sprache untersuchen. In: Bremerich-Vos, Albert/Granzer, Dietlinde/Köller, Olaf (Hg.): Lernstandsbestimmung im Fach Deutsch. Gute Aufgaben für den Unterricht. Weinheim/Basel, S. 186–223.

Belke, Gerlind (2003): Deutsch als Zweitsprache in Regelklassen. In: DISPLAY 4/2003 – Bergische Universität Wuppertal – Geistes- und Kulturwissenschaften Germanistik – Informationen aus dem Lehr- und Forschungsgebiet Didaktik der deutschen Sprache und Literatur.

– (2007): Mehrsprachigkeit im Deutschunterricht. 3. Aufl. Baltmannsweiler.

Beschlüsse der Kultusministerkonferenz (2003): Bildungsstandards im Fach Deutsch für den Mittleren Schulabschluss. In: http://www.kmk.org/fileadmin/veroeffentlichungen_beschluesse/2003/2003_12_04-BS-Deutsch-MS.pdf (03.01.2013).

Bittner, Andreas/Köpcke, Klaus-Michael (2008): Sprachwandel- oder Verlotterungsprozesse. Versuch einer Versachlichung. In: Denkler, Markus u. a. (Hg.): Frischwärts und unkaputtbar. Münster, S. 59–80.

Boettcher, Wolfgang (1994): Grammatikunterricht in Schule und Lehrerausbildung. In: Der Deutschunterricht 5/1994, S. 8–31.

– (1995): Zur gegenwärtigen Praxis des Grammatikunterrichts: eine kritische Bestandsaufnahme. In: Mitteilungen des Deutschen Germanistenverbands 2/1995, S. 2–7.

–/**Sitta, Horst** (1978): Der andere Grammatikunterricht. München.

Boueke, Dietrich (1984): Reflexion über Sprache. In: Hopster, Norbert (Hg.): Handbuch Deutsch. Sekundarstufe I. Paderborn, S. 334–373.

Bredel, Ursula (2007): Sprachbetrachtung und Grammatikunterricht. Paderborn.

Bremerich-Vos, Albert (1981): Grammatikunterricht – nein danke! Grammatikunterricht aus der Schülerperspektive. In: Der Deutschunterricht 6/1981, S. 5–19.

– (Hg.) (1993): Handlungsfeld Deutschunterricht im Kontext. Franfurt a. M.

– (1999): Zur Praxis des Grammatikunterrichts. Mit Materialien für Lehrer und Schüler. Freiburg.

Budde, Monika u. a. (2011): Sprachdidaktik. Berlin.

Clark, Eve (1978): Awareness of Language: Some Evidence from what Children Say and Do. In: Sinclair, Anne/Jarvella, Robert J./Levelt, William J.M. (Hg.): The Child's Conception of Language. Berlin, S. 17–43.

Colliander, Peter (2006): Lernprobleme bei grammatischer Variation. In: Neuland (Hg.), S. 431–445.

Der Deutschunterricht (1992): Sprachbewußtsein und Sprachreflexion 4/1992.

Der Hessische Minister für Erziehung und Volksbildung (1972): Rahmenrichtlinien Sekundarstufe I Deutsch SI-D. Wiesbaden.

Deutschbuch 8 (2007). Neue Ausgabe. Hg. von Bernd Schurf und Andrea Wagener. Berlin.

Di Meola, Claudio (2006): Norm und Variation in der Grammatik am Beispiel der Präpositionen im Deutschen. In: Neuland (Hg.), S. 419–431.
Diegritz, Theodor (Hg.) (1980): Diskussion Grammatikunterricht. Reflexion über Sprache und Kommunikation im Deutschunterricht. München.
Diehl, Erika u. a. (2000): Grammatikunterricht: Alles für der Katz? Tübingen.
Dürscheid, Christa (2006): Äußerungsformen im Kontinuum von Mündlichkeit und Schriftlichkeit – Sprachwissenschaftlich und sprachdidaktische Aspekte. In: Neuland (Hg.) 2006, S. 375–389.
– (Hg.) (2012): Orthographische und grammatische Spielräume. Der Deutschunterricht 1/2012.
Ehrhardt, Claus/Heringer, Hans-Jürgen (2011): Linguistische Pragmatik. Paderborn.
Eichler, Wolfgang (1991): Alte Inhalte neu entdecken und neue Wege finden – Grammatikunterricht und Reflexion über Sprache in der Mittel- und Oberstufe der weiterführenden Schulen. In: Deutschunterricht 8/1991, S. 562–577.
– (1996): Grammatikunterricht. In: Lange, Günter/Neumann, Karl/Ziesenis, Werner (Hg.): Taschenbuch des Deutschunterrichts. 2 Bde. Grundfragen und Praxis der Sprach- und Literaturdidaktik. Hohengehren, S. 252–284.
– (2007): Sprachbewusstheit. In: Beck, Bärbel/Klieme, Eckhard (Hg.) Sprachliche Kompetenzen. Konzepte und Messung. Weinheim/Basel, S. 147–157.
Einecke, Günther (1999): Auf die sprachliche Ebene lenken. Gesprächssteuerung, Erkenntniswege und Übungen im integrierten Grammatikunterricht. In: Bremerich-Vos (Hg.), S. 125–191.
Eisenberg, Peter/Menzel, Wolfgang (1995): Grammatik-Werkstatt. In: Praxis Deutsch 129/1995, S. 14–23.
Elschenbroich, Adalbert (1966): Die Frage nach dem Bildungswert des Grammatikunterrichts. Geistesgeschichtliche und sprachwissenschaftliche Perspektiven. In: Rötzer, Hans Gerhard: Zur Didaktik der deutschen Grammatik [1973]. Darmstadt, S. 171–208.
Erlinger, Hans Dieter (1980): Begründungszusammenhänge für Reflexion über Sprache. In: Diegritz (Hg.), S. 284–308.
– (1988): Studienbuch: Grammatikunterricht. Paderborn u. a.
Fairclough, Norman (Hg.) (1992): Critical Language Awareness. Harlow/Essex.
Fiehler, Reinhard (2009): Gesprochene Sprache. In: Kunkel-Razum, Kathrin (Hg.): Duden. Die Grammatik. 8. Aufl. Mannheim, S. 1165–1244.
Funke, Reinold (2001): Orientiertsein in syntaktischen Strukturen. Universität Flensburg.
– (2005): Sprachliches im Blickfeld des Wissens. Tübingen.
–/**Jäkel, Olaf/Januschek, Franz** (Hg.) (2008): Denken über Sprechen. Facetten von Sprachbewusstheit. Flensburg.
Gaiser, Konrad (1950): Wie viel Grammatik braucht der Mensch? In: Die pädagogische Provinz 10/1950, S. 590–599.
Glinz, Hans (1965): Die innere Form des Deutschen. Eine neue deutsche Grammatik [1952]. 4. Aufl. Bern/München.
Gornik, Hildegard (2003): Methoden des Grammatikunterrichts. In: Bredel, Ursula/Klotz, Peter/Ossner, Jakob/Siebert-Ott, Gesa (Hg.): Didaktik der deutschen Sprache. Ein Handbuch. Bd. 2. Paderborn, S. 814–829.
– (2010): Über Sprache reflektieren: Sprachthematisierung und Sprachbewusstheit. In: Frederking, Volker/Huneke, Hans-Werner/Krommer, Axel/Meier, Christel (Hg.): Taschenbuch des Deutschunterrichts. Bd. 1: Sprach- und Mediendidaktik. Baltmannsweiler, S. 232–249.
Günthner, Susanne (1993): ›...weil – man kann es ja wissenschaftlich untersuchen‹ – Diskurspragmatische Aspekte der Wortstellung in WEIL-Sätzen. In: Linguistische Berichte 143/1993, S. 37–59.
– (2009): Adjektiv + dass-Satz-Konstruktionen als kommunikative Ressourcen der Positionierung. In: Dies./Bücker, Jörg (Hg.) Grammatik im Gespräch. Konstruktionen der Selbst- und Fremdpositionierung. Berlin/New York.
Helmers, Hermann (1970): Didaktik der deutschen Sprache. Stuttgart.
Hennig, Mathilde (2006): Grammatik der gesprochenen Sprache. Kassel.
Heringer, Hans-Jürgen (2001): Lesen lehren lernen. Eine rezeptive Grammatik des Deutschen. 2. Aufl. Tübingen.

Hoffmann, Ludger (2006): Funktionaler Grammatikunterricht. In: Becker, Tabea/Peschel, Corinna (Hg.): Gesteuerter und ungesteuerter Grammatikerwerb. Baltmannsweiler, S. 20–45.
Ingendahl, Werner (1999): Sprachreflexion statt Grammatik. Tübingen.
Ivo, Hubert/Neuland, Eva (1991): Grammatisches Wissen. Skizze einer empirischen Untersuchung über Art, Umfang und Verteilung grammatischen Wissens. In: Diskussion Deutsch 121/1991, S. 437–493.
James, Carl/Garrett, Peter (Hg.) (1991): Language Awareness in the Classroom. Harlow/Essex.
Köller, Wilhelm (1997): Funktionaler Grammatikunterricht. Baltmannsweiler.
Köpcke, Klaus-Michael (2005): ›Die Prinzessin küsst den Prinz‹ – Fehler oder gelebter Sprachwandel? In: Didaktik Deutsch 18/2005, S. 67–83.
– (2011): Grammatikalität und Akzeptabilität - Zwei für den Grammatikunterricht zentrale Begriffe verstehen lernen. In: Köpcke/Ziegler (Hg.), S. 287–304 .
–/Ziegler, Arne (Hg.) (2007): Grammatik in der Universität und für die Schule. Tübingen.
–/Ziegler, Arne (Hg.) (2011): Grammatik – Lehren, Lernen, Verstehen. Zugänge zur Grammatik des Gegenwartsdeutschen. Berlin.
Köpcke, Michael/Noack, Christina (2011): Sprachliche Strukturen thematisieren. Sprachunterricht in Zeiten der Bildungsstandards. Hohengehren.
Kultusministerium des Landes Nordrhein-Westfalen (1992): Begegnung mit Sprachen in der Grundschule. Runderlaß des Kultusministeriums vom 13.2.1992. In: GABl [Gemeinsames Amtsblatt des Kultusministeriums und Ministeriums für Wissenschaft und Forschung] NW Düsseldorf.
Kutsch, Stefan (1989): Sprachreflexive Fähigkeiten im Zweitspracherwerb. In: Osnabrücker Beiträge zur Sprachtheorie 40/1989, S. 140–160.
Luchtenberg, Sigrid (1995): Interkulturelle sprachliche Bildung. Zur Bedeutung von Zwei- und Mehrsprachigkeit für Schule und Unterricht. Münster.
Menzel, Wolfgang (1984): Grammatikunterricht. In: Baurmann, Jürgen/Hoppe, Otfried (Hg.): Handbuch für Deutschlehrer. Stuttgart, S. 339–361.
– (1995): Grammatikwerkstatt. Schülerarbeitsheft zu Wortarten und Zeitformen. In: Praxis Deutsch 129/1995, S. 27–42.
– (1999): Grammatikwerkstatt. Seelze.
– (2004): Zeitformen und Zeitgestaltung. In: Praxis Deutsch 186/2004, S. 6–15.
Ministerium für Schule und Weiterbildung des Landes Nordrhein-Westfalen (2008): Richtlinien und Lehrpläne für die Grundschule in Nordrhein-Westfalen. http://www.standardsicherung.schulministerium.nrw.de/lehrplaene/lehrplaene-gs/deutsch/lehrplan-deutsch/.
Neuland, Eva (1979): Soziolinguistik und Sprachunterricht. In: Boueke, Dietrich (Hg.): Deutschunterricht in der Diskussion. Paderborn, S. 240–288.
– (1992): Sprachbewußtsein und Sprachreflexion innerhalb und außerhalb der Schule. In: Der Deutschunterricht 4/1992, S. 3–15.
– (1993a): Sprachgefühl, Spracheinstellungen, Sprachbewußtsein. Zur Relevanz »subjektiver Faktoren« für Sprachvariation und Sprachwandel. In: Mattheier, Klaus J./Wegera, Klaus-Peter u. a. (Hg.): Vielfalt des Deutschen. Frankfurt a. M., S. 699–722.
– (1993b): Reflexion über Sprache. Reformansatz und uneingelöstes Programm der Sprachdidaktik. In: Bremerich-Vos (Hg.), S. 85–101
– (1993c): Sprachvariation und Sprachbewußtsein. Zur Entwicklung und Förderung eines Sprachdifferenzbewußtseins. In: Klotz, Peter/Sieber, Peter (Hg.): Vielerlei Deutsch. Stuttgart, S. 173–192.
– (1994): Vielfältiges Deutsch und eine eigene Sprache. Anmerkungen zum Lernziel: Reflexiver Sprachgebrauch. In: ide. Informationen zur Deutschdidaktik: Über Sprache nachdenken 4/1994, S. 28–42.
– (1996): Sprachkritiker sind wir doch alle! Formen öffentlichen Sprachbewußtseins. Perspektiven kritischer Deutung und einigen Folgerungen. In: Böke, Karin u. a. (Hg.): Öffentlicher Sprachgebrauch. Praktische, theoretische und historische Perspektiven. Opladen, S. 110–121.

- (2000): Vielfältiges Deutsch – Chance zum reflektierten Umgang mit Normierungen. In: Kühn, Ingrid/Lehker, Marianne (Hg.): Deutsch in Europa als Muttersprache und als Fremdsprache. Halle, S. 37–50.
- (2002): Sprachbewusstsein – eine zentrale Kategorie für den Sprachunterricht. In: Der Deutschunterricht 3/2002, S. 4–11.
- (2003): Die Rolle der Linguistik im Rahmen der Professionalisierung der Lehrerausbildung. In: Hass-Zumkehr, Ulrike/König, Christoph (Hg.): Literaturwissenschaft und Linguistik von 1960 bis heute. Göttingen, S. 69–86.
- (2006) (Hg.): Variation im heutigen Deutsch: Perspektiven für den Sprachunterricht. Frankfurt a. M.

Noack, Christina/Ossner, Jakob (Hg.) (2011): Grammatikterminologie und Grammatikunterricht. Osnabrücker Beiträge zur Sprachtheorie 79/2011.

Oomen-Welke, Ingelore (2000): Umgang mit Vielsprachigkeit im Deutschunterricht – Sprachen wahrnehmen und sichtbar machen. In: Deutsch lernen 2/2000, S. 143–163.
- (2003): Entwicklung sprachlichen Wissens und Bewusstsein im mehrsprachlichen Unterricht. In: Bredel, Ursula u. a. (Hg.): Didaktik der deutschen Sprache Bd. 1. Paderborn, S. 452–464.

Osnabrücker Beiträge zur Sprachtheorie (1989): Sprachbewußtheit und Schulgrammatik 40/1989.

Ossner, Jakob (2003): Sprachwissen und Sprachbewusstsein. In: Witte, Hansjörg u. a. (Hg.): Deutschunterricht zwischen Kompetenzerwerb und Persönlichkeitsbildung. Baltmannsweiler, S. 297–311.
- (2006): Sprachdidaktik Deutsch. 2. Aufl. Paderborn.
- (2007): Sprachbewusstheit: Anregung des inneren Monitors. In: Willenberg, Heiner (Hg.): Kompetenzhandbuch für den Deutschunterricht. Baltmannsweiler, S. 134–147.

Paul, Ingwer (1999): Praktische Sprachreflexion. Tübingen.
- (2002): Gesprochene Sprache als Reflexionsanlass im Grammatikunterricht. In: Der Deutschunterricht 3/2002. S. 53–58.

Peschel, Corinna (2006): Verweismittel – Anaphorik – thematische Fortführung: Ein Thema für den Grammatikunterricht? In: Spiegel, Carmen/Vogt, Rüdiger (Hg.): Vom Nutzen der Textlinguistik für den Unterricht. Baltmannsweiler, S. 171–186.
- (2009): Grammatische Zweifelsfälle als Thema des Deutschunterrichts? Das Beispiel der ›schwachen Maskulina‹. In: Henning, Mathilde/Müller, Christoph (Hg.): Wie normal ist die Norm? Sprachliche Normen im Spannungsfeld von Sprachwissenschaft, Sprachdidaktik und Sprachöffentlichkeit. Kassel.
- (2011): Die Rolle der Grammatik im Curriculum der Sekundarstufe I. In: Osnabrücker Beiträge zur Sprachtheorie 79/2011, S. 79–91.

Peyer, Ann (2010): Grammatikunterricht. In: Lange, Günther/Weinhold, Swantje (Hg.): Grundlagen der Deutschdidaktik. Sprachdidaktik – Mediendidaktik – Literaturdidaktik. 4., korr. Aufl. Baltmannsweiler, S. 73–100.

Polenz, Peter von (1980): Wie man über Sprache spricht. Über das Verhältnis zwischen wissenschaftlicher und natürlicher Beschreibungssprache in Sprachwissenschaft und Sprachlehre. Mannheim u. a.

Portmann-Tselikas, Paul R./Schmölzer-Eibinger, Sabine (Hg.) (2001): Grammatik und Sprachaufmerksamkeit. Innsbruck.

Ramge, Hans (1975): Spracherwerb. Grundzüge der Sprachentwicklung des Kindes. 2., überarb. Aufl. Tübingen.

Schneider, Wilhelm (1956): Deutscher Stil- und Aufsatzunterricht [1926]. 9. Aufl. Frankfurt a. M.

Schnotz, Wolfgang (1994): Aufbau von Wissensstrukturen. München/Weinheim.
- (2006): Was geschieht im Kopf des Lesers? Mentale Konstruktionsprozesse beim Textverstehen aus der Sicht der Psychologie und der kognitiven Linguistik. In: Blühdorn, Hardarik/Breindl, Eva/Waßner, Ulrich Hermann (Hg.): Text – Verstehen. Grammatik und darüber hinaus. Berlin, S. 222–238.

Schwenk, Helga (1976): Welchen Sinn hat der Grammatikunterricht in der Schule? In: Diskussion Deutsch 29/1976, S. 211–227.

Tegge, Egon (1975): Zur linguistischen Legitimation von Sprachbüchern. In: Diskussion Deutsch 23/1975, S. 399–418.

Tophinke, Doris (2009): Sprachwandel. In: Praxis Deutsch 215/2009, S. 4–13.
Ulrich, Winfried (2001): Didaktik der deutschen Sprache. Bd. 3: Grammatikunterricht – Wortschatzarbeit – Unterrichtsmittel. Stuttgart.
Vogt, Rüdiger (1995): Was heißt Gesprächserziehung? Institutionelle Bedingungen von mündlicher Kommunikation (nicht nur) in der Sekundarstufe I. In: Der Deutschunterricht 1/1995, S. 43–53.
Weisgerber, Bernhard (1980): Reflexion über Sprache im Unterricht. In: Diegritz (Hg.), S. 95–124.
– (1992): Sprachreflexion durch Sprachbegegnung. In: Grundschule 24/1992, S. 15–19.
Wieland, Regina (2010): Sprache gebrauchen, Sprache thematisieren – Grammatikunterricht. In: Hunecke, Hans-Werner (Hg.): Taschenbuch des Deutschunterrichts. Bd. 1: Sprach- und Mediendidaktik. Baltmannsweiler, S. 336–359.
Wolff, Dieter (2002): Sprachbewusstheit im Fremdsprachenunterricht. In: Der Deutschunterricht 3/2002, S. 31–39.
Wunderlich, Dieter (1975): Lernziel Kommunikation. In: Diskussion Deutsch 23/1975, S. 263–277.
Wygotski, Lew Semjonowitsch (1971): Denken und Sprechen. Stuttgart.
Ziegler, Evelyn (2009): »Ich sag das jetzt so, weil das steht auch so im Duden!« Sprachwandel als Sprachvariation: weil-Sätze. In: Praxis Deutsch 215/2009, S. 45–51.

4. Textrezeption

4.1 (Kognitions-)Psychologische, sprachwissen-schaftliche und sprachdidaktische Grundlagen
4.2 Rezeption von pragmatischen und literarischen Texten
4.3 Leseförderung

4.1 | (Kognitions-)Psychologische, sprachwissen-schaftliche und sprachdidaktische Grundlagen

4.1.1 | Definitionen und Grundannahmen zur Textrezeption

Während die wissenschaftliche Beschäftigung mit dem Lesen von auch zumeist literarischen Texten bis in die 70er Jahre weitgehend der Literaturwissenschaft und Literaturdidaktik vorbehalten blieb, setzt dann sowohl in der Textlinguistik und Psycholinguistik, der Sprachdidaktik wie in der Kognitionspsychologie ein verstärktes Bemühen ein herauszufinden, wie die Rezeption von Texten vor sich geht und welche Teilaktivitäten bzw. Teilleistungen beim Lesen erbracht werden müssen. Dabei findet eine entscheidende Schwerpunktverschiebung von der ausschließlichen Konzentration auf den Text, seine Merkmalen und – darauf aufbauend – die Rekonstruktion der Schreibintention des Produzenten hin zum Leser und seiner **Rezeptionsleistung** statt. Die Vorstellung, dass einem Text der Sinn (genauer müsste man sagen: der EINE Sinn) bereits inhärent sei und die Leser/innen diesen nur noch herauslesen müssen, gerät im Zuge dieser Entwicklungen ins Wanken. So bezeichnen bereits 1978 Nündel und Schlotthaus den Text als »Angebot« (S. 22) für Sinnzuweisungen, sprachliche Merkmale als Signale oder Indikatoren für diesen Textsinn. **Den Leser** sehen Nündel/Schlotthaus **als** »**Sinnproduzenten**« (S. 59), da ein Text immer schon auf Sinnerwartungen und Vorerfahrungen des Lesers trifft. Vor allem das (Vor-)Wissen des Lesers steuert das Verstehen eines Textes, da es helfen kann, im Text enthaltene Informationen bzw. dargestellte Sachverhalte mit solchen des eigenen Wissens zu verknüpfen. Dabei rücken neben den traditionell im Deutschunterricht stark repräsentierten literarischen Texten auch Sachtexte in den Fokus des Interesses.

Eine solche Sichtweise wird ebenfalls durch die Verbreitung der Textlinguistik gestützt, die zunächst auf die **Wichtigkeit textinterner Merkmale** etwa für den Textzusammenhang aufmerksam machte (etwa Verknüpfungs- und Verweismittel, s. Kap. II.3.5.1), ab den späten 70er Jahren dann aber verstärkt auch auf die zentrale Rolle **textexterner Merkmale** wie die Kommunikationssituation, in der ein Text Verwendung findet, oder die Textfunktion für das Textverstehen zentral stellt. Auch hier werden also Merkmale wichtig, die eher das Verhältnis zwischen Schreiber und Leser betreffen als nur allein den Text.

Insgesamt wird in der Deutschdidaktik die Sichtweise auf das Lesen als bloßer (Kultur-)Technik abgelöst durch eine Vorstellung vom Lesen zumindest als Sinnentnahme aus Texten, noch weitergehend als aktive (Re-)Konstruktion von Sinn (so z. B. Spinner 2006). Es geht nicht mehr nur um ein Aneinanderfügen von lautlichen Einheiten, die man vorliegenden Buchstabenreihen entnimmt, das Verstehen des Gelesenen rückt ins Zentrum.

Leseverstehen vs. Textverstehen: Die beiden Termini werden in der öffentlichen Diskussion und auch in einigen wissenschaftlichen Veröffentlichungen quasi synonym verwendet. So wird beispielsweise in Hurrelmann (2004) das Lesen als »Verstehen schriftlicher Texte« (S. 171) definiert. Strenggenommen beziehen sich die Termini allerdings auf Konzepte zumindest unterschiedlicher Reichweite. Nach Lenhard/Schneider (2009) benennt Leseverstehen das umfassendere Konzept, das das Verstehen auf verschiedenen Ebenen umfasst: auf Wort-, Satz- und Textniveau. Textverstehen wäre demnach der Teil des Leseverstehens, der das Erfassen textueller Gesetzmäßigkeiten beim Lesen bezeichnet, also etwa das Erkennen von Satzverbindungen auf struktureller und semantischer Ebene, das Erstellen von Verbindungen zwischen Aussagen und Teiltexten auf der inhaltlichen Ebene.

Ein wenig spiegeln die beiden Termini auch ihre Herkunft aus unterschiedlichen wissenschaftlichen Disziplinen und verschiedene Erkenntnisinteressen bei ihrer Verwendung wieder: Während **Textverstehen** vor allem aus der kognitionswissenschaftlichen und textlinguistischen Forschung heraus Verbreitung gefunden hat, wurde in vielen (lese- oder literatur-)didaktischen Veröffentlichungen eher der Terminus **Leseverstehen** favorisiert. Letzterer fokussiert noch etwas stärker die konstruktive Leistung des (einzelnen) Lesers. Insgesamt handelt es sich aber nicht um Bezeichnungen nennenswert divergierender Konzepte, da in der Forschung über die einzelnen Disziplinen hinweg inzwischen relative Einigkeit über die wichtige, aktive Rolle des Textrezipienten herrscht.

4.1.2 | Modelle des Textverstehens

Spätestens seit den 1980er Jahren und verstärkt seit der PISA-Studie von 2000 spielen **kognitionspsychologische und psycholinguistische Modelle** des Leseprozesses in der Leseforschung eine zentrale Rolle. Sie lehnen sich zumeist an Überlegungen von Kintsch und van Dijk (1983) an, die den Leseprozess in mehreren Stufen modelliert haben und vor allem zwischen hierarchieniedrigen und hierarchiehohen Teilprozessen unterscheiden:

Hierarchieniedrige Ebenen des Textverstehens: Auf der untersten Ebene des Leseprozesses müssen zunächst **Buchstaben, Wörter und Sätze** identifiziert werden.

Psychologische und sprachwissenschaftliche Grundlagen

Ersteres ist vor allem bei Leseanfängern zu beobachten, die sich die Wörter zunächst noch mühsam erlesen müssen. Sie fügen solange in Lautung umgesetzte Grapheme oder Graphemgruppen zusammen, bis sie ein ihnen bekanntes Wort wiedererkennen. Das lässt sich in dem weiter unten abgedruckten Leseprotokoll gut erkennen (vgl. Abb. 6, Kap. 4.1.4).

Hierarchieniedrige Prozesse
- Identifikation von Buchstaben und Wörtern
- Syntaktisch-semantische Repräsentation von Wortfolgen/Sätzen > Aufbau von Propositionen
- Lokale Kohärenzbildung > Herstellen von Verknüpfungen zwischen Propositionen

Hierarchiehohe Prozesse
- Globale Kohärenzherstellung > Bildung einer Makrostruktur
- Bildung von Superstrukturen
- Erkennen rhetorischer Strategien

Abb. 1: Ebenen des Textverstehens (angelehnt an Kintsch/van Dijk 1983)

Erwachsene Leser/innen nehmen in der Regel bei einer Fixation Wörter als ganze wahr und gleichen sie mit den Einträgen in ihrem mentalen Lexikon ab. Bei unbekannten Wörtern steht die erste Möglichkeit des Erlesens aber auch erfahrenen Leser/innen weiterhin zur Verfügung. Scheerer-Neumann (2003) spricht daher von einem ›Zwei-Wege-Modell‹ des Lesens. Bei direktem Zugang zum mentalen Lexikon geschieht das Wortlesen weitestgehend automatisiert. Dies steigert die Leseflüssigkeit sowie die Lesegeschwindigkeit und sorgt dafür, dass nicht zu viel Kapazität des Arbeitsgedächtnisses von den unteren Ebenen des Leseprozesses abgezogen wird (vgl. auch Richter/Christmann 2002; Garbe/Holle/Jesch 2008).

Zusätzlich zum **lexikalischem Wissen** über die Bedeutung einzelner Wörter ist **syntaktisches Wissen** dafür verantwortlich, den Zusammenhang der einzelnen Wörter innerhalb eines Satzes erkennen zu können, da es Beziehungen zwischen Wörtern sinnfällig machen kann. Folgt man dem Modell von Kintsch und van Dijk, werden Sätze generell über sogenannte Propositionen verstanden. Diese bezeichnen den Inhalt eines Satzes bzw. das, was in einem Satz über bestimmte Sachverhalte ausgesagt wird.

Ebenfalls noch zu den hierarchieniedrigen Prozessen gehört die **lokale Kohärenzbildung** (Garbe/Holle/Jesch 2008; Richter/Christmann 2002). Einigermaßen geübte Leser sind in der Regel in der Lage, die Propositionen von aufeinanderfolgenden/benachbarten Sätzen zu verknüpfen und einen Zusammenhang herzustellen. Dieser kann durch Verweis- oder Verknüpfungsmittel an der sprachlichen Oberfläche signalisiert sein (zur Textgrammatik s. Kap. II.3.5.1). Häufig kann der Leser die inhaltlichen Verbindungen aber auch ohne explizite sprachliche Hilfsmittel auf Grund seines Sach- und/oder Weltwissens herstellen. So lässt sich beispielsweise das kausale Verhältnis zwischen den beiden folgenden Sätzen leicht erschließen:

Er kam deutlich zu spät zur Arbeit.
Auf der A 45 war wieder ein langer Stau gewesen.

Der Rezipient muss dazu wissen, dass es sich bei der A 45 um eine Autobahn handelt und dass es auf Autobahnen zu Stoßzeiten häufig zu Verkehrsverlangsamungen kommt. Ist dieses Wissen vorhanden, ist eine explizite Markierung des Zusammenhangs der beiden Sätze – etwa durch die Konjunktion *weil* – nicht nötig. Lokale Kohärenzbildung muss also nicht unbedingt an der sprachlichen Oberfläche markiert sein; Markierungen sind aber hilfreich (Heringer 2000; Schnotz/Dutke 2004).

Hierarchiehöhere Ebenen des Textverstehens: Auf den hierarchiehöheren Ebenen wird zunächst die **Kohärenzbildung auf globaler Ebene** fortgesetzt. Propositionen werden also über die unmittelbar benachbarten Sätze hinaus miteinander in Beziehung gesetzt; Verbindungen zwischen Textteilen werden hergestellt. Da dies bei fortschreitender Textlänge aus Gründen der Gedächtniskapazität nicht mit allen Einzelpropositionen passieren kann, wählt der Leser Propositionen aus, gruppiert sie oder fasst sie zusammen. Auch für den globalen Zusammenhang des Textes gilt, dass er im Text markiert sein kann, z. B. durch **Gliederungsmerkmale** wie *erstens*, *zweitens* oder etwa temporale oder argumentative Marker wie *als nächstes*, *demgegenüber* (vgl. Kintsch/van Dijk 1983; zu didaktischen Implikationen vgl. Peschel 2005). Empirische Forschungen bestätigen, dass solche Gliederungsmerkmale das Verstehen erleichtern (Schnotz 1994). Wer die globale Kohärenz eines Textes durchschaut, sollte in der Lage sein, seine Kernaussagen in der richtigen logischen Reihenfolge wiederzugeben.

In einer Sprachgemeinschaft haben sich für viele Textarten charakteristische strukturelle Formen und Teiltextreihenfolgen herausgebildet (zur Textorientierung s. grundlegend Kap. I.2.1.3). Sind diese dem Leser vertraut, erleichtern sie das Einordnen und Verstehen eines Textes beträchtlich, da er das zu Lesende in ihm global bekannte Schemata einordnen kann. Kintsch und van Dijk (1983) bezeichnen dies als ›**Superstrukturen**‹, in der deutschdidaktischen Forschung spricht man eher von ›Textmustern‹ (zur Rolle von Textmustern beim Schreiben s. Kap. II.2). Erste **Textmuster** können sich schon sehr früh herausbilden, etwa beim Vorlesen. So erkennen bereits kleine Kinder typische Märchenanfänge und Reihenfolgen wieder (vgl. Weinhold 2000).

Den letzten der hierarchiehöheren Prozesse im Modell von Kintsch/van Dijk ist das **Erkennen rhetorischer Strategien**. Dabei ist der Leser in der Lage, den Text soweit ›von oben‹ bzw. ›von außen‹ zu betrachten, dass er globale Strategien des Schreibers erkennen und nachvollziehen kann, z. B. ein argumentatives Muster in einem bestimmten Begründungszusammenhang oder eine bestimmte Haltung zu im Text ausgedrückten Sachverhalten.

Interaktion der verschiedenen Leseebenen: Inzwischen herrscht in der Forschung relative Einigkeit darüber, dass die einzelnen Teilprozesse nicht unabhängig voneinander stattfinden, sondern dass sie während des Lesens interagieren. In empirischen Befunden wie Leseprotokollen (vgl. z. B. von Wedel-Wolff 1998, 2004, Beispiel s. Kap. II.4.1.4) zeigt sich beispielsweise deutlich, dass ein zu langes Verharren in den hierarchieniedrigen Ebenen, also z. B. größere Probleme beim Erlesen einzelner Wörter, das Verstehen des Gesamttextes behindern oder sogar verhindern kann. Im Leseprotokoll (s. Abb. 6) lässt sich erkennen, dass die Schülerin sich zu lange mit einzelnen Wörtern aufhält, als dass ein Gesamtzusammenhang des Textes behalten werden könnte. Der Grund ist vermutlich eine Überlastung des Arbeitsgedächtnisses (Richter/Christmann 2004; Ehlers 2004). Bei zu großen Schwierigkeiten mit dem Wortlesen sind keine ausreichenden Kapazitäten für die höheren Ebenen mehr vorhanden.

Ein weiterer Hinweis auf die Interaktion der verschiedenen Leseebenen ist die Tatsache, dass ein geübter Leser offenbar einen Text nicht lediglich dadurch versteht, dass er die kleineren Bausteine (z. B. Wörter) sukzessive zu einem Ganzen zusammensetzt, den Text also von den unteren Ebenen nach oben zusammenbaut (**Bottom-up-Prozesse**). Vielmehr steuert bereits die durch das Erkennen globalerer Textmerkmale aufgebaute Erwartungshaltung das Bearbeiten der niedrigeren Ebenen (**Top-down-Prozesse**). Dass das Vorwissen des Lesers und seine dadurch bestimmte Erwartung das Lesen eines konkreten Textes mit beeinflussen, lässt sich auf mehreren Ebenen erkennen. In relativ kleinem Rahmen sieht man schon bei wenig geübten Lesern, dass die durch den Satzzusammenhang aufgebaute Bedeutungserwartung das Lesen eines Wortes steuert. So müssen Wörter nicht komplett gelesen werden, wenn im Satz bereits klar ist, welches Wort passend ist.

Vorwissen etwa über typische Reihenfolgen von Teiltexten in bekannten Textsorten führt wiederum dazu, dass Leser bestimmte Textteile sofort in ein globales Schema einordnen können und einzelnen Passagen somit schnell ihre Funktion im Text zuweisen können. So wissen erfahrene Leser etwa bei argumentativen Texten recht bald, dass Passagen mit einzelnen Argumenten zur Stützung vorher aufgestellter Thesen dienen usw. Aufgrund seines Sach-, Welt- und Sprachwissens ist der Leser auch in der Lage, Elemente in den Text einzubringen, die der Schreiber gar nicht versprachlicht hat, sondern beim Leser voraussetzt. Man spricht hier von sogenannten **Inferenzen**. So kann beispielsweise der Journalist einer Tageszeitung voraussetzen, dass Angela Merkel von den meisten Lesern als deutsche Bundeskanzlerin identifiziert wird, und muss dies bei einer Berichterstattung aus dem Bundestag nicht unbedingt explizit erwähnen.

Textverstehen als eine Kombination aus textbasierten und erfahrungs- oder wissensbasierten Operationen: Als Ergebnis dieser (Teil-)Prozesse erstellt der Leser ein sogenanntes **Situationsmodell** (Kintsch/van Dijk 1983) oder **Mentales Modell** (Christmann 2010) vom Text. Es handelt sich daher keineswegs um einen passiven Vorgang der bloßen Textentschlüsselung, sondern um eine aktive Sinnkonstruktion auf Basis des Gelesenen und unter Hinzunahme der eigenen Vorkenntnisse. Willenberg (2003) fasst das Verhältnis wie folgt zusammen: »Wir brauchen unsere eigenen Sinnkonstruktionen dringend, aber wir müssen auch den Text so gut wie möglich nach seine Aussagen durchsuchen« (S. 11).

Situatives Umfeld: Nussbaumer (1991) fügt hier neben der Textbasis und dem Vorwissen noch einen dritten Einfluss nehmenden Faktor an: das situative Umfeld, in dem der Text gelesen wird. Das Umfeld kann beispielsweise stützend wirken, wenn es bestimmte Texte mit bestimmten Formen und Funktionen erwartbar macht. So könnte man sich gut vorstel-

II.4.1 Arbeitsfelder und Lernbereiche

Textrezeption

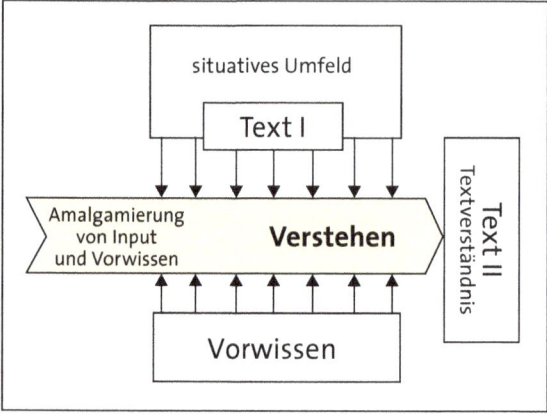

Abb. 2: Textverstehen als Überführung von Text I in Text II (nach Nussbaumer 1991, S. 144)

len, dass ein schulischer Kontext stützend wirkt für das Verstehen häufig dort vorkommender und so unter Umständen bereits vertrauter Textsorten. Nach Nussbaumer konstruiert der Rezipient aus den drei genannten Quellen seine Textversion, den sogenannten Text II als geistigen Besitz. Der vorliegende Text I steuert diesen Prozess insofern, als er nicht eine beliebige Anzahl von mentalen Konstruktionen (Texten II) ermöglicht, sondern nur eine gewisse Bandbreite erlaubt. Bereits Nündel/Schlotthaus (1978) sprechen in diesem Zusammenhang davon, dass ein Text »Verstehensspielräume« eröffnet (S. 59). Diese können je nach Art des Textes und nach Intention des Autors von Text I unterschiedlich groß sein. Aufgabe des Autors wäre es demnach, den Text I so zu gestalten, dass der Rezipient innerhalb der intendierten Bandbreite des Verstehens bleibt. **Missverstehen** hingegen liegt vor, wenn der Rezipient zu einer Deutung außerhalb der vom Autor intendierten Bandbreite an Deutungen gelangt (vgl. Nussbaumer 1991, S. 146 f.). Die skizzierten Zusammenhänge lassen sich anhand von Abbildung 2 gut nachvollziehen.

Unter einem didaktischen Blickwinkel ist hier etwa die Rolle des Vorwissens besonders relevant. Wenn ohne dessen Integration kein adäquates/vollständiges Textverstehen gelingen kann, muss es Aufgabe des Unterrichts sein, den Schülern zu ermöglichen, etwaiges fehlendes Vorwissen auszugleichen, z. B. durch thematisch gebundene Recherche vor der eigentlichen Textlektüre.

4.1.3 | Bestimmungen von Lesekompetenz

Lesekompetenz bei PISA: Lesen wird in diesen Zusammenhängen nicht mehr als (bloße) Kulturtechnik aufgefasst, da es stets mit der Zuschreibung von Sinn bzw. Bedeutung verbunden ist. Das lässt sich schon beim Wortlesen von Leseanfängern erkennen. Diese erlesen Wörter zu Beginn oft Buchstabe für Buchstabe, bis es ihnen im Zuge der Synthese gelingt, das bislang Entzifferte mit einem bedeutungshaltigen Eintrag in ihrem mentalen Lexikon, ihrem Wortspeicher also, abzugleichen. Besonders seit der PISA-Studie von 2000, die die Lesekompetenz der Schüler in neunten Klassen erhoben hat, stehen Ansätze im Vordergrund, die den **kognitiven Aspekt** des Lesens und der Lesekompetenz betonen. So wird in der PISA-Studie in Anlehnung an Ansätze aus der amerikanischen Forschung zur *reading literacy* Lesekompetenz definiert als die Fähigkeit, »geschriebene Texte zu verstehen, zu nutzen und über sie zu reflektieren, um eigene Ziele zu erreichen, das eigene Wissen und Potential weiterzuentwickeln und am gesellschaftlichen Leben teilzunehmen« (Baumert u. a. 2001, S. 21).

Neben dem Verstehensaspekt werden hier eine reflexive Komponente – das Nachdenken über Texte – sowie ein Nutzungsaspekt betont. Wichtig ist, dass Wissen vor allem über Texte vermittelt wird und dass somit den Schülern Zugänge zur Welt verstellt bleiben, die dieses Wissen aus Texten nicht aufbauen können.

Geht zwar bereits dieser Ansatz mit kognitivem Schwerpunkt weit über eine Vorstellung von Lesen als bloßer Technik und auch als reiner Sinnentnahme (im Gegensatz zur Konstruktion und Weiterverarbeitung von Sinn und Wissen) hinaus, sind nach PISA Stimmen laut geworden, die dies als eine zu wenig weitreichende Definition von Lesekompetenz betrachten, die wichtige Elemente unbeachtet lässt.

Lesen als kulturelle Praxis: Hurrelmann (2002) stellt zwar die Wichtigkeit der kognitiven Komponente des Lesens nicht in Frage, bettet es aber im Rahmen der Sozialisationsforschung in einen weiteren gesellschaftlichen Kontext ein. Sie versteht Lesen als kulturelle Praxis, die das Ziel hat, gesellschaftlich handlungsfähig zu sein. Um in diesem Sinne stabile Lesegewohnheiten auszubilden, sind – wie die unten stehende Grafik verdeutlicht – neben den kognitiven weitere das Lesen beeinflussende Faktoren zu berücksichtigen. So nimmt etwa die **Motivation** der Schülerinnen und Schüler entscheidenden Einfluss auf den Leseerfolg, ebenso die Frage, ob der Leser zum zu lesenden Text einen emotionalen Zugang finden kann. Zentral für das ›Verstehen‹ literarischer Texte ist auch die Möglichkeit, sich nach der Lektüre mit anderen über Leseeindrücke, Interpretationen etc. austauschen zu können, die sogenannte **Anschlusskommunikation** (Hurrelmann 2002). Lesekompetenz ist somit insgesamt integraler

Abb. 3: Lesekompetenz im Sozialisationskontext (nach Hurrelmann 2002, S. 16)

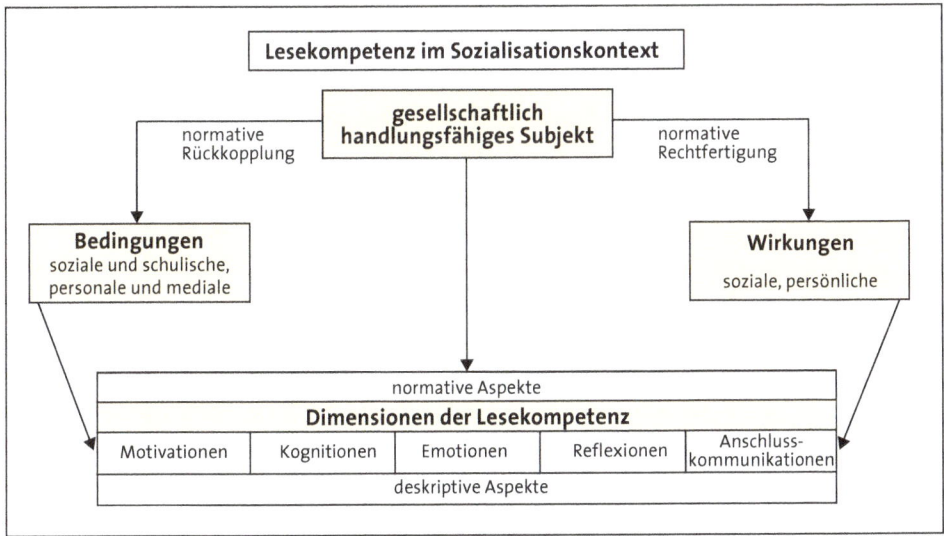

Bestandteil einer umfassenderen Lesekultur und auch innerhalb dieser auszubilden.

Literarisches Lesen: Kaspar Spinner akzeptiert ein Konzept von Lesekompetenz, wie es die PISA-Studie darlegt, zwar ebenfalls generell, hält es aber für zu einseitig und für zu stark pragmatisch ausgerichtet. Auf diese Weise werde das »lustvolle literarische Lernen zu wenig berücksichtigt« (Spinner 2006, S. 9). Spinner betont für das literarische Lesen besonders die Rolle der »Vorstellungsbildung« (ebd.), das Hineinversetzen in eine andere Welt sowie das Aufbauen einer »literarästhetischen Sensibilität« (S. 11). Neben der kreativ-ästhetischen Komponente hat Lesekompetenz, wenn sie das literarische Lesen mit einbezieht, auch stark subjektive Elemente. In gelesenen Texten können Leser unter Umständen eigene Erfahrungen wiederfinden, aber auch fremde kennenlernen.

Die genannten Ansätze widersprechen sich nicht prinzipiell; sie machen allerdings deutlich, dass Lesen und Lesekompetenz mehrere (verschiedene) Komponenten haben, die es auch im Unterricht zu berücksichtigen gilt: zumindest eine kognitive, eine auf die Identität des Lesers bezogene, eine soziale und eine ästhetische. Diese sind sicher beim Lesen unterschiedlich stark ausgeprägt, abhängig von **verschiedenen Lesertypen und Leseabsichten**, aber auch von der Art des zu lesenden Textes. Für den Deutschunterricht ist es wichtig, dass er keine dieser Komponenten komplett aus dem Blickfeld verliert.

Didaktische Maßnahmen: Die Unterstützung der verschiedenen Komponenten der Lesekompetenz erfordert unterschiedliche Maßnahmen und Wege: Während der kognitive Aspekt des Lesens, das Lese- oder Textverstehen vor allem durch das Erwerben entsprechender Lesestrategien gefördert werden kann (s. dazu Kap. II.4.3.3), sind für die anderen Komponenten andere Zugänge nötig. Zur Teilhabe an der Gesellschaft und zur Ausbildung der eigenen Leseidentität sind zunächst **stabile Lesegewohnheiten** notwendig. Es ist wichtig, dass Schülerinnen und Schüler überhaupt freiwillig lesen und dies als Gewinn empfinden. Hier greifen Methoden der Lesemotivation bzw. -animation (s. Kap. II.4.3.1). Lesen muss als eine Tätigkeit begriffen werden, die einen Sinn hat und die Spaß machen kann. Eine solche Qualität wird in der Regel eher literarischen Texten zugeschrieben (vgl. Spinner 2006; Rosebrock 2007), man weiß aber inzwischen aus der biografischen Leseforschung, dass gerade junge männliche Leser durchaus auch bei der Lektüre von Sachtexten aus einem sie interessierenden Bereich eine ähnliche Lesefreude und -motivation entwickeln können (Graf 2010; Garbe 2003). Motivierende Maßnahmen sind allerdings unter Umständen nutzlos, wenn die basalen Lesefertigkeiten bei Schülerinnen und Schülern nicht vorhanden sind. Daher müssen auch **Leseflüssigkeit und Lesegeläufigkeit** trainiert werden (s. Kap. II.4.3.2).

Auch der Austausch über gelesene Texte im Sinne einer Anschlusskommunikation (vgl. Hurrelmann 2002) gehört zur sozialen Komponente des Lesens integral hinzu.

Ein Mehrebenenmodell des Lesens: Rosebrock und Nix 2012 entwerfen dementsprechend ein didaktisch ausgerichtetes ›Mehrebenenmodell des

Lesens‹ (s. Abb. 4). Die innere Ebene des konkreten Leseprozesses ist nach den Teilprozessen im Sinne von Kintsch/van Dijk aufgeteilt (s. Abb. 1). Die **Prozessebene** ist umschlossen von der **Subjektebene**, auf der Faktoren wie Wissen und Motivation Einfluss auf das Lesen nehmen. Der äußere Kreis wird von der **sozialen Ebene** gebildet, auf der Lesekompetenz eben auch dadurch befördert wird, dass man sich mit anderen über Leseerfahrungen austauscht (Anschlusskommunikation) bzw. von verschiedenen Instanzen (Familie, Schule, Peers etc.) zum Lesen animiert wird.

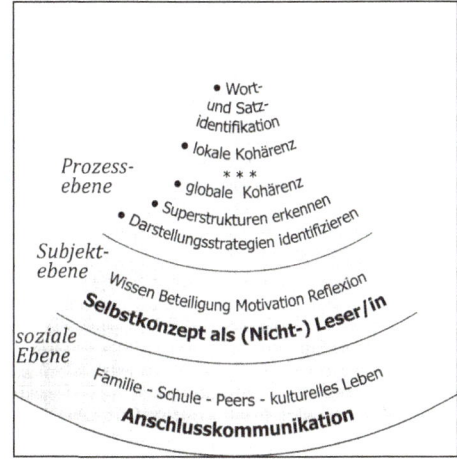

Abb. 4: Didaktisches Modell der Lesekompetenz (aus Rosebrock/Nix 2012, S. 11)

Der Nutzen eines solchen Modells liegt in der möglichen Zuordnung verschiedener Maßnahmen der Leseförderung zu Ebenen bzw. Elementen dieser Ebenen der Lesekompetenz. Dies sollte Entscheidungen über die jeweilige Zielgerichtetheit didaktischer Maßnahmen im Bereich des Lesens erleichtern und damit die Leseförderung systematisieren können. So ist es beispielsweise für Lehrpersonen wichtig, sich bewusst zu machen, dass man mit Maßnahmen zur **Lesemotivation oder Leseanimation** (Leseecken, Bücherrucksäcke etc.; s. Kap. II.4.3.1) vor allem die Subjektebene erreicht, aber nicht zwingend unmittelbare Wirkungen auf der Prozessebene erzielt. So wird erklärbar, warum motivierende Maßnahmen ins Leere laufen können, wenn einige oder viele Schülerinnen und Schüler noch nicht über die notwendigen Lesekompetenzen verfügen, bestimmte Bücher zu lesen, selbst wenn sie es unbedingt wollten.

Dass zum Lesenkönnen verschiedene Teilbereiche gehören, schlägt sich bereits in den Bildungsstandards für die Grundschule nieder. Hier finden sich gruppierte Standards wie »altersgemäße Texte sinnverstehend lesen«, »gezielt einzelne Informationen suchen« oder »bei Verständnisschwierigkeiten Verstehenshilfen anwenden: nachfragen, Wörter nachschlagen, Text zerlegen«, die sich auf die kognitive Komponente des Lesens beziehen. Daneben sind aber auch soziale und emotionale Teilkompetenzen anvisiert, etwa »lebendige Vorstellungen beim Lesen und Hören literarischer Texte entwickeln« oder »bei der Beschäftigung mit literarischen Texten Sensibilität und Verständnis für Gedanken und Gefühle und zwischenmenschliche Beziehungen zeigen« (*Bildungsstandards im Fach Deutsch für den Primarbereich*, 2005, S. 11 f.).

Einflussfaktoren auf das Leseverstehen: Auf Basis eines solchen Modelles lässt sich nun zunächst die Frage stellen, was innerhalb des Leseprozesses besonders dafür verantwortlich ist, gute Leser/innen von schlechten zu unterscheiden. Hier spielen v. a. die folgenden Faktoren eine Rolle:

Lexikalisches Wissen: Wie oben bereits angedeutet, spielt von den hierarchieniederen Prozessen vor allem die **Fähigkeit zur Worterkennung** eine wichtige Rolle (vgl. auch Richter/Christmann 2002). Werden hier zu viele Ressourcen benötigt, wird das Textverstehen stark erschwert. Das

Arbeitsgedächtnis wird überlastet und Textzusammenhänge geraten aus dem Blick. Didaktisch zentral ist die Konsequenz, dass das Lesen aus diesem Grund besonders für Schülerinnen und Schüler mit geringem Wortschatz ein Problem darstellt, die eine geringe Erfahrung mit der Schriftsprache haben oder etwa einen Migrationshintergrund (vgl. Ehlers 2004; s. auch Kap. II.4.3.3). Wichtig wäre dementsprechend eine mögliche **(Vor-) Entlastung der Textrezeption**, etwa durch vorherige Bereitstellung des entsprechenden textbezogenen Vokabulars. In umgekehrter Richtung sind Schülern allerdings ebenso Strategien zu vermitteln, wie sie den Kontext für das Verstehen einzelner Wörter nutzen und damit die vorhandenen lexikalischen Lücken eventuell ausgleichen können. Hier wäre es beispielsweise hilfreich, mit den Schülerinnen und Schülern häufig gemeinsam auftretende Wortkombinationen, sogenannte Kollokationen zu besprechen.

Inhaltliche Vorkenntnisse: Es ist weiterhin wichtig, nicht nur Teile des notwendigen (und möglicherweise fehlenden) lexikalischen Wissens bereitzustellen, sondern vor allem auf etwaige inhaltliche Vorkenntnisse zurückzugreifen. Vor der Lektüre eines zentralen Textes zu einem Thema kann zusammengetragen werden, was die Schüler in diesem Bereich bereits wissen. Im Sinne des dargestellten Modells und der Wichtigkeit der Verknüpfung der aus dem Text entnommenen Informationen mit dem eigenen Wissen kann die Aktualisierung des thematischen Vorwissens einen entscheidenden Beitrag zur Erleichterung des Leseverstehens leisten. Da sich gerade Schülerinnen und Schüler mit unterschiedlichen sozialen, kulturellen und sprachlichen Voraussetzungen auch hier deutlich unterscheiden können, ist eine gemeinsame Erarbeitung einer (Vor-)Wissensbasis eine wichtige leseförderndeMaßnahme. Das folgende Beispiel aus einem Schulbuch für Gymnasien, Klasse 5 versucht eben diese Aktualisierung durch Bildimpulse und auf das Thema ›Tiere‹ einstimmende Fragen zu erreichen. Direkt im Anschluss folgt unter der Überschrift »Einem Erzähltext gezielt Informationen entnehmen« ein Lesetext zum Thema ›Pferde‹.

Beispiel 1 **Aktualisierung von Vorwissen für einen Lesetext: Von Tieren erzählen**
(aus Menzel 2005, S. 46 f.)

1. Manche von euch haben bestimmt ein Tier.
   Erzählt einmal von euren Tieren.
   Wie heißt es und wie lange habt ihr es schon
   Was gefällt euch an eurem Tier **besonders**?

2. Andere wünschen sich vielleicht schon lange ein Tier.
   Welche Tiere stehen denn bei euch auf der »Wunschliste«?
   Warum wünscht ihr euch gerade dieses Tier?
   Glaubt ihr, dass euer Wunsch eines Tages in Erfüllung gehen wird? Welche Voraussetzungen müssten dazu erfüllt sein? Begründe.

3. Schaut euch noch einmal die Fotos auf diesen beiden Seiten an.
   Was wisst ihr über die **Haltung** und **Pflege** dieser Tiere?

Auf einer Metaebene scheint neben dem thematischen Wissen auch das Wissen darüber, wie gelungenes Lesen funktioniert, eine wichtige Rolle zu spielen. So führen Christmann/Groeben (1999) aus:

»schlechte Leser/innen scheinen nicht zu bemerken, wenn sie etwas nicht verstehen, oder tendieren dazu, schwierige Phasen zu übergehen. Gute Leser/innen hingegen gehen strategisch vor, indem sie den Kontext heranziehen, um sich Bedeutung zu erschließen. [...] Insgesamt lassen die vorliegenden Befunde darauf schließen, dass sich schlechte von guten Leser/innen vor allem hinsichtlich der Bewusstheit der eigenen Fähigkeiten sowie hinsichtlich der Fähigkeit zum strategischen, aufgaben- und zielbezogenen Lesen unterscheiden.« (S. 200)

Die genannten, eher dem kognitiven Bereich entstammenden Teilkompetenzen stehen allerdings nachweislich in Wechselwirkung mit motivationalen Faktoren (Artelt u.a. 2001). Wem Lesen Freude bereitet oder wer einen Text mit Interesse liest, der ist offensichtlich eher bereit und in der Lage, ausreichend Energie in die Ausbildung von das Verstehen befördernden Operationen zu investieren.

4.1.4 | Lesediagnose

Die Möglichkeiten der Diagnose von Schülerleistungen im Bereich des Lesens lassen sich nach den genannten Ebenen bzw. Teilkompetenzen des Lesens anordnen: So kann man eher basalere Ebenen des Lesens wie das Wort- oder Satzverstehen diagnostizieren, den Fokus aber auch auf das Verstehen kürzerer Texte legen. Für die verschiedenen Ebenen sind jeweils entsprechende Diagnoseinstrumente entwickelt worden.

Ein Beispiel für die **Diagnose der basalen Lesefertigkeiten** mit Hilfe von (standardisierten) Lesetests sind etwa *Knuspels Leseaufgaben* von Harald Marx (1998). Hier werden Vorläuferfertigkeiten bzw. Teilkompetenzen des Lesens getestet, so z.B. die Fähigkeit, gelesene Wörter korrekt zu rekodieren (1), also in Lautung zu überführen. Bei geschriebenen Wortpaaren muss entschieden werden, ob die jeweiligen Wörter gleich klingen. Beim Dekodieren (2), dem bedeutungsverleihenden Lesen von Wörtern, wiederum soll beim Lesen von Pseudowörtern erkannt werden, ob ihre lautliche Realisierung wie ein bedeutungshaltiges Wort klingt. Hier für beide Aufgabentypen jeweils Beispiele:

Beispiel 2

Beispiele für das Rekodieren und Dekodieren von Wörtern
(nach Marx 1998)

Knuspels Leseaufgaben

1:	Meer	___	mehr	alte	___	alle	
2:	A	ROGG	___		B	FEDDER	___	
	C	KNAPE	___		D	DOOSE	___	

Textrezeption

Der *Stolperwörtertest* von Wilfried Metze präsentiert Sätze, in denen ein nicht passendes Wort gestrichen werden soll. In der Regel passt das Wort in den vom Satz aufgespannten inhaltlichen Kontext, aber z. B. nicht in die syntaktische Struktur:

Beispiel 3 **Sätze aus dem *Stolperwörtertest***
(nach Metze 2003)

In dem Buch Geschichten sind Bilder.   *Das Fenster steht kalt offen.*
Lieb meine Oma ist schon sehr alt.   *Der Hund bellt Wut.*

Hiermit soll abgeprüft werden, inwieweit die Probanden in der Lage sind, ein Satzverständnis aufzubauen, aber auch eine Satzstruktur – bzw. das hier störende Element – zu erkennen. Da es auch auf die Zeit ankommt, in der der Test gelöst wird, wird ebenfalls die Lesegeschwindigkeit getestet.

Das Leseverstehen im Sinne eines Textverstehens (zu den beiden Termini s. Kap. II.4.1.1) wird in der Regel dadurch getestet, dass Schülerinnen und Schüler kurze Texte lesen, zu denen sie im Anschluss Fragen beantworten sollen. Dies ist etwa das Vorgehen in den großen Schulleistungsstudien wie PISA oder IGLU. In der Regel sind die nach der Lektüre gestellten Fragen nach ihrer Komplexität gestaffelt und zielen entweder auf Einzelinformationen im Text, auf die Verbindung verschiedener Informationen aus mehreren Sätzen/Textteilen oder auf eine Verknüpfung von Informationen aus dem Text mit dem eigenen Wissen. Es folgt ein Beispiel aus der IGLU-Studie, mit dem die Lesekompetenz von Grundschülern der 4. Klasse getestet wurde.

Beispiel 4 **Testen des Leseverstehens am Beispiel einer Aufgabe aus der IGLU-Studie**
(nach Bos 2007, S. 96 f.)

Textbeispiel: »Was ist die Antarktis?«
Die Antarktis ist ein Kontinent ganz im Süden unseres Planeten. (Wenn du sie auf dem Globus suchst, wirst du sie ganz unten finden.) Die Antarktis macht ein Zehntel der Erdoberfläche aus und liegt unter einer Eisdecke, die an einigen Stellen über 1500 Meter dick ist. Der Südpol ist genau in der Mitte der Antarktis. Die Antarktis ist der kälteste Kontinent und dazu noch der trockenste, der höchste und der windigste. Es gibt nur wenige Menschen, die hier das ganze Jahr über wohnen. Wissenschaftler kommen für kurze Zeiträume und wohnen dann in extra dafür eingerichteten Forschungsstationen. Zwischen Oktober und März ist in der Antarktis Sommer. Während dieser Zeit geht die Sonne nicht unter. Im Winter, von April bis September, geschieht das Gegenteil: In der Antarktis herrscht dann sechs Monate lang tiefe Nacht.

Das Wetter in der Antarktis
In der Antarktis ist es selbst im Sommer kälter, als du dir überhaupt vorstellen kannst! Der Südpol ist der kälteste Teil der Antarktis. Die Durchschnittstemperatur beträgt im Januar, also im Hochsommer, minus 28 Grad Celsius (geschrieben als –28° C). Minus heißt, dass die Temperatur unter dem Gefrierpunkt liegt, also unter

0° C. Im Winter, von April bis September, kann die Durchschnittstemperatur auf bis zu –89° C sinken. Wenn man bei solcher Kälte einen Becher kochendes Wasser in die Luft wirft, gefriert das Wasser, bevor es den Boden erreicht. Manchmal müssen die Wissenschaftler sogar Kühlschränke benutzen, um ihre Proben warm zu halten!

Pinguine in der Antarktis
Die Vögel, die in der Antarktis am häufigsten vorkommen, sind die Pinguine. Sie können nicht fliegen, aber sie benutzen ihre kurzen Flügel zum Schwimmen, als wären es Flossen. Sie sind hervorragende Schwimmer. An Land watscheln sie aufrecht herum oder bewegen sich mit kurzen Sprüngen fort. Pinguine haben viele Federn, die sich überlappen. Dieses dichte Federkleid hält gemeinsam mit den weichen Daunenfedern darunter sowie einer dicken Fettschicht die kalte Luft, Wind und Wasser ab. Um sich noch zusätzlich zu wärmen, drängen sich die Pinguine in Gruppen zusammen.

Folgende Fragen werden den Schülern u. a. zu diesem Text gestellt:
1. Wo kannst du die Antarktis auf dem Globus finden?
2. Nenne drei Wege, wie sich die Pinguine in der Antarktis warm halten.
3. Würdest du gerne in die Antarktis reisen? Benutze das, was du in beiden Texten »In der Antarktis« und »Ein Brief aus der Antarktis« gelesen hast, um deine Meinung zu begründen.

Während die erste Frage auf das Auffinden einer Einzelinformation abzielt, müssen die Leser bei der zweiten bereits mehrere im Text aufeinanderfolgende Informationen verknüpfen. Die dritte Frage schließlich verlangt eine begründete Meinung unter Zuhilfenahme möglichst vieler Informationen aus zwei Texten. Je nach Schulalter können die Fragen nach Schwierigkeitsgraden modifiziert werden. Einer solchen Staffelung entspricht auch die Vorstellung verschiedener Leseniveau- bzw. Lesekompetenzstufen, wie sie in der IGLU-Studie dann auch vorkommen (s. Abb. 5).

Tabelle 2:	Kompetenzstufen und Skalenwerte – Leseverständnis	
	Kompetenzstufe	Skalenbereich der Fähigkeit
I	Gesuchte Wörter in einem Text erkennen	375–450
II	Angegebene Sachverhalte aus einer Textpassage erschließen	451–525
III	Implizit im Text enthaltene Sachverhalte aufgrund des Kontextes erschließen	526–600
IV	Mehrere Textpassagen sinnvoll miteinander in Beziehung setzen	> 600
ICA: Progress in international Reading Literacy Study		© IGLU Germany

Abb. 5: Stufen der Lesekompetenz nach IGLU (nach Bos u. a. 2003, S. 88)

Lesekompetenz kann diagnostiziert werden, indem zu bewältigende Leseaufgaben den verschiedenen Niveaus zugeordnet werden. So würde beispielsweise die oben abgedruckte Frage nach den Wegen, wie sich Pinguine warm halten, der Kompetenzstufe II entsprechen etc.

Textrezeption

Leseprotokolle: Eine eher aufwendige Methode der Lesediagnose, die aber Aufschlüsse über mehrere Teilkompetenzen erlaubt, sind Leseprotokolle. Durch Mitschrift lauten Vorlesens lassen sich zunächst Lesegeschwindigkeit und -flüssigkeit feststellen. Fehler, Verleser und Selbstkorrekturen geben aber auch Aufschluss darüber, wie schnell einzelne Wörter beim Lesen aus dem mentalen Wortspeicher abgerufen werden können, ebenso darüber, inwieweit ein verstehendes Lesen bereits funktioniert und der Schüler/die Schülerin kontextuelle Hilfen als Sinnstützen beim Lesen nutzen kann. Im Beispiel unten kann man sehen, dass die Schülerin sich nach dem Entziffern einiger Buchstaben eher aufs Raten verlegt und Wörter produziert, die nicht immer in den (Satz-)Kontext passen (Fläche 15). In Fläche 13 kann sie sich allerdings – vermutlich aufgrund des Kontextes – selber korrigieren (schlen > *schnell*).

```
13  schon im Sessel saß. Da sprang        er schnell    ans Fenster und
    schön in Se:\         schprach „ne"  der schlen    an\
                          schp-schprang-t  sch:nell

14  fing     an,     furchtbar  zu   bellen.
    fin      an\\    funtbann   zum

15  Sie wollte wissen    was    passiert   ist.
    | Die  holte die-sen  das   schpaziert
                         diesen
```

Abb. 6: Ausschnitt eines Leseprotokolls (aus Wedel-Wolff 2004, S. 30)

Die genannten Diagnoseinstrumente können je nach Erkenntnisinteresse und Leseniveau der Schülerinnen und Schüler auch in den regulären Unterricht eingebaut werden. Voraussetzung ist dabei natürlich, dass die Lehrkräfte sich mit der Handhabung und Auswertung der Instrumente auskennen. Diagnostische Kompetenzen sind hier eine wichtige Grundlage für die Planung einer angemessenen Förderung. Sind Schwierigkeiten auf den einzelnen Ebenen der Lesekompetenz eruiert, können Fördermaßnahmen angesetzt werden, die zu der entsprechenden Teilkompetenz passen (zur Passung von Teilkompetenz des Lesens und Fördermaßnahme s. Kap. II.4.3).

4.2 | Rezeption von pragmatischen und literarischen Texten

Viel diskutiert wurde die Frage nach einer möglichen Domänenspezifik des Lesens: Liegen dem Lesen aller Texte zunächst die gleichen oder zumindest deutlich ähnliche Prozesse zu Grunde, egal um welche Textart es sich handelt? Oder erfordern verschiedene Texte auch unterschiedliche

Teilkompetenzen für die Bewältigung des Lesens und Verstehens? Es ist schlüssig anzunehmen, dass es für alle Texte zumindest eine gemeinsame Verstehensbasis gibt. Ein Prozess wie in Kapitel II.4.1.2 dargestellt ist bei allen Texten zumindest zu großen Teilen zu durchlaufen, wenn der Text verstanden werden soll. Trotzdem sind unterschiedliche Schwerpunkte in der Rezeptionshaltung und im Verarbeitungsprozess zumindest für literarische Texte und Sachtexte zu erwarten.

Abgrenzung von Sachtexten und literarischen Texten: Definitorisch gesehen, ist eine trennscharfe Abgrenzung von Sachtexten und literarischen Texten schwierig. Ein verbreiteter Ansatz ist die Annahme **funktionaler Unterschiede** zwischen den beiden Textgruppen (vgl. Rosebrock 2007, S. 50). Während die Funktion literarischer Texte schwerpunktmäßig die der Unterhaltung und/oder der literarischen Bildung sei, hätten Sachtexte eine im weiteren Sinne informierende Funktion. Ziel der Lektüre sei somit zunächst der Auf- und Ausbau von Wissen zu einem bestimmten Bereich. Eine so generelle Festlegung einer Funktion literarischer Texte ist allerdings schwierig, da sie z.B. durchaus über Aspekte anderer Zeiten oder Kulturen informieren können. Auch ein so deutlicher Verwendungszweck wie bei den meisten Sachtexten lässt sich für literarische Texte unter Umständen nicht ausmachen.

Auch das Abgrenzungskriterium der **Fiktionalität** ist nicht immer trennscharf; so verschwimmen die Grenzen etwa bei Autobiografien und historischen Romanen (vgl. Jost 2005). Viele Leseforscher gehen weiterhin von Unterschieden in der **Lesehaltung** aus: Einer eher neutralen, auf Informationsentnahme ausgerichteten Haltung bei Sachtexten stehe eine auf Lesegenuss und Empathie mit den Figuren des Textes fokussierte gegenüber (vgl. Garbe 2003).

Ein prinzipieller Unterschied zwischen Sachtexten und literarischen Texten scheint – wiederum ungeachtet einzelner Ausnahmen – in den verschieden großen Verstehensspielräumen bzw. Bandbreiten zulässiger Texte II (vgl. Nussbaumer 1991, S. 146 und Kap. II.4.1.2) zu liegen. Während es bei Sachtexten eher darauf ankommt, ein möglichst eindeutiges Verständnis zu ermöglichen, können literarische Texte gerade durch Mehrdeutigkeit oder prinzipielle Offenheit oder Vielstimmigkeit (vgl. Härle/Mayer 2001) charakterisiert sein. Unter Umständen ist sogar ein zumindest vorübergehendes oder partielles Nicht-Verstehen vom Autor eines literarischen Textes beabsichtigt.

Diskontinuierliche Texte: Neben dieser Kategorisierung hat nicht zuletzt die PISA-Studie gezeigt, dass offenbar unterschiedliche Leseanforderungen zwischen kontinuierlichen und diskontinuierlichen Texten bestehen. Erstere sind linear und in der Regel durch eine kontinuierliche Themenentfaltung charakterisiert. Letztere sind nicht-linear und enthalten beispielsweise Grafiken, Tabellen, Diagramme o. Ä. Ihnen ist hier neben den beiden Großgruppen der Sachtexte und der literarischen Texte ein eigenes Unterkapitel gewidmet. Diese Dreiteilung entspricht auch der in der PISA-Studie vorgenommenen (vgl. Baumert u. a. 2001).

4.2.1 | Zum Lesen und Verstehen von Sachtexten

Was sind Sachtexte? Während in der alltägliche Kommunikation eigentlich jeder weiß bzw. zu wissen glaubt, was ein Sachtext ist, fällt eine genaue Definition oder Abgrenzung von anderen Arten von Texten recht schwer. Charakteristisch für Sachtexte ist zunächst ihre Verankerung in einer bestimmten sach- und/oder fachbezogenen Domäne. Für das Verstehen von Sachtexten ist daher ein mögliches Vorwissen innerhalb dieser Domäne ein zentraler Faktor. Es scheint weitergehend zunächst sinnvoll, Sachtexte, die für die Schule relevant sind, von Fachtexten abzugrenzen, die zwar ebenfalls (wenn nicht noch typischer) in einer Fachdomäne verhaftet sind, dort aber vor allem für die fachinterne Kommunikation von Experten innerhalb dieser Domäne gedacht sind. Sachtexte hingegen sind fachexterne Texte. »Sie vermitteln Lesern als Laien Fakten und Erkenntnisse, um deren Wissen zu erweitern oder um Handlungen auszulösen« (Baurmann 2009). Ist diese Trennung von Sach- und Fachtexten zwar nicht unumstritten, so ist sie für didaktische Zwecke zur Abgrenzung des Gegenstandes doch günstig.

Typen von Sachtexten: Hilfreich für einen sinnvollen didaktischen Umgang mit Sachtexten sind ebenfalls verschiedene Versuche der Untergliederung von Gruppen, die sich nach der spezifischen Ausprägung der generellen Informationsfunktion von Sachtexten unterscheiden. Christmann/Groeben (1999) unterscheiden dabei Lehrtexte, Persuasionstexte und Instruktionstexte. Hier sind die Grenzen sicherlich fließend, doch ist eine solche Einteilung für eine an der Funktion der Texte ausgerichtete Auswahl im Unterricht hilfreich.

- **Lehrtexte** haben den Hauptzweck Wissen an die Leser zu vermitteln; auf die Schule bezogen ist ein Lehrbuchtext in einem bestimmten Sachfach ein typischer Kandidat für diese Gruppe.
- **Persuasionstexte** umfassen argumentierende bzw. erörternde Texte, die bestimmte Einstellungen bei den Rezipienten hervorrufen wollen. Prototypisch wären hier etwa eine politische Rede oder bestimmte journalistische Textsorten (Kommentar, Essay etc.).
- **Instruktionstexte** sind Texte, die zum Ziel haben, den Rezipienten im Anschluss an die Lektüre (oder begleitend) zu bestimmten Handlungen zu befähigen, etwa eine Anweisung oder ein Rezept.

Sachtexte in allen Fächern lesen: Auch durch die Deutsch-als-Zweitsprache-Forschung ist in den letzten Jahren in den Fokus der Aufmerksamkeit gerückt, dass Lesen in allen Fächern stattfindet und Leseförderung daher nicht nur auf den Deutschunterricht beschränkt sein kann und darf (Leisen 2007). In jedem Schulfach kommen fachbezogene Sachtexte vor, die für einzelne Fächer oder Fächergruppen typische Elemente und Schwierigkeiten enthalten (ebd., S. 191 f.). Dies gilt umso mehr, je stärker die Zahl der in den Fächern zu lesenden Texte im Laufe der Schulzeit – vor allem in der Sekundarstufe – anwächst und je deutlicher sich die Texte in inhaltlicher und sprachlicher Hinsicht ausdifferenzieren. Wünschenswert wäre für die Schule daher ein zwischen den Fächern abgestimmtes oder gar fächerübergreifendes Lesecurriculum, in das zu lesende Texte nach Schwierigkeiten gestaffelt eingehen könnten.

Schwierigkeiten von Sachtexten: Welche sind denn aber eigentlich die den Sachtexten immer wieder attestierten Schwierigkeiten?

Diese liegen zum einen auf der **inhaltlichen Ebene**: Die Themen sind fachspezifisch und stammen aus Bereichen, die den Schülerinnen und Schülern nicht immer vertraut sind. Gerade hier liegt aber auch die Chancen für die Leseförderung, vor allem bei männlichen Jugendlichen, die oft starkes Interesse etwa an bestimmten naturwissenschaftlichen Themen zeigen und bei der Lektüre entsprechender Texte ein ähnliches Lesevergnügen erleben können, wie es in der Lesebiografieforschung für literarische Texte beschrieben worden ist (Baurmann 2009; Graf 2010).

Auch auf der Ebene der **sprachlichen Gestaltung** sind Sachtexte in der Regel durch bestimmte charakteristische Merkmale gekennzeichnet, die Schülern durchaus Probleme bereiten und die in nachstehendem Beispiel aus einem Lexikonartikel gut zu erkennen sind. Eine erste Hürde stellt oft das entsprechende Fachvokabular (als Teil der entsprechenden Fachsprache) dar. Dies besteht erstens aus der ausgesprochenen Fachsprache einer Domäne mit zum Teil sehr komplexen Termini, die Fremdwörter oder Fremdwortteile enthalten können und/oder stellenweise sehr ausgedehnt von den Möglichkeiten der deutschen Wortbildung Gebrauch machen. Gerade vielgliedrige Komposita können oft schwer zu entschlüsseln sein. In folgendem Lexikonartikel könnten beispielsweise die Wörter *Wärmeisolation*, *Wärmeaustauscher* oder *Gegenstromprinzip* beim Lesen Schwierigkeiten machen.

Sachtext Lexikonartikel   Beispiel 5
(aus Wikipedia, nach Baurmann 2009)

Wärme-Isolation und Wärmeaustauscher bei Pinguinen
[...] Zur Wärmeisolation dient zunächst eine ausgeprägte, oft zwei bis drei Zentimeter dicke Fettschicht, über der sich drei wasserdichte Schichten kurzer, dicht gepackter und gleichmäßig über den ganzen Körper verteilter Federn befinden [...] Die in den Federschichten eingeschlossene Luft schützt im Wasser ebenfalls sehr effektiv vor Wärmeverlusten.
Daneben besitzen Pinguine hoch entwickelte »Wärmetauscher« in ihren Flossen und Beinen: Das in diese Gliedmaßen einströmende arterielle Blut gibt seine Wärme zu einem großen Teil an das kühlere in den Körper zurückströmende venöse Blut ab, so dass Wärmeverluste minimiert werden. Dies wird als »Gegenstromprinzip« bezeichnet.

Studien haben gezeigt, dass auch oder gerade das Verständnis der Wörter schwer fällt, die in der Alltagssprache zwar ebenfalls existieren, in fachlichen Kontexten aber eine andere, eben fachspezifische Bedeutung tragen (vgl. Grießhaber 2010) wie etwa *Spannung* oder *umkippen*. Gerade Kinder mit niedrigen Sprachkompetenzen, z. B. Kinder mit Migrationshintergrund, die das Deutsche als Zweitsprache lernen, haben oft Probleme damit, diese spezifischen Bedeutungsunterschiede zu erkennen und gelangen so auch nicht zu einem angemessenen Textverständnis. Dazu kommen Elemente, die weniger für die Sprache in einem spezifischen Fach als vielmehr für Fachsprache generell kennzeichnend sind wie z. B. komplexe Satzstrukturen etwa durch Attribute, Passivbildungen, verstärkte Nominalisierungen etc. Im obigen Textbeispiel kommen die teilweise sehr langen Sätze vor allem durch die vielen und komplexen Attribute vor einigen Substantiven zustande, etwa bei:

... über der sich [drei wasserdichte Schichten] [kurzer], [dicht gepackter] und [gleichmäßig über den ganzen Körper verteilter] **Federn** befinden ...

Hier ist das Kernsubstantiv Federn allein durch vier Attribute unterschiedlicher interner Komplexität ergänzt.

Gerade für schwache Leser ist es auch noch in der Sekundarstufe schwierig, die Zusammenhänge zwischen einzelnen Textteilen (wieder) herzustellen. Werden einzelne Elemente, die etwa die chronologische oder argumentative Struktur eines Textes verdeutlichen (zur Textgrammatik s. Kap. II.3.5.1), nicht erkannt, kann dies das Textverständnis erschweren oder sogar verhindern.

4.2.2 | Lesen und Verstehen von diskontinuierlichen Texten

Sachtexte zeichnen sich – je nach Disziplin in unterschiedlichem Maße – dadurch aus, dass sie beispielsweise Bilder, Tabellen oder Diagramme enthalten können. Schnotz/Dutke (2004) unterscheiden dabei »realistische Bilder‹ (Fotografien, Gemälde, Zeichnungen) und ›logische Bilder‹ (Diagramme)« (S. 63). Da hierbei die Linearität des Textes unterbrochen wird, spricht man auch von diskontinuierlichen oder nicht-linearen Texten. Auch der Inhalt von Tabellen, Grafiken o. Ä. muss verstanden und mit dem Inhalt des umgebenden Textes in Einklang gebracht werden. Das Verhältnis der Komponenten kann dabei unterschiedlich sein: Der Text kann durch Bilder illustriert oder ergänzt werden, andererseits können Bilder beschriftet bzw. mit Erläuterungen versehen sein. Schmitz betont die wichtige Rolle der visuellen Textgestaltung, der Verteilung der einzelnen Textelemente auf der Oberfläche für das Konstruieren von Textsinn, aber auch für die ästhetische bzw. dekorative Komponente der Textproduktion und -rezeption.

Beim Lesen gilt es einmal, die Bilder als solche zu lesen. Beim Verstehen realistischer Bilder kann zunächst die alltägliche Wahrnehmung helfen, das Dargestellte zu erkennen. Auf dem Bild erkennbare Teile/Objekte müssen in einen Zusammenhang gebracht werden. Damit handelt es sich auch beim Verstehen von Bildern um einen Prozess der **Kohärenzbildung**. Dazu kommt oft die Frage, warum gerade dieses Bild innerhalb des Textes an der entsprechenden Stelle vom Autor ausgewählt worden ist. Das Verstehen von Diagrammen basiert nicht auf Ähnlichkeit – so weisen z. B. Zahlen oder Kurven keine optische Verwandtschaft zu den dargestellten Sachverhalten, etwa der Entwicklungs von Bevölkerungszahlen auf –, sondern auf dem Erkennen von Mustern und Systematiken und muss erlernt werden.

Verknüpfungen zwischen Text- und Bildanteilen: Der Leser muss aus den Bestandteilen eines diskontinuierlichen Textes eine gemeinsame Repräsentation erstellen. »Im Rahmen der interrepräsentationalen Kohärenzbildung schränkt meist eine Repräsentation (z. B. ein Bild) die Zahl der Interpretationsmöglichkeiten einer anderen Repräsentation (z. B. eines Textes) ein und umgekehrt, sodass multiple Repräsentationen einander hinsichtlich ihrer Verständlichkeit unterstützen« (Schnotz/Dutke 2004, S. 71). Allerdings repräsentieren Texte und Bilder (i. w. S.) die gemeinten Sachverhalte auf unterschiedliche Art und Weise und dienen somit auch prinzipiell unterschiedlichen Zwecken: Aus Bildern können gesuchte Informationen direkter abgelesen werden, Texte sind wiederum flexibler und reicher in den Möglichkeiten des Ausdrucks.

TSCHADSEE

Abbildung 1 zeigt die Schwankungen des Wasserstandes des Tschadsees in der Sahara in Nordafrika. Während der letzten Eiszeit, etwa 20000 v. Chr., verschwand der Tschadsee vollständig. Um etwa 11000 v. Chr. entstand er wieder neu. Heute hat er etwa den gleichen Wasserstand wie im Jahre 1000 n. Chr.

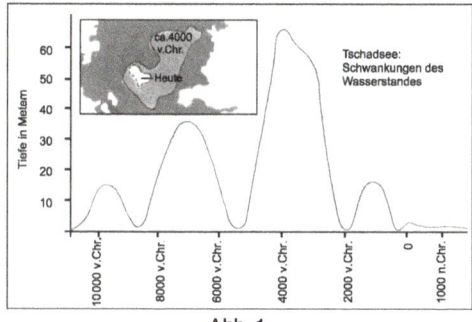

Abb. 1

Abbildung 2 zeigt Felsmalereien aus der Sahara (Zeichnungen oder Bilder wurden auf den Wänden der Höhlen gefunden) und Veränderungen in der Struktur der Tierwelt.

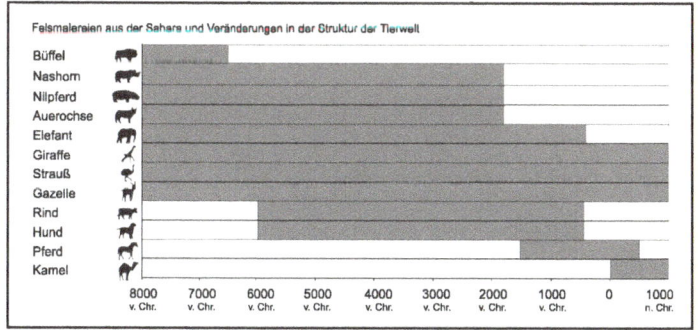

Abb. 2

Abb. 7: Tschad-See – Leseaufgabe aus PISA 2000

II.4.2 Arbeitsfelder und Lernbereiche

Textrezeption

Die Aufgabe zum Tschad-See aus der PISA-Studie gibt ein Beispiel dafür, wie Lese zum Verstehen des kompletten Textes Informationen aus den Grafiken und dem Text integrieren müssen. Nur aus der Kombination heraus ist die Frage zu beantworten, wie der heutige Wasserstand des Sees aussieht.

Abb. 8: Zeitungstext als Text-Bild-Kombination

Zeitungstexte: Neben Sachtexten zeichnen sich auch andere Textarten durch die regelmäßige Kombination von Text- und Bildelementen aus, z. B. Zeitungstexte. Das Beispiel aus einer Kölner Tageszeitung (s. Abb. 8) verdeutlicht, wie auf diese Weise eine Collage aus unterschiedlichen Quellen und Perspektiven zum Kernthema einer Zeitungsseite zusammengebracht werden kann. So dient im Prinzip auch hier die häufig verwendete

Kombination aus Texten und Bildern dazu, mehrperspektivisches Verstehen zu ermöglichen. Das Beispiel trägt so verschiedene Quellen und Meinungen zum Thema ›Lärmbelästigung‹ zusammen.

Weitere Aspekte von Nicht-Linearität: Während in Sachtexten häufig Text und Bild in ihren Bedeutungen kongruieren, sich also gegenseitig in der Aufforderung zur Sinnkonstruktion unterstützen oder ergänzen, muss dies nicht prinzipiell der Fall sein. So ist es für manche Werbetexte durchaus charakteristisch, dass sich Text und Bild zunächst zu widersprechen scheinen. Oft beruht der Witz von Werbetexten gerade auf diesem Widerspruch, der die Aufmerksamkeit der Leser sichert. Didaktisch gesehen, eignen sich solche zunächst inkongruenten Relationen zwischen Texten und Bildern sowie die damit oft erzeugten Erwartungsbrüche gut zur Analyse etwa in der Sekundarstufe.

Eine weitere Dimension der Nicht-Linearität bzw. Diskontinuität von Texten wird in den neuen Medien erreicht. Neben klassischen Text-Bild-Kombinationen, die es natürlich auch bei Internet-Texten gibt, wird in Hypertexten die Linearität geschriebener Texte durch anzuklickende Bilder oder Links noch stärker durchbrochen (zu Textsorten in den neuen Medien s. Kap. III.5).

4.2.3 | Lesen und Verstehen von literarischen Texten

Das Lesen literarischer Texte bildet im Deutschunterricht traditionell und auch gegenwärtig einen deutlichen Schwerpunkt. Dass literarische Texte bei der Textauswahl der PISA-Studie einen vergleichsweise kleinen Teil der in den Aufgaben vorkommenden Texte ausmachen, stellt also zumindest eine Verschiebung der Schwerpunkte dar. Die Dominanz literarischer Texte im Unterricht fällt wiederum nicht mir der Leseleistung zusammen: Sie machen den Schülerinnen und Schülern offenbar größere Schwierigkeiten als die verwendeten Sachtexte. Aus den Daten ist in der Regel geschlossen worden: »Literarische Texte stellen tatsächlich andere Leseanforderungen und fordern andere Verstehensschritte als sonstige Texte« (Rosebrock/Nix 2012).

Das Verstehen literarische Texte: Zunächst ist auch bei literarischen Texten ein globales Verstehen im Sinne einer Kohärenzbildung notwendig. Das Bilden und Erkennen von Superstrukturen (s. Kap. II.4.1.2), das sich für literarische Texte als Wissen um **Textgenres/Gattungen** konkretisieren lässt, hat im Literaturunterricht immer eine zentrale Rolle eingenommen. Hier liegen durchaus Parallelen zur Behandlung verschiedener Sachtextsorten vor. Dies gilt für die Ebene des Erkennens der Darstellungsintentionen allerdings nicht. Während in den einzelnen Fächern gelesene Sachtexte typischerweise eine informative Funktion haben und die Darstellungsintention damit quasi gegeben ist, sind literarische Texte prinzipiell offen, mehrdeutig oder vielstimmig (Härle/Mayer 2001).

Um das Spezifische literarischer Texte zu erfassen, gehört auch das **Erkennen ästhetischer Besonderheiten** auf der sprachlichen Ebene dazu.

Spinner spricht hier von »literarästhetischer Sensibilität« (2006, S. 11). Dazu gehört einerseits das sinnliche Wahrnehmen lautlicher und rhythmischer Besonderheiten der Sprache in manchen literarischen Texten. Diese können im Deutschunterricht besonders bei der Behandlung von Lyrik auf- bzw. ausgebaut werden. Auch das Erschließen der Bild- und Symbolhaftigkeit literarischer Sprache gehört zum Verstehen eines literarischen Textes.

Lernziele Imaginationskraft und Empathiefähigkeit: Über die oben angeführten Ziele hinaus kann das Lesen literarischer Texte allerdings auch (oder vor allem) zu den anderen in Kapitel II.4.1.1 genannten Teilkompetenzen beitragen: zu den subjektbezogenen und sozialen. Literarische Texte haben in der Regel stärkere emotionale und imaginative Potenziale als Sachtexte. Sie können Leser dazu einladen, in andere Welten einzutauchen und fremde Szenen zu visualisieren; sie fördern Imaginationskraft oder Vorstellungsbildung (vgl. Spinner 2006, S. 10). Dazu gehört für die Leser aber auch die Fähigkeit, sich in fremde Perspektiven hineinzuversetzen. Insofern kann das Lesen literarischer Texte die Empathiefähigkeit fördern (ebd.). Dies kann gerade auch auf Texte und Figuren aus anderen Kulturen zutreffen.

Formuliert man die letztgenannten beiden Punkte nicht nur als Potenziale, sondern auch als Lernziele, zeigt sich eine gewisse Schwierigkeit des Literaturunterrichts angesichts der aktuellen Debatte um Kompetenzen und gestufte Standards. Die letztgenannten Teilkompetenzen scheinen – im Unterschied zu den kognitiven – kaum exakt messbar, auch wenn sie in Interpretationstexten und literarischen Unterrichtsgesprächen (vgl. Härle/Steinbrenner 2004) zumindest zum Teil sichtbar werden und beurteilt werden können.

4.3 | Leseförderung

Die verschiedenen Sichtweisen auf Lesen und die Lesekompetenz führen in der Didaktik zu unterschiedlichen Arten der Förderung. Die gegenwärtig detaillierteste Systematisierung stammt von Cornelia Rosebrock und Daniel Nix (2012), die die verschiedenen Maßnahmen der Leseförderung den in ihrem Modell der Lesekompetenz unterschiedenen Ebenen zuordnen.

[Dekodierungen auf Wortebene]	Kap. 3 Lautlese-Verfahren	Kap. 4 Viellese-Verfahren	Kap. 5 Lesestrategien trainieren	Kap. 6 Sachtextlektüre unterstützen	Kap. 7 Leseanimation	Kap. 8 Literarisches Lesen unterstützen
Zielen auf Automatisierung der Worterkennung (hierarchie-niedriger Bereich)	Zielen auf die Verbesserung von Leseflüssigkeit (indirekt auf Verbesserung des Textverstehens)	Zielen global auf Steigerung der Leseleistungen auf allen Prozessebenen und auf die Steigerung der Motivation	Zielen auf die Verbesserung des Leseverstehens	Zielt auf domänenspezifisches Sprach-, Text- und Weltwissen	Zielt auf Motivationssteigerung durch Inszenierung literarischer Kultur; zielt auf Selbststeuerung auch der Handlungsebene	Zielt auf Textsortenkenntnis, Vertiefung des Textverstehens, ggf. Intensivierung der subjektiven Beteiligung
Trainiert den Aufbau des Sichtwortschatzes	Trainieren den Aufbau des Sichtwortschatzes und die Fähigkeit zum Sequenzieren von Sätzen (»prosodic parsing«)	Trainieren die Selbststeuerung auf Prozessebene; tangiert das Selbstbild als Leser(in)	Trainieren die metakognitive Steuerung und Überprüfung von Leseprozessen	Trainiert die Top-down-Leistungen beim Textverstehen	Indirekte (prozessferne) Förderung; tangiert das Selbstbild als Leser(in)	Top-down-Leistungen trainieren und literarische kulturelle Praxis inszenieren
[Alphabetisierung]	[Deutschunterricht + Fachunterricht]	[Deutschunterricht + Schulkultur]	[Deutschunterricht + Fachunterricht]	[Fachunterricht + Deutschunterricht]	[Schulkultur + Deutschunterricht]	[Literaturunterricht]

Abb. 9: Leseförderung: Systematik der Handlungsdimensionen (nach Rosebrock/Nix 2012, S. 11)

4.3.1 | Lesemotivation

Maßnahmen der Leseförderung sind danach zu unterscheiden, auf welche Komponente der Lesekompetenz sie abzielen. Eine Gruppe richtet sich beispielsweise auf die Steigerung der Lesemotivation (Leseanimation). Im Rahmen der PISA-Studie erhobene Daten zeigen, dass die Lesemotivation und das Selbstkonzept der Schüler (die Sichtweise der eigenen Person als guter oder häufiger Leser) signifikant mit der Lesekompetenz korrelieren (vgl. Baumert u. a. 2001).

Auswahl geeigneter Lektüren: Bei der Steigerung der Lesemotivation spielt beispielsweise die Auswahl geeigneter Texte für die jeweiligen Leser eine wichtige Rolle (vgl. Richter/Plath 2002; Garbe 2003). Aus der **Lesebiografieforschung** weiß man, dass es bestimmte kritische Phasen gibt, in denen Kinder und Jugendliche besonders häufig zu Nichtlesern werden können. Graf (2010) spricht hier von **Lesekrisen** oder Leseknicks. Während die erste Lesekrise bereits in der Grundschulzeit verortet wird, fällt die zweite häufig mit dem Pubertätsalter zusammen. Um solche Leseknicks zu verhindern, brauchen gerade junge Leser Lektüren, die sie ansprechen und ihre Interessen ernstnehmen und berücksichtigen. Man weiß aus der Forschung ebenfalls zumindest für verschiedene Gruppen, welche Arten von Texten junge Leser mögen.

Textrezeption

Richter und Plath (2002) sowie Philipp (2011) zeigen relativ übereinstimmend für die dritte und vierte Klasse, dass Mädchen besonders gern Tiergeschichten, realistische Geschichten und Märchen lesen, Jungen hingegen Krimis, gruselige Lesestoffe und Sachbücher. Beiden Geschlechtern gemeinsam ist die Vorliebe für Abenteuerbücher. Deutlicher zeigen sich Differenzen, wenn man die gewählten Zeitschriften untersucht: »Mädchen präferieren Titel, die sich dem Bereich Tiere, Stars, Mode und Musik zuordnen lassen, Jungen finden Titel interessant, die sich um Technik, Computer und vor allem Sport drehen. Diese Geschlechterspezifika bilden sich Längsschnittstudien zufolge zu Beginn der Jugend deutlich heraus« (Philipp 2011, S. 13).

Im Unterricht sollte es möglich sein, diese Interessen zumindest hin und wieder bei der Auswahl der Lektüren zu berücksichtigen. Allerdings kann sich der Unterricht nicht aus lesemotivationalen Gründen darauf beschränken, nur die Textarten als Lesestoff zu nutzen, die die Schüler (in ihrer Freizeit) ohnehin lesen würden. Darüber hinaus muss der Unterricht die Leser auch an jene Textsorten heranführen, mit denen sie außerhalb der Schule nicht in Kontakt kommen würden. Auch hier gibt es allerdings Möglichkeiten, die Interessen der Schüler mit einfließen zu lassen. So können sie etwa an der Auswahl der Lektüre aus einem bestimmten Kanon oder aus mehreren Texten derselben Textsorte beteiligt werden o. Ä. Eine wichtige Brückenfunktion zu einer lustvollen Lektüre von Erwachsenenliteratur wird hierbei der Kinder- und Jugendliteratur zugeschrieben.

Leseumgebung/Leseklima: Neben der Frage, welche Texte gelesen werden (sollen), ist für die Lesemotivation gerade in der Grundschule und den unteren Klassen der Sekundarstufe das Schaffen einer angenehmen und anregenden Leseumgebung wichtig. Lesen darf nicht nur als lästige Pflichterfüllung empfunden werden, sondern »muss auch als lustvolle, spannende, erfahrungsintensive Beschäftigung seinen Platz finden« (Spinner 2006, S. 15). Hier stehen gegenwärtig eher offene Formen des Unterrichts im Vordergrund (vgl. Bertschi-Kaufmann 2007). Freiarbeitsphasen können von den Schülerinnen und Schülern dazu genutzt werden, Bücher nach eigenem Interesse zu lesen, die entweder in der **Schulbibliothek** vorhanden sind oder im Klassenzimmer in speziellen **Leseecken** bereit liegen. Die Schüler sollten dabei möglichst ungestört und bequem lesen können.

Einbeziehung außerschulischer Leseerfahrungen: Weiterhin ist es gerade für jüngere Leser wichtig, dass sie ihre Leseerfahrungen mit anderen teilen oder sogar Leseergebnisse einer (kleineren) Öffentlichkeit präsentieren können. Dazu gehören etwa Möglichkeiten zur Buchpräsentation in der Klasse oder eine Ausstellung von Bildern zu gelesenen Büchern. Zum Aufbau und zur Aufrechterhaltung einer stabilen und umfassenden Lesekultur (vgl. dazu zuletzt das Themenheft »Lesekultur« der Zeitschrift *Praxis Deutsch*, 2012) ist es günstig, das schulische Lesen mit dem außerschulischen (zumindest dem außerunterrichtlichen) Leben zu verbinden (zu außerschulischem Lernen s. Kap. I.2.2.1). Dies lässt sich z. B. durch **Lesenächte** erreichen oder auch durch verstärkte Zusammenarbeit der

Schulen mit Bibliotheken, die etwa thematisch gebundene Bücherrucksäcke zur Verfügung stellen können. Wenn Schulen Autoren von Jugendbüchern zu Lesungen einladen, stellt dies einen weiteren Kontakt zum außerschulischen literarischen Leben dar.

Zugang zum Lesen über andere Medien: Auch die Integration medialer Umsetzungsvarianten etwa literarischer Stoffe z. B. in **Hörbüchern** oder **Literaturverfilmungen** ist ein wichtiger motivationaler Faktor. Einerseits bietet sich hier ein Zugang für Weniglieser, die mit bestimmten Stoffen und Themen sonst lediglich über audiovisuelle Medien in Kontakt gekommen wären. Der Weg über den Film o. Ä. zum Buch sollte also durchaus genauso genutzt werden wie der umgekehrte. Auf diese Weise lässt sich unter Umständen auch verhindern, dass Kinder und Jugendliche mit der Verarbeitung ihrer medialen Erfahrungen allein gelassen werden. Weiterhin bieten sich im Unterricht auch viele Möglichkeiten, auf die Spezifika der Umsetzungsmöglichkeiten der einzelnen Medien einzugehen, indem beispielsweise Buch- und Filmversionen verglichen werden (vgl. Abraham 2009; Rosebrock/Nix 2012).

Die neuen Medien können ebenfalls dazu genutzt werden, einen weiteren Anreiz für das Lesen von Büchern zu schaffen, indem sie Schülerinnen und Schülern Möglichkeiten der digitalen Überprüfung ihres Leseerfolgs bieten oder auch online Leseempfehlungen oder Büchertipps geben. Viele Schulen in Deutschland arbeiten beispielsweise inzwischen mit dem **online-Portal Antolin**, bei dem die Schülerinnen und Schüler in einem Lesequiz ihr Wissen zu einer großen Anzahl Bücher testen können und dafür Punkte erhalten. Die Lehrkraft kann Einblicke in die Lesetätigkeiten der Kinder nehmen. Erste Umfragen unter Schülern und Lehrenden zeigen, dass Antolin offenbar tatsächlich einen ausgesprochen positiven Einfluss auf die Lesemotivation hat (vgl. Dieme 2008).

Alle genannten Maßnahmen sollen im besonderen Maße dazu dienen, die in der Lesebiografieforschung festgestellten zwei Leseknicks oder Lesekrisen (vgl. Graf 2010) abzumildern. Durch lesemotivierende Maßnahmen soll verhindert werden, dass Schülerinnen und Schüler zu Nicht-Lesern werden.

4.3.2 | Training von Lesefertigkeit und Leseflüssigkeit

Will man den kognitiven Aspekt des Leseverstehens fördern und damit die Konstruktion von Sinn aus Texten erleichtern, bestehen grundsätzlich zwei Möglichkeiten (vgl. Gold 2007): Die hierarchieniedrigen Prozesse kann man festigen, indem man versucht die Leseflüssigkeit zu erhöhen (vgl. Nix 2011; Rosebrock u. a. 2010). Geschieht dies durch lautes Vorlesen, sind Vor- und Nachteile zu bedenken. Lautes Lesen kann – als zusätzliche Anstrengung und Verlangsamung im Vergleich zum stillen Lesen – dazu führen, dass das Sinnverstehen erschwert wird (vgl. Spinner 2006, S. 29). Auch haben empirische Studien gezeigt, dass eine hohe Leseflüssigkeit nicht unbedingt mit sicherem Textverstehen korrelieren muss. Dennoch ist es wichtig, dass Schülerinnen und Schüler eine ausreichende Leseflüssigkeit erreichen, um so Kapazitäten für die hierarchiehöheren Prozesse freiwerden zu lassen. Leseflüssigkeit bzw. -geläufigkeit wird weiterhin in der Leseforschung als gutes diagnostisches Kriterium angesehen. In Vorleseprotokollen lassen sich etwa aus den Verlesern und Selbstkorrekturen der Kinder Schlüsse auf ihre Fähigkeit ziehen, sinnentnehmend zu lesen (vgl. von Wedel-Wolff 1998).

Lautleseverfahren haben didaktisch wenig mit dem traditionellen Reihum-Vorlesen in Klassen zu tun. Wichtig bei Lautleseverfahren ist gerade, dass sie kein bloßes sinnentleertes Herunterlesen befördern, sondern dass das Vorlesen sich eher in Richtung eines Vortragens oder Präsentierens entwickelt. Dies beginnt beispielsweise beim Vorlesen von Passagen aus Lieblingsbüchern in der Klasse. Eine für fortgeschrittene Grundschüler und Sekundarschüler sehr ansprechende Methode aus dem angelsächsischen Raum ist das sogenannte **Lesetheater** (vgl. auch Nix 2006). Dabei werden einfache literarische Texte von den Schülerinnen und Schülern in Scripts mit Figuren- und Erzählerrede in verschiedenen Rollen umgeschrieben, die die Schüler üben und anschließend der Klasse oder einem breiteren Publikum vortragen können. Auf diese Weise ist das Lesen quasi automatisch ein sinngebendes. Hier lassen sich deutliche Ähnlichkeiten zu den verbreiteten Methoden des Handlungs- und Produktionsorientierten Literaturunterrichts feststellen, zu denen beispielsweise auch das darstellende bzw. szenische Spiel gehört.

Eine weitere Hilfe beim Lauten Lesen ist das ebenfalls aus dem angelsächsischen Raum stammende *paired reading*. Gelesen wird im Tandem, wobei sich der schwächere Schüler an der Leseleistung des stärkeren orientieren kann. Wiederholtes lautes Lesen kann auch dazu führen, dass sich Schülerinnen und Schüler bestimmte Wörter im Zuge der Wiederholung merken (vgl. Rosebrock u. a. 2011; Rosebrock/Nix 2012). Insofern dienen Laut- und Vielleseverfahren dem Ausbau des Wortschatzes, erleichtern das Wortlesen und ermöglichen so vermutlich einen schnelleren Zugriff auf das mentale Lexikon.

Kruse (2007) nimmt auf seiner ›Lesedidaktischen Landkarte‹ drei Möglichkeiten zur Förderung der kognitiven Komponente des Lesens an: Neben der Maßnahmen zur Erhöhung der Leseflüssigkeit (s. o.) und dem Aufbau von Lesestrategien (s. Kap. II.4.3.3) müssen zu Beginn auch die basalen Lesefertigkeiten wie die Erkennung von Buchstaben, Wörtern und Satzzusammenhängen erkannt werden.

Übungen zur Förderung der der basalen Lesefertigkeiten: Hier einige Übungsbeispiele für das Training des Erkennens von Wörtern und des helfenden Einsatzes von Satzstrukturen:

Lesen fördern – Leser/innen stärken
(aus Bundesministerium für Unterricht, Kunst und Kultur 2007)

Beispiel 6

Beobachtungsübung 1

In die folgenden Namenslisten haben sich einige Fehler eingeschlichen. Finde sie möglichst rasch und streiche sie an. Schreibe die jeweilige Fehleranzahl auf die Linie.
Es handelt sich übrigens um Personen, die Märchen gesammelt und aufgezeichnet oder selbst geschrieben haben.

Jacob Grimm Jacob Grimm Jacob Grimm Jacob Grimm Jacob Grimn Jacob Grimm Jacob Grimm
Jacob Grimm Jacop Grimm Jacob Grimm Jacob Grimm Jacob Grimm Jacob Grimm
Jacob Grimm Jacob Grimm Jocob Grimm Jacob Grimm Jacob Grimm Jacof Grimm
Jacob Grimm Jacob Griem Jacob Grimm Jacob Grimm Jacob Grimm Jacob Grimm

Zahl der Fehler: _____

Beobachtungsübung 3

Suche unter den nachstehenden Wörtern so rasch wie möglich alle wichtigen Begriffe heraus, die im Märchen »Schneewittchen« eine besondere oder typische Rolle spielen, und markiere sie! Halte dabei die Leserichtung (von links nach rechts) ein!

Wolf Goldklumpen Spinnrad Auto Spiegel Gelse Moped Fahrrad Leopard Post Teich Ente Onkel Forelle Mieder Hecht Foto Freund Drache Taschenlampe Schnitzel Zwerge Eis Heft Radio Maschine Dusche Straße Plastik Brot Straßenbahn Autobus Sommer Zeitung Wünsche Buch Apfel Anfang Wiege Krankenhaus Schule Strick Freitag Sarg Leiter Lied Ofen Blutstropfen Tennisplatz Feuer Liebe Bäcker Ende Ebenholz Zettel Sonnenblume Schlaf Mohnblume Rose Hose Seife Dose Fee Strick Jäger Flossen Lampe Tisch Stiefmutter Taschenrechner Prinz Bahnhof Kamm Haltestelle Dornröschen Drucker Großmutter Regal Traum Bibliothek Korb Stift Schienbein Fee Wendeltreppe Kabel Sofa Platte Kochtopf Klo Mantel Schwert Zauberstab Hammer Parkettboden Papier Klingel Band Taste Ampel Schlauch Gift Direktor Schulwart Unterricht Salbe Biene Handtuch Schnee Farbe Flasche Dampfer Apotheke Heu Gänseblümchen Bleistift Huhn Mist Telefon Papier Zündholz

Anzahl der gesuchten Begriffe: 13

5. Nun stehen einzelne Wörter bzw. der ganze Text auf dem Kopf. Kannst du den Beginn dieser bekannten Märchen trotzdem lesen?

Es war einmal eine alte Geiß, die hatte sieben kleine Geißlein. Sie liebte sie, wie eine Mutter ihre Kinder lieb hat. Eines Tages wollte sie in den Wald gehen und Futter holen.

Es waren einmal ein Fischer und seine Frau. Die Wohnten zusammen in einem Pißpott nahe an der See. Der Fischer ging jeden Tag hin und angelte. Er angelte und angelte.

Die erste Übung dient dazu, sich wiederholende Wörter schnell nach einzelnen (falschen) Buchstaben abzusuchen. Die zweite hat den Sinn das Finden einzelner Wörter in Wortgruppen zu trainieren, viele Wörter also möglichst schnell auf wichtige Elemente hin durchzuscannen. Die letzte Übung bietet einige Wörter in verzerrter oder abweichender Gestalt an. Als Hilfe zum Entziffern können die Schüler den stützenden syntaktischen oder textuellen Kontext sowie Teile ihres themengebundenen Wissens verwenden. Will man über mühsames Wort-für-Wort-Erlesen beim Texte-Lesen hinauskommen und höhere Hierarchiestufen erreichen, sind dies unabdingbare Fähigkeiten.

Im Vergleich zur Förderung der Lesemotivation, die in der Regel in offenen Unterrichtsformen stattfindet, haben Übungen zur Lesefertigkeit und Leseflüssigkeit eher den Charakter angeleiteten Unterrichts, häufig ist auch die Bezeichnung ›Lesetraining‹. Ähnliches gilt für die Förderung des Textverstehens mittel Lesestrategien.

4.3.3 | Lesestrategien

Für die Förderung hierarchiehöherer Prozesse ist in der Forschung der letzten Jahre verstärkt auf das Vermitteln von Lesestrategien hingewiesen worden. Das vor allem in Amerika verbreitete strategische Lesenlernen ist besonders in den letzten Jahren nach PISA 2000 in den Horizont der deutschen Leseforschung und inzwischen auch des Unterrichts gerückt. Lesestrategien können als »zielgerichtete potentiell bewusste und kontrollierbare Prozesse beschrieben werden« (Artelt 2004, S. 62). Sie sind eine besondere Form von Lernstrategien, die Spinner wie folgt charakterisiert: »eine in unterschiedlichen Situationen einsetzbare, zielgerichtete Vorgehensweise [...], die automatisiert ablaufen kann, aber auch bewusstseinsfähig ist« (2004, S. 131).

Gruppierungen von Lesestrategien: Es gibt mehrere Möglichkeiten der Gruppierung eines Verbundes von Lesestrategien. Häufig werden sie nach der chronologischen Reihenfolge im konkreten Leseprozess geordnet; es werden demzufolge Strategien vor dem Lesen, während des Lesens und nach dem Lesen unterschieden (in diesem Sinne etwa Willenberg 2004).

Vor dem Lesen: Bevor der entsprechende Text tatsächlich (in Gänze) gelesen wird, können Schülerinnen und Schüler beispielsweise auf Grund einer Überschrift oder den Text begleitenden Bildern eine **Erwartung** äußern, worum es in diesem Text wohl gehen wird. Dabei kann man eventuell auch über die Textart nachdenken – und was man über diese generell schon weiß. Gleichzeitig kann man sich in diesem Stadium eines eventuell gegebenen Leseauftrags noch einmal vergewissern: Soll(te) ich den Text mit einer bestimmten Fragestellung lesen? Da **Überschriften** häufig Hinweise auf das Thema des Textes geben, ist es in dieser Phase auch möglich, thematisches Vorwissen zu aktivieren. Eine solche Aktualisierung vorhandenen Wissens zu einem Themenbereich ist oft eine Hilfe beim Verstehen und Einordnen einzelner dem Text entstammender Informationen. Unter Umständen gibt es sogar **Abstracts** oder **Klappentexte** zu einem längeren Text, die ebenfalls für die weitere Lektüre hilfreich sein können (sogenannte ›advance organizer‹). Zuletzt kann vor dem kompletten Lesen des Textes ein erstes Überfliegen – z. B. entlang der Kapitelüberschriften – stattfinden. Auf diese Weise lässt sich eventuell bereits über diese Überschriften ein Eindruck von der Gliederung des Textes gewinnen sowie eine Vorstellung davon, welches die wesentlichen Teilthemen sind.

Während des Lesens: Während des Lesens sind Strategien hilfreich, die das Textverständnis unterstützen können. Dazu gehören etwa das Herausfinden und Markieren unbekannter Wörter sowie Möglichkeiten zu ihrer Klärung (kontextuelle Hilfen heranziehen, nachschlagen etc.). Weitere Strategien betreffen das Herausstellen zentraler Stellen bzw. der dort enthaltenen Informationen im Text. Diese können beispielsweise durch **Unterstreichungen** oder **Bemerkungen am Textrand** markiert werden. Für einige Schülerinnen und Schüler kann auch das Notieren von (weiteren) **Zwischenüberschriften** hilfreich sein. Das **Markieren von Schlüsselwörtern** kann eine durchaus schwierige Aufgabe sein. Unter Umständen werden gerade von schwachen Leserinnen und Lesern zu viele Wörter als zentral markiert, da möglicherweise das rudimentäre Textverständnis eine Unterscheidung wichtiger und unwichtiger Begriffe erschwert. Andererseits lässt sich gerade am Einkreisen von Wörtern, die die zentralen Begrifflichkeiten versprachlichen auch viel über den inneren Zusammenhang eines Textes ablesen. Bei einer abschnittweisen Textlektüre können auch jeweils Hypothesen über den Fortgang des Textes aufgestellt und überprüft werden. Auf diese Weise lassen sich gezielt Verknüpfungen zwischen den dem Text entnommenen Informationen und dem thematischen Wissen der Leser/innen herstellen.

Nach dem Lesen: Strategien nach dem Lesen dienen der Absicherung und Vertiefung des eigenen Textverständnisses. Manchmal kann es für Schülerinnen und Schüler hilfreich sein, bestimmte Passagen des Textes oder auch den ganzen Text noch einmal zu lesen und das Verstandene zu überprüfen. Unter Umständen werden (erst) dabei verschiedene Sinnschichten eines Textes entdeckt. Weiterhin können Schülerinnen und Schüler unter Zuhilfenahme der wichtigsten Informationen eine **Zusammenfassung des Textes** schreiben. Zentrale Teile des Textes können in eine andere Form überführt werden, etwa eine Gliederung oder auch eine Grafik bzw. ein Schema. Die Leser könnten sich bewusst die Frage stellen, welche Funktion der Text wohl haben sollte und ob er seinen Zweck erreicht hat. Weiterhin kann das Gelesene mit einem zweiten Text zum gleichen oder einem sehr ähnlichen Thema verglichen werden. Zu einem vertieften Durchdringen kann es auch beitragen, zu zentralen Textstellen pro- und contra-Argumente aufzustellen oder gezielt persönliche Assoziationen zu bestimmten Textstellen hervorzurufen (vgl. Rosebrock/Nix 2012).

Wir werden Textdetektive – ein Beispiel: Ein bekanntes Beispiel für ein Trainingsprogramm für Lesestrategien, das speziell für den Einsatz im Schulunterricht der 5. und 6. Klasse entwickelt wurde, ist *Wir werden Textdetektive* von Gold u.a. (2004). Hier werden insgesamt sieben Lese- und Lernstrategien (›Detektivmethoden‹ = DM) vermittelt, wobei gezielt die Analogie zwischen den Strategien und den Methoden eines Detektivs aufgebaut wird:

- DM 1: Überschrift beachten,
- DM 2: Bildlich vorstellen,
- DM 3: Umgang mit Textschwierigkeiten,
- DM 4: Verstehen überprüfen,
- DM 5: Wichtiges unterstreichen,
- DM 6: Wichtiges zusammenfassen und
- DM 7: Behalten überprüfen.

Texte werden als Rätsel präsentiert, deren Sinn man mit den Strategien entschlüsseln kann. Insofern ist ein für die entsprechende Altersgruppe motivierender Gesamtrahmen geschaffen. Das vorgeschlagene methodische Vorgehen ist recht kleinschrittig: Jede Lesestrategie wird von der Lehrperson eingeführt. Anschließend erhalten die Schüler eine Detektivkarte (s.u.) für jede Strategie, mit deren Hilfe Ablauf und Nutzen der Strategie noch einmal verdeutlicht werden. Anschließend führt die Lehrperson die Anwendung an einem Beispieltext vor, bevor die Schüler dies erst gemeinsam und dann eigenständig tun. Zum Schluss der

Detektivmethode 1: Überschrift beachten 27

Ziele	Gemeinsames Erarbeiten und Üben der DM 1
Material	Kärtchen: „Detektivmethode 1" Merkblatt: „Detektivmethode 1", S. 15 Je nach Umsetzung des Merkblattes: Folienvorlage, im Anhang S. 83
Erarbeitung	**Kärtchen „Detektivmethode 1" ansehen** Erarbeiten, was auf der Karte abgebildet ist. **Erklärung** Zuerst lesen wir immer die Überschrift: Wir stoppen, lesen nicht weiter und überlegen, wovon der Text handeln könnte. Oft wendet ihr die Methode automatisch an, z.B. wenn ihr ein Buch kaufen wollt und beim Titel überlegt, was darin steht. Bei schwierigen Texten ist es besonders wichtig, die Methode bewusst einzusetzen. Denn damit regen wir unser Nachdenken an. Das hilft uns, beim Lesen mehr von dem Text zu verstehen, weil wir besser vorbereitet sind. • Bei *Sachtexten* ist es sinnvoll sich zu überlegen, was man über das Thema schon weiß. Wir stellen uns die Frage: Was weiß ich schon darüber? • Bei *Geschichten* fragen wir uns: Wovon könnte die Geschichte handeln?
Üben	**Gedanken zu Beispielüberschriften sammeln** Vorschläge zur Umsetzung: Überschriften an die Tafel schreiben, DM 1 anwenden lassen. Schriftlich in Stillarbeit bearbeiten lassen. Schüler denken sich eigene Überschriften aus, die Klasse überlegt, was für ein Text sich dahinter verbergen könnte. **Besprechen der Überschriften** Darauf hinweisen, dass Überschriften verschieden gut zur Vorbereitung auf einen Text geeignet sind, weil sie unterschiedliche Informationen beinhalten: Zu manchen Überschriften ist euch sehr viel eingefallen, zu anderen weniger. Woran könnte das liegen?
Festigung	**Merkblatt „Detektivmethode 1" gemeinsam ausfüllen**

Abb. 10: Detektivmethode 1: Überschrift beachten (aus Gold u.a. 2004, S. 27)

Einheit sollen die Schülerinnen und Schüler in der Lage sein, eigenständig auszuwählen, welche Strategien für den jeweils zu lesenden Text die passenden sind und in welcher Reihenfolge sie anzuwenden sind.

Evaluation: Das Programm der Textdetektive ist inzwischen mehrfach evaluiert worden, und es lassen sich aus den Ergebnissen der Studien einige Punkte für die Wirksamkeit auch von Lesestrategie-Trainings generell ableiten:

- Nicht jede Strategie ist für jeden Text und jeden Schüler geeignet. Schülerinnen und Schüler müssen daher in die Lage versetzt werden zu beurteilen, welches Verfahren ihnen bei der aktuellen Textlektüre am ehesten hilfreich ist.
- Dabei kommt es nicht auf eine besonders große Anzahl an. »Gute Leser(innen) kennen nicht mehr Strategien als ungeübte, aber sie wissen besser Bescheid über ihren angemessenen und zielorientierten Einsatz« (Gold 2007).
- Lesestrategien dürfen nicht mechanisch angewendet werden. Erste Wirkungsstudien zu Strategieprogrammen haben gezeigt, dass Strategietraining ohne Reflexion zwar zu einem besseren Wissen über Strategien führt, aber nicht oder kaum zu einem besseren und tieferen Textverständnis (Mokhlesgerami 2004). Die Vermittlung muss daher gut an die entsprechende Klasse angepasst werden. Weiterhin müssen Schüler die Möglichkeit haben zu üben, welche Lesestrategie wann sinnvoll ist.
- Bei trainingsartiger Vermittlung von Lesestrategien hat sich eine Wiederholung zumindest zentraler Teile des Programms bewährt (Trenk-Hinterberger/Souvignier 2006).

Generell sollen Lesestrategien sowohl für pragmatische wie literarische Texte gleich gut geeignet sein (zum Einsatz von Lesestrategien im Literaturunterricht vgl. Beisbart/Popp 2010). Da das Hauptziel das Verstehen des Textes ist und die Strategien dabei schwerpunktmäßig auf die Kohärenzbildung zielen, sind sie allerdings vermutlich am besten für die der Kognition zugänglichen Aspekte von Texten geeignet. Diese wiederum nehmen auch in literarischen Texten unter Umständen eine wichtige Rolle ein, werden jedoch durch Aspekte wie Emotionalität, Kreativität und Ästhetik ergänzt, die strategischem Lernen schlechter zugänglich sind. Es ist daher zentral, dass – neben den Ansätzen zur Lesemotivation und -animation (s. Kap. II.4.3.1) – auch didaktische Konzepte berücksichtigt werden, die dem spezifisch Literarischen an Texten besonders gerecht werden.

4.3.4 | Methoden zur Erschließung literarischer Texte

Wegen ihrer starken literaturdidaktischen (und weniger sprachdidaktischen) Prägung werden diese hier nur kurz und in enger Auswahl erwähnt.

Handlungs- und Produktionsorientierung: Besonders in den unteren Schuljahren sind handlungs- und produktionsorientierte Methoden spätestens seit den 90er Jahren sehr verbreitet. Schüler haben in einem solchen Unterricht die Möglichkeit, aktiv mit zu lesenden Texten umzugehen, sie in eine andere Darstellungsform zu transformieren, sie zu ergänzen, umzuschreiben oder über sie zu schreiben (zu den vielfältigen Methoden vgl. etwa Haas 1997 oder Spinner 2003). Grundgedanke ist, dass durch den aktiven und handelnden Umgang mit den Texten ein vertieftes Verständnis entsteht. Dies soll auch den Schülern ermöglicht werden, die mit rein kognitiven Zugängen zu Texten weniger gut zurechtkommen. Von einigen Vertretern vor allem produktiver Formen des Umgangs mit Literatur wird wiederum hervorgehoben, dass ein solches Vorgehen den analytischen Zugang zu Texten nicht ersetzen soll, sondern durchaus mit ihm kompatibel und kombinierbar ist (vgl. Waldmann 1998).

(Literarische) Unterrichtsgespräche: Etwa seit dem Jahr 2000 ist auch das – traditionell ja im Deutschunterricht stark vertretene – Gespräch über literarische Texte wieder in den Fokus der fachdidaktischen Aufmerksamkeit gerückt. Im Unterschied zum traditionellen gelenkten oder auch fragend-entwickelnden Unterrichtsgespräch, bei dem die Schülerinnen und Schüler unter Anleitung die dem Text aus Sicht der Lehrperson angemessene Interpretation finden sollen, werden heute auch offenere Formen propagiert. Im literarischen Unterrichtsgespräch (vgl. Härle/Steinbrenner 2004; Merkelbach 1995) steht vor allem im Fokus, dass die prinzipielle Offenheit und Vielstimmigkeit literarischer Texte zu verschiedenen Deutungen durch die Leser führen kann oder sogar muss. Diese sind in einem kooperativen Austausch miteinander zu vergleichen und bestmöglich am Text zu belegen, wodurch das Gespräch wieder eine gewisse Strukturiertheit erhält (vgl. Härle/Steinbrenner 2004).

Neben dem Lernziel gemeinschaftlich erarbeiteter Interpretationen von Texten schult ein solcher Unterricht die **Gesprächskompetenz** bzw. zielt auf eine besondere Gesprächskultur, in der eben auch subjektive Rezeptionsprozesse ausgetauscht werden können (vgl. Merkelbach 1995). Es ist mehrfach darauf aufmerksam gemacht worden, dass eine solche offene Art des Gesprächs Gefahren birgt, etwa dass Schülerinnen und Schüler nicht aufeinander eingehen und/oder ausgesprochen abseitige und mit dem Text kaum zu vereinbarende Deutungen produzieren. Da die subjektive Rezeption zumindest noch innerhalb des Deutungspotentials des Textes liegen sollte, kann die Lehrkraft durch eine gewisse Lenkung hilfreich sein, indem sie etwa für das Verstehen notwendiges Vorwissen über Entstehungszeit, Autor etc. des Textes liefert und so eventuell allzu abseitige Interpretationen verhindert (vgl. Zabka 2004).

Textnahes Lesen: Als Reaktion zumindest auf den ersten der beiden zuletzt genannten didaktischen Ansätze wurden in den letzten ca. 15 Jahren Forderungen laut, das Lesen wieder stärker an die Textbasis bzw. -vorlage zurückzubinden. Vertreter des sogenannten ›Textnahen Lesens‹ betonen, dass eben nicht jede Interpretation eines Textes, die die Leser auf der Basis ihres individuellen Wissens und ihrer subjektiven Sicht erstellen, mit der Textvorlage tatsächlich kompatibel ist (vgl. Belgrad/Fingerhut 1998). Nur durch sehr genaue Textlektüre lassen sich die ›Widerhaken‹ im

Text finden, die manche Deutungen plausibel machen, andere hingegen ausschließen. Textnahes Lesen ist »ein Lesen mit Zettel und Stift« (Paefgen 1998). Annotationen an Texten führen zur Abgleichung der eigenen Leseweise mit dem genauen Wortlaut des Textes.

Paefgen (1998) schlägt weiterhin das sogenannte ›**Analoge Schreiben**‹ vor. Episoden eines Textes sollen analog fortgeschrieben werden. Dies gelingt nur angemessen, wenn die Machart des Textes vorher genau untersucht worden ist. Letztendlich nähert sich ein solcher Vorschlag den Methoden des (handlungs- und) produktionsorientierten Unterrichts, von dem man sich innerhalb des Textnahen Lesens auf theoretischer Ebene doch deutlich distanzieren wollte. Die genannten Ansätze zur Erschließung literarischer Texte müssen sich daher nicht ausschließen, sondern können als einander ergänzend aufgefasst werden.

Literatur

Abraham, Ulf (2009): Filme im Deutschunterricht. Seelze.
Artelt, Cordula (2004): Zur Bedeutung von Lernstrategien beim Textverstehen. In: Köster, Juliane/Lütgert, Will/Creutzburg, Jürgen (Hg.): Aufgabenkultur und Lesekompetenz. Franfurt a. M., S. 61–75.
– u. a. (2001): Lesekompetenz: Testkonzeption und Ergebnisse. In: Baumert, Jürgen u. a. (Hg.): PISA 2000. Basiskompetenzen von Schülerinnen und Schülern im internationalen Vergleich. Opladen. S. 69–137.
Baumert, Jürgen u. a. (2001): PISA 2000. Zusammenfassung zentraler Befunde. Berlin.
Baurmann, Jürgen (2009): Sachtexte lesen und verstehen. Seelze.
Beisbart, Ortwin/Popp, Heidrun (2010): Lesestrategien im Literaturunterricht. In: Frederking, Volker u. a. (Hg.): Taschenbuch des Deutschunterrichts. Bd.2: Literatur- und Mediendidaktik. Baltmannsweiler, S. 340–356.
Belgrad, Jürgen/Fingerhut, Karlheinz (Hg.) (1998): Textnahes Lesen: Annäherungen an Literatur im Unterricht. Baltmannsweiler.
Bertschi-Kaufmann, Andrea (2007): Lesekompetenz, Leseleistung, Leseförderung. Zug.
Beschluss der Kultusministerkonferenz (2005): Bildungsstandards im Fach Deutsch für den Primarbereich (Jahrgangsstufe 4). Beschluss vom 15.10.2004. München.
Bos, Wilfried (2007): IGLU 2006. Lesekompetenzen von Grundschulkindern in Deutschland im internationalen Vergleich. Münster.
– u. a. (2003): Erste Ergebnisse aus IGLU. Schülerleistungen am Ende der vierten Jahrgangsstufe im internationalen Vergleich. Münster.
Bundesministerium für Unterricht, Kunst und Kultur (Hg.) (2007): Lesen fördern – Leser/innen stärken. Wien.
Christmann, Ursula (2010): Lesepsychologie. In: Kämper-van den Boorgart, Michael/Spinner, Kaspar (Hg.): Lese- und Literaturunterricht. DTP Bd. 7. Baltmannsweiler.
–/**Groeben, Norbert** (1999): Psychologie des Lesens. In: Franzmann, Bodo u. a. (Hg.): Handbuch Lesen. München, S. 145–223.
–/**Groeben, Norbert** (2002): Anforderungen und Einflussfaktoren bei Sach- und Informationstexten. In: Groeben, Norbert/Hurrelmann, Bettina (Hg.): Lesekompetenz: Bedingungen, Dimensionen, Funktionen. Weinheim, S. 150–173.
Dieme, Burkhard (2008): Lesen mit »Antolin«. Erfahrungen mit der Leseförderung mit digitalen Medien. In: Computer + Unterricht 18 (2008) 71, S. 14–15.
Ehlers, Swantje (2004): Lesen in der Zweitsprache und Fördermöglichkeiten. In: Deutschunterricht 57,4/2004, S. 4–10.
Garbe, Christine (2003): Mädchen lesen ander(e)s. Für eine geschlechterdifferenzierende Leseförderung. In: JuLit. Informationen des Arbeitskreises für Jugendliteratur 2/2003, S. 14–29.
–/**Holle, Karl/Jesch, Tatjana** (2009): Texte lesen – Lesekompetenz – Textverstehen – Lesedidaktik – Lesesozialisation. Paderborn.

Gold, Andreas (2007): Lesen kann man lernen. Göttingen.
– u. a. (2004): Wir werden Textdetektive. Göttingen.
Graf, Werner (2010): Lesegenese in Kindheit und Jugend. Einführung in die literarische Sozialisation. 2. Aufl. Baltmannsweiler.
Grießhaber, Wilhelm (2010): (Fach-)Sprache im zweitsprachlichen Fachunterricht. In: Ahrenholz, Bernt (Hg.): Fachunterricht und Deutsch als Zweitsprache. Tübingen, S. 37–53.
Haas, Gerhard (1997): Handlungs- und produktionsorientierter Literaturunterricht. Seelze.
–/**Menzel, Wolfgang/Spinner, Kaspar H.** (1994): Handlungs- und produktions-orientierter Literaturunterricht. In: Praxis Deutsch 123/1994, S. 17–25.
Härle, Gerhard/Mayer, Johannes (2001): Literarische Gespräche im Unterricht führen. In: Lesezeichen. Schriftenreihe des Lesezentrums der Pädagogischen Hochschule Heidelberg. Hg. von Bernhard Rank. H. 9, S. 33–91.
Härle, Gerhard/Steinbrenner, Marcus (Hg.) (2004): Kein endgültiges Wort. Die Wiederentdeckung des Gesprächs im Literaturunterricht. Baltmannsweiler.
Heringer, Hans-Jürgen (2000): Lesen lehren lernen. Eine rezeptive Grammatik des Deutschen. Tübingen.
Hurrelmann, Bettina (2002): Leseleistung – Lesekompetenz. In: Praxis Deutsch 176/2002, S. 6–18.
– (2004): Informelle Sozialisationsinstanz Familie. In: Groeben, Norbert /Dies. (Hg.): Lesesozialisation in der Mediengesellschaft. Weinheim, S. 169–201.
Jost, Roland (2005): Sachtexte versus literarische Texte? In: Ders./Fix, Martin (Hg.): Sachtexte im Deutschunterricht. Baltmannsweiler, S. 19–24.
Kintsch, Walter/van Dijk, Teun (1983): Strategies of Discourse Comprehension. New York.
Kruse, Gerd (2007): Das Lesen trainieren: Zu Konzepten von Leseunterricht und Leseübung. In: Bertschi-Kaufmann, Andrea (Hg.): Lesekompetenz, Leseleistung, Leseförderung. Stuttgart.
Leisen, Josef (2007): Lesen und Verstehen lernen. Strategien und Prinzipien zur Arbeit mit Sachtexten im Unterricht. In: Pädagogik 59, 6/2007, S. 11–15.
Lenhard, Wolfgang/Schneider, Wolfgang (2009): Diagnostik und Förderung des Leseverständnisses. Göttingen.
Marx, Harald (1998): Knuspels Leseaufgaben. Göttingen.
Menzel, Wolfgang (Hg.) (2005): Praxis Sprache und Literatur. Ausgabe für Gymnasien, Klasse 5. Braunschweig.
Merkelbach, Valentin (1995): Zur Theorie und Didaktik des literarischen Gesprächs. In: Christ, Hannelore u. a. (Hg.): »Ja aber es kann doch sein...«. In der Schule literarische Gespräche führen. Franfurt a. M., S. 12–52.
Metze, Wilfried (2003): Stolperwörtertest. Berlin.
Mokhlesgerami, Judith (2004): Förderung der Lesekompetenz. Implementation und Evaluation eines Unterrichtsprogramms in der Sekundarstufe I. Frankfurt a. M.
Nix, Daniel (2006): Das Lesetheater. Integrative Leseförderung durch das szenische Vorlesen literarischer Texte. In: Praxis Deutsch 33,199/2006, S. 23–29.
– (2011): Förderung der Leseflüssigkeit. Theoretische Fundierung und empirische Überprüfung eines kooperativen Lautlese-Verfahrens im Deutschunterricht. Weinheim.
Nündel, Ernst/Schlotthaus, Werner (1978): Angenommen: Agamemnon. Wie Lehrer mit Texten umgehen. München.
Nussbaumer, Markus (1991): Was Texte sind und wie sie sein sollen. Tübingen.
Paefgen, Elisabeth (1998): Textnahes Lesen. Sechs Thesen aus didaktischer Perspektive. In: Belgrad, Jürgen/Fingerhut, Karlheinz (Hg.): Textnahes Lesen: Annäherungen an Literatur im Unterricht. Baltmannsweiler, S. 14–23.
Peschel, Corinna (2005): Vom Nutzen textgrammatischen Wissens für die Textproduktion – eine Untersuchung schulischen Grammatikunterrichts am Beispiel kausaler Verknüpfungsmittel. In: Dies./Becker, Tabea (Hg.): Gesteuerter und ungesteuerter Grammatikerwerb. Baltmannsweiler, S. 105–127.
Philipp, Maik (2011): Lesesozialisation in Kindheit und Jugend. Lesemotivation, Leseverhalten und Lesekompetenz in Familie, Schule und Peer-Beziehungen. Stuttgart.

Praxis Deutsch (2012): Lesekultur 231/2012.
Richter, Karin/Plath, Monika (2002): Die Bedeutung der Entwicklung von Lesemotivation in der Grundschule. In: Franz, Kurt/Payrhuber, Franz-Josef (Hg.): Lesen heute. Baltmannsweiler, S. 41–58.
Richter, Tobias/Christmann, Ursula (2002): Lesekompetenz: Prozessebenen und interindividuelle Unterschiede. In: Groeben, Norbert/Hurrelmann, Bettina (Hg.): Lesekompetenz: Bedingungen, Dimensionen, Funktionen. Weinheim, S. 25–58.
Rosebrock, Cornelia (2007): Anforderungen von Sach- und Informationstexten; Anforderungen literarischer Texte. In: Bertschi-Kaufmann, Andrea (Hg.): Lesekompetenz – Leseleistung – Leseförderung. Grundlagen, Modelle und Materialien. Seelze, S. 50–65.
– u. a. (2011): Leseflüssigkeit fördern. Lautleseverfahren für die Primar- und Sekundarstufe. Seelze.
–/**Nix, Daniel** (2012): Grundlagen der Lesedidaktik und der systematischen schulischen Leseförderung. 5. Aufl. Baltmannsweiler.
Scheerer-Neumann, Gerheid (2003): Entwicklung der basalen Lesefähigkeit. In: Bredel, Ursula u. a. (Hg.): Didaktik der deutschen Sprache. Paderborn.
Schnotz, Wolfgang (1994): Aufbau von Wissensstrukturen. Untersuchungen zur Kohärenzbildung beim Wissenserwerb mit Texten. Weinheim.
–/**Dutke, Stefan** (2004): Kognitionspsychologische Grundlagen der Lesekompetenz: Mehrebenenverarbeitung anhand multipler Informationsquellen. In: Schiefele, Ulrich u. a. (Hg.): Struktur, Entwicklung und Förderung von Lesekompetenz. Vertiefende Analysen im Rahmen von PISA 2000. Wiesbaden, S. 61–99.
Spinner, Kaspar (2003): Handlungs- und produktionsorientierte Verfahren im Literaturunterricht. In: Kämper-van den Boogaart, Michael (Hg.): Deutschdidaktik. Leitfaden für die Sekundarstufe I und II. Berlin, S. 175–190.
– (2004): Lesekompetenz in der Schule. In: Schiefele, Ulrich u. a. (Hg.): Struktur, Entwicklung und Förderung von Lesekompetenz. Wiesbaden, S. 125–138.
– (2006): Lesekompetenz erwerben, Literatur erfahren. Berlin.
Trenk-Hinterberger, Isabel/Souvignier, Elmar (2006): Wir sind Textdetektive – Lehrermanual mit Kopiervorlagen. Göttingen.
Von Wedel-Wolff, Annegret (1998): Lesediagnose als Voraussetzung für eine sinnvolle Förderung. In: Crämer, Claudia u. a. (Hg.): Lesekompetenz erwerben und fördern. Braunschweig.
– (2004): Zur Diagnose der Lesefähigkeiten. In: FuN-Projekt Lehr- und Lernprozesse bei der Ausbildung und Entwicklung der Lese- und Schreibfähigkeit in der Primarstufe. Abschlussbericht. http://www.ph-gmuend.de/deutsch/downloads/forschung/FuN-Schlussb_neu.pdf.
Waldmann, Günter (1998): Produktiver Umgang mit Literatur im Unterricht. Baltmannsweiler.
Weinhold, Swantje (2000): Text als Herausforderung. Zur Textkompetenz am Schulanfang. Freiburg.
Willenberg, Heiner (2003): Schritte zum Textverstehen. Lesen aus der Perspektive der Gehirnforschung. In: Schulmagazin 5–10/2003, S. 9–12.
– (2004): Lesestrategien. Vermittlung zwischen Eigenständigkeit und Wissen. In: Praxis Deutsch 187/2004, S. 6–15.
Zabka, Thomas (2004): Was bedeutet »Verständigung« im schulischen Interpretationsgespräch? In: Härle, Gerhard/Steinbrenner, Marcus (Hg.): Kein endgültiges Wort. Die Wiederentdeckung des Gesprächs im Literaturunterricht. Baltmannsweiler, S. 75–96.

III. Ausgewählte Schwerpunkte

1. Norm und Wandel – Ein Grundproblem der Sprachdidaktik

1.1 Sprachpflege und Stilbildung in der traditionellen Deutschdidaktik
1.2 Sprachnormkritik in Reformkonzepten der Didaktik
1.3 Dynamik von Sprachnormierungsprozessen
1.4 Sprachnormreflexion und Sprachkritik im Unterricht

Für die Didaktik der deutschen Sprache als Erst-, Zweit- und Fremdsprache ist die Orientierung an Normen und Erscheinungsweisen der Zielsprache Deutsch unabdingbar (vgl. dazu u. a. Ivo 1976; Hannappel/Herold 1985; Peyer/Portmann 1996). Das bedeutet für die Sprachdidaktik in der Lehrerausbildung eine Vermittlung von linguistischen Erkenntnissen über die deutsche Gegenwartssprache in ihren Facetten von Standard und Varietäten sowie über den Wandel von Normen und Sprachgebrauchsweisen, auch als Ausgangssprachen der Lernenden. Der in der Öffentlichkeit immer wieder auflebenden These vom ›**Sprachverfall**‹ (vgl. u. a. das einschlägige Themenheft der Zeitschrift *Der Deutschunterricht* 5/2009) können damit im Unterricht linguistisch fundierte Kenntnisse zum **Sprachwandel** entgegengesetzt werden.

1.1 | Sprachpflege und Stilbildung in der traditionellen Deutschdidaktik

Sprachliche Homogenität: Die traditionelle Deutschdidaktik ging in den 1950er und 60er Jahren prinzipiell von einer Homogenität der deutschen Sprache und der Sprachgemeinschaft aus. Entsprechend der herkömmlichen Dichotomie der Sprachwissenschaft zur Bezeichnung von Sprachunterschieden innerhalb der Muttersprache wurden neben der **Hochsprache** nur die **Dialekte** unterschieden (vgl. dazu genauer Neuland 2003).

Der Hochsprache, die sich im Zuge eines langen Ausgleichsprozesses aus den historischen Mundarten herausgebildet hatte und die in schriftlicher Form in Aussprachewörterbüchern, Grammatiken und Lexika normiert und kodifiziert ist, wurde ein hoher Prestige- und Bildungswert zugeschrieben. Ihr stehen kontrastiv die ursprünglichen Basisdialekte gegenüber, die sich durch eigenständige Systemstrukturen auf den Ebenen der Lautung, der Wortbildung, des Wortschatzes, aber auch der Syntax auszeichnen.

Ausgewählte Schwerpunkte

Sprachpflege und Stilbildung in der Deutschdidaktik

Zwischen den ›reinen‹ Formen von Hochsprache und den ursprünglichen Dialekten wurde in den klassischen Schichtungskonzepten der deutschen Sprache die **Umgangssprache** als eine Übergangszone unterschieden. Sprachwissenschaftlich konnte sie allerdings nie hinreichend präzise definiert werden (vgl. u.a. Hartmann 1990; Barbour/Stevenson 1998).

Präskriptive Stillehre: Während die deskriptive Linguistik diese Bezeichnungen beschreibend verwendete, wurden sie im Rahmen der traditionellen bildungsorientierten Deutschdidaktik mit einer didaktischen Wertung verbunden, die die Hochsprache als alleiniges Bildungsziel vorsah. Eine solche präskriptive Stillehre kann in Form einer ›Stilpyramide‹ veranschaulicht werden, deren vertikale Anordnung aus der Hochsprache an der Spitze und den Dialekten als historische Sprachformen an der Basis besteht (s. Abb. 1; vgl. Neuland 2003).

Die Hoch- und Schriftsprache galt als bildungswertig in sich; sie bedarf der besonderen Sprachpflege, wozu vornehmlich der Sprachunterricht beitragen sollte. Auch die Dialekte als historisch überlieferte Kulturgüter bedürften besonderer Pflege und Aufmerksamkeit. Die Umgangssprache allerdings im mittleren Bereich der Stilpyramide galt damals als von schädlichen Einwirkungen bedroht, und zwar durch Jargons oder ›Gossensprachen‹, die es sprachpflegerisch zu bekämpfen galt.

Abb. 1: ›Stilpyramide‹ der präskriptiven Stillehre

Der folgende konstruierte Dialog zwischen zwei Jugendlichen in einem Sprachbuch für 8. Klassen von Gymnasien im Kapitel: »Sprachebenen: Hochsprache – Umgangssprache – Mundart« aus den 1970er Jahren kann dies exemplarisch veranschaulichen:

Beispiel 1

»Hochsprache – Umgangssprache – Dialekt«
(aus *Gestalten und Verstehen*, 1970, S. 63 f.)

Fritz kommt zu seinem Freund Gerhard; er betritt Gerhards Zimmer.
Fritz: *Mensch, hast du eine tolle Bude!*
Gerhard: *Das Zimmer haben mir meine Eltern eingerichtet.*
Fritz: *Da hat dein Alter wohl allerhand Moneten springen lassen.*
Gerhard: *Ja, mein Vater hat ziemlich viel Geld dafür ausgegeben.*
Fritz: *Dagegen hause ich in einem Loch!*
Gerhard: *Oh, auch in einer einfachen Wohnung kann man gut leben.*
Fritz: *Wo kann ich meine Klamotten hinhauen?*
Gerhard: *Lege deine Sachen hier auf den Stuhl!*
Fritz: *Ich pflanze mich gleich hier auf dieses Trumm.*
Gerhard: *Aber da kannst du doch nicht gut schreiben.*
Fritz: *Mir piepegal. Am liebsten möchte ich den Käse sowieso nicht machen, so'n Quatsch.*
Gerhard: *Unsere Hausaufgaben müssen wir aber wohl erledigen.*

Das Beispiel demonstriert deutlich den hohen Stellenwert der Hochsprache, deren positive Wertung zugleich auf entsprechende Charaktereigenschaften der Jugendlichen bezogen wird. Demnach erscheint Gerhard als fleißig und ordentlich, Fritz dagegen als faul und unordentlich. Heute kann ein solcher Text allerdings nur noch als Persiflage im Unterricht eingesetzt werden: Zu offensichtlich ist die Künstlichkeit der Konstruktion und die didaktische Intention der präskriptiven Stillehre.

In der traditionellen Deutschdidaktik fand die Hochsprache als **alleinige Sprachnorm** und **Zielsprache** im Deutschunterricht ihre Entsprechungen in einzelnen Lernzielformulierungen der verschiedenen Lernbereiche, wie z. B. grammatische Korrektheit, grammatisch richtiges, lautreines Sprechen und orthografisch richtiges Schreiben, wie es exemplarisch in der *Didaktik der deutschen Sprache* von Helmers (1966) erscheint (s. Kap. I.1.3.2). Den normativ-präskriptiven Stillehren zu folge sollten allerdings auch Dialekte zurückgedrängt werden, sofern sie als Ausgangssprachen von Schülern sprechsprachliche Wirklichkeit waren.

1.2 | Sprachnormkritik in Reformkonzepten der Didaktik

Sprachnormen als Sprachbarrieren: Insbesondere ausgelöst durch die soziolinguistischen Erkenntnisse über schichtspezifisches Sprachverhalten gerieten hochsprachliche Normen mit ihren kulturspezifischen Verzerrungen (*middle class-bias*) ins Zentrum sprachwissenschaftlicher wie sprachdidaktischer Kritik der 70er Jahre. Demnach wirkten schicht- bzw. regionalspezifische Sprachgebrauchsweisen als Ausgangssprachen von Schülern im Sinne einer **Sprachbarriere**, indem sie den Zugang zu schulischer Bildung und gesellschaftlichem Aufstieg behinderten, die die Beherrschung der hochsprachlichen, mittelschichtorientierten Sprachnormen voraussetzten.

Die von der kritischen Didaktik geforderte Verabschiedung des **Bildungswerts der Hochsprache** als ausschließlichem Lernziel löste insbesondere im Kontext der Neuformulierung der »Hessischen Rahmenrichtlinien Deutsch S I« von 1972 lebhafte Kontroversen aus: Die unreflektierte Einübung in die Normen der Hochsprache entfremde die Schüler von ihren Herkunftsgruppen und erschwere die Wahrnehmung und die Versprachlichung ihrer sozialen Erfahrungen und Interessen. Die fraglose Gültigkeit der über die Hochsprache vermittelten Normen und Wertvorstellungen wurde grundlegend erschüttert und die gesellschaftsstabilisierende Funktion hochsprachlicher Normen offengelegt.

Eine Abbildung aus dem Diesterweg *Sprachbuch* der 70er Jahre für die 6. Klasse veranschaulicht die sozialen Differenzen in der Semantik besonders eindrücklich (s. Abb. 2). Die sprachwissenschaftliche Kritik der damaligen Zeit stellte Legitimationen und Kriterien von Sprachnormen in Frage und diagnostizierte eine Diskrepanz zwischen den kodifizier-

Sprachnormkritik in Reformkonzepten der Didaktik

ten Sprachnormen und dem tatsächlichen Sprachgebrauch. »Soll die Schule Sprachnormen als fest, wandelbar oder veränderbar lehren?« formulierte Augst programmatisch im Sammelband: *Schulen für einen guten Sprachgebrauch* der Deutschen Akademie für Sprache und Dichtung (Mogge/Radtke 1982). Gegenstandsfelder der schulischen Sprachnorm-Kritik bildeten vor allem die Rechtschreibung, aber auch Sprech- und Schreibstile.

Kommunikative Angemessenheit als neue Sprachnorm? In der kommunikativen Sprachdidaktik der 80er Jahre sollte nun ein breiteres Varietätenspektrum zur Förderung kommunikativer Kompetenz genutzt werden. Die Beurteilung von Sprachgebrauchsweisen nach dem Kriterium der ›kommunikativen Angemessenheit‹ wurde dem Kriterium der ›grammatischen Richtigkeit‹ gegenübergestellt.

Allerdings wurde, so Neuland (1998), das Problem der Sprachnormen als sprach- und gesellschaftspolitische Steuerungsmechanismen dadurch nur vordergründig unterlaufen: Während theoretisch der Standardsprache ebenso wie den nonstandardsprachlichen Varietäten des Deutschen ein gleichberechtigter Rang für die Kommunikation eingeräumt wurde, wurde jedoch praktisch in den Unterrichtsvorschlägen zugleich vermittelt, dass nonstandardsprachliche Varietäten sich in der Mehrzahl der Fälle als unangemessene, dysfunktionale Kommunikationsmittel erwiesen. Dies kann am Beispiel des **Dialekts als Unterrichtsgegenstand** in der neuen Generation kommunikativer Sprachbücher gezeigt werden, in denen der Dialekt oft als Quelle kommunikativer Missverständnisse präsentiert wurde:

Abb. 2: »Maloche« (aus *Sprachbuch* 6, 1976, S. 58 f.)

Dialekt als Quelle von Missverständnissen
(aus Materialien zum Diesterweg *Sprachbuch* 5, 1976, S. 30 f.)

Beispiel 2

Familie Klose ist unterwegs in Bayern. Sie wollen nach Utting und können den Weg nicht finden. »Frag doch die Herren da«, sagt Frau Klose zu ihrem Mann. »Versuchen kann ich's ja«, meint Herr Klose.

III.1.2

Ausgewählte Schwerpunkte

Norm und Wandel – Ein Grundproblem der Sprachdidaktik

Herr Klose:	Entschuldigen Sie bitte, können Sie mir helfen? Ich möchte nach Utting.
1. Mann:	Wos wüllst?
2. Mann:	Nach Utting willa, da Herr Preiß.
1. Mann:	So! Nach Utting. Un wos wüllst nacha da?
Herr Klose:	Verzeihen Sie, aber ich verstehe Sie nicht ganz.
1. Mann:	Dann sperr's halt auf, deine Ohrwatscherln.
Herr Klose:	Wie bitte?
2. Mann:	Loß eahm! Sog eahm halt, wie're nach Utting kimmt.
Herr Klose:	Sie müssen schon entschuldigen, aber ich kann mich jetzt nicht stundenlang mit Ihnen unterhalten. Ich bin in Eile.
1. Mann:	Jo, host des ghert, Sepperl? Der Saupreiß, der ausgschamte. Woaß net wie'gera nach Utting kimmt, aber's Mäu aufreißa, des konna.
2. Mann:	Schaug halt selba, wie'gst weiterkimmst, du damischer Hirsch!
Herr Klose:	Darauf können Sie sich verlassen! Ich laß mich doch nicht von zwei Flegeln wie Ihnen anpöbeln. Und überhaupt, wie kommen Sie dazu, mich zu duzen?

Die beiden Herren entfernen sich schimpfend. Herr Klose sagt zu seiner Frau: »Diese Bayern sind wirklich das Letzte an Unverschämtheit. Es wäre Zeit, ihnen endlich Deutsch beizubringen.«

Im Unterschied zu der im Lehrerheft genannten Zielvorstellung: Formen gruppenspezifischer Rede nicht von vorn herein abzulehnen bzw. zu diffamieren, sondern sie »zunächst als gleichwertige Varianten, als Mittel zur Problemlösung in Abhängigkeit von Situation, Rollenpartner usf.« (S. 46) anzusehen, wird in diesem Beispiel die bayrische Mundart als Ursache für eine gestörte Kommunikation zwischen zwei Einheimischen und einem standardsprachlichen Urlauber präsentiert.

Es entsprach dem Programm der kommunikativen Sprachdidaktik, insbesondere den Stellenwert situativer Sprachvarietäten und der gesprochenen gegenüber der geschriebenen Sprache hervorzuheben. Die kritische und die kommunikative Sprachdidaktik hatten zwar durch Sprachnormkritik und durch die Neubewertung von Dialekten, Soziolekten und Gruppensprachen die präskriptive Stilpyramide der traditionellen Deutschdidaktik grundlegend ins Wanken gebracht, doch konnte eine spezifische varietätenorientierte Sprachdidaktik in ihrem Rahmen noch nicht entwickelt werden.

1.3 | Dynamik von Sprachnormierungsprozessen

›Verdinglichung‹ und/oder ›Vergeistigung‹ von Sprachnormen: Die linguistische Theoriebildung hatte sich inzwischen allerdings, vor allem durch die Arbeiten von Klaus Gloy (1975), weiterentwickelt. In der Debatte um einen neuen Normbegriff standen sich in den 80er Jahren v. a. zwei Positionen kontrastiv gegenüber:

Gegenüber der von Renate Bartsch (1985) vertretenen Auffassung von Sprachnormen als **objektive empirische Gegebenheiten** vertrat Gloy (vgl. sein Resümee 1997) die These von Sprachnormen als sinnhafte, hermeneutisch zu rekonstruierende Größen, die sich als Erwartungshaltungen dem Sprachbewusstsein und den Spracherfahrungen verdanken und in der Interaktion soziale Geltung erlangen. Daraus entwickelte sich die Debatte um ›Verdinglichung und Vergeistigung‹ von Sprachnormen (s. Kap. I.2.3).

Im Kontext der kognitiven Wende können daraus für die Sprachdidaktik wichtige Folgerungen abgeleitet werden: Der Blick auf Sprachnormen als **mentale Größen** ermöglicht zugleich den Einbezug der ›subjektiven Anteile‹ an Normierungsprozessen und der aktiven Rolle des Individuums als Subjekt des Normdiskurses. In der traditionellen Sprachdidaktik wurden Sprachnormen noch aus einer objektivistischen Sicht als Gegebenheiten angesehen; so formulierten Beisbart/Marenbach (1990):

»Zusammengefasst kann man von *Sprach-Normen* sprechen, an denen sich der Unterricht immer orientieren muß [...] diesen Sprachnormen steht – in der Sicht der Sprachdidaktik – der Schüler gegenüber [...]« (S. 154 f.)

»Wir alle wirken an den Veränderungen von Sprache mit« - so heißt es dagegen im aktuellen Lehrwerk *Praxis Sprache und Literatur* 10 (2009, S. 264). Damit wird die aktive Mitwirkung von Lernenden an Prozessen des Sprachwandels (z. B. *Kann man auch so sagen, und zwar wie, wann, warum ...?*) in den Blick gerückt. Sprachnormreflexion und Sprachnormwandel werden so zu wichtigen Zielen und Inhalten des Sprachunterrichts (vgl. dazu z. B. Weisgerber 1998; Neuland 2000; Tophinke 2009). Anstelle bloßer Akzeptanz gegebener Normen kann nun die Analyse von Normierungsprozessen und der eigenen Positionierung erfolgen (z. B. *Ich sage aber so, weil ich damit ... ausdrücken möchte*).

Statuierte und subsistente Normen: Unterschiedliche sprachliche Normierungsprozesse prägen vermehrt das aktuelle gesellschaftliche Zusammenleben. Dabei ist eine wichtige Unterscheidung zu treffen:

- Herkömmliche Prozesse der **Normierung** ›**von oben**‹ durch Sprachpflegeinstitutionen und Sprachberatungsdienste sowie Expertenkommissionen. Solche statuierten Normen betreffen vor allem die Grammatik und die Orthografie, aber auch die ›Stilpflege‹.
- Daneben sind aber auch vermehrt **Normierungen** ›**von unten**‹ zu beachten: Damit sind ›subsistente‹ Normen gemeint, die nicht von normsetzenden Institutionen festgeschrieben sind, sondern sich aus dem Sprachgebrauch heraus als Üblichkeiten verfestigt haben.

Reflexion und Kritik solcher Prozesse von Sprachgebrauchswandel und subsistenter Normkonstitution stellen bedeutsame Perspektiven für den Sprachunterricht dar. Ein prominentes Beispiel für eine solche subsistente Normierung stellt die von der Frauenbewegung ausgehende frühe **feministische Sprachkritik** und **Sprachpolitik** dar (s. ausführlicher Kap. III.2.3.3.1). Unter der Devise: »Frauen sprachlich sichtbar machen« wandten sich einzelne Vertreterinnen sowie Frauengruppen und Institutionen der Frauenbewegung gegen als diskriminierend empfundene Äußerungen (wie z.B.: *Herr Müller nebst Gattin*) und setzten so allmählich Formen geschlechtergerechten Sprachgebrauchs durch (zur Normreflexion in der Öffentlichkeit vgl. Wengeler 1998). In der Öffentlichkeit wie in der Sprachwissenschaft werden weiterhin einschlägige Debatten um das **generische Maskulinum** ausgetragen. Das obige Zitat von Beisbart/Marenbach enthält noch ein solches anschauliches Beispiel (vgl. die Formulierung: *steht [...] der Schüler gegenüber*).

1.4 | Sprachnormreflexion und Sprachkritik im Unterricht

Für einen Unterricht, der statuierte Normen und subsistente Normierungen reflektiert und kritisiert, lassen sich v. a. vier große Gegenstandsfelder unterscheiden:

1.4.1 | Wandel von Sprachnormen

Der Wandel statuierter Sprachnormen lässt sich für Lernende besonders anschaulich am Beispiel der Rechtschreibreformen aufzeigen. Texte aus unterschiedlichen Zeitepochen können den Wandel orthografischer Normen belegen und Anlass für Reflexionen über deren Sinn und Ziel bieten. Ähnliches gilt für den weniger augenscheinlichen **Wandel grammatischer Normen**.

Wortstellung in Nebensätzen: Den seit Jahren meistdiskutierten Fall bildet die in der mündlichen Kommunikation häufig im Hinblick auf die Verb-Zweit- statt Verb-Letzt-Stellung veränderte Wortstellung in kausalen Nebensätzen, die immer noch als ein Verstoß gegen die grammatische Norm angesehen werden kann (s. Kap. II.3.5.3). Am Beispiel der kausalen Konjunktion *weil* und der konzessiven *obwohl* können im Unterricht aber auch Überlegungen über mögliche Funktionsveränderungen dieser Konjunktionen angestellt werden. Bei der Konjunktion *obwohl* ist zusätzlich zur konzessiven Funktion mit Verbendstellung (*Ich trinke noch ein Glas, obwohl ich schon zwei getrunken hab'.*) eine korrektive Funktion zu unterscheiden, die mit Verbzweitstellung realisiert wird (*Ich trinke noch ein Glas (.) obwohl (.) ich hab' schon zwei getrunken*; nach Günthner 2002 sowie Moraldo für den DaF-Unterricht 2012; vgl. dazu auch das Themenheft »Sprachwandel« der Zeitschrift *Praxis Deutsch* 215/2009 und das Themenheft »Orthografische und grammatische Spielräume« der Zeitschrift *Der Deutschunterricht* 1/2012 sowie Kap. II.3.5.3 zu Sprachnormen und Sprachgebrauch). Das Wissen um ›Handlungsspielräume und ihre Grenzen‹ im mündlichen wie im schriftlichen Sprachgebrauch bildet eine wichtige Grundlage für einen reflektierten Umgang mit Sprache, so resümiert Dürscheid in ihrem Einführungsbeitrag zur »Sprache im Deutschunterricht – kein Spiel ohne Grenzen« (2012, S. 6).

1.4.2 | Wandel des Sprachgebrauchs

Sprachgebrauchsnormen unterliegen in der Regel weniger starren Normierungen und sind den Sprachbenutzern auch weniger bewusst. In vielen Bereichen gelten eher konventionelle Gepflogenheiten wie z. B. bei den Anredeformen.

Anredeformen: Einen solchen Wandel von expliziten Grußformeln mit Namen- bzw. Titelnennungen hin zu informellen Kurzformen wie *Morgen*, *Tach*, *n'Abend* oder zum universellen *Hallo* können Lernende im Unterricht an historischen Texten, auch der Literaturgeschichte nachvollziehen. Sie können sodann ihren eigenen Sprachgebrauch z. B. mit dem der Eltern- oder Großelterngeneration vergleichen und schließlich darüber reflektieren, ob sie je nach Adressat und Situation unterschiedliche Grußformeln und Anredeformen verwenden.

So zeigen aktuelle Studien zu sprachlichen Umgangsformen bei Jugendlichen jugendtypische verbale und nonverbale Formen des Begrüßens und Verabschiedens auf (vgl. Neuland 2013). Dabei wird deutlich, dass mit den aktuellen Grußformeln: *hey, hi, was geht?, na, alles klar?, was geht ab?* – oft verbunden mit Handschlag (statt Händeschütteln) oder Umarmungen mit Wangenküssen – unter Jugendlichen schließlich ganz andere lexikalische Ausdrucksformen des Begrüßens üblich geworden sind. Als Verabschiedungsformeln finden sich *hau rein!, ciao, tschüss*, auch in Verbindung mit dem türkischen *hadi*.

Auch die Nutzung neuer Medien hat zu einem Wandel im Gebrauch von Gruß- und Anredeformen beigetragen. Saloppe Formen wie: *Hallo, Herr/Frau X* und die Vertrautheit voraussetzende Verabschiedung: *Liebe Grüße* im E-Mail-Verkehr mit Lehrkräften und Dozenten nehmen zu und bieten Anlässe zur Sprachreflexion im Unterricht. Aus dem Vergleich mit früheren Formen des schriftlichen Anredens, Begrüßens und Verabschiedens lässt sich eine Verringerung der sozialen Distanz und eine Vergrößerung sozialer Vertrautheit schließen (zur Anrede im Deutschen heute und gestern vgl. Besch 1998).

Die didaktischen Konsequenzen müssen durchaus nicht auf eine Anpassung an die gewandelten Ausdrucksformen hinauslaufen. Zur Stilkompetenz gehören auch die bewusste (und begründbare) Auswahl aus dem Repertoire und die Prüfung, ob eine Formulierung wirklich das ausdrückt, was man in dieser Situation damit verbinden möchte. Solche Überlegungen sind auch für den DaF-Unterricht von großer Bedeutung.

1.4.3 | Sprachgebrauchskritik

Wie Peter von Polenz schon früh anmerkte, ist die Sprachgebrauchskritik eines der fruchtbarsten Felder kritischer Sprachbetrachtung (s. Kap. I.2.3.2), und wie bereits ausgeführt, ist der bewusste Umgang gerade auch mit dem eigenen Sprachgebrauch ein wesentliches Lernziel im Lernbereich ›Reflexion über Sprache‹. Über den heutigen Stand der linguistisch begründeten und der didaktischen Sprachkritik informieren v.a. Kilian/Nier/Schiewe 2010.

Wörter/Unwörter des Jahres: Aus der Vielzahl von Möglichkeiten sei hier als Beispiel die alljährliche Aktion der ›**Wörter**‹ bzw. ›**Unwörter des Jahres**‹ herausgegriffen, die sich bei Schülerinnen und Schülern der Sekundarstufe I großer Beliebtheit erfreuen (Materialien zur unterrichtlichen Nutzung bieten u.a.: Gesellschaft für deutsche Sprache (2001) sowie die Beiträge von Kuntzsch und Schlosser im Themenheft 4/2001 *Der Deutschunterricht*: »Wörter/Unwörter«). An vielen Beispielen sogenannter Unwörter, wie z.B. *Rentnerschwemme* (1996), *sozialverträgliches Frühableben* (1998), *Ich-AG* (2002), *Herdprämie* (2007), *Integrationsverweigerer* (2010) oder *Opfer-Abo* (2012), lassen sich Grundprinzipien der linguistisch begründeten Sprachkritik und der Gebrauchstheorie von Sprache demonstrieren: ›Böse‹ sind demnach nicht die Wörter, sondern allenfalls die Intentionen ihrer Benutzer, die Gebrauch von diesen machen (vgl. Heringer 1982b). Die Analyse interessengebundenen Sprechens und die Rekonstruktion der hinter der Verwendung bestimmter Ausdrücke stehenden Intentionen bilden wichtige methodische Schritte in einem sprachkritischen Unterricht.

Abb. 3: Anglizismen in der modernen Telekommunikation (aus Busse 2001, S. 42)

Langsam Paul, 's isch kaan GlobalCall, kaan GermanCall und a' kaan RegioCall, 's isch Schorsch mit 'nem CityCall aus Kloahirschbach.

Anglizismen: Ähnliches gilt für den sprachkritischen Umgang mit Entlehnungen, v.a. **Anglizismen**, deren Gebrauchsfrequenzen im deutschen Wortschatz von einer laienlinguistischen Sprachkritik häufig überschätzt werden. Darauf spielt ein sprechender Untertitel eines Aufsatzes von Ulrich Busse im o.g. DU-Themenheft an: »Anglizismen im Gegenwartsdeutschen: Eine Taskforce für die deutsche Sprache oder alles bloß Peanuts?«.

Im Unterricht kann nach den Intentionen und Wirkungen ihres Gebrauchs gefragt und dabei auch zwischen verschiedenen Textsorten und den Funktionen in Fach- und Gemeinsprache unterschieden werden. Welche Anglizismen übernehmen in Werbeanzeigen Fachwortfunktion, welche nicht? Welche Funktionen übernehmen Anglizismen in Betriebsanleitungen und in Informationstexten? (Vgl. dazu die entsprechende Unterrichtseinheit in *Texte, Themen und Strukturen* 2009, S. 508 ff.).

Auch der folgende, der Modemacherin Jil Sander zugeschriebene, Textauszug eignet sich für den Unterricht. Ob dieser Text nun authentisch oder konstruiert ist, er kann doch Anregungen für produktive Arbeitsformen im Unterricht, z. B. der Persiflage, geben.

Jil Sander im *FAZ*-Interview vom 22.03.1996

Beispiel 3

»Mein Leben ist eine giving-story. Ich habe verstanden, dass man contemporary sein muss, das future-Denken haben muss. Meine Idee war, die hand-tailored-Geschichte mit neuen Technologien zu verbinden. Und für den Erfolg war mein coordinated concept entscheidend, die Idee, dass man viele Teile einer collection miteinander combinen kann. Aber die audience hat das alles von Anfang an auch supported. Der problembewusste Mensch von heute kann diese Sachen, diese refined Qualitäten mit spirit eben auch appreciaten. Allerdings geht unser voice auch auf bestimmte Zielgruppen. Wer Ladyisches will, searcht nicht bei Jil Sander. Man muss Sinn haben für das effortless, das magic meines Stils.«

Für den Deutschunterricht in der Oberstufe bietet es sich an, unterschiedliche Positionen zum **Sprachpurismus** in der deutschen Sprachgeschichte einzubeziehen und die Argumentationen jeweils kritisch zu reflektieren. Dabei werden vermutlich relativ rasch die Grenzen einer bedeutungsäquivalenten Ersetzung durch natives Wortgut, also einer ›Eindeutschung‹, erkannt: Ist *shoppen* bedeutungsgleich mit *einkaufen*, ist mit *kids* dasselbe gemeint wie mit *Kinder*? Dabei können auch kulturgeschichtliche Reflexionen einbezogen werden (Welche Formen der Warenproduktion und -präsentation setzt das *Shoppen* voraus?), ebenso wie medienkritische Überlegungen (Warum ist in Werbetexten meistens von *kids*, weniger von *Kindern* die Rede?).

In den *Bildungsstandards im Fach Deutsch für die Allgemeine Hochschulreife* aus dem Jahr 2012 finden sich entsprechende Anhaltspunkte, z. B. im Lernbereich ›Sprache und Sprachgebrauch reflektieren‹:
- auf der Grundlage sprachkritischer Texte Entwicklungstendenzen der Gegenwartssprache beschreiben und bewerten,
- Phänomene des Sprachwandels theoriegestützt beschreiben (vgl. S. 25 f.).

Als Beispiel ist das Thema ›Sprachwandel‹ auch bei der Erörterung pragmatischer Texte angegeben (S. 129). Ausgehend von Alltagserfahrungen zum Fremden in der eigenen Sprache finden sich reichhaltige Materialien zur *Sprache im Wandel* im Kursthemenheft Deutsch von Böcker/Brenner (2003), darunter auch ein kleines Kapitel »Wie man Begriffe besetzt: inszenierter Sprachgebrauch und politische Sprachlenkung« mit Auszügen aus Zeitungskommentaren zu Unwörtern des Jahres und zu Mitteln der politischen Sprachlenkung.

1.4.4 | Reflexion von Normierungskonflikten

Normierungskonflikte lassen sich besonders gut am Beispiel des ›Streits um Worte‹, der sogenannten **Semantischen Kämpfe** veranschaulichen, die in der Sprache der Politik seit den 1970er Jahren auch die Aufmerksamkeit der Sprachkritik auf sich zogen (vgl. dazu die entsprechenden Beiträge in Heringer 1982a, darin bes. Behrens/Dieckmann/Kehl: »Politik als Sprachkampf«). Ausgangspunkt bildete das parteipolitische »Besetzen von Begriffen« wie z.B. *Freiheit, Gerechtigkeit*, denen jeweils spezifische programmatische Bedeutungen zugeschrieben wurden. Zu solchen Bedeutungskonkurrenzen traten **Bezeichnungskonkurrenzen** hinzu, z.B. *Baader-Meinhof-Gruppe* vs. der *Baader-Meinhof-Bande, Heimatvertriebene* vs. *Flüchtlinge, Wirtschaftsflüchtlinge* vs. *Asylbewerber, Atommüll* vs. *Entsorgungspark* (vgl. dazu Liedtke/Wengeler/Böke 1991, darin bes. Klein: »Kann man ›Begriffe besetzen‹?«; weiterhin Kilian 2005, darin bes. Wengeler »›Streit um Worte‹ und ›Begriffe besetzen‹ als Indizien demokratischer Streitkultur«). Dabei geht es zumeist um gesellschaftspolitisch umstrittene Sachverhalte, deren Bezeichnung die je eigene Deutung als subsistente Normierung durchsetzen soll.

Solche Beispiele für Bezeichnungskonkurrenzen haben bis heute nichts an Brisanz, auch für den Unterricht verloren. Ein aktuelles Beispiel bietet die Bezeichnungskonkurrenz zwischen *Friedensmission* und *Krieg* für den Einsatz der Bundeswehr in Afghanistan. Vorschläge für entsprechende Unterrichtsvorhaben finden sich in Sprachbüchern vornehmlich für die Sekundarstufe II, aber auch in dem von Stötzel/Eitz (2002) herausgegebenen *Zeitgeschichtlichen Wörterbuch der deutschen Gegenwartssprache*, das von »1. Abtreibung/Schwangerschaftsabbruch« bis »64. Wiedervereinigung« Beispiele für konkurrierenden Sprachgebrauch präsentiert.

Und nicht zuletzt soll an dieser Stelle das Unterrichtsthema ›**Political Correctness**‹ erwähnt werden, das zusätzlich zu den Bezeichnungskonkurrenzen (z.B. *Behinderter – Mensch mit besonderen Fähigkeiten*) auch noch einen ethischen Aspekt, nämlich einen möglichst nicht diskriminierenden Sprachgebrauch umfasst (vgl. dazu u.a. das Themenheft »Sprachkritik« von 2006 der Zeitschrift *Der Deutschunterricht*). Eine einschlägige Unterrichtseinheit für die Sekundarstufe I plädiert für einen umsichtigen Sprachgebrauch und für den Vorrang von Eigenbezeichnungen, z.B. *Sinti und Roma* anstelle von *Zigeuner* (*Deutschbuch* 9, neue Ausgabe 2008).

Literatur

Augst, Gerhard (1982): Soll die Schule Sprachnormen als fest, wandelbar oder veränderbar lehren? In: Mogge/Radtke (Hg.), S. 26–144.
Barbour, Steven/Stevenson, Patrick (1998): Variation im Deutschen. Soziolinguistische Perspektiven. Berlin/New York.
Bartsch, Renate (1985): Sprachnormen: Theorie und Praxis. Tübingen.
Behrens, Manfred/Dieckmann, Walther/Kehl, Erich (1982): Politik als Sprachkampf. Zur konservativen Sprachkritik und Sprachpolitik seit 1972. In: Heringer (Hg.) (1982a), S. 216–265.

Literatur

Beisbart, Ortwin/Marenbach, Dieter (1990): Einführung in die Didaktik der deutschen Sprache und Literatur. 5. Aufl. Donauwörth.
Besch, Werner (1998): Duzen, Siezen, Titulieren. Zur Anrede im Deutschen gestern und heute [1996]. 2., erg. Aufl. Göttingen.
Beschlüsse der Kultusministerkonferenz (2012): Bildungsstandards im Fach Deutsch für die Allgemeine Hochschulreife. In: http://www.kmk.org/fileadmin/veroeffentlichungen_beschluesse/2012/2012_10_18-Bildungsstandards-Deutsch-Abi.pdf (03.01.2013).
Böcker, Lisa/Brenner, Gerd (2003): Sprache im Wandel: Sprachkritik und Sprachgeschichte. Cornelsen Kursthemen Deutsch. Berlin.
Busse, Ulrich (2001): Anglizismen im Gegenwartsdeutschen. Eine Taskforce für die deutsche Sprache oder alles bloß Peanuts? In: Der Deutschunterricht 4/2001, S. 42–50.
Der Deutschunterricht (1998): Sprachnormen 3/1998.
– (2000): Sprachwandel – vom Sprechen zur Sprache 3/2000.
– (2001): Wörter/Unwörter 4/2001.
– (2006): Sprachkritik 5/2006.
– (2009): Sprachverfall 5/2009.
– (2012): Orthographische und grammatische Spielräume 1/2012.
Deutschbuch 9 (2008): Neue Ausgabe. Hg. von Bernhard Schurf und Andrea Wagener. Berlin.
Dürscheid, Christa (2012): Sprache im Deutschunterricht – kein Spiel ohne Grenzen. Einführung in das Themenheft. In: Der Deutschunterricht 1/2012, S. 2–6.
Gesellschaft für deutsche Sprache (Hg.) (2001): Wörter, die Geschichte machten. Schlüsselbegriffe des 20. Jahrhunderts. Gütersloh/München.
Gestalten und Verstehen (1970). Arbeitsbuch. Hg. von Rupert Hirschenauer. München.
Gloy, Klaus (1975): Sprachnormen I. Linguistische und soziologische Analysen. Stuttgart.
– (1997): Sprachnormen als »Institution im Reich der Gedanken« und die Rolle des Individuums in Sprachnormierungsprozessen. In: Mattheier (Hg.), S. 27–37.
Günthner, Susanne (2002): Konnektoren im gesprochenen Deutsch – Normverstoß oder funktionale Differenzierung. In: Deutsch als Fremdsprache 39,2/2002, S. 67–74.
Hannappel, Hans/Herold, Theo (1985): Sprach- und Stilnormen in der Schule. In: Sprache und Literatur in Unterricht und Wissenschaft 55/1985, S. 54–67.
Hartmann, Dietrich (1990): Standardsprache und regionale Umgangssprachen als Varietäten des Deutschen. Kriterien zu ihrer Bestimmung aus grammatischer und soziolinguistischer Sicht. In: International Journal of Sociology of Language 83/1990, S. 39.58.
Helmers, Hermann (1966): Didaktik der deutschen Sprache. Einführung in die Theorie der muttersprachlichen und literarischen Bildung. Stuttgart.
Heringer, Hans-Jürgen (Hg.) (1982a): Holzfeuer im hölzernen Ofen. Ansätze zur politischen Sprachkritik. Tübingen.
– (1982b): Sprachkritik – die Fortsetzung der Politik mit besseren Mitteln. In: Heringer (Hg.), S. 3–34.
– (1982c): Normen? Ja, aber meine! In: Heringer (Hg.), S. 94–105.
– (1982d): Der Streit um die Sprachkritik. Dialog mit Peter von Polenz. In: Heringer (Hg.), S. 161–175.
Ivo, Hubert (1976): Sprachliche Normen als Thema in der Lehrerausbildung. Fehlermarkierung – Sprachgefühl – Analysedefizite. In: Gloy, Klaus/Presch, Gunther (Hg.): Sprachnormen III. Kommunikationsorientierte Linguistik – Sprachdidaktik. Stuttgart, 125–137.
Jäger, Siegfried (1971): Zum Problem der sprachlichen Norm und seiner Relevanz für die Schule. In: Muttersprache 81/1971, S. 162–175.
Kilian, Jörg (Hg.) (2005): Sprache und Politik: Deutsch im demokratischen Staat. Wiesbaden.
–/**Niehr, Thomas/Schiewe, Jürgen** (2010): Sprachkritik. Ansätze und Methoden der kritischen Sprachbetrachtung. Berlin.
Klein, Josef (1991): Kann man »Begriffe besetzen«? Zur linguistischen Differenzierung einer plakativen politischen Metapher. In: Liedtke/Wengeler/Böke (Hg.), S. 44–69.
Kuntzsch, Lutz (2001): Wörter der Jahre, Unwörter, 100 Wörter des Jahrhunderts? Wörter, die Geschichte machten. Vorschläge zu ihrer Verwendung im Deutschunterricht. In: Der Deutschunterricht 4/2001, S. 16–29.

III.1.4 Ausgewählte Schwerpunkte

Norm und Wandel – Ein Grundproblem der Sprachdidaktik

Liedtke, Frank/Wengeler, Martin/Böke, Karin (Hg.) (1991): Begriffe besetzen. Strategien des Sprachgebrauchs in der Politik. Opladen.
Mattheier, Klaus-Jürgen (Hg.) (1997): Norm und Variation. Frankfurt a. M.
Merkelbach, Valentin (1972): Kritik des Aufsatzunterrichts. Eine Untersuchung zum Verhältnis von schulischer Sprachnorm und Sozialisation. Frankfurt a. M.
Mogge, Brigitta/Radtke, Ingulf (Hg.) (1982): Schulen für einen guten Sprachgebrauch. Deutsche Akademie für Sprache und Dichtung. Bd. 3. Stuttgart.
Moraldo, Sandro (2012): »Obwohl…Korrektur: Polizei HAT Gebäude im coolen Duisburger Innenhafen«. Die Kommunikationsplattform *Twitter* an der Schnittstelle zwischen Sprechsprachlichkeit und medial bedingter Schriftlichkeit. In: Günthner, Susanne/Imo, Wolfgang/Meer, Dorothee/Schneider, Jan Georg (Hg.): Kommunikation und Öffentlichkeit. Sprachwissenschaftliche Potenziale zwischen Empirie und Norm. Tübingen, S. 186–210.
Moser, Hugo (Hg.) (1968): Sprachnorm, Sprachpflege, Sprachkritik. Düsseldorf.
Neuland, Eva (1979): Dialekt in Sprachbüchern. Ergebnisse einer exemplarischen Auslese und kritischen Analyse von Sprachbüchern der Primarstufe und der Sekundarstufe I. In: Wirkendes Wort 2/1979, S. 73–93.
– (1998): Sprachnormen – kein Thema mehr? Zur Neubelebung einer verschütteten Diskussion. In: Der Deutschunterricht 3/1998, S. 4–13.
– (2000): Vielfältiges Deutsch - Chance zum reflektierten Umgang mit Normierungen. In: Kühn, Ingrid/Lehker, Marianne (Hg.): Deutsch in Europa als Muttersprache und als Fremdsprache. Frankfurt a. M., S. 37–50.
– (2003): Sprachvarietäten – Sprachnormen – Sprachwandel. In: Bredel, Ursula u. a. (Hg.): Didaktik der deutschen Sprache. Ein Handbuch. Paderborn, S. 52–69.
– (2013): Sprachliche Höflichkeit bei Jugendlichen heute. Widerspruch oder Wandel? In: Hyvärinen, Irma/Richter-Vapaatalo, Ulrike/Rostila, Jouni (Hg.): Tagungsband des Nordisch-Baltischen Germanistentreffens. Reihe: Finnische Beiträge zur Germanistik (i.E.).
Nübling, Damaris (2006): Historische Sprachwissenschaft des Deutschen. Eine Einführung in die Prinzipien des Sprachwandels. Tübingen.
Peyer, Ann/Portmann, Paul R. (Hg.) (1996): Norm, Moral und Didaktik – Die Linguistik und ihre Schmuddelkinder: Eine Aufforderung zur Diskussion. Tübingen.
Praxis Deutsch (2009): Sprachwandel 215/2009.
Praxis: Sprache und Literatur 10 (2009). Gymnasium. Hg. von Wolfgang Menzel. Braunschweig.
Sandig, Barbara (1974): Sprache und Norm, Sprachnorm, Sprachhandlungsnorm. In: Der Deutschunterricht 2/1974, S. 29–39.
Schlosser, Horst Dieter (2001): Unwörter zwischen »ätzend« und »inhuman«. Sprachliche Reflexionen im Deutschunterricht. In: Der Deutschunterricht 4/2001, S. 51–59.
Sprachbuch 5 (1976). Sekundarstufe I, 5. Schuljahr. Hg. von Dietrich Homberger und Friedhelm Wippich. Frankfurt a.M.
Sprachbuch 6 (1976). Sekundarstufe I, 6. Schuljahr. Hg. von Dietrich Homberger und Friedhelm Wippich. Frankfurt a.M.
Stötzel, Georg/Eitz, Thorsten (2002): Zeitgeschichtliches Wörterbuch der deutschen Gegenwartssprache. Hildesheim u. a.
Texte, Themen und Strukturen (2009): Schülerbuch. Gymnasium Nordrhein-Westfalen. Hg. von Bernd Schurf und Andrea Wagener. Berlin.
Tophinke, Doris (2009): Sprachwandel. In: Praxis Deutsch 215/2009, S. 4–13.
Weisgerber, Bernhard (1998): Sprachnorm und Sprachwandel. In: Der Deutschunterricht 3/1998, S. 67–70.
Wengeler, Martin (1998): Normreflexion in der Öffentlichkeit: Zur Legitimationsbasis sprachlicher Normierungsversuche. In: Der Deutschunterricht 3/1998, S. 49–56.
– (2005): »Streit um Worte« und »Begriffe besetzen« als Indizien demokratischer Streitkultur. In: Kilian (Hg.), S. 177–210.
Ziegler, Evelyn (2009): »Ich sag das jetzt so, weil das steht auch so im Duden!« Sprachwandel als Sprachvariation: weil-Sätze. In: Praxis Deutsch 215/2009, S. 45–51.

2. Variationen im heutigen Deutsch – Perspektiven für den Sprachunterricht

2.1 Variation: Hindernis oder Chance für die Sprachdidaktik?
2.2 Neuere Entwicklungen der Variationsforschung
2.3 Sprachdidaktische Neuorientierungen

2.1 | Variation: Hindernis oder Chance für die Sprachdidaktik?

Variation als Hindernis: Trotz des soeben beschriebenen Sprachnormwandels und der programmatischen Erweiterung des Sprachbegriffs durch die kommunikative Didaktik geht die Unterrichtswirklichkeit ebenso wie die Lehrwerkproduktion zumeist immer noch von einer relativ homogenen deutschen Standard- und Schriftsprache aus, die von der gesprochenen wie aber auch geschriebenen Alltagswirklichkeit oft weit entfernt ist. Der Einbezug sprachlicher Varietäten und Stile, wie sie in der Varietätenlinguistik und der Soziolinguistik beschrieben werden, gelingt in der muttersprachlichen Didaktik noch am ehesten im Bereich der Dialekte, die in sprachpflegerischer Hinsicht ein traditionelles Gegenstandsfeld des Sprachunterrichts bilden.

So räsoniert die Lübeckerin Toni Buddenbrook über ihre sprachlichen Erfahrungen im Hause ihres Münchner Ehemannes Permaneder:

Textauszug aus den *Buddenbrooks* von Thomas Mann   Beispiel 1
(zit. nach der Ausgabe von 1975, S. 248)

»Und wenn ich ›Frikadellen‹ sage, so begreift sie es nicht, denn es heißt hier ›Pflanzerln‹; und wenn sie ›Karfiol‹ sagt, so findet sich wohl nicht so leicht ein Christenmensch, der darauf verfällt, daß sie Blumenkohl meint; und wenn ich sage: ›Bratkartoffeln‹, so schreit sie so lange ›Wahs?‹ bis ich ›Geröhste Kartoffeln‹ sage, denn so heißt es hier, und mit ›Wahs‹ meint sie ›Wie beliebt‹.«

Für den DaF-Unterricht stellt sich das Problem der Variation in der zu erlernenden Zielsprache in noch stärkerem Maße. Die Standardsprache wird weitgehend immer noch als ausschließliches Ziel des Sprachunterrichts eingefordert (so noch Götze 2001). Gegen den unterrichtlichen Einbezug von Sprachvariation werden vor allem zwei Argumente geltend gemacht:

Variationen im heutigen Deutsch

- Sie würden den Lernprozess zusätzlich verkomplizieren
- und hätten überdies eine zu geringe Nützlichkeit für den Lerner.

Dieser Argumentation wird jedoch zunehmend gerade auch von Vertretern der Auslandsgermanistiken widersprochen. So fordert Martin Durrell:

> »Meines Erachtens bedarf es [...] der Einsicht, dass Ausländer die deutsche Sprache lernen wollen, wie sie tatsächlich gesprochen wird und nicht wie sie gesprochen werden sollte.« (2005, S. 189 ff.)

Das Lehrwerk *Deutschstunden* (*Sprachbuch* 9, neue Ausgabe 2005, S. 51) symbolisiert die Schwierigkeiten, die dem didaktischen Umgang mit Sprachvarietäten im Unterricht unterstellt werden, durch einen Hindernisparcours (z. B. mit Generationen-Gatter, Fachsprachen-Barrikade, Dialekt-Schranke etc.), wie die folgende Abbildung zeigt:

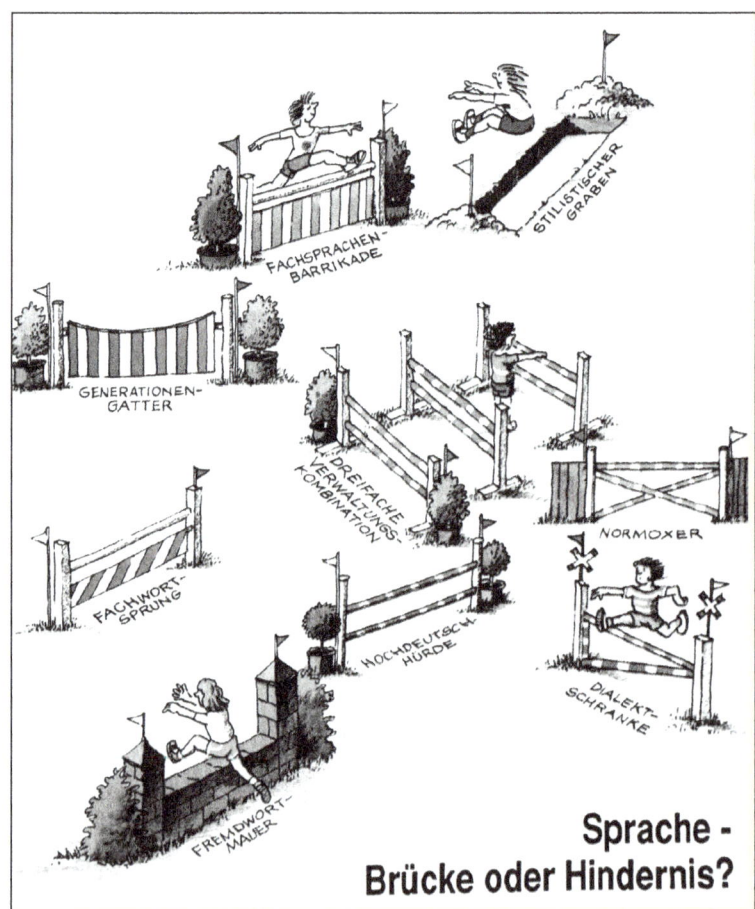

Abb. 1: Umgang mit Sprachvariation als Hürdenlauf (aus *Deutschstunden*, 2005, S. 51)

Variation: Hindernis oder Chance für die Sprachdidaktik?

Variation als Chance: Welche Legitimationsargumente können aber für den Einbezug von Variation im Sprachunterricht geltend gemacht werden, welche Kompetenzen können Lernende dabei erwerben? Hier lassen sich einige Argumente für einen schüler- und lebensweltorientierten Sprachunterricht anführen:
- Anknüpfung an eigene Spracherfahrungen und Motivation durch erfahrungs- und interessegeleitetes Sprachlernen,
- Orientierung des Unterrichts an der Zieldimension der komplexen Sprachwirklichkeit gegenüber einer künstlichen Vereinfachung der Zielsprache,
- Vermittlung vertiefter Kenntnisse im Gegenstandsfeld der mehrdimensionalen Normen und Gebrauchsweisen der deutschen Sprache, und zwar auch der Standardsprache,
- Förderung von Sprach- und Kulturbewusstheit sowie von Stilkompetenz.

Wie schon der Themenschwerpunkt der Sprachnormen, so bietet auch der Themenschwerpunkt der Sprachvariationen Anknüpfungspunkte nicht nur für den Lernbereich ›Reflexion über Sprache‹, sondern für alle grundlegenden Lernbereiche des Sprachunterrichts. Dabei werden hauptsächlich **rezeptive und analytische Kompetenzen** gefördert, wobei also das Verstehen von Varietäten im Unterricht deren aktive Verwendung dominieren sollte, zumal diese auch von jeweiligen Lernergruppen und Lernerinteressen abhängig ist. Damit kann man auch der von Eltern an Lehrkräfte herangetragenen Frage begegnen: »Soll mein Kind etwa bayrisch lernen oder Jugendsprache sprechen?«. An Varietäten kann vielmehr etwas *über* die deutsche Sprache gelernt werden.

Schließlich trägt dem auch die Lehrplanentwicklung in den allermeisten Bundesländern Rechnung. Die Bildungsstandards greifen dieses Thema wie folgt auf:
- Schon für die **Primarstufe** ist im Lernbereich ›Sprache und Sprachgebrauch untersuchen‹ ein Schwerpunkt: ›Gemeinsamkeiten und Unterschiede von Sprachen entdecken‹ vorgesehen (S.13).
- Für den **Mittleren Schulabschluss** wird formuliert:

    »Sprachen in der Sprache kennen und in ihrer Funktion unterscheiden: z. B. Standardsprache, Umgangssprache, Dialekt; Gruppensprachen, Fachsprachen; gesprochene und geschriebene Sprache, Mehrsprachigkeit [...] zur Entwicklung der Sprachbewusstheit und zum Sprachvergleich nutzen.« (S. 16)

- Für die **Allgemeine Hochschulreife** sind die Schwerpunkte vorgesehen: ›Strukturen und Funktionen von Sprachvarietäten beschreiben‹ und ›Auswirkungen der Sprachenvielfalt und der Mehrsprachigkeit analysieren‹ (S. 25).

Zusammenfassend lässt sich festhalten: Die Entwicklung von **Stilkompetenz** als wichtiges Lernziel für den Sprachunterricht auf der Oberstufe setzt einen kompetenten Umgang mit Sprachvariation voraus.

2.2 | Neuere Entwicklungen der Variationsforschung

Die **Varietätenlinguistik** ging ursprünglich von vier großen Varietätenklassen aus (vgl. z. B. Nabrigs 1981), und zwar:
- **diachronische** (historische) Varietäten, die sich auf unterschiedliche Zeitabschnitte im Lauf der Sprachentwicklung beziehen,
- **diatopische** (dialektale) Varietäten, die unterschiedlichen geografischen Ausprägungen des Sprachgebrauchs entsprechen,
- **diastratische** (soziolektale) Varietäten, die von verschiedenen sozialen Gruppen benutzt werden,
- **diaphasische** (situative) Varietäten, die in unterschiedlichen Situationen bzw. Domänen verwendet werden.

Allerdings erweist sich als schwierig, verschiedene Varietäten des Sprachgebrauchs diesen Varietätenklassen zuzuordnen. Heinrich Löffler entwickelte in seiner *Germanistischen Soziolinguistik* (2010) die folgende komplexere Darstellung:

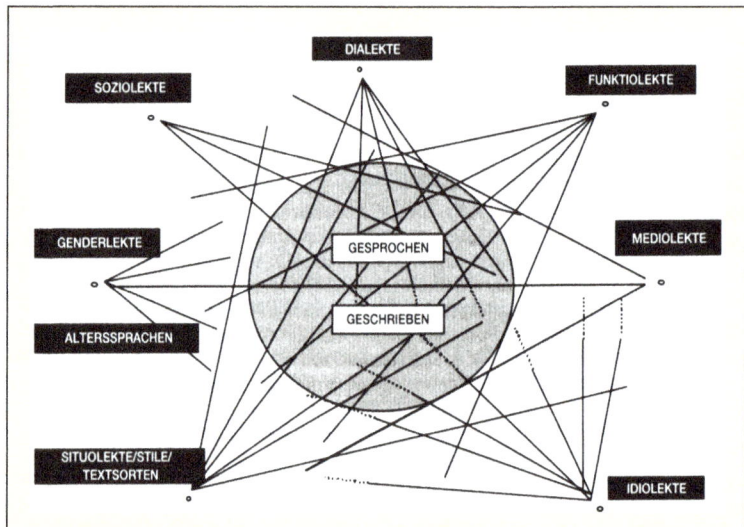

Abb. 2: Varietätenmodell der deutschen Sprache (aus Löffler 2010, S. 79)

Generell ist jedoch festzuhalten, dass Varietätenmodelle mit einer strikten Grenzziehung und stabilen Funktionsteilung zwischen einzelnen Varietäten der Dynamik und Komplexität der Sprachentwicklung nicht gerecht werden.

Ausgleichs- und Substandardisierungsprozesse: Die aktuelle Sprachwandelforschung diagnostiziert heute verschiedene Ausgleichsprozesse, v. a.:
- zwischen Standardsprache und Dialekten (vgl. u. a. Macha 2006),
- zwischen Standardsprache und Soziolekten bzw. zwischen formellen und informellen Stilebenen (vgl. u. a. Mattheier 1997),

- zwischen Allgemeinsprache und Fachsprachen,
- zwischen gesprochener Sprache und geschriebener Sprache (s. Kap. II.1.4.5).

Für solche Ausgleichsprozesse zwischen Standardsprache und nonstandardsprachlichen Varietäten wie Dialekten und Soziolekten wird auch der Terminus der **Substandardisierung** verwendet. Solche Prozesse bewirken insgesamt Verschiebungen im Varietätensystem des Deutschen, wie sie kürzlich von Heinrich Löffler (2005) beschrieben worden sind. In diesem Modell werden Ausgleichsprozesse zwischen Standard- und Nonstandard-Varietäten jeweils als Pole eines Kontinuums dargestellt:

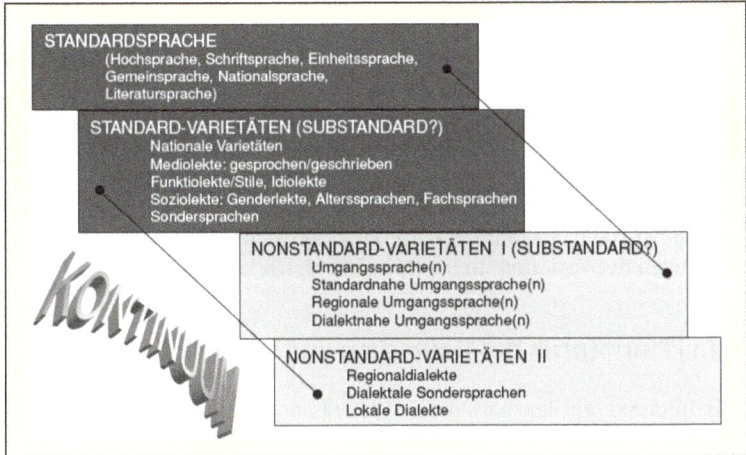

Abb. 3: Standard und seine Varietäten (aus Löffler 2005, S. 21)

Sprecherbezogene Variation: Es ist mithin kaum mehr möglich, die Komplexität der Variation im heutigen Deutsch im Rahmen einer Gesamtdarstellung zu erfassen oder gar zu visualisieren (vgl. dazu auch Barbour/Stevenson 1998 sowie Eichinger/Kallmeyer 2005). Dabei stellen sich noch viele offene Fragen, vor allem mit dem Einbezug einer sprecherbezogenen Perspektive des Sprachgebrauchs und seiner Bedeutung für sozial identifikatorisches bzw. sozial distinktives Handeln. Sprecher und Schreiber treffen heute oft sehr bewusst in ihren individuellen und gruppentypischen Sprachgebrauchsweisen eine Auswahl aus dem Repertoire der Sprachvariation.

Vor allem die aktuell bei Jugendlichen zu beobachtenden Erscheinungsweisen von **Sprachkreuzungen** und **Stilmischungen** sind zumeist als Ausdrucksformen intentionalen sprachlichen wie nichtsprachlichen Handelns und als Mittel für die soziale und kulturelle Selbstpositionierung von Sprechern und für die Präsentation sozialer Lebensstile zu verstehen (vgl. dazu auch Hinnenkamp 2000, 2003; Androutsopoulos 2003a). So können sich Jugendliche:

- durch die Nutzung von Fachwörtern z. B. als Experten für einen bestimmten Straßensport oder für eine bestimmte Musikrichtung ausweisen (vgl. dazu Androutsopoulos 1997),

- durch den Gebrauch von Regionalismen ihre Ortsgebundenheit demonstrieren,
- durch Sexualausdrücke und provozierende sprachliche Obszönitäten sich als Macho stilisieren etc.

Solche sprachlichen Erscheinungsweisen (zu Beispielen vgl. Neuland 2008) können überdies als aufschlussreiche Indikatoren gegenwärtiger gesellschaftlicher Entwicklungen gedeutet werden, die mit den Stichworten der Pluralität, Differenz und Multiperspektivität sozialer Identität gekennzeichnet sind.

2.3 | Sprachdidaktische Neuorientierungen

Inzwischen mehren sich die Stimmen, die eine ausschließliche Orientierung der Sprachdidaktik an der Standardnorm problematisieren. Der 2006 von Neuland herausgegebene Sammelband: *Variation im heutigen Deutsch. Perspektiven für den Sprachunterricht* präsentiert dazu eine Vielzahl von Beiträgen aus Linguistik und Didaktik der Germanistik aus dem In- und Ausland. Zusammenfassend lassen sich folgende Schwerpunktsetzungen der Variation im heutigen Deutsch erkennen:

2.3.1 | Plurizentrik des Deutschen und nationale Varietäten

Das Interesse an den nationalen Varietäten und an der auf von Polenz (1988) zurückgehenden These von der **Plurizentrik** des Deutschen steht im Kontext der allgemeinpolitischen und sprachpolitischen Entwicklungen in Europa (vgl. dazu Lüdi 2006) und des verstärkten Engagements der Förderung der deutschen Sprache in Österreich und in der Schweiz, vor allem in mittel- und osteuropäischen Ländern. Linguisten aus Deutschland, Österreich und der Schweiz haben seit den 90er Jahren viel dazu beigetragen, die plurizentrische und plurinationale Sicht der deutschen Sprache zu verbreiten und die vernehmliche Forderung zu stellen, den Unterricht von Deutsch als Fremdsprache nicht auf die Vermittlung des ›Binnendeutschen‹ zu beschränken (vgl. dazu Ammon 1995, 1997, 2006). Und auch der *Gemeinsame Europäische Referenzrahmen* bezieht sich in *Profile Deutsch* auf »Deutsch als plurizentrische Sprache« (so in Glaboniat u. a. 2002; Bausch u. a. 2003).

Im muttersprachlichen Deutschunterricht wird das Thema der nationalen Varietäten oft erst in sprachgeschichtlichen Kontexten des Sprachunterrichts aus der Oberstufe aufgegriffen. Dies empfiehlt sich vor allem auch für den universitären DaF-Unterricht; doch lässt sich ebenso der Lernbereich der Landes- bzw. Kulturkunde mindestens schon für Mittelstufenlerner dazu nutzen, nicht nur realienkundliches Wissen über die höchsten Berge oder die längsten Flüsse in deutschsprachigen Gebieten zu vermitteln. Vielmehr könnten auch dabei schon landestypische Gruß- oder Abschiedsformulierungen eingeführt werden.

Als materialreiches Hilfsmittel ermöglicht das *Variantenwörterbuch des Deutschen* (Ammon u.a. 2004) eine kontrastive Analyse nicht nur der üblichen Nahrungsmittelbezeichnungen in Deutschland, Österreich und der Schweiz (z.B. österreichisch: *Karfiol, Paradeiser* – deutsch: *Blumenkohl, Tomaten*; schweizerdeutsch: *Vogerlsalat* – deutsch: *Feldsalat*); vielmehr bildet es auch ein wichtiges Hilfsmittel bei der Textanalyse, wobei neben den lexikalischen auch textgrammatische Aspekte verglichen werden können (vgl. dazu das Themenheft 1/2004 »Sprachvariation im heutigen Deutsch« der Zeitschrift *Der Deutschunterricht*).

2.3.2 | Dialekte und Regionalsprachen

Die Dialekte bilden für Sprachwissenschaft wie für Sprachdidaktik das klassische Gegenstandsfeld der Heterogenität der deutschen Sprache. Bis in die 1960er Jahre herrschte in der muttersprachlichen Deutschdidaktik zunächst ein sprachpflegerisch-sprachkundlicher Zugang vor, indem Mundartgedichte oder Nahrungsmittelbezeichnungen und sodann in den 1970er Jahren in der kommunikativen Sprachdidaktik Missverständnisse zwischen Sprechern verschiedener Mundarten präsentiert wurden (s. Kap. III.1.1 sowie 1.2). Erst die Reihe *Dialekt/Hochsprache kontrastiv. Sprachhefte für den Deutschunterricht* (Besch u.a. ab 1977) schuf eine linguistisch gesicherte Beschreibungsbasis, u.a. für die Analyse dialektbedingter Schwierigkeiten im Unterricht. Erst seit jüngerer Zeit hat sich eine sprachgebrauchsorientierte Perspektive der Dialektdidaktik durchsetzen können, die auch den veränderten Dialektverhältnissen im heutigen Deutsch Rechnung trägt (vgl. dazu Macha 2006).

Regionalsprachen, neue Substandards und Sprachreflexion: In Hinblick auf die regionale Differenzierung des sogenannten ›Binnendeutschen‹ sind einige Unterrichtsvorschläge für die Berücksichtigung von Dialekten und regionalen Umgangssprachen im mutter- und fremdsprachlichen Unterricht vorgelegt worden. Dabei wird vor allem die Bedeutung der regionalen Differenzierung für Deutschlerner aus dem Ausland hervorgehoben, die nach Deutschland kommen und sich dort in Alltagssituationen verständigen oder auch für längere Zeit in Deutschland leben wollen (vgl. dazu auch Baßler/Spiekermann 2002; Studer 2003; Durrell 2004). Ein Beispiel dafür, dass auch schon am Ende der Grundschulzeit Schüler für die Andersartigkeit des Dialekts sensibilisiert werden können, bietet das Sprachbuch *Überall Sprache* für das 4. Schuljahr (1985) mit seiner Unterrichtseinheit »Jeder spricht anders«:

III.2.3 Ausgewählte Schwerpunkte

Variationen im heutigen Deutsch

Beispiel 2 **Opa Schmitz spricht »Kölsch«**
(aus *Überall Sprache*, 1985, S. 32)

Peter unterhält sich gerne mit seinem Opa. Opa redet am liebsten in seinem Dialekt.
»Tach, Opa.«
»Tach, Jung.«
»Opa, wat warst Du ejentlich früher ens von Beruf?«
»Jo Jung, isch hann be enem Bur jearbet.«
»Wat hast du denn da jedonn?«
»Och vill, Mist fahre, pflüje, säe, Ädäppel plante un esu wigger.«
»Hattet ihr denn och schon Maschinen für üer Arbet?«
»Enä, mir hann alles met de Häng jedonn. Dat wor en harde Zick. Ever et hätt mer trotzdem jefalle.«
»Ich will ja ens ene Raketepilot werden.«
»Jitt et dä Beruf dann och als?«
»Jetzt noch nitt, aber wenn ich jroß bin, jibt es den, janz bestimmt.«

Besonders anspruchsvoll ist unter der Überschrift: »Zufall oder Regelung« die Frage nach dem »kölschen Laut« (rheinische Spirantisierung), den die Schüler als Regel in der Aussprache entdecken sollen ($g \rightarrow j$, z. B. *eigentlich* $\rightarrow$ *ejentlich*). Hier erweist sich die kontrastive Betrachtungsweise Dialekt – Standardsprache als besonders geeignet zur Herausarbeitung und Reflexion systematischer Unterschiede.

Ein Beispiel für den Unterricht in der Oberstufe liefern die Songtexte der Kölner Band BAP. Sie veranschaulichen besonders authentisch den Wandel vom herkömmlichen ripuarischen Dialekt zur Kölner Regionalsprache, der teilweise auch jugend- und umgangssprachliche Beispiele beigefügt sind. Ein solcher Stil als Produkt von Substandardisierungstendenzen wird auch als **neuer Substandard** bezeichnet (s. Bsp. 3).

Unterrichtsmaterialien liegen z. B. auch für die Regionalsprache des Ruhrgebiets vor (vgl. Volmert 2010).

Beispiel 3

»Ruut, wieß, blau querjestriefte Frau« von BAP
(zit. nach Neuland/Hochholzer 2006, S. 187)

(1)
Vüür paar Woche, nit lang her,
jedenfalls do spillte mir
en dä Kneip, wo mir sons och sinn.
Alles toll, die Buud woor voll,
alles woor su wie et soll,
op eimohl kütt die Wahnsinnsfrau rinn.
Die überdurchschnittlich superstarke,
mir noch absolut unbekannte,
ruut, wieß, blau querjestriefte Frau.
[...]

(3)
In de eezte Reih natürlich
kütt dat Alt un stellt sich vüür mich.
Ich denk: »Jung, dat darf nit wohr sinn! »
Un ming Finger weeden klamm,
ich denk: »Jesses nä, Madam!
Sujet he, dat ess e Unding.
Jung, jetz musste völlig ruhig blieve
fang bloss nit ahn, he jet zo övverdrieve
für die ruut, wieß, blau querjestriefte
    Frau. [...]

(6)
Während sie von Mundart schwärmt,
sich für unsre Kunst erwärmt,
denk ich, dat ich unrasiert benn.
»Deo, loss mich nit em Stech,
denn sons stink ich fürchterlich,
un bei sunem Auftritt ess dat janz
    schlemm«.
Mir wöhren unjeheuer proletarisch,
die Relevanz der Texte exemplarisch.
Ich saach: »Jenau, Clemens, dunn uns
    zwei Schabau!«
[...]

(8)
Se erklärt, wat reine Schönheit wöör,
dat sie et Schwesterlein vum Söhnlein
    wöör,
un jeder möht ene RollsRoyce hann.
Nur ein Saach möht se mir jestonn,
künnt vum Prolet se nit verstonn:
Woröm die ärm Säu kein Jeduld hann.
Denn Schritt für Schritt sei aus den
    Traditionen
der deutschen Dichter-Denker-Genra-
    tionen
ein Staat herangereift, den zu bewahren
    lohnt.
[...]

2.3.3 | Soziolekte und Gruppensprachen

Traditionen: Gruppensprachen haben in Sprachwissenschaft wie Sprachdidaktik keine lange Tradition. Im Rahmen der Sondersprachforschung wurden Sondersprachen in Fach- und Gruppensprachen eingeteilt und auch entsprechende Taxonomien entwickelt. Genauere Beobachtungen liegen allerdings nur für die Studentensprache vor, die zugleich als Sprache einer bestimmten Altersklasse und eines höheren Bildungsstands sowie des männlichen Geschlechts aufgefasst wurde (s. Abb. 4).

Die Kontrastierung dieses historischen Modells mit den soeben angeführten aktuellen Modellen von Sprachvariation bietet in der Deutschlehrerausbildung sowie im Sprachunterricht der Oberstufe Anlässe nicht nur für sprachgeschichtliche, sondern vor allem auch für kulturhistorische Reflexionen, wie das Beispiel der ›Ammensprache‹ sowie die Beispiele der Berufs- und auch Standessprachen zeigen.

Entwicklungen: Spätere Studien zur Gruppensprache befassen sich mit akademischen Arbeitsgruppen in den 60er Jahren, bevor der Terminus

III.2.3 Ausgewählte Schwerpunkte

Variationen im heutigen Deutsch

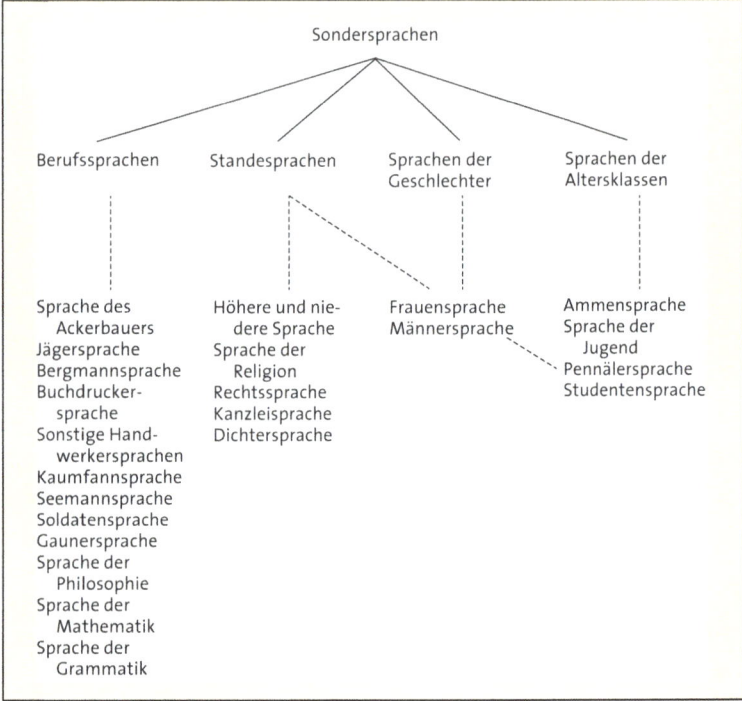

Abb. 4: Sondersprachen (nach der Systematik von Hirt 1909 in Neuland 2006, S. 27)

der Soziolekte mit der Varietätenlinguistik und der Soziolinguistik in die Forschung Eingang fand (vgl. dazu Neuland 2011).

Während in den 1970er Jahren die **schichtspezifischen** Sprachunterschiede, v. a. mit den Bezeichnungen des elaborierten und des restringiertes Codes im Mittelpunkt standen, stieg in den 1980er Jahren das Interesse an **geschlechtsspezifischen** Sprachunterschieden an, wie zumal in der Sprachdidaktik gezeigt werden kann (vgl. dazu z. B. das *Praxis Deutsch*-Themenheft »Sprachen in der Sprache«; Linke/Voigt 1991). Auch den durch andere Herkunftssprachen bedingten **ethnischen** Sprachunterschieden wurde soziolinguistische Aufmerksamkeit zuteil, und der Erwerb von Deutsch als Zweitsprache entwickelte sich – auch als Reaktion auf die gesellschaftlichen Anforderungen – zu einem dominierenden Forschungsfeld, insbesondere in der Sprachdidaktik.

Soziale Gruppen als Interaktionsgemeinschaften bleiben ein wichtiges Desiderat für Linguistik und Didaktik, wie gerade am Beispiel der **Peergroups** in der Jugendsprachforschung in schulischen wie außerschulischen Kontexten gezeigt werden kann (zur Kommunikation in Jugendgruppen s. die Beispiele in Kap. III.4.3.1; zur Gruppensprache vgl. Neuland 2011). Eine neue Aktualität hat das Thema durch die virtuellen Gruppen in den neuen Medien, vor allem in den Social Media gewonnen. Diese werden auch als **posttraditionale Gemeinschaften** bezeichnet und sind durch spezifische Kommunikationsstile gekennzeichnet. Beispiele solcher medienbedingter Gruppensprachen finden sich z. B. in regionalen Chat-Räumen oder in fachbezogenen Foren, in denen sich die Nutzer zwar nicht persönlich bekannt sind, jedoch über ihre ›Nicknames‹ identifizieren können. Von Androutsopoulos (2003b) stammt das folgende Beispiel aus einer Gästebuch-Kommunikation Jugendlicher:

Kommunikation in Online-Musikforen — Beispiel 4
(aus Androutsopoulos 2003b, S. 320)

»Yo, Leute Ich suche Mcs, DJs, Breaker und Writer aus ganz NRW für Jams in ganz NRW oder auch in ganz Deutschland. Ich habe auch die Möglichkeit bei mir zu Hause ein Tape aufzunehmen. Eine kleine crew sind wir übrigens schon. Ich selbst bin der einzige DJ in unserer crew. [...] PEAZE« [Name des Users]

An zwei Beispielfeldern soll die unterrichtliche Perspektivenvielfalt von Soziolekten und Gruppensprachen verdeutlicht werden.

2.3.3.1 | Sprachgebrauch und Geschlecht

Männersprache – Frauensprache: Dieses Gegenstandsfeld war – gemäß den Entwicklungen der Frauenbewegungen und der Impulse der frühen feministischen Linguistik – oft unter der Bezeichnung: »Männersprache – Frauensprache« ein beliebtes Unterrichtsthema der 1980er und noch der 1990er Jahre (zur Übersicht vgl. auch Eichhoff-Cyrus 2004).

Mit sprachkritischem Impetus griff die Sprachdidaktik die damalige Vorstellung einer Benachteiligung von Frauen in der Sprache auf und initiierte Unterrichtseinheiten zum **generischen Sprachgebrauch**, z. B. bei Berufsbezeichnungen in Stellenanzeigen, sowie zur Gleichstellung in der Sprache, z. B. durch Doppelnennungen (s. Kap. III.1.3). Solche Vorschläge finden vor allem für die Sekundarstufe I Verbreitung, so im *Deutschbuch* 9 (neue Ausgabe 2008, S. 124 ff.) mit Arbeitshinweisen zur Reflexion und witzigen Umformulierung von gender(un)gerechtem Sprachgebrauch (s. Abb. 5).

In der Sekundarstufe II können Verbindungen zum Literaturunterricht durch die Lektüre entsprechender sprach- und kulturhistorischer Texte hergestellt werden. Auch eignen sich Lektüren zum Tausch von Geschlechterrollen (z. B. Gerd Brantenbergs *Die Töchter Egalias*) mit dem Ziel der kritischen Reflexion von Geschlechterrollenstereotypen. In einschlägigen Unterrichtseinheiten werden aber auch immer wieder Texte der frühen

Abb. 5: Der neue generische Sprachgebrauch (aus *Deutschbuch* 9, 2008, S. 126)

feministischen Linguistinnen wie Senta Trömel-Plötz (*Gewalt durch Sprache*, 1984) oder Luise F. Pusch (*Das Deutsche als Männersprache*, 1984), oft vermittelt über den Wissenschaftsjournalismus, v.a. von Dieter E. Zimmer, zur Diskussion gestellt. (Aktuelle Beispiele für die Sekundarstufe II bieten *Texte – Menschen – Reflexionen*, 2009, zur sprachlichen Gleichberechtigung, S. 406 ff. sowie *Texte, Themen und Strukturen*, 2009, S. 524 ff.)

Sammelbände, Fachzeitschriften und Lehrwerke griffen das Thema rasch auf und präsentierten zahlreiche Unterrichtsvorschläge (vgl. dazu z.B. Schramm 1981; Heuser 1982; *Diskussion Deutsch* 136/1994 und *Der Deutschunterricht* 1/1996).

Thematische Konjunkturen: Für das Nachlassen des didaktischen Interesses am Thema ›Sprache und Geschlecht‹ in der weiteren Entwicklung bieten sich mehrere Erklärungsmöglichkeiten an:

- War das Thema nur eine kurzlebige Modeerscheinung, derer die Schülerinnen und Schüler bald überdrüssig wurden?
- Erwies sich das multifaktorielle **gender**-Konzept der späteren Forschung, das auf die Relevanz v.a. von Status und Situation verwies, gegenüber dem frühen essentialistischen Verständnis als zu komplex für die didaktische Vermittlung?
- Hatte sich der gesellschaftspolitische Impetus mit der fortgeschrittenen Gleichstellung verflüchtigt, die sich bis in die Kriterien für die Schulbuchzulassungen hinein ausgewirkt hatte?

Möglicherweise spielen alle Aspekte eine gewisse Rolle, doch lässt sich dabei exemplarisch die Frage erörtern, wie die Sprachdidaktik mit thematischen Konjunkturen umgehen soll. Aus den Erfahrungen der früheren Soziolinguistik mit der Bernstein'schen Code-Theorie und der Sprachbarrieren-These (s. Kap. I.2.2 sowie III.1.2) kann als Konsequenz geschlossen werden, dass Unterrichtsempfehlungen, gerade auch in Richtlinien und Lehrplänen, eine gewisse Unabhängigkeit gegenüber tagespolitischen Konjunkturschwankungen bewahren sollten. Erst der PISA-Schock war ein Indiz dafür, dass Probleme sozialer Ungleichheit trotz des nachlassenden öffentlichen Interesses eben nicht bewältigt waren, und Ähnliches mag auch für die Gleichstellung der Geschlechter gelten, zumal in beiden Fällen interkulturelle Differenzierungen die Probleme noch vertieft haben mögen.

Das Thema ›Sprachgebrauch und Geschlecht‹ ist also mitnichten als erledigt zu betrachten und hat – entgegen dem allgemeinen Trend – nichts von seiner didaktischen Relevanz eingebüßt. Vielleicht können aber heute neue Akzente hinzutreten, die auch die Entwicklung und Auswirkung geschlechtstypischer Kommunikationsstile stärker in den Blick nehmen. Zwar ist das traditionelle Frauenbild und das Klischee von der auf die Küche beschränkten Mutter (*Mutter liest Erbsen – Vater liest Zeitung*) dank der einschlägigen bildungspolitischen Vorgaben endgültig aus den Lehrwerken verschwunden, doch lebt es durchaus v.a. in der Werbung noch weiter fort. Damit sind auch weiterhin hinreichend Anlässe für unterrichtliche Reflexionen zur sprachlichen Konstruktion von Geschlechtern gegeben.

2.3.3.2 | Sprachgebrauch und Generation

Jugendsprache als Lehr- und Forschungsgebiet: Seit einiger Zeit schon ist die Jugendsprache im Deutschunterricht wie in der Deutschlehrerausbildung zu einem neuen Modethema geworden (vgl. dazu Neuland 2006c), auch im DaF-Unterricht (vgl. dazu Neuland 2010). Seine Attraktivität verdankt sich u.a. zweifellos der Tatsache, dass dieses Thema für die meisten Lehrenden und Lernenden als Teil der eigenen Sprachbiografie belegt werden kann. Für Lernende im Jugendalter wirkt eine solche identifikatorische Beziehung besonders motivierend, zumal sie im Hinblick auf den eigenen Sprachgebrauch in ihrer Expertenrolle angesprochen werden.

Neueren Ergebnissen der **Jugendsprachforschung** zufolge wird die Frage, ob sich Jugendliche im Deutschunterricht mit dem Thema ›Jugendsprache‹ beschäftigen wollen, deutlich bejaht, und zwar über verschiedene Altersstufen und Schulformen hinweg. Wie unsere eigenen Forschungen zeigen, interessieren sich Jugendliche für die Herkunft von Wörtern und den Wandel des Sprachgebrauchs und die Einstellungen Erwachsener zur Jugendsprache.

Als Forschungsgebiet ist die Jugendsprache mit ihrer relativ kurzen Forschungsgeschichte – im deutschen Sprachraum seit den 1980er Jahren – recht gut belegt (vgl. dazu Schlobinski/Kohl/Ludewigt 1993; Androutsopoulous 1998; Neuland 2008). Während sich die Jugendsprachforschung zu Beginn stark auf den Wortschatz konzentrierte, sind mittlerweile pragmatische und stilistische Analysen sowie kontrastive Forschungen hinzugetreten. Auch werden vermehrt Formen schriftlicher Äußerungen untersucht und medienkritische Analysen zur sprachlichen Konstruktion von Jugendlichkeit einbezogen. Weiterhin bietet das Thema ›Jugendsprache und Jugendkultur‹ Anknüpfungspunkte für fächerübergreifenden Unterricht (z.B. mit Fächern wie Geschichte, Sozialkunde, Musik, Kunst) und mit anderen Sprachen (v.a. Englisch, Französisch, Spanisch, Italienisch). Eine zentrale Fragestellung für die Didaktik bildet das Verhältnis von außerschulischen und schulischen Kompetenzen Jugendlicher (vgl. Baurmann/Neuland 2011) und die unterschiedlichen Ausdrucksformen Jugendlicher in sogenannten normgebundenen und normungebundenen Kontexten (vgl. dazu Kleinberger-Günther/Spiegel 2006).

Dem **Unterrichtsthema ›Jugendsprache‹** wird der Weg geebnet durch die Vorgaben vieler Bildungspläne und durch Lehrwerkeinheiten, die sich der schwierigen Aufgabe der Präsentation möglichst authentischer Beispieltexte mittlerweile mit größerem Geschick als zuvor stellen (vgl. dazu die Analysen bei Bekes/Neuland 2006). Aktuelle Beispiele beziehen auch ethnolektale Einflüsse und mediale Stilisierungen der Jugendsprache ein.

Kompetenzen: Mit dem Rahmenthema ›Jugendsprache‹ können mithin rezeptive, analytische, reflexive und nicht zuletzt auch produktive Kompetenzen gefördert werden. Bei vielen Unterrichtbeispielen kann immer wieder gefragt werden, wie die jugendlichen Lerner das denn selbst ausdrücken würden. Auch können sie angeregt werden, Texte umzugestalten oder zu persiflieren. Im *Deutschbuch* 8 (neue Ausgabe 2007, S. 132) findet sich dazu in der Unterrichtseinheit: »Die eigene Sprache finden – Jugendsprache« das folgende Beispiel:

Abb. 6: Persiflage über Jugendsprache im intergenerationellen Kontext (aus *Deutschbuch 8*, neue Ausgabe 2007, S. 132)

Kommentar der Lehrperson:

Inhaltlich hast du das Gedicht ziemlich gepeilt, aber sprachlich kann dein Text echt nicht flashen. Richte bitte deiner Erzeugerfraktion aus, dass sie sich am Elli-Sprechtag mal zu mir beamen soll.

Lernbereiche: Unterrichtsvorschläge können sich auf verschiedene Lernbereiche beziehen:
- **Mündlicher Sprachgebrauch:** Für die Sekundarstufe I bieten sich verschiedene Projekte an, Beispiele für den eigenen Sprachgebrauch oder den Sprachgebrauch von Altersgleichen zu sammeln und gegebenenfalls nach thematischen Schwerpunkten zu klassifizieren, Eltern oder Großeltern nach ihrem jugendtypischen Sprachgebrauch oder auch nach ihren Einstellungen zu dem der heutigen Jugend zu befragen etc. In der Sekundarstufe II können jugendtypische Merkmale der Gruppenkommunikation genauer betrachtet und mit der Gesprächsführung Erwachsener kontrastiert werden, z. B. im Hinblick auf simultanes Sprechen oder Unterbrechungen (s. Kap. II.1.4.2).
- **Schriftlicher Sprachgebrauch:** Jugendsprache gilt zwar vornehmlich als ein Medium der Mündlichkeit, doch lassen sich auch schriftliche Belege finden, nicht zuletzt in den neuen Medien, aber auch in Jugendmagazinen als zumeist von Erwachsenen für Jugendliche konstruierte Text. Auch die Analyse von Werbung für die Zielgruppe ›Jugendlicher‹ ist ein beliebtes Unterrichtsthema. Dabei wird von den Schülerinnen und Schülern zumeist rasch die Diskrepanz zwischen Authentizität und Künstlichkeit erkannt und problematisiert. Als Beispiel sei auf eine ›jugendsprachlich‹ konstruierte Werbeanzeige für ein Haargel für Jugendliche verwiesen, die bei Janich (2006, S. 281) präsentiert wird.

III.2.3
Ausgewählte Schwerpunkte

Sprachdidaktische
Neuorientierungen

- **Reflexion über Sprache:** Bei der Analyse jugendtypischer Ausdrucksweisen spielt der grammatische Kernbereich der Wortbildung eine besondere Rolle. Auch bei der Integration von Anglizismen in das deutsche Flexionssystem können grammatische Kenntnisse überprüft und vertieft werden. Mannigfache Unterrichtsanregungen führen schließlich über die Grammatik hinaus in den Bereich der Sprachreflexion. Dazu gehören Themen wie die Beziehung zwischen Jugendsprache und Standardsprache, insbesondere Einflüsse der Jugendsprache auf den Sprachwandel. So kann in Unterrichtsprojekten am Beispiel von aktuellen Wörterbüchern der deutschen Sprache überprüft werden, ob jugendtypische Ausdrucksweisen dort verzeichnet sind und welche Bedeutung ihnen zugeschrieben wird. Oft werden jugendtypische Abweichungen von der Standardsprache, die sog. **Destandardisierungen** (z. B. *Braut* nicht als Verlobte vor der Hochzeit, sondern als Freundin eines (nicht anwesenden) anderen Jugendlichen, *Penner* nicht als Bezeichnung eines Obdachlosen, sondern als z.T. auch freundschaftliche kumpelhafte Anrede), wieder verallgemeinert. Dadurch können Prozesse des Sprachwandels im Hinblick auf das Verhältnis von Jugendsprache und Standardsprache auf einer allgemeinen Ebene wie in Abbildung 7 veranschaulicht werden.

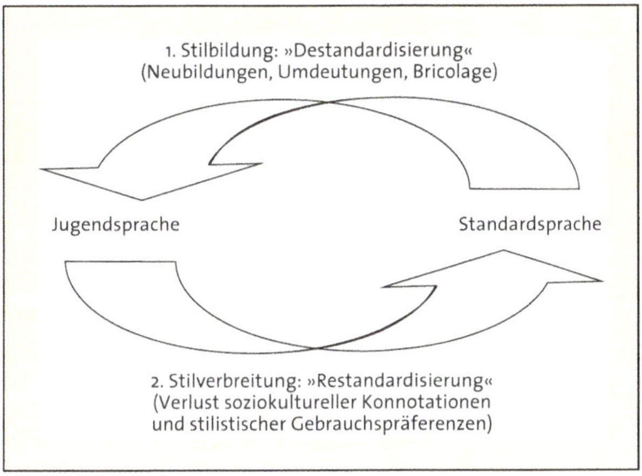

  Abb. 7: Jugendsprache und Sprachwandel (nach Neuland 2008, S. 80)

- **Umgang mit Texten:** Viele literarische Texte für Jugendliche in Geschichte und Gegenwart enthalten mehr oder minder gelungene Möglichkeiten, Sprachgebrauchsweisen von Jugendlichen wiederzugeben. Mit der Analyse solcher Texte eröffnen sich vielfache Unterrichtsmöglichkeiten (vgl. dazu den Beitrag von Gansel 2012 mit Beispielen aus der sog. ›all-age‹-Literatur). Eindrucksvoll bleibt schließlich immer noch die Analyse jener Passagen in Ulrich Plenzdorfs *Die neuen Leiden des jungen W.* (1972). In diesem Roman räsoniert ein Jugendlicher zu DDR-Zeiten über die Jeansträger:

Textauszug aus *Die neuen Leiden des jungen W.*   Beispiel 4
(aus Plenzdorf 1972, S. 26 ff.)

»Natürlich Jeans! Oder kann sich einer ein Leben ohne Jeans vorstellen? Jeans sind die edelsten Hosen auf der Welt. Dafür verzichte ich doch auf die ganzen synthetischen Lappen aus der Jumo, die ewig tiffig aussehen. Für Jeans konnte ich über-

III.2.3
Ausgewählte Schwerpunkte

Variationen im heutigen Deutsch

haupt auf alles verzichten, außer der schönsten Sache vielleicht. Und außer Musik. Ich meine jetzt nicht irgendeinen Händelsohn Bacholdy, sondern echte Musik, Leute. Ich hatte nichts gegen Bacholdy oder einen, aber sie rissen mich nicht gerade vom Hocker. Ich meine natürlich echte Jeans. Es gibt ja auch einen Haufen Plunder, der bloß so tut wie echte Jeans. Dafür lieber gar keine Hosen. Echte Jeans dürfen zum Beispiel keinen Reißverschluß haben vorn. Es gibt ja überhaupt nur eine Sorte echte Jeans. Wer echter Jeansträger ist, weiß, welche ich meine. Was nicht heißt, daß jeder, der echte Jeans trägt, auch echter Jeansträger ist. Die meisten wissen gar nicht, was sie da auf dem Leib haben. Es tötet mich immer fast gar nicht, wenn ich so einen fünfundzwanzigjährigen Knacker mit Jeans sah, die er sich über seine verfetteten Hüften gezwängt hatte und in der Taille zugeschnürt. Dabei sind Jeans Hüfthosen, das heißt Hosen, die einem von der Hüfte rutschen, wenn sie nicht eng genug sind und einfach durch Reibungswiderstand obenbleiben. Dazu darf man natürlich keine fetten Hüften haben und einen fetten Arsch schon gar nicht, weil sie sonst nicht zugehen im Bund. Das kapiert einer mit fünfundzwanzig schon nicht mehr. Das ist, wie wenn einer dem Abzeichen nach Kommunist ist und zu Hause seine Frau prügelt. Ich meine, Jeans sind eine Einstellung und keine Hosen.«

Ein literarisches Textbeispiel für die aktuellen Phänomene der **Sprachkreuzungen** bietet das Deutschbuch für die Oberstufe, *Texte, Themen und Strukturen*, mit Feridun Zaimoglus *Kanak Sprak* (1995, S. 533).

Kommunikation zwischen den Generationen: Sprachgebrauch der Generationen umfasst aber schließlich neben der Jugendsprache noch weitere Themenfelder. Was wissen wir über den Sprachgebrauch der älteren Generationen, wie machen sich alterstypische Unterschiede in der Kommunikation zwischen den Generationen bemerkbar? Solche Fragestellungen können in Unterrichtsprojekten der Sekundarstufen durch eigene Erkundungen der Schülerinnen und Schüler bearbeitet werden. Dadurch erweitern sie ihr Sprachdifferenzbewusstsein (s. Kap. I.2.3 sowie II.3.2), sie erwerben sprachliches Wissen und werden für Bedeutungswandel sensibilisiert (*Was bedeutete ein ›Stell-dich-ein‹ oder ein ›Rendezvous‹ für Großeltern und Eltern, was ein ›Date‹ für heutige Jugendliche?*), und schließlich erweitern Schülerinnen und Schüler bei diesem Thema auch ihre kommunikativen Kompetenzen für die intergenerationelle Kommunikation.

2.3.4 | Sprachstile

Die in Abschnitt 2.1 einleitend genannte These, dass das Gegenstandsfeld der Sprachvariation in besonderer Weise zur Entwicklung von Stilkompetenz beitragen kann, soll abschließend in diesem Kapitel unter dem Aspekt von Sprachstilen noch einmal aufgegriffen und konkretisiert werden.

In der linguistischen Stilforschung geht es schon länger nicht mehr um den Einsatz isolierter Stilfiguren als ›Schmuck der Rede‹ oder um eine relativ beliebige Auswahl textinterner Faktoren der Variation. Die **pragmatische Stilistik** bezieht, wie schon die **Funktionalstilistik**, textexterne Faktoren von Kontext und Situation ein und rückt den Blick auf die Auswirkungen und Erwartungshaltungen der Adressaten (vgl. dazu Sandig 2006). Ulla Fix stellte dazu die These von der sekundären Funktion von Sprachstilen auf, indem sie formuliert: »Stil gibt immer etwas zu verstehen« (2006), und zwar im Hinblick auf Selbstdarstellungen und Beziehungsgestaltungen.

Dies lässt sich an stilistischen Variationen des folgenden Beispiels eines Aushangs in Straßenbahnen mit einer Warnung vor dem Schwarzfahren demonstrieren:

> Fahrgäste ohne gültigen Fahrausweis haben 60 DM erhöhtes Beförderungsentgelt zu zahlen.

> **Herzklopfen von der ersten bis zur letzten Station kostet bei uns nur DM 60,-**
> Schwarzfahren kostet DM 60,- und 'ne Menge Nerven.
> Fahrgästen ohne gültigen Fahrausweis müssen wir eine Gebühr von DM 60,- berechnen.

> **Für nur DM 60,- hören wir uns auch jede originelle Ausrede an!**
> Schwarzfahren kostet DM 60,- und 'ne Menge Nerven.
> Fahrgästen ohne gültigen Fahrausweis müssen wir eine Gebühr von DM 60,- berechnen.

Abb. 8: Aushänge in den Straßenbahnen Leipzig, Halle, Frankfurt/Oder seit Anfang der 1990er Jahre (aus Fix/Poethe/Yos 2001, S. 156 f.)

Nach der Ablösung der präskriptiven Stillehre in der Didaktik kann die Sprachdidaktik heute auf eine Vielfalt von stilistischen Ausdrucksmöglichkeiten im heutigen Deutsch zur Förderung der Stilkompetenz von Schülern zurückgreifen (s. Kap. II.3). Die Verfügung über ein möglichst großes Repertoire von Ausdrucksweisen bleibt dabei stets noch eine wichtige Grundlage. Warum aber welche Ausdrucksweise gewählt und was genau damit zum Ausdruck gebracht werden soll, ist ein wichtiger Kernpunkt der Förderung von Stilkompetenz (vgl. dazu auch das Themenheft 1/2009 »Sprachstile« der Zeitschrift *Der Deutschunterricht* sowie Kap. II.4 in Neuland 2006).

Textsortenstile: Eine neue Perspektive auch für den Unterricht bietet sich durch die Verbindung von Textlinguistik und Stilistik, und zwar durch die Verbindung von Textsorten und Textsortenstilen. Textsorten sind in der Regel gerade durch die Musterhaftigkeit, auch des Sprachstils, gekennzeichnet (s. Kap. I.2.1 sowie II.2.4.3), doch werden heute immer mehr Mustermischungen und Mustervariationen verwendet (Beispiele auch bei Klein/Fix 1997). Besonders die Werbung greift häufig auf solche Mischungen von Mustern zurück, sei es, um Werbeintentionen zu verschleiern, wenn sich ein vermeintlicher Informationstext oder ein lyrischer Text (vgl. das Beispiel in Fix 2005, S. 16) als Werbetext entpuppt, sei es, um einen ›Aha-Effekt‹ beim Erkennen von Mustern durch den Leser zu erzielen. Dies kann am folgenden Beispiel einer Werbeanzeige veranschaulicht werden, die im Textteil Muster einer Kontaktanzeige übernimmt und dies im Bildteil durch die Herzchensymbolik unterstreicht.

Abb. 9: Anzeige für Schuhe von Berkemann (aus Fix/Poethe/Yos 2001, S. 207)

Solche Beispiele bieten gute Gelegenheiten, im Unterricht mit produktiven Arbeitsphasen weiterzuarbeiten. Anregungen dazu finden sich u. a. bei Janich (2006) sowie bei Wolf (2006), auch unter Einbezug eines literarischen Textbeispiels: Und zwar wird das Gedicht *Der römische Brunnen* von C. F. Meyer mit dem Text eines Versandhauskatalogs zur Bestellung eines römischen Brunnens als Gartenschmuck präsentiert, um die Besonderheiten eines literarischen Stils mit dem pragmatischen Stil einer Werbeanzeige zu vergleichen. Hier sind viele Möglichkeiten produktiver Umformulierungen in andere Textsortenstile gegeben.

Schließlich sei noch auf einige ansprechende Unterrichtsmaterialien verwiesen: So in *Sprache im Gebrauch: Vielfalt und Normierung* (Böcker 2001), in dem, wiederum ausgehend von alltäglichen Spracherfahrungen, verschiedene Beispiele für Sprachvarietäten und Sprachnormen und den Sprachgebrauch in der Mediengesellschaft präsentiert werden (vgl. dazu auch Siehr/Berner 2009).

Literatur

Ammon, Ulrich (1995): Die deutsche Sprache in Deutschland, Österreich und der Schweiz. Das Problem der nationalen Varietäten. Berlin/New York.
– (1997): Die nationalen Varietäten des Deutschen im Unterricht von Deutsch als Fremdsprache. In: Jahrbuch Deutsch als Fremdsprache, S. 141–158.
– (2006): Nationale Standardvarietäten in deutschsprachigen Ländern. In: Neuland (Hg.), S. 97–110.
– u. a. (Hg.) (2004): Variantenwörterbuch des Deutschen. Die Standardsprache in Österreich, der Schweiz und Deutschland sowie in Liechtenstein, Luxemburg, Ostbelgien und Südtirol. Berlin/New York.

Literatur

Androutsopoulos, Jannis (1997) Mode, Medien und Musik: Jugendliche als Sprachexperten. In: Der Deutschunterricht 6/1997, S. 11–20.
– (1998): Deutsche Jugendsprache: Untersuchungen zu ihren Strukturen und Funktionen. Frankfurt a. M.
– (2003a): jetzt speak something about italiano. Sprachliche Kreuzungen im Alltagsleben. In: Osnabrücker Beiträge zur Sprachtheorie 65/2003, S. 79–109.
– (2003b): Jugendliche Schreibstile in der Netzkommunikation: Zwei Gästebücher im Vergleich. In: Neuland, Eva (Hg.): Jugendsprachen – Spiegel der Zeit. Frankfurt a. M., S. 307–321.
Baurmann, Jürgen/Neuland, Eva (Hg.) (2011): Jugendliche als Akteure. Sprachliche und kulturelle Aneignungs- und Ausdrucksformen von Kindern und Jugendlichen. Frankfurt a. M.
Bausch, Karl-Richard/Christ, Herbert/Königs, Frank G./Krumm, Hans-Jürgen (Hg.) (2003): Der Gemeinsame Europäische Referenzrahmen für Sprachen in der Diskussion. Arbeitspapiere der 22. Frühjahrskonferenz zur Erforschung des Fremdsprachenunterrichts. Tübingen.
Barbour, Steven/Stevenson, Patrick (1998): Variation im Deutschen. Soziolinguistische Perspektiven. Berlin/New York.
Baßler, Harald/Spiekermann, Helmut (2002): Regionale Varietäten des Deutschen im Unterricht Deutsch als Fremdsprache. In: Deutsch als Fremdsprache 1/2002, S. 32–35.
Bekes, Peter/Neuland, Eva (2006): Norm und Variation in Lehrwerken und im muttersprachlichen Unterricht. In: Neuland (Hg.), S. 507–524.
Besch, Werner/Löffler, Heinrich/Reich, Hans H. (Hg.) (1977): Dialekt/Hochsprache kontrastiv. Sprachhefte für den Deutschunterricht. Düsseldorf.
Beschlüsse der Kultusministerkonferenz (2003): Bildungsstandards im Fach Deutsch für den Mittleren Schulabschluss. Beschluss vom 04.12.2003. In: http://www.kmk.org/fileadmin/veroeffentlichungen_beschluesse/2003/2003_12_04-BS-Deutsch-MS.pdf.
– (2004): Bildungsstandards im Fach Deutsch für den Primarbereich. In: http://www.kmk.org/fileadmin/veroeffentlichungen_beschluesse/2004/2004_10_15-Bildungsstandards-Deutsch-Primar.pdf (03.01.2013).
– (2012): Bildungsstandards im Fach Deutsch für die Allgemeine Hochschulreife. In: http://www.kmk.org/fileadmin/veroeffentlichungen_beschluesse/2012/2012_10_18-Bildungsstandards-Deutsch-Abi.pdf (03.01.2013).
Böcker, Lisa (2001): Sprache im Gebrauch: Vielfalt und Normierung. Kursthemen Deutsch. Berlin.
Der Deutschunterricht (1992): Deutsche Sprache – Einheit und Vielfalt 6/1992.
– (2004): Sprachvariation im heutigen Deutsch 1/2004.
– (2009): Sprachstile 1/2009.
Deutschbuch 8 (2007): Neue Ausgabe. Hg. von Bernd Schurf und Andrea Wagener. Berlin.
Deutschbuch 9 (2008): Neue Ausgabe. Hg. von Bernd Schurf und Andrea Wagener. Berlin.
Deutschstunden (2005). Neue Ausgabe. Sprachbuch 9. Hg. von Harald Frommer u.a. Berlin.
Durrell, Martin (2004): Variation im Deutschen aus der Sicht von Deutsch als Fremdsprache. In: Der Deutschunterricht 1/2004, S. 69–77.
– (2005): Sprachnormen, Sprachvariation und Sprachwandel im DaF-Unterricht. In: Neuland, Eva/Ehlich, Konrad/Roggausch, Werner (Hg.): Perspektiven der Germanistik in Europa. München, S. 189–194.
Eichhoff-Cyrus, Karin M. (Hg.) (2004): Adam, Eva und die Sprache. Beiträge zur Geschlechterforschung. Mannheim.
Eichinger, Ludwig/Kallmeyer, Werner (Hg.) (2005): Standardvariation. Wie viel Variation verträgt die deutsche Sprache? Mannheim.
Fix, Ulla (2005): Texte zwischen Musterbefolgen und Kreativität. In: Der Deutschunterricht 1/2005, S. 13–23.
– (2006): Stil gibt immer etwas zu verstehen – Sprachstile aus pragmatischer Perspektive. In: Neuland (Hg.), S. 245–258.
–/Poethe, Hannelore /Yos, Gabriele (2001): Textlinguistik und Stilistik für Einsteiger: Ein Lehr- und Arbeitsbuch. Frankfurt a. M.

III.2.3 Ausgewählte Schwerpunkte

Variationen im heutigen Deutsch

Gansel, Carsten (2012): Entdramatisierung der Generationenkonflikte – Zwischen Gleichheit und Depression in All-Age und Adoleszenzromanen. In: Neuland (Hg.), S. 354–370.

Glaboniat, Manuela u. a. (2002): Profile deutsch. Gemeinsamer europäischer Referenzrahmen. Lernzielbestimmungen. Kannbeschreibungen, kommunikative Mittel, Niveau A 1, A 2, B 1, B 2. Berlin u. a.

Götze, Lutz (2001): Normen – Sprachnormen – Normtoleranz. In: Deutsch als Fremdsprache 38/2001, S. 131–133.

Hinnenkamp, Volker (2000): »Gemischt sprechen« von Migrantenjugendlichen als Ausdruck ihrer Identität. In: Der Deutschunterricht 5/2000, S. 96–107.

– (2003): Sprachalternieren – ein virtuoses Spiel? Zur Alltagssprache von Migrantenjugendlichen. In: Neuland, Eva (Hg.): Jugendsprachen – Spiegel der Zeit. Internationale Fachkonferenz 2001 an der Bergischen Universität Wuppertal. Frankfurt a. M., S. 395–416.

Heuser, Magdalene (Hg.) (1982): Frauen – Sprache – Literatur. Fachwissenschaftliche Forschungsansätze und didaktische Modelle und Erfahrungsberichte für den Deutschunterricht. Paderborn.

Janich, Nina (2006): Stil als Ware – Variation in der Werbung. In: Neuland (Hg.), S. 273–286.

Klein Josef/Fix, Ulla (Hg.) (1997): Textbeziehungen. Linguistische und literaturwissenschaftliche Beiträge zur Intertextualität. Tübingen.

Kleinberger-Günther, Ulla/Spiegel, Carmen (2006): Jugendliche schreiben im Internet: Grammatische und orthographische Phänomene in normgebundenen Kontexten. In: Dürscheid, Christa/Spitzmüller, Jürgen (Hg.): Perspektiven der Jugendsprachforschung. Frankfurt a. M., S. 101–117.

Linke, Angelika/Voigt, Gerhard (1991): Sprachen in der Sprache. In: Praxis Deutsch 110/1991, S. 12–21.

Löffler, Heinrich (2010): Germanistische Soziolinguistik [1985]. 4., neu bearb. Aufl. Berlin.

– (2005): Wie viel Variation verträgt die deutsche Standardsprache? Begriffserklärung: Standard und Gegenbegriffe. In: Eichinger/Kallmeyer (Hg.), S. 7–28.

Macha, Jürgen (2006): Dynamik des Varietätengefüges im Deutschen. In: Neuland (Hg.), S. 149–161.

Mattheier, Klaus-Jürgen (Hg.) (1997): Norm und Variation. Frankfurt a. M.

Ministerium für Schule und Weiterbildung des Landes Nordrhein-Westfalen (2008): Lehrplan Deutsch für die Grundschulen des Landes Nordrhein-Westfalen. In: http://www.standardsicherung.schulministerium.nrw.de/lehrplaene/upload/klp_gs/GS_LP_D.pdf (03.01.2013).

Nabrigs, Kirsten (1981): Sprachliche Varietäten. Tübingen.

Neuland, Eva (Hg.) (2006a): Variation im heutigen Deutsch: Perspektiven für den Unterricht. Frankfurt a. M.

– (2006b): Variation im heutigen Deutsch: Perspektiven für den Unterricht. Zur Einführung. In: Neuland (Hg.), S. 9–27.

– (2006c): Jugendsprachen – Was man über sie und was man an ihnen lernen kann. In: Neuland (Hg.), S. 223–241.

– (2008): Jugendsprache. Eine Einführung. Tübingen.

– (2010): Jugendsprache: Lerngegenstand und Lernmedium. In: Krumm, Hans-Jürgen u. a. (Hg.): Handbuch Deutsch als Fremd- und Zweitsprache, Bd. 1 (Neubearbeitung). Berlin, S. 431–438.

– (2011): Gruppensprachen. In: Pohl, Inge/Ulrich, Winfried (Hg.): Wortschatzarbeit. Hohengehren, S. 297–309.

– (2012): Sprache der Generationen. Mannheim.

–/Hochholzer, Rupert (2006): Regionale Sprachvarietäten im muttersprachlichen Deutschunterricht. In: Neuland (Hg.), S. 175–190.

Plenzdorf, Ulrich (1972): Die neuen Leiden des jungen W. Frankfurt a. M.

Polenz, Peter von (1988): »Binnendeutsch« oder plurizentrische Sprachkultur? Ein Plädoyer für Normalisierung in der Frage der »Nationalen« Varietäten. In: Zeitschrift für Germanistische Linguistik 16/1988, S. 198–218.

Praxis Deutsch (1991): Sprachen in der Sprache 110/1991.

Pusch, Luise F. (1984): Das Deutsche als Männersprache. Aufsätze und Glossen zur feministischen Linguistik. Frankfurt a. M.
Sandig, Barbara (2006): Textstilistik des Deutschen. 2., völlig neu bearb. und erw. Aufl. Berlin.
Schlobinski, Peter/Kohl, Gaby/Ludewigt, Irmgard (1993): Jugendsprache – Fiktion und Wirklichkeit. Opladen.
Schramm, Hilde (Hg.) (1981): Frauensprache-Männersprache. Ein Arbeitsbuch zur geschlechtsspezifischen Sprachverwendung. Frankfurt a. M.
Schwitalla, Johannes/Betz, Ruth (2006): Ausgleichsprozesse zwischen Mündlichkeit und Schriftlichkeit in öffentlichen Textsorten. In: Neuland (Hg.), S. 403–419.
Siehr, Karl-Heinz/Berner, Elisabeth (Hg.) (2009): Sprachwandel und Entwicklungstendenzen als Themen im Deutschunterricht: fachliche Grundlagen – Unterrichtsanregungen – Unterrichtsmaterialien. Potsdam.
Studer, Thomas (2003): Varietäten des Deutschen verstehen lernen. Überlegungen und Beobachtungen zum universitären DaF-Unterricht. In: Häcki Buhofer, Annelies (Hg.): Spracherwerb und Lebensalter. Tübingen/Basel, S. 105–119.
Texte – Menschen – Reflexionen (1999): Schülerbuch. Literatur und Sprache in der Sekundarstufe II. Hg. von Peter Bekes. München.
Texte, Themen und Strukturen (2009). Schülerbuch. Gymnasien Nordrhein-Westfalen. Hg. von Bernd Schurf und Andrea Wagener. Berlin
Trömel-Plötz, Senta (Hg.) (1984): Gewalt durch Sprache – Die Vergewaltigung von Frauen in Gesprächen. Frankfurt a. M.
Überall Sprache (1985). Schülerdeutschbuch. 4. Schuljahr. Hg. von Peter Braun und Dieter Krallmann. Hannover.
Volmert, Johannes (2010): Ruhrgebietssprache – Abschied von einer regionalen Varietät? In: Der Deutschunterricht 2/2010, S. 77–90.
Wolf, Norbert Richard (2006): Sprache als Kunst und Kunst als Spiel. In: Neuland (Hg.), S. 349–358.

3. Mehrsprachigkeit in der Schule

3.1 Mehrsprachigkeit und Interkulturalität
3.2 Deutsch als Muttersprache – Deutsch als Zweitsprache – Deutsch als Fremdsprache
3.3 Mehrsprachigkeit im Deutschunterricht: Probleme und Chancen

Es ist aus vielen Gründen nicht (mehr) möglich, von einer homogenen Schülerschaft auszugehen. Ein Faktor, der zur Heterogenität in den einzelnen Klassen beiträgt, ist die potentielle Mehrsprachigkeit der Schüler (s. dazu auch Kap. I.2.4.1). Zu dieser besteht in der deutschen Bildungspolitik und auch in der gesamten Gesellschaft nach wie vor ein wenig einheitliches Verhältnis. Mehrsprachigkeit wird heutzutage generell als ein wichtiges, wenn nicht zentrales Bildungsgut angesehen, vor allem in einem immer enger zusammenwachsenden Europa. Im *Gemeinsamen Europäischen Referenzrahmen für Sprachen* (2001) wird der Mensch als per se mehrsprachig und damit als prinzipiell in mehreren Sprachen und Kulturen kompetent bezeichnet:

»Mehrsprachigkeit jedoch betont die Tatsache, dass sich die Spracherfahrung eines Menschen in seinen kulturellen Kontexten erweitert, von der Sprache im Elternhaus über die Sprache der ganzen Gesellschaft bis zu den Sprachen anderer Völker (die er entweder in der Schule oder auf der Universität lernt oder durch direkte Erfahrung erwirbt).
  Der Begriff **mehrsprachige und plurikulturelle Kompetenz** bezeichnet die Fähigkeit, Sprachen zum Zweck der Kommunikation zu benutzen und sich an interkultureller Interaktion zu beteiligen, wobei ein Mensch als gesellschaftlich Handelnder verstanden wird, der über - graduell unterschiedliche - Kompetenzen in mehreren Sprachen und über Erfahrungen mit mehreren Kulturen verfügt« (Trim u. a. 2001, Kap. 1.3 und Kap. 8).

Hier wird ganz dezidiert kein Unterschied gemacht zwischen einer Mehrsprachigkeit, die etwa durch Migration entsteht bzw. notwendig wird, und dem Lernen zusätzlicher (Fremd-)Sprachen in Bildungsinstitutionen. Deutsche Bildungsinstitutionen tragen vor allem letzterem Rechnung, indem der Kontakt mit einer ersten Fremdsprache – in großen Teilen Deutschlands in der Regel Englisch – immer früher in der Bildungskarriere vorgesehen wird: Begannen die Schülerinnen und Schüler bis zu den 90er Jahren erst an den weiterführenden Schulen mit dem Fremdsprachenunterricht, ist dies in verschiedenen deutschen Bundesländern mittlerweile schon in der ersten Klasse der Fall, vielfach gibt es bereits in Kindertageseinrichtungen erste Kontakte mit dem Englischen, etwa in spielerischer Form mit Liedern oder Kindergedichten etc.

Im starken Kontrast zu dieser ausgesprochen positiven Wertung anderer Sprachen steht die in Bildungseinrichtungen faktisch oft noch immer vorherrschende negative Einstellung zu den Sprachen, die viele Kinder aufgrund von Migrationshintergrund als ihre Erstsprachen mitbringen. Diese werden eher als Hemmnis für einen altersgerechten Erwerb des Deutschen, das dann als Zweitsprache gelernt wird, betrachtet. Wohl zu Recht wird vermutet, dass ein Grund für diese sehr unterschiedliche Sichtweise auf das Verwenden und Beherrschen mehrerer Sprache in der Wertigkeit oder dem **Prestige einzelner Sprachen** liegt (vgl. Jeuk 2010, S. 17). Während die traditionell häufigsten schulischen Fremdsprachen Englisch oder Französisch in Deutschland ein hohes Ansehen auch als Bildungsgut genießen, gilt dies für die meisten Migrantensprachen nicht. Gemessen werden die Kinder, die diese Sprachen sprechen, an ihrem Bildungserfolg in einem Schulsystem, dem Ingrid Gogolin (1994) (noch immer zu Recht) einen »monolingualen Habitus« attestiert. Daten zur Migration aus dem Statistischen Bundesamt etwa belegen hingegen deutlich, dass Deutschland kein monolinguales Land (mehr) ist, sondern viele verschiedene Kulturen und Sprachen umfasst.

Daten aus den großen Schulleistungsstudien wie PISA zeigen, dass Kinder mit Migrationshintergrund schlechtere schulische Leistungen (vor allem beim Lesen) erbringen. Dies scheint zunächst zu bestätigen, dass ihre Mehrsprachigkeit als problematisch anzusehen ist. Zahlreiche Belege von gelingenden Fällen bilingualer Erziehung in zweisprachigen Familien zeigen allerdings, dass es für Kinder kein prinzipielles Problem darstellt, mehrere Sprachen zu lernen. Es liegt also sehr nahe, die Ursachen für die Schwierigkeiten nicht bei den Kindern zu suchen, sondern im deutschen Bildungssystem, das offenbar nicht in adäquater Weise Lern- und Fördermöglichkeiten für mehrsprachige Kinder zur Verfügung stellt. Das schlechtere Abschneiden von Kindern mit Migrationshintergrund in den großen Schulleistungsstudien kann außerdem in ein anderes Licht gerückt werden, wenn man die Variable ›Migrationshintergrund‹ mit anderen – etwa den **sozioökonomischen Bedingungen** der entsprechenden Familien – zusammen betrachtet (vgl. dazu Stanat 2006). Da diese beiden Faktoren in Deutschland überproportional häufig zusammenfallen, könnte der Grund etwa für niedrige Lesekompetenz eher im familiären Bildungshintergrund und damit auch in der mangelnden Erfahrung mit der in der Schule im Verlauf der Schuljahre immer stärker geforderten Schriftsprachlichkeit liegen, als in der Mehrsprachigkeit als solcher. Zunächst ist jedoch erst einmal zu klären, was Mehrsprachigkeit überhaupt bedeutet und in welchen Ausprägungen sie vorliegen kann.

3.1 | Mehrsprachigkeit und Interkulturalität

3.1.1 | Sichtweisen auf Mehrsprachigkeit

Mehrsprachigkeit ist ein auf verschiedene Weisen definierter Begriff, unter dem die Beherrschung von mehr als einer Sprache auf sehr unterschiedlichem Niveau verstanden wird. Lange galt als Bedingung, dass jemand mehrere Sprachen auf quasi muttersprachlichem Niveau beherrschen müsse, um als mehrsprachig gelten zu können. Am anderen Ende der Skala liegen eher minimalistische Definitionsansätze, nach denen ein Sprecher bereits dann mehrsprachig ist, wenn er sinnvolle Äußerungen in mehr als einer Sprache tätigen kann.

Funktionale Mehrsprachigkeit, (un-)balancierte Mehrsprachigkeit: Auf mittlerem Niveau setzen Bestimmungen an, die die sogenannte ›funktionale Mehrsprachigkeit‹ ins Zentrum stellen. Hier eine sehr verbreitete Definition von Oksaar (1980):

»Mehrsprachigkeit definiere ich funktional. Sie setzt voraus, daß der Mehrsprachige in den meisten Situationen ohne weiteres von der einen Sprache zur anderen umschalten kann, wenn es nötig ist. Das Verhältnis der Sprachen kann dabei durchaus verschieden sein - in der einen kann, je nach der Struktur des kommunikativen Aktes, u.a. Situationen und Themen, ein wenig eloquenter Kode, in der anderen ein mehr eloquenter verwendet werden.« (S. 43)

Eine solche Sichtweise erhält Unterstützung aus Forschungen zur frühen Mehrsprachigkeit. Daten von Kindern, die zweisprachig erzogen werden, zeigen, dass die beiden Sprachen fast immer unterschiedlich (stark) ausgeprägt sind. Üblicherweise geht man dabei von einer stärkeren oder ›dominanten‹ Sprache und einer schwächeren aus. Müller u.a. machen allerdings darauf aufmerksam, dass noch immer nicht genau definiert ist, inwieweit sich die Kompetenzniveaus in den beiden Sprachen unterscheiden müssen, um von einer Dominanz sprechen zu können (2007, S. 63 f.). Ein solches Verhältnis zwischen zwei Sprachen wird manchmal als ›unbalanciert‹ bezeichnet. Nach populärwissenschaftlicher Meinung (z.B. Zimmer 1995) oder älteren wissenschaftlichen Untersuchungen (etwa Taeschner 1983) führt eine solche **unbalancierte Zwei- oder Mehrsprachigkeit** unter Umständen zu unkontrollierten Sprachmischungen und/oder einer mangelnden Entwicklung in einer der beiden Sprachen oder gar in beiden. Neuere Studien legen jedoch nahe, dass sich nicht eine Sprache auf Kosten der anderen entwickelt, sondern dass die beiden Sprachen eher in partiellen Bereichen (z.B. der Grammatik) unterschiedlich ausgeprägt sind (Müller u.a. 2007). Tracy und Gawlitzek-Maiwald (2000, S. 903) nehmen sogar eine sogenannte ›*booster*-**Funktion**‹ der stärkeren Sprache an. Diese kann demnach in den Bereichen, in denen sie weiter entwickelt ist, die andere Sprache quasi ›nachziehen‹.

Sprachmischungen: Insgesamt hat sich das Verhältnis zum Gebrauch mehrerer Sprachen bei Kindern und Jugendlichen durch neuere Forschungen deutlich entspannt. Früher wurden die bei Kindern und Jugendlichen oft zu beobachtenden Sprachmischungen eher als Signal dafür gesehen, dass Kinder nicht zu einer Trennung der Sprachen fähig seien und dass eine solche Mischung sogar eine einheitliche und stringente kognitive Entwicklung behindere. Bestenfalls galten Mischungen als Zeichen dafür, dass Sprachkompetenzen in der einen Sprache fehlen und durch Elemente der anderen ersetzt bzw. kompensiert werden müssten.

Inzwischen weiß man, dass schon sehr junge Kinder ihre Sprachen zumindest zu größeren Anteilen trennen können, da schon Zweijährige gezielt auf die Sprache, in der sie von einer Person angesprochen werden, reagieren (vgl. Müller u. a. 2007). Zweisprachige Kleinkinder kommunizieren bereits mit ihren Elternteilen in deren jeweils bevorzugter Sprache. Mischungen lexikalischer und/oder syntaktischer Strukturen bzw. Integrationen von Elementen der einen Sprache in die andere können daher bei jüngeren Kindern als typische Merkmale des zweisprachigen Erwerbs angesehen werden. In Teilen der Forschung wird hier von ›**Code-Mixing**‹ gesprochen. Bei älteren Kindern und Jugendlichen lassen sich demgegenüber durchaus absichtsvolle und funktionale Formen des Sprachwechsels, des sogenannten ›**Code-Switching**‹ beobachten. Mögen diese beiden auch nicht in jedem Fall zweifelsfrei zu trennen sein, liegen scheinbar doch verschiedene Arten der Sprachmischung vor. Zum Code-Switching gibt es mittlerweile einige interessante Forschungsarbeiten, in denen diese Art von Sprachwechsel als eine zusätzliche Kompetenz angesehen wird (vgl. etwa Kallmeyer u. a. 2002; Dirim 2001; s. hierzu auch Kap. II.2.2). Sind in einer Gruppe von Sprechern bei allen Mitgliedern die gleichen zwei Sprachen vertreten (z. B. eine gemeinsame Erstsprache und Deutsch als Zweitsprache), wechseln die Sprecher ihre Sprachen durchaus kontrolliert, z. B. je nach emotionaler Bewertung des kommunikativ bearbeiteten Sachverhalts oder nach Status der Äußerung im kommunikativen Ablauf.

Im folgenden, in der Forschung recht bekannt gewordenen Beispiel aus einer Studie der Sprachwissenschaftlerin Inken Keim berichtet eine Sprecherin innerhalb einer Gruppe deutsch-türkischer junger Frauen, den sogenannten ›Powergirls‹, von einem Erlebnis mit einer gemeinsamen Bekannten und wechselt dabei durchaus funktional vom Deutschen ins Türkische und zurück, je nachdem ob sie ihre eigene Sichtweise oder die der anderen beteiligten Person beschreibt (Ü = Übersetzung).

Funktionales Code-Switching Beispiel 1
(nach Kallmeyer/Keim u. a. 2002, S. 19)

```
53 AY: hab isch misch hinge|setzt↓ işte | morgens↓ ja↓      **
54 Ü                                  [HALT]
                                      Handlg. Tag
55 K                                              ZU TE
56 TE:                   |ro«llstuhl↑ |
57 AY: ZEYNEBi de gördüm↓ die arme die hat=s fast=en
58 Ü [ICH HABE AUCH ZEYNEP GESEHEN]
       Eigenhandlg.                   Fremdreaktion
```

III.3.1
Ausgewählte Schwerpunkte

Mehrsprachigkeit in der Schule

```
59 AY: herzinfarkt bekommen↓ LACHT bahnda göryom böyle
60 Ü                                    [ICH SEHE SIE IN DER
                                         Eigenhandlg. Fremd-
61 NA:                                   |ah ja↓ |
62 AY: yapõyo↓ ** LACHT die hat |gedacht| mir is was
63 Ü   BAHN SIE MACHT SO]
       Handlg.+ Geste                    Fremdperspektive
64 AY: passiert↓ * →ts des war so schlimm↓←
                                         Kommentar
```

Abb. 1: Sprachenportrait: Das sind meine Sprachen (aus Krumm/Jenkins 2001, S. 54)

Aus der **Sprachbiografieforschung** weiß man, dass Kinder manchmal deutlich selbstverständlicher mit ihrer Mehrsprachigkeit umgehen können als beispielsweise das Lehrpersonal in Schulen. In einem Projekt von Hans Jürgen Krumm (2001) sollten die Kinder in sogenannten Sprachenportraits ihre Sprachen in eine menschliche Silhouette hineinmalen. Auf diese Weise entstanden wunderbare Bilder, die ein mehr oder weniger harmonisches Miteinander und eine Rollenzuweisung für die verschiedenen Sprachen zeigen – ohne dabei einen prinzipiellen Unterschied zwischen Erst-, Zweit- oder Fremdsprache(n) zu machen. Hier erscheint Mehrsprachigkeit als deutliche Ressource für die Kinder, nicht als Problem.

Andererseits verbalisieren gerade Kinder mit Deutsch als Zweitsprache wiederum in schulischen Kontexten häufiger mangelndes Zutrauen in ihre eigenen Deutschkompetenzen, wie etwa Oomen-Welke (1998) unter dem vielsagenden Titel »...ich kann da nix!« dokumentiert. Ein solches Defizitbewusstsein kann zum Absinken der **(Sprach-)Lernmotivation** und damit auch zu schlechterem Lernerfolg führen. Auf das offensichtliche didaktische Spannungsverhältnis von Mehrsprachigkeit als Problem und Chance wird in Kapitel III.3.3 noch näher einzugehen sein.

3.1.2 | Interkulturalität und interkulturelles Lernen

Das Miteinander von Sprachen ist untrennbar mit dem **Miteinander verschiedener Kulturen** verbunden, die mit den und durch die Sprachen der Schüler auch in den Klassenraum transportiert werden. Mehrsprachigkeit ist somit oft auch Anlass und Gelegenheit, über (inter-)kulturelle Themen und Fragen zu reflektieren. In den 70er Jahren entwickelte sich die sogenannte ›**Ausländerpädagogik**‹ als Reaktion auf die steigende Zahl der Gastarbeiter-Kinder in den deutschen Schulen. Diese erhielten einerseits Unterricht in ihren Herkunftssprachen, ging man doch zunächst davon aus, dass sie bald in ihre Herkunftsländer zurückkehren würden. Daneben erhielten die Schülerinnen und Schüler auch Förderung in Deutsch als Zweitsprache. Dies geschah häufig in sogenannten Vorbereitungsklassen, die wiederum oft eher zur Segregation von Kindern mit Migrationshintergrund beitrugen, als zu ihrer (sprachlichen) Integration (vgl. Jeuk 2010).

In den 90er Jahren rückte die **interkulturelle Pädagogik** in den Vordergrund des Interesses. Ziel war die Anerkennung und Stützung der jeweiligen kulturellen und damit auch sprachlichen Identität der Sprecher. Durch Sprache und in Sprache findet die Ausbildung der Persönlichkeit statt. Auf den ausgesprochen engen Zusammenhang zwischen Sprachen und Kultur(en) deutet bereits das oben genannte Zitat aus dem *Europäischen Referenzrahmen* hin. Konsequenterweise gehören die Erstsprachen der Migranten zu ihrer Kultur (vgl. Holzbrecher 2010; Oomen-Welke 2010) und haben daher auch einen legitimen Anspruch auf einen Platz in der Unterrichtswirklichkeit. Interkulturelle Pädagogik kann somit auch als »Anwältin der Mehrsprachigkeit in einer Gesellschaft« (Holzbrecher 2010, S. 120) gesehen werden.

Ausprägungen interkulturellen Lernens reichen von der (zunächst) eher projektartigen und oft fächerübergreifenden Berücksichtigung verschiedener Kulturen und Sprachen im Klassenraum – etwa das Durchführen und Vergleichen bestimmter Festtraditionen in verschiedenen Kulturen – bis hin zur konsequenten Berücksichtigung interkulturellen Lernens als Unterrichtsprinzip (vgl. Oomen-Welke 2010).

Eine sprachbezogene Realisierungsvariante eines sprach- und kulturintegrierenden Vorgehens zeigt etwa das Konzept des »**vielsprachigen Deutschunterrichts**« von Ingelore Oomen-Welke auf, in dem die Herkunftssprachen der Schüler mit Migrationshintergrund konsequent Eingang in den Unterricht finden (vgl. Oomen-Welke 2010).

Das Konzept hat seine didaktisch-methodische Konkretisierung in den Lehr-Lern-Materialien *Der Sprachenfächer. Materialien für den interkulturellen Deutschunterricht in der Sekundarstufe I.* (Oomen-Welke u. a. 2006 ff.; s. Abb. 2) gefunden. In der Reihe gibt es bislang Bände zur Höflichkeit, Personennamen, Zahlen und Zählen etc. Die vom 4. bis zum 10. Schuljahr einsetzbaren Materialien sollen sprach- und kulturvergleichendes Arbeiten ermöglichen.

III.3.1 Ausgewählte Schwerpunkte

Mehrsprachigkeit in der Schule

Abb. 2: *Der Sprachenfächer*: Unterrichtsmaterialen für einen vielsprachigen Unterricht (Oomen-Welke u. a. 2006 f.)

Ein Beispiel: Sprichwörter und Redewendungen: Eine gelungene Verbindung sprachlichen und interkulturellen Lernens bietet auch der Vergleich von Redewendungen und Sprichwörtern über verschiedene Sprachen (und Kulturen) hinweg. Die Redewendungen können Ähnlichkeiten auf sprachlicher oder inhaltlicher Ebene aufweisen (vgl. ausführlicher Belke 2007; s. Abb. 3), gleichzeitig aber kulturelle Spezifika transportieren. Dadurch regen sie zum Vergleich an. Das deutsche *Eulen nach Athen tragen* entspricht etwa dem englischen *Carry coals to Newcastle*. Im Russischen heißt die analoge Wendung übersetzt ungefähr: *Mit dem eigenen Samowar nach Tula fahren* (in der Stadt Tula werden die als *Samoware* bezeichneten Teekocher gefertigt). In einer entsprechenden Unterrichtseinheit könnte man sowohl sprachliche Strukturen wie die in den Wendungen ausgedrückten kulturellen Spezifika behandeln. Zu warnen ist hier allerdings vor allzu stereotypen Zuweisungen bestimmter Verhaltensweisen zu einzelnen Kulturen.

Auch **Märchen** werden häufig für eine Kombination von sprachlichem und interkulturellem Lernen herangezogen. Viele Märchenmotive lassen sich nationenübergreifend in den verschiedenen Sprachen wiederfinden, einzelne Figuren oder Handlungsstränge erfahren aber oft kulturspezifische Ausprägungen. Auch die typische Märchensprache, die in der Regel Elemente wie Reime oder Sprüche enthält, bietet sich für einen Vergleich an.

Transkulturalität: In jüngster Zeit findet man neben dem Begriff der Interkulturalität auch den der Transkulturalität (vgl. Welsch 2010) bzw. Vorstellungen »transkulturellen Lernens« (Flechsig 2000). Während der Begriff der Interkulturalität von quasi-homogenen und isolierbaren kulturellen Größen bzw. Nationen ausgeht, betont Transkulturalität, dass sich innerhalb einzelner Nationen bereits Elemente ursprünglich verschiedener Kulturen gemischt haben. Jedes Individuum trägt damit transkulturelle Elemente in sich. Neben einer Vorstellung homogener und abgegrenzter nationalstaatlicher Kulturen wird damit auch die stark vereinfachte Vorstellung einer Begegnung der eigenen mit einer fremden Kultur fragwürdig (s. zu Interkulturalität und Transkulturalität auch Kap. I.2.4).

Innere und äußere Mehrsprachigkeit: Eine solche Vorstellung passt gut zu der im *Europäischen Referenzrahmen* formulierten Ansicht, dass jede Person in sich bereits mehrsprachig ist (s. o.). Diese Ansicht erhärtet sich, wenn man neben einer äußeren, nationalsprachlich geprägten Mehrsprachigkeit auch die sogenannte »**innere Mehrsprachigkeit**« (Wandruschka 1979; s. auch Kap. I.2.4.2) hinzunimmt. Jedes Individuum bewegt sich sprachlich beispielsweise in verschiedenen Dialekten, Soziolekten etc.

Redewendungen und Sprichwörter in verschiedenen Sprachen

Für zweisprachige Schüler:
Notiert Redewendungen und Sprichwörter aus eurer zweiten Sprache und übersetzt sie in das Deutsche:
a. wörtliche Übersetzung, b. Was bedeutet die Redewendung, das Sprichwort? c. Gibt es eine entsprechende Redewendung oder ein entsprechendes Sprichwort im Deutschen?

Beispiel: Damlaya damlaya göl dur.	a. Tropfend (tropfend) wird es zum Wasser (Teich) b. Sei geduldig, am Ende wirst du belohnt. c. Steter Tropfen höhlt den Stein.

Für Schüler mit Deutsch als Muttersprache:
Übersetzt die folgenden englischen Redewendungen und Sprichwörter ins Deutsche:
a. wörtliche Übersetzung, b. Was bedeutet die Redewendung, das Sprichwort? c. Gibt es eine entsprechende Redewendung oder ein entsprechendes Sprichwort im Deutschen?

Beispiel: a storm in a teacup	a. ein Sturm in einer Teetasse b. viel Aufhebens wegen einer Nichtigkeit c. ein Sturm im Wasserglas

1. put that in your pipe and smoke it
2. to be left holding the baby
3. to bite the hand that feeds you
4. don't count your chickens before they're hatched
5. to kill two birds with one stone
6. to name names, to call a spade a spade
7. nothing venture, nothing have
8. to put the cart before the horse
9. easy come, easy go
10. it never rains but it pours
11. dog does not eat dog
12. better the head of a dog than the tail of a lion

Welche Schwierigkeiten gibt es, wenn ihr versucht, die Bedeutung der Redewendungen und Sprichwörter mithilfe eines Lexikons zu ermitteln?

Abb. 3: Redewendungen und Sprichwörter interkulturell (nach Belke 2007, S. 53)

Mehrsprachigkeit in der Schule

3.2 | Deutsch als Muttersprache – Deutsch als Zweitsprache – Deutsch als Fremdsprache

3.2.1 | Erstsprache – Zweitsprache

Im alltagssprachlichen Sinne unterscheiden sich eine Erst- und eine Zweitsprache vor allem erwerbschronologisch: Letztere wird zeitlich versetzt zur ersteren erworben. Dies wird auch in Teilen der Forschungsliteratur übernommen. Dort wird allerdings differenzierend darauf aufmerksam gemacht, dass Kinder durchaus zwei Sprachen von Geburt an erwerben können, wenn sie von den Eltern zweisprachig/bilingual erzogen werden. Hier kann von einem **doppelten Erstspracherwerb** gesprochen werden (vgl. Klein 1992). In der Regel wird erst ab einem Alter von ca. drei Jahren von (frühem) **Zweitspracherwerb** gesprochen (Ahrenholz 2010b; Jeuk 2010; Rösch 2011). Häufig wird danach noch analog zu den besuchten Bildungsinstitutionen der frühe Erwerb der Zweitsprache als eigene Phase vor Schuleintritt ausgewiesen. Die Pubertät wird als weitere Phase angenommen, in der sich der Spracherwerb qualitativ noch einmal verändert und sich vermutlich stärker als im sehr frühen Kindesalter vom Erstspracherwerb unterscheidet (s. Abb. 4). Unterschiede zwischen dem Erwerb einer Erstsprache und einer Zweitsprache scheinen (erst) mit zunehmendem Alter deutlicher zu Tage zu treten.

Alter etwa	Erwerb Sprache A	Erwerbe Sprache B	Name
0–3 Jahre	+	–	monolingualer Erstspracherwerb
	+	+	bilingualer Erstspracherwerb (Doppelspracherwerb)
3–6 Jahre	+	+	früher Zweitspracherwerb von Kindern
6–12 Jahre	(+)	+	Zweitspracherwerb von Kindern
nach der Pubertät	–	+	Zweitspracherwerb von Jugendlichen und Erwachsenen

Abb. 4: Formen und Stadien des Spracherwerbs (nach Rösch 2011, S. 11)

Ausgesprochen schulrelevant sind die in der Grafik mit einem Minus gekennzeichneten Bereiche bzw. Phasen. Kinder mit einer Erstsprache, die in der Zielkultur (in diesem Fall: Deutschland) nicht als prestigeträchtig angesehen wird (s. Kap. III.3.1), können diese häufig nicht altersgerecht weiterentwickeln. Während die Erstsprache in den Familien wohl gesprochen wird, haben die Kinder und Jugendlichen nicht immer die Chancen, hier auch ein schriftsprachliches Niveau zu erreichen.

Bei Kindern, die Deutsch als Zweitsprache erwerben, liegt eine weitere große Schwierigkeit darin, dass ihnen vor Eintritt in eine Bildungsinstitution – und dies ist häufig erst die Schule, nicht der Kindergarten – ausreichende Kontaktmöglichkeiten mit der Zweitsprache Deutsch unter Umständen fehlen, da sie sich weitgehend in erstsprachlichen (familiären) Kontexten bewegen. Die Ausgangslage in vielen Klassen ist dabei in Bezug auf die vorhandenen Sprachkompetenzen ausgesprochen heterogen.

Muttersprache: Neben der Erstsprache ist alltagssprachlich und in der Diskussion um nationalstaatliche Sprachenregelungen auch der Terminus ›Muttersprache‹ üblich. Er findet sich ebenfalls in didaktischen Kontexten, etwa in der Kombination ›muttersprachlicher Unterricht‹. In der Spracherwerbsforschung wird dieser Terminus inzwischen eher vermieden; zum einen wegen seiner starken emotionalen Konnotation, zum anderen, weil Sprachbiografien von Kindern oft so vielseitig sind, dass man nicht immer davon ausgehen kann, dass die zuerst oder auch am besten gelernte Sprache die der Mutter ist.

3.2.2 | Deutsch als Zweitsprache – Deutsch als Fremdsprache

Eine Zweitsprache kann man – zumindest zu analytischen Zwecken – von einer Fremdsprache unterscheiden. Während erstere in dem Land erworben wird, in dem diese Sprache Hauptkommunikationsmittel, also Verkehrssprache ist, wird eine Fremdsprache außerhalb dieses Landes erworben. Dies führt beispielsweise zu u.U. deutlichen Unterschieden in der Kontaktzeit und der Notwendigkeit der zügigen Beherrschung einer Sprache, zumindest in mündlichen Kontexten. Als Kommunikationsmittel der Umgebung ist die Zweitsprache im Prinzip für den alltäglichen Umgang notwendig. Dem ist einschränkend hinzuzufügen, dass es durchaus Konstellationen gibt, in denen Kinder, die Deutsch als Zweitsprache lernen, kaum mit der deutschen Sprache in Kontakt kommen, weil sie sich vorwiegend in Kontexten ihrer elterlichen Kultur bewegen. Man spricht hier teilweise auch von »Ghettoisierung« (Helbig 2001, S. 85).

Neben den Erwerbsbedingungen unterscheidet sich auch die Art des Erwerbs: Eine Fremdsprache wird quasi ausschließlich in Bildungsinstitutionen erworben, in der Schule, einem Sprachkurs o.Ä. Die institutionelle Umgebung bedingt zumindest einen gewissen Grad an curricularer Steuerung und Systematik. Man spricht daher auch von einem **gesteuerten Spracherwerb**. Die Zweitsprache wird hingegen zunächst – ähnlich wie die Erst- oder Muttersprache – in und durch Alltagskommunikation erworben. Man spricht hier von einem **ungesteuerten Erwerb** (vgl. etwa Ahrenholz 2010b; Rösch 2011; zu dem vergleichbaren Begriffspaar ›implizites‹ und ›explizites‹ Lernen s. Kap. I.2.2.3). Eine solch simple 1-zu-1-Zuordnung greift allerdings zu kurz. Eine Zweitsprache wird zwar in den ersten Lebensjahren tatsächlich vorwiegend ungesteuert erworben, allerdings ändert sich dies, sobald die entsprechenden Kinder eine Bildungsinstitution besuchen (Kindergarten oder Schule). Hier kommen Elemente gesteuerten Erwerbs des Deutschen hinzu (zu den Charakteristika des Deutschen als Fremdsprache vgl. auch die Einführung von Rösler 2012).

Ein weiterer, für Selbstwertgefühl und Sprachlernmotivation der entsprechenden Kinder wichtiger Unterschied ist die Ausgangssituation der

Lerner. Während beim Lernen einer Fremdsprache alle Lernenden eine ähnliche Ausgangsposition haben, sind Lerner einer Zweitsprache eine ausgesprochen heterogene Gruppe. In der Regel finden sie sich mit Sprechern des Deutschen als Erstsprache in einer Lerngruppe und machen dann häufig die Erfahrung, dass ihre Deutschkenntnisse gegenüber denen der Mitschüler defizitär sind. Da die mitgebrachten Erstsprachen im Unterricht in der Regel keine Rolle spielen (s. Kap. III.3.1), wird unter Umständen das Sprachlernen als solches zu einer eher deprimierenden Aufgabe. Die wichtigsten Unterschiede zwischen Deutsch als Muttersprache, Deutsch als Zweitsprache und Deutsch als Fremdsprache sind in der folgenden Grafik von Bernt Ahrenholz (2010b) noch einmal anschaulich zusammengestellt:

	Deutsch als Zweitsprache	Deutsch als Fremdsprache	Deutsch als Muttersprache
Aneignungsbedingung	Aneignung der Sprache in der alltäglichen Kommunikation	Aneignung der Sprache überwiegend im Unterricht	Aneignung der Sprache in der alltäglichen Kommunikation
Kommunikative Anforderungen	Spracherwerbsprozess davon geprägt, dass für Sprecher bedeutsame kommunikative Aufgaben mit eventuell unzureichenden Sprachkompetenzen bewältigt werden müssen	Spracherwerbsprozess durch unterrichtliche Anforderungen geprägt	Spracherwerb parallel zur physischen und kognitiven Entwicklung. Kommunikationsprozesse an Sprachmöglichkeiten angepasst
Beginn des Spracherwerbs	Erwerbsprozess oft ab Eintritt in soziale Kontexte wie Kindergarten oder Vorschule; bei Seiteneinsteigern auch erst während der Schulzeit. Bei Erwachsenen mit Beginn des Aufenthaltes im Zielsprachenland bzw. mit Arbeitsaufnahme	Beginn der Aneignung zu unterschiedlichen Zeitpunkten. Aneignung in unterschiedlichen Bildungseinrichtungen (Frühdeutsch, Sekundarstufe, Universität)	Erwerbsprozess von Geburt an
Interaktionsbedingungen	Aneignung des Deutschen im engen sozialen Umfeld häufiger eingeschränkt: Interaktionen auf Deutsch nur z. T. mit Eltern, häufiger mit Geschwistern und Freunden; Kontakte in Bildungseinrichtungen (vgl. Ausführungen in Reich/Roth 2000)	Aneignung in institutionellen Kontexten. Interaktionen mit Unterrichtenden und anderen Lernern; eventuell durch alternative Settings wie Tandem, Internet	Aneignung im engen familiären bzw. sozialen Umfeld sowie in Bildungsinstitutionen
Erstsprache	Erstsprache zunächst dominant; wird dann häufig nicht speziell gefördert; Sprachkompetenz eventuell nicht altersgemäß, in alltäglicher Kommunikation *code-switching* zwischen L1 und L2. In Lehrsituationen meist kein Rückgriff auf L1-Kenntnisse	Erstsprache bleibt dominante Sprache. In Lehrkontexten und auch in selbstgesteuerten Lernsettings z. T. Rückgriff auf L1	Erstsprache wird weiter gefördert und ausgebildet. L1-Kompetenz von Alter, sozialem Umfeld und Bildungsweg abhängig

Abb. 5: Deutsch als Zweitsprache – Deutsch als Fremdsprache – Deutsch als Muttersprache (nach Ahrenholz 2010b, S. 12)

3.3 | Mehrsprachigkeit im Deutschunterricht: Probleme und Chancen

Trotz der angeführten gegenteiligen Willensbekundungen der Bildungspolitik und stützenden Daten aus fachdidaktischer und pädagogischer Forschung wird Mehrsprachigkeit in der Unterrichtswirklichkeit und auch in großen Teilen der Gesellschaft noch immer als Problem wahrgenommen. Tatsächlich müssen viele mehrsprachige Schülerinnen und Schüler einem für sie wenig günstigen und rein monolingualen Unterricht folgen, der charakteristische Schwierigkeiten für sie mit sich bringt.

3.3.1 | Hürden für mehrsprachige Kinder

Verdeckte Sprachschwierigkeiten: Lehrkräfte beobachten recht häufig verstärkte Sprachschwierigkeiten im Deutschen ab dem dritten oder vierten Schuljahr, auch bei Schülerinnen und Schülern, die vorher sprachlich völlig unauffällig waren. In der Regel sind diese Probleme auf den verstärkten Einsatz schriftlicher Formen von Sprache zurückzuführen, da die Anzahl von zu lesenden und zu schreibenden Texten mit Ende der Grundschulzeit und dann in der Sekundarstufe immer weiter ansteigt. Während viele Schüler mit Migrationshintergrund das mündliche Register einer Sprache durch täglichen kommunikativen Kontakt gut beherrschen, haben sie mit deutscher Schriftsprachlichkeit auch in der Familie zu wenig Kontakt gehabt. Dies fällt aber erst dann auf, wenn schriftsprachliche Kompetenzen tatsächlich in breiterem Maße gefordert werden. Knapp hat hierfür den Terminus »**verdeckte Sprachschwierigkeiten**« (1999, S. 30) geprägt.

Als vorrangiges Ziel schulischer Förderung der Zweitsprache wird daher in den letzten Jahren häufig das Herausbilden konzeptioneller Schriftsprachlichkeit bzw. der sogenannten **Bildungssprache** angeführt (vgl. Gogolin 2007; Feilke 2012). Schüler mit Deutsch als Zweitsprache müssen in die Lage versetzt werden, auch situationsentbundene komplexe Sprache verstehen und verwenden zu können.

Ein weiteres Problem für die Betroffenen – also die mehrsprachigen Kinder und Jugendlichen – liegt sicher in den oft **mangelnden Möglichkeiten zur Weiterentwicklung der jeweiligen Erstsprachen**. Häufig haben die Kinder nicht die Möglichkeit, ihre Herkunftssprachen bis zu einem schriftsprachlichen Kompetenzniveau zu entwickeln, sondern verbleiben dort im alltagssprachlichen mündlichen Register. Wird die entsprechende Erstsprache nicht gepflegt, droht sie zu verkümmern. Damit geht in jedem Fall ein Stück der kulturellen Identität der jeweiligen Sprecher verloren. Die Sprachbiografieforschung dokumentiert auch negative Auswirkungen auf das Selbstkonzept und Selbstwertgefühl sowie auf die allgemeine Sprachlernmotivation (vgl. Brizic 2007).

Interdependenz der Sprachen: In der Forschung noch nicht abschließend geklärt ist die Frage, inwieweit ein gutes Beherrschen der Erstsprache sich sogar positiv auf das Kompetenzniveau der zu erwerbenden Zweitsprache Deutsch auswirkt. Studien aus Skandinavien (vor allem Skuttnab-Kangas 1992) legen nahe, dass diejenigen Kinder besonders gut und schnell eine zweite Sprache lernen, die ihre Erstsprache bereits bis zu einem gewissen Alter und Niveau entwickeln konnten. Bekannt wurde vor allem die Interpretation dieser Ergebnisse durch Cummins (z. B. 2000), der die Beobachtungen in ein kausales Verhältnis setzt und ein Abhängigkeitsverhältnis der erreichbaren Kompetenz in der Zweitsprache vom Niveau der Erstsprache annimmt (die sogenannte ›**Interdependenzhypothese**‹). Auch die Studie von Knapp (1997) legt nahe, dass im Bereich des Texte-Schreibens die Schüler, die zunächst in ihrem Herkunftsland die Schule besucht haben und später in eine deutsche Schule gekommen sind, im Bereich der Textkompetenz sogar leichte Vorteile gegenüber denen haben, die ebenfalls Deutsch als Zweitsprache gelernt, aber schon deutlich länger eine deutsche Schule besucht haben. Gerade im textuellen Bereich scheinen also durchaus nützliche Übertragungsprozesse von der Erst- auf die Zweitsprache stattzufinden.

Das wird auch durch Ergebnisse von Wagner/Riehl (2012) gestützt, die zeigen, dass zweisprachige Schüler besonders dann gute Texte auch in der Zweitsprache Deutsch schreiben, wenn sie einen ausgedehnten muttersprachlichen Ergänzungsunterricht genossen und in ihrer Erstsprache ausreichend schriftsprachliche Kenntnisse erworben haben.

Insgesamt allerdings ist hier die Forschungslage noch nicht befriedigend, ausgedehnte empirische Belege für den unbedingten Nutzen der Erstsprache für die Entwicklung der Zweitsprache und für die genaue Ausprägung der Nützlichkeit sind noch zu erbringen, doch zeigen mehrere Studien, dass sich die Förderung der Erstsprachen generell offenbar positiv auf den Schul- und Bildungserfolg von mehrsprachigen Lernern auswirkt (Siebert-Ott 2004).

Ein prinzipielles Argument gegen die Förderung der Erstsprache ist hier, dass durch die Berücksichtigung der Erstsprachen Zeit für die Vermittlung der Zweitsprache abgezogen wird, die nach dem ›*time-on-task*-Prinzip‹ (je mehr Zeit auf etwas zu Lernendes verwendet werden kann, desto besser wird es gelernt; vgl. Rösch 2005) absoluten Vorrang habe.

3.3.2 | Mehrsprachigkeit als Ressource

Chancen von Mehrsprachigkeit – dies auch besonders in Form von Vorteilen mehrsprachiger Kinder – liegen etwa im Bereich der Sprachbewusstheit. Schülerinnen und Schülern, die bereits mehr als eine Sprache erworben bzw. gelernt haben, fällt es in der Regel leichter, eine bewusste Haltung zu Sprachsystem(en) und/oder Sprachgebrauch einzunehmen. Language Awareness-Ansätze betonen gerade die besondere Eignung mehrsprachiger Klassen für Wege der sprachlichen Sensibilisierung (s. dazu auch Kap. I.2.3). Sprachvergleiche zwischen dem Deutschen und den in der Klasse vorhandenen Migrantensprachen führen Kinder auf eine natürliche und im Vergleich zum traditionellen Grammatikunterricht (s. Kap. II.3.5) weniger terminologisch überfrachtete Weise zu Blicken auf Sprache(n) und bieten Gelegenheiten zur metasprachlichen Übung und Benennung sprachlicher Erscheinungen.

Deutsch als Drittsprache: Mehrsprachige Schülerinnen und Schüler haben u. U. ebenfalls Vorteile beim Lernen einer weiteren (Fremd-)Sprache. In der Tertiärsprachen- und Sprachentransferforschung wird davon ausgegangen, dass Kinder, die bereits eine weitere Sprache zu ihrer Erstsprache erworben haben, ihre Sprachlernerfahrungen und die dabei verwendeten Lernstrategien für den Erwerb der dritten Sprache nutzen können. Hufeisen (2000) betont in ihrem ›Faktorenmodell‹, dass Sprachlernstrategien von Lernern einer Zweitsprache sich noch einmal substantiell von denen monolingualer Sprecher (deren Strategien also ›nur‹ aus dem Erstspracherwerb kommen können) unterscheiden, da sie bereits das Lernen einer neuen, fremden Sprache beinhalten und damit bei einer dritten Sprache besser übertragen werden können. Die beiden letztgenannten Punkte hängen eng zusammen, da ein Wissen um **Sprachlernstrategien** in der Regel mit einer hohen Sprachbewusstheit einhergeht (Hufeisen 2000).

Empirische Belege für diese Zusammenhänge liefert die DESI-Studie (Deutsch Englisch Schülerleistungen International, vgl. etwa DESI-Konsortium 2008), in der die Kompetenzen von Schülern in Deutsch und Englisch getestet wurden. Während Schüler mit Migrationshintergrund im Deutschunterricht in der Regel schlechtere Kompetenzen als ihre monolingualen Mitschüler aufweisen, haben sie im Englischunterricht sogar leichte Vorteile, wie Klieme (2006) resümiert:

> »Der in dieser empirisch abgesicherten Form neue und darum besonders interessante Befund ist, dass Schülerinnen und Schülern, die bereits Deutsch als zweite bzw. fremde Sprache erworben haben, das Erlernen der Fremdsprache Englisch vergleichsweise leichter fällt. Das Aufwachsen in einer mehrsprachigen Familie ist unter sonst gleichen Lernbedingungen (sozialer Hintergrund, kognitive Grundfähigkeiten, Geschlecht, Bildungsgang) im Englischen mit einem Leistungsvorsprung verbunden, der den Gewinn mindestens eines halben Schuljahres ausmacht. Auch Schülerinnen und Schüler, die aus Migrationsfamilien mit ausschließlich nicht-deutschem Sprachhintergrund stammen, zeigen im Englischunterricht vergleichsweise gute Leistungen.« (S. 5)

3.3.3 | Didaktisch-methodische Grundsätze für die Förderung des Deutschen als Zweitsprache

Gerade bei jüngeren Schülern mit wenig ausgeprägten Kompetenzen in der deutschen Sprache sind Aspekte wie die Bindung zu erlernender sprachlicher Elemente an typische sprachliche Handlungen (wie z. B. *um etwas bitten*) oder immer wiederkehrende kommunikative Situationen wichtig. So wählt etwa die **Szenariendidaktik** (vgl. Hölscher 2007) aus dem kommunikativen Alltag der Kinder vertraute Situationen bzw. Themen als Ausgangspunkt für verschiedene sprachliche Aufgaben. Zu

III.3.3 Ausgewählte Schwerpunkte

Mehrsprachigkeit in der Schule

Abb. 6: Beispiel für ein Szenario: Texte als Ausgangspunkt verschiedener (sprachbezogener) Aufgaben (nach Hölscher 2007, S. 143)

einem Kernthema können die Kinder aus verschiedenen Aufgabenstellungen wählen, die sie eigenaktiv bearbeiten. Dabei kommt es weniger darauf an, sprachliche Fehler zu vermeiden, als vielmehr darauf, dass die Kinder sprachliche Handlungsmuster selbsttätig erproben und anwenden und die Ergebnisse ihrer Arbeit hinterher im Plenum präsentieren. Die Szenarien können alltägliche sein, wie das Unterwegssein oder die eigene Wohnung bzw. das eigene Haus, es kann sich aber auch etwa um (literarische) Texte als Ausgangspunkt handeln. Die folgende Grafik zeigt beispielhaft die Möglichkeiten der unterschiedlichen Aufgabentypen auf, unter denen die Schüler wählen können sollen.

Scaffolding: In der Zweitsprachdidaktik bezeichnet der Terminus ›scaffolding‹ vor allem in Anlehnung an Gibbons (2002) ein Unterstützungssystem für sprachliches Lernen im (Fach-)Unterricht (vgl. Kniffka 2010). Schülerinnen und Schüler sollen darin unterstützt werden, neue sprachliche und fachliche Inhalte und Fähigkeiten zu erwerben, indem sie mit und durch Hilfe eines Experten (etwa der Lehrperson) komplexere Aufgaben lösen, als sie allein bewältigen könnten. Gerade bei Lernenden mit Deutsch als Zweitsprache ist zu berücksichtigen, dass es oftmals eine große Diskrepanz zwischen dem gibt, was kognitiv bewältigt und/oder inhaltlich verstanden werden kann, und dem, was sprachlich ausgedrückt werden kann. Auch zur Überbrückung dieser Kluft können Maßnahmen im Rahmen des *scaffoldings* genutzt werden. Konkret soll ein sprachliches ›Gerüst‹ (so die wörtliche Übersetzung von *scaffold*) zunächst als Unterstützung bei einer zu lösenden Aufgabe aufgebaut, dann schrittweise wieder abgebaut werden.

Beispiel für *scaffolding*: Im folgenden Beispiel aus dem Chemieunterricht einer neunten Klasse einer Gesamtschule sollen die Schülerinnen und Schüler, von denen zahlreiche einen Migrationshintergrund haben und über recht unterschiedlich weit entwickelte Deutschkenntnisse verfügen, ein Versuchsprotokoll schreiben. Der Versuch wird zunächst mündlich besprochen. Dazu erhalten die Schüler als Stütze das benötigte Fachvokabular. Im Rahmen des nächsten Versuchs, der ein chemisch verwandtes Phänomen betrifft, werden den Kindern die konstitutiven Elemente der Textsorte ›Versuchsprotokoll‹ – Materialien, Versuchsaufbau, Durchführung, Beobachtung – als Überschriften auf einem Arbeitsblatt an die Hand gegeben. Für die Beschreibung des nächsten Versuchs gibt die Lehrerin die Positionen ›Materialien‹ und ›Versuchsaufbau‹ in einem Modelltext vor, Durchführung und Beobachtung schreibt die Lerngruppe eigenständig und ohne lexikalische Vorgaben auf. In einem vierten Schritt schließlich protokollieren die Schülerinnen und Schüler einen weiteren Versuch komplett und eigenständig, auch hier ohne weitere Vorgaben. Aus dieser Textproduktion stammt der oben stehende Beispieltext.

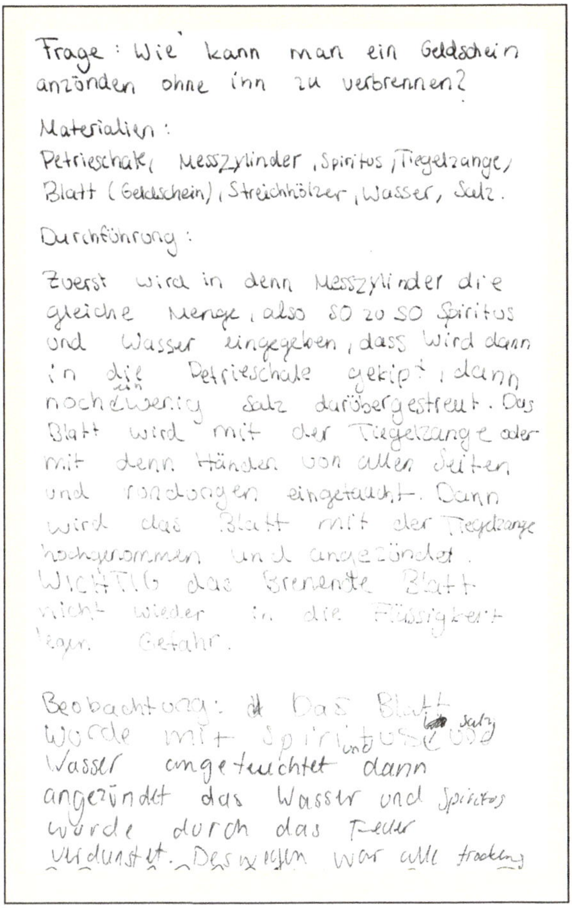
Frage: Wie kann man ein Geldschein anzünden ohne inn zu verbrennen?

Materialien:
Petrieschale, Messzylinder, Spiritus, Tiegelzange, Blatt (Geldschein), Streichhölzer, Wasser, Salz.

Durchführung:
Zuerst wird in denn Messzylinder die gleiche Menge, also 50 zu 50 Spiritus und Wasser eingegeben, dass wird dann in die Petrieschale gekipt, dann noch ein wenig Salz darübergestreut. Das Blatt wird mit der Tiegelzange oder mit denn Händen von allen Seiten und rondongen eingetaucht. Dann wird das Blatt mit der Tiegelzange hochgenommen und angezündet. WICHTIG das Brenendte Blatt nicht wieder in die Flüssigkeit legen. Gefahr.

Beobachtung: Das Blatt wurde mit Spiritus und Salz und Wasser angefeuchtet dann angezündet das Wasser und Spiritus wurde durch das Feuer verdunstet. Deswegen war alle trocken

Abb. 7: Versuchsprotokoll als Beispiel für einen *scaffolding*-Ansatz (aus Peschel 2013, S. 111)

Sicherlich hat der Text Schwächen, vor allem an der sprachlichen Oberfläche (Rechtschreibung). Durch das textsortenbezogene Stützgerüst gelingt aber ein Text von gewisser Komplexität, die gerade Schülerinnen und Schülern mit Deutsch als Zweitsprache nicht immer zugetraut wird.

Sprachförderung in allen Fächern: An diesem Beispiel lässt sich auch ein didaktischer Schwerpunkt für den Bereich Deutsch als Zweitsprache (DaZ) erkennen, der erst in den letzten 5 bis 10 Jahren in den Horizont von Forschung und Unterricht gerückt ist: Sprachförderung kann nicht nur im Deutschunterricht stattfinden, sondern ist Angelegenheit aller (Sach-)Fächer (vgl. Ahrenholz 2010a; Leisen 2010; Röhner/Hövelbrinks 2013). In den Fächern ergeben sich spezifische sprachliche Aufgaben, die fachbezogene Schwierigkeiten mit sich bringen – wie eben z. B. das Schreiben oder Lesen fachspezifischer Textsorten. So ist etwa bekannt, dass Schüler mit Deutsch als Zweitsprache im Mathematikunterricht oft daran scheitern, dass sie die Textaufgaben nicht verstehen. Hier ist jedes Fach gefordert, diesen Schwierigkeiten z. B. durch sprachliche Vorentlastung von Texten oder durch Vermittlung fachtypischer Lese- und Schreibstrategien (s. Kap. II.4.3.3) zu begegnen. Dazu muss aber zunächst analysiert werden, welche potentiellen Schwierigkeiten zu lesende und zu schreibende Texte für die entsprechenden Schülerinnen und Schüler mit sich bringen könnten. Eine solche Bedarfsanalyse (vgl. Kniffka 2010) fällt Fachlehrern unter Umständen schwer und muss einerseits durch Übung, andererseits durch verstärkte Kooperation von Lehrkräften verschiedener Fächer – vor allem auch unter Beteiligung des Deutschunterrichts – gestützt werden.

Mehrsprachigkeit kann – nicht nur im Deutschunterricht – also durchaus als Ressource gesehen und genutzt werden, wenn entsprechende didaktische Konzepte vorliegen und Sprachförderung konsequent und nicht nur punktuell betrieben wird (zur durchgängigen Sprachbildung vgl. Gogolin/Lange 2010).

Literatur

Ahrenholz, Bernt (Hg.) (2010a): Fachunterricht und Deutsch als Zweitsprache. Tübingen.
– (2010b): Erstsprache – Zweitsprache –Fremdsprache. In: Ders./Oomen-Welke, Ingelore (Hg.), S. 3–16.
–/Oomen-Welke, Ingelore (Hg.): Deutsch als Zweitsprache. 2., korr. und überarb. Aufl. Baltmannsweiler.
Belke, Gerlind (2007): Andere Länder – andere Sprüche. Redewendungen und Sprichwörter im interkulturellen Vergleich. In: Praxis Deutsch 34,202/2007, S. 50–57.
Brizic, Katharina (2007): Das geheime Leben der Sprachen. Münster.
Cummins, James (2000): Language, Power and Pedagogy. Clevedon.
DESI-Konsortium (Hg.) (2008): Unterricht und Kompetenzerwerb in Deutsch und Englisch: Ergebnisse der DESI-Studie. Weinheim.
Dirim, Inci (2001): Kreativer kindlicher Sprachgebrauch. Die Sprechstrategie »Code-Switching«. In: Grundschule Sprachen 1/2001, S. 38–39.
Feilke, Helmuth (2012): Bildungssprachliche Kompetenzen – fördern und entwickeln. In: Praxis Deutsch 233/2012, S. 4–13.
Flechsig, Karl-Heinz (2000): Transkulturelles Lernen. Internes Arbeitspapier vom Institut für Interkulturelle Didaktik Göttingen. In: http://wwwuser.gwdg.de/~kflechs/iikdiaps2-00.htm (19.06.2013).
Gibbons, Pauline (2002): Scaffolding Language, Scaffolding Learning. Teaching Second Language Learners in the Mainstream Classroom. Portsmouth.
Gogolin, Ingrid (1994): Der monolinguale Habitus der multilingualen Schule. Münster.
– (2007): Herausforderung Bildungssprache. In: Bausch, Karl-Richard, u. a. (Hg.): Textkompetenzen. Tübingen, S. 73–80.
–/**Lange, Imke** (2010): Durchgängige Sprachbildung: Eine Handreichung (FörMig-Material 2). Münster.
Helbig, Gerhard (2001): Entwicklungen des Faches Deutsch als Fremdsprache in Deutschland. In: Ders. u. a. (Hg.): Deutsch als Fremdsprache. Ein internationales Handbuch. Bd. 1. Berlin, S. 84–90.
Hölscher, Petra (2007): Lernszenarien. Sprache kann nicht gelehrt, sondern nur gelernt werden. In: Ahrenholz, Bernt (Hg.): Deutsch als Zweitsprache. Voraussetzungen und Konzepte für die Förderung von Kindern und Jugendlichen mit Migrationshintergrund. Freiburg, S. 151–171.

Holzbrecher, Alfred (2010): Interkulturelles Lernen. In: Ahrenholz/Oomen-Welke (Hg.), S. 118–133.
Hufeisen, Britta (2000): Deutsch als Tertiärsprache. In: Helbig, Gerhard u. a. (Hg.): Deutsch als Fremdsprache. Ein internationales Handbuch. Bd. 2. Berlin, S. 648–653.
Jeuk, Stefan (2010): Deutsch als Zweitsprache in der Schule. Stuttgart.
Kallmeyer, Werner/Keim, Inken u. a. (2002): Variationsprofile. Zur Analyse der Variationspraxis bei den Powergirls. Arbeitspapier, IDS, Mannheim. http://www.ids-mannheim.de/prag/sprachvariation/publik.htm.
Keim, Inken (2008): Die »türkischen Powergirls«. Lebenswelt und kommunikativer Stil einer Migrantinnengruppe in Mannheim. 2., durchges. Aufl. Tübingen.
Klein, Wolfgang (1992): Zweitspracherwerb. Frankfurt.
Klieme, Eckehard (2006): Zusammenfassung zentraler Ergebnisse der DESI-Studie. Frankfurt a. M.
Knapp Werner (1997): Schriftliches Erzählen in der Zweitsprache Deutsch. Tübingen.
– (1999): Verdeckte Sprachschwierigkeiten. In: Die Grundschule 5/1999, S. 30–33.
Kniffka, Gabriele (2010): Scaffolding. In: www.uni-due.de/imperia/md/content/prodaz/scaffolding.pdf.
Krumm, Hans Jürgen/Jenkins, Eva-Maria (Hg.) (2001): Kinder und ihre Sprachen – lebendige Mehrsprachigkeit. Wien.
Leisen, Josef (2010): Handbuch Sprachförderung im Fach – Sprachsensibler Fachunterricht in der Praxis. Bonn.
Müller, Natascha u. a. (2007): Einführung in die Mehrsprachigkeitsforschung. 2. Aufl. Tübingen.
Oksaar, Els (1980): Mehrsprachigkeit, Sprachkontakt, Sprachkonflikt. In: Nelde, Peter H. (Hg.): Sprachkontakt und Sprachkonflikt. Wiesbaden, S. 43–52.
Oomen-Welke, Ingelore (1998): »...ich kann da nix!« Mehr zutrauen im Deutschunterricht. Freiburg.
– (2010): Didaktik der Sprachenvielfalt. In: Ahrenholz/Oomen-Welke (Hg.), S. 479–492.
– u. a. (2006 ff.): Der Sprachenfächer. Freiburg.
Peschel, Corinna (2013): Schreiben in der Zweitsprache Deutsch – Orientierung an Textmustern im Fachunterricht. In: Röhner/Hövelbrinks (Hg.), S. 99–116.
Röhner, Charlotte/Hövelbrinks, Britta (Hg.) (2013): Fachbezogene Sprachförderung in Deutsch als Zweitsprache. Theoretische Konzepte und empirische Befunde zum Erwerb bildungssprachlicher Kompetenzen. Weinheim.
Rösch, Heidi (2005): DaZ-Förderung in der Grundschule – ein Überblick. In: Bartnitzky, Horst/Speck-Hamdan, Angelika (Hg.): Deutsch als Zweitsprache lernen. Frankfurt a. M., S. 75–88.
– (2011): Deutsch als Fremd- und Zweitsprache. Studienbuch. Berlin.
Rösler, Dietmar (2012): Deutsch als Fremdsprache – eine Einführung. Stuttgart/Weimar.
Siebert-Ott, Gesa (2004): Schulerfolg und Mehrsprachigkeit – eine unendliche Geschichte? In: IZA – Zeitschrift für Migration und Soziale Arbeit 3/4/2004, S. 27–31.
Skuttnab-Kangas, Tove (1992): Mehrsprachigkeit und die Erziehung von Minderheitenkindern. In: Deutsch lernen 17/1992, S. 38–67.
Stanat, Petra (2006): Schulleistungen von Jugendlichen mit Migrationshintergrund: Die Rolle der Zusammensetzung der Schülerschaft. In: Baumert, Jürgen/Dies./Watermann, Rainer (Hg.): Herkunftsbedingte Disparitäten im Bildungswesen. Wiesbaden, S. 189–219.
Taeschner, Traute (1983): The Sun is Feminine. A Study on Language Acquisition in Bilingual Children. Berlin.
Tracy, Rosemarie/Gawlitzek-Maiwald, Ira (2000): Bilingualismus in der frühen Kindheit. In: Grimm, Hannelore (Hg.): Enzyklopädie der Psychologie. Bd 3: Sprachentwicklung. Göttingen, S. 495–535.
Trim, John/North, Brian/Coste, Daniel (Hg.) (2001): Gemeinsamer europäischer Referenzrahmen für Sprachen: lernen, lehren, beurteilen. Berlin u. a.
Wagner, Katharina/Riehl, Claudia Maria (2012): Die derzeitige gesellschaftliche Wahrnehmung und das Potenzial von Mehrsprachigkeit in Deutschland. In: http://www.uni-bielefeld.de/Universitaet/Studium/Studienbegleitende%20Angebote/Punktum/060_wir_ueber_uns/tagungen/tagung_2012/PPP/praesentation_wagner.pdf (11.03.2013).

Wandruschka, Mario (1979): Die Mehrsprachigkeit des Menschen. München/Zürich.
Welsch, Wolfgang (2010): Was ist eigentlich Transkulturalität? In: Darowska, Lucyna/ Machold, Claudia (Hg.): Hochschule als transkultureller Raum? Beiträge zu Kultur, Bildung und Differenz. Bielefeld, S. 39–66.
Zimmer, Dieter E. (1995): So kommt der Mensch zur Sprache. München.

4. Kommunikation im Unterricht

4.1 Frühe Forschungstraditionen
4.2 Linguistische Unterrichtsforschung
4.3 Kommunikation im Gruppenunterricht
4.4 Sprachgebrauch innerhalb und außerhalb der Schule

Unterrichtskommunikation ist eines der genuinen Lehr- und Forschungsfelder der Sprachdidaktik, das nicht selbst ein unmittelbares Unterrichtsthema bildet; allerdings weist es direkte Bezüge zu den Lernbereichen ›mündlicher Sprachgebrauch‹ und ›Reflexion über Sprache‹ auf. Zugleich lassen sich Verbindungen zu bildungswissenschaftlichen und schulpädagogischen Gegenstandsfeldern herstellen.

4.1 | Frühe Forschungstraditionen

Solche Zugänge bestimmen fraglos die frühen Forschungen, die sich symptomatisch auf die **Lehrersprache** konzentrierten, die als wichtigster Faktor des Unterrichtsgeschehens aufgefasst wurde.

4.1.1 | Sozialpsychologische Beiträge zur ›Lenkung‹ im Unterricht

Von dem bekannten Erziehungswissenschaftler Reinhard Tausch stammen frühe Studien aus den 1950er bis 1960er Jahren zur Unterrichtskommunikation, die sich vor dem Hintergrund der damals aktuellen Auseinandersetzung um autoritäre Führungsstile mit dem Problem der **Lenkung** bzw. **Direktivität** im Unterricht befassten. Tausch kritisierte die dirigistischen und unhöflichen Lehreräußerungen, die er an einem Übermaß an Lehrerfragen und an einem Mangel an Höflichkeitswörtern wie *bitte* und *danke* festmachte, und plädierte für einen **sozial-integrativen Sprachstil**, der sich durch **soziale Reversibilität** der Unterrichtskommunikation auszeichnen sollte.

Sein Versuch, diese Überlegungen im Unterricht selbst zu praktizieren und in einem Lehrfilm zu demonstrieren, scheiterte der Kritik zufolge an Problemen der Verunklarung und Verdeckung von Lenkung durch Äußerungen wie:

Kommunikation im Unterricht

Beispiel 1 **Unterrichtsprotokoll aus dem Erdkundeunterricht bei Lehrer Tausch**
(aus Zehrfeld/Zinnecker 1975, S. 79 ff.)

L: [...] *Ich hätte eine Frage an euch. Was könntet ihr als Hausaufgaben hier weiterarbeiten?*
(Die Schülerinnen und Schüler machen verschiedene Vorschläge)
L: *...Ich selbst habe mir gedacht, ob ihr – vielleicht auch auf Grund von Prospekten – eine Reisetour durch Italien zusammenstellt, wo ihr angebt, wie man dort hin kommt und was man besuchen kann und was man sehen würde – oder würde euch das zusagen?«*

Zehrfeld/Zinnecker (1975) betitelten ihre kritische Analyse: »Acht Minuten heimlicher Lehrplan bei Herrn Tausch« und kamen zu dem Resümee, dass eine »Fassade freundlicher Umgangsformen« (im Beispiel das Angebot zur Mitbestimmung) noch keine wirklich demokratische Unterrichtsstruktur gewährleisten könne (S. 93). So setzt die Lehrkraft im Beispiel die eigene vorbereitete Aufgabenstellung durch. Dennoch bleibt dieser Versuch einer Verbindung von Theorie und Praxis beachtenswert, zumal das Thema ›Höflichkeit‹ in der Unterrichtskommunikation bis heute eine Herausforderung für die Forschung geblieben ist und derzeit eine neue Aktualität erlangt hat.

4.1.2 | Didaktische Studien zur Lehrersprache

Exemplarisch für die Konzentration auf die Sprache des Lehrers als wichtigster Faktor des Unterrichtsgeschehens sei an dieser Stelle die Studie *Die Sprache des Lehrers: Grundformen des didaktischen Sprechens* von Dieter Spanhel (1971) angeführt, der von der These ausgeht, dass die vom Lehrer im Unterricht angeregten Lernprozesse beim Schüler entscheidend von den sprachlichen Verhaltensweisen des Lehrers abhängen (S. 23). Spanhel entwickelte ein an den Unterscheidungen des Lernprozesses des Lernpsychologen Robert Gagné angelehntes Kategorienschema, in dem den **didaktischen Funktionen**, z. B. der Reizdarbietung, der Aufmerksamkeitslenkung oder der Steuerung des Denkens verschiedene Sprachformen zugeordnet wurden (S. 236). Demnach können z. B. durch eine Frage verschiedene Funktionen der Denksteuerung, Aufmerksamkeitslenkung, Überprüfung von Lernergebnissen, Veranlassungen von Kenntnistransfer realisiert werden. Aus einer Analyse von 20 Unterrichtsstunden ergab sich, dass über die Hälfte aller Lehreräußerungen den Steuerungsfunktionen dienten.

Ein solch universalistisches Modell musste sich alsbald den kritischen Vorbehalten einer Reduktion und Homogenisierung des komplexen Unterrichtsgeschehens und vor allem unzureichender linguistischer Präzision stellen. Bereits zwei Jahre später legte Spanhel einen Sammelband zur Schülersprache vor, der vor allem die Schüler und Schülerinnen stärker ins Blickfeld der Forschung rückte und ein korrespondierendes schülerseitiges Kategorisierungsschema vorsah, das allerdings angesichts der Entwicklungen der linguistischen Pragmatik bald als überholt gelten musste (vgl. Spanhel 1973).

Leider blieb der Vorzug des Spanhel'schen Ansatzes, nämlich die Fokussierung der didaktischen Funktionen der Lehrersprache bei der folgenden Forschungsentwicklung unberücksichtigt.

4.2 | Linguistische Unterrichtsforschung

Der Beginn einer linguistischen Unterrichtsforschung ist eng mit der Entwicklung der linguistischen Pragmatik und Kommunikationsforschung der 1970er Jahre verbunden.

4.2.1 | Unterricht als Sprachspiel

Als Auftakt einer linguistischen Unterrichtsforschung gilt die Studie von Arno A. Bellack und Mitarbeitern (1994), die mit dem von Wittgenstein übernommenen Konzept des **Sprachspiels** bereits eine interaktionistische Sicht auf das Unterrichtsgeschehen verfolgte. Ausgangspunkt der Betrachtungen bildet die Musterhaftigkeit der Spielzüge der **Auslösung, Reaktion, Bewertung** und **Fortführung**, deren Abfolge, Frequenz und Verteilung auf die Beteiligten empirisch überprüft wurde.

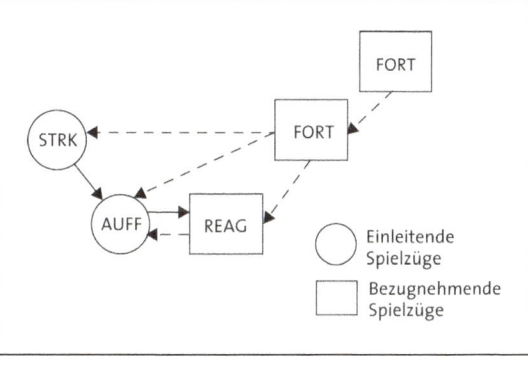

Bemerkenswert ist die Mehrfachkodierung der einzelnen Äußerungen nach dem Äußerungstyp und der sachinhaltlichen, sachlogischen, unterrichtsorganisatorischen und unterrichtslogischen Bedeutung, die das Modell in der Beschreibung äußerst präzise, in der Anwendung aber auch äußerst kompliziert macht. Die empirischen Befunde zur Frequenz und Verteilung der Spielzüge belegen den augenscheinlichen Eindruck, dass die Lehrkräfte in der überwiegenden Mehrzahl auslösende sowie strukturierende und fortführende Spielzüge vollziehen, die Schülerinnen und Schüler hingegen reagierende. Das grundlegende Muster des Unterrichtsgesprächs besteht demzufolge aus der Kombination von Aufforderung der Lehrer – Reaktion der Schüler, oft gefolgt durch eine Fortführung der Lehrer. Diese Muster machen insgesamt 48% aller Zugkombinationen aus.

Abb. 1: Folge von unterrichtlichen Spielzügen (nach Bellack u. a. 1974, S. 207; STRK = strukturierende, AUFF = auffordernde, FORT = fortführende, REAG = reagierende Spielzüge)

Als Beispiel solcher Spielzüge in der Unterrichtskommunikation sei auf das Unterrichtsgespräch über Werbung zurückgegriffen (s. schon Kap. II.1.3.2.):

Beispiel 2   **Unterrichtsgespräch über Werbung**
(aus Neuland 1978, S. 20)

> L: *Bitte, wer faßt mit jetzt mal . das, was an der Tafel über die Notwendigkeit und Bedeutung der Werbung steht, in ein paar Sätzen zusammn. Da stehn ja nur Stichworte. ... Also Thema jetzt: Notwendigkeit und Bedeutung der Werbung. ... Könnt'er doch ... Albert!*
> A: *'N schreibt/ . Im Fernsehn gibt es zuers 'ne Halbwerbung, . da macht man ers die ä Produkte bekannt, das hilft jetz den . Geschäftseigentümer, den zu verkaufn. Un dann, um sich das ganz zu informiern, geht er jetz noch 's Geschäft läßt sich da beratn, . un wird da vielleicht sogar von überzeugt un kauft die Ware.*
> L: *Ja, natürlich, Albert, das's richtich. Aber ich meine jetz mal rein sprachlich zu versuchen, das, was in Stichwörtern hier an der Tafel steht, ä zusammenzufassen in ein paar zusammenhängenden Sätzen. ... Traust dich dazu, Dagmar?*
> [...]

Didaktisch offen bleiben die Konsequenzen, die aus solchen deskriptiven Normen des Unterrichtsgeschehens abzuleiten sind. So ist es durchaus fraglich, ob die frequentesten Zugkombinationen auch die »wirkungsvollste Unterrichtsmethode« (so Bellack u. a. 1974, S. 266) abbilden.

4.2.2 | Unterricht als institutionelle Kommunikation

Die Schule ist die zentrale Bildungsinstitution der Gesellschaft; ihre Aufgaben, Inhalte und Verfahren sind in amtlichen Vorschriften geregelt. In strukturfunktionaler Hinsicht werden der Schule die Funktionen der Qualifikation, Selektion und Integration zugeschrieben (vgl. dazu u.a. Tillmann 1998). Die Wissensvermittlung als hauptsächliche institutionelle Zwecksetzung prägt auch die Formen von Kommunikation in der Schule, die als eine weitgehend ›versprachlichte Institution‹ bezeichnet werden kann (vgl. Ehlich 2012). Sprachliches Lehren und Lernen im Sozialisationsfeld der Schule unterscheidet sich demnach grundlegend von der sprachlichen Sozialisation in Familie und Peergroups (s. Kap. I.2.2).

Die Forschungen zur institutionellen Kommunikation gehen von bestimmten, institutionstypischen Handlungsmustern, Wissensbeständen und Beteiligungsstrukturen der Aktantengruppen aus. Dies zeigt sich in der Unterrichtskommunikation vor allem in der institutionstypischen Modifizierung von Diskurstypen und Handlungsmustern sowie in der Ungleichheit der Wissensverteilung und Gestaltungsmöglichkeit der Beteiligten. Neben dem institutions- und dem interaktionsbezogenen Aspekt ist bei der Analyse von Unterrichtskommunikation aber auch die gegenstandsbezogene Ebene zu beachten, worauf kürzlich Bräuer (2011) verwies.

4.2.3 | Beiträge der funktionalen Pragmatik

In Deutschland ist die Entwicklung der linguistischen Unterrichtsforschung seit der zweiten Hälfte der 1970er Jahre mit dem Düsseldorfer KidS (Kommunikation in der Schule)-Projekt von Konrad Ehlich und Jochen Rehbein verbunden, die als Vertreter der **funktionalen Pragmatik** wichtige Grundlagen der schulischen Sprechhandlungsanalyse entwickelt haben (vgl. Ehlich/Rehbein: *Muster und Institution*, 1986).

Lehr-Lern-Diskurs: Formen der Wissensvermittlung als Zweck der Institution Schule geht Ehlich in seinem Beitrag zur Lehrerfrage (1981) nach, in dem er zwischen den Typen des **Lehr-Lern-Diskurses** und des **Unterrichtsdiskurses** unterscheidet, denen jeweils eine ungleiche Verteilung von Wissen zugrunde liegt. Im Unterschied zum Typ des sokratischen Lehr-Lern-Diskurses, der auch in anderen Kontexten auftreten kann, ist der Unterrichtsdiskurs allerdings durch Merkmale wie: Verlust der Freiwilligkeit, Massenhaftigkeit und Professionalisierung gekennzeichnet. Die Realität unterrichtlicher Kommunikation lässt sich nach Ehlich (2012, S. 338) als ein Changieren zwischen Unterrichtsdiskurs und Lehr-Lern-Diskurs beschreiben, wobei insbesondere der Druck durch zunehmende Wissensfülle und Zeitknappheit einerseits und die Selektionsfunktion der Institution und die Leistungskonkurrenz der Lernenden andererseits den Lehr-Lern-Diskurs immer wieder in einen auf kurzfristige Effektivität angelegten Unterrichtsdiskurs umschlagen lassen.

Dennoch bleiben aus didaktischer Hinsicht einige Zweifel, ob eine solch negative Sicht auf die Schule als **Zwangsinstitution** (nach Goffman 1996) moderneren Entwicklungen, z. B. der Schülerorientierung und des offenen Unterrichts, gerecht wird (vgl. dazu auch die kritische Reflexion bei Becker-Mrotzek/Vogt 2009).

Lehrerfrage: Ein großer Verdienst kommt den pragmatischen Studien zu einzelnen Sprechhandlungen, z. B. der **Lehrerfrage** und Handlungsmustern, z. B. Aufgabe-Lösungs-Muster als Rätselraten, Unterrichtsgespräch als Lehrervortrag mit verteilten Rollen, zu. Dabei kann gezeigt werden, dass alltägliche Sprechhandlungen wie die ›echte‹ Frage unter den Bedingungen der Institution in typischer Weise verändert werden. So wird die Lehrerfrage wie folgt beschrieben:

› Echte‹ Frage: S weiß p nicht, S will p wissen.
(z. B.: *Wo findet der nächste Kurs statt?*)
›Lehrerfrage‹: S weiß p, S will wissen, ob H p weiß, S will, dass H p äußert.
(z. B.: *Was haben wir heute noch für Tiere genannt?*)

Weitere Differenzierungen der Frage im Unterricht stammen von von Kügelgen (2003, S. 12).

Das schon mehrfach zitierte Gespräch über Werbung (s. zuletzt Kap. III.4.2.1) stellt ein Beispiel für ein Aufgabe-Lösungs-Muster dar (vgl. Ehlich/Rehbein 1986), bei dem die Schüler mehrfach versuchen, die hinter der Aufgabenstellung stehende Intention der Lehrkraft zu verstehen und die von ihnen erwartete Aufgabenlösung zu erfüllen. Eine die Lehrkraft zufrieden stellende Lösung wird am Ende der Sequenz nur dadurch erreicht, dass die Schüler einen von der Lehrkraft vorgegebenen Satzrahmen ausfüllen:

Beispiel 3 **Unterrichtsgespräch über Werbung**
(aus Neuland 1978, S. 22)

L: *Ich meinte: Gefahren und Grenzen der Werbung liegen darin, dass...*
S1: *äh, äh, äh Gefahren der Werbung liegen darin, dass äh die Menschen verunsichert werdn un dadurch . auch verführt werdn, Ware zu kaufn, diese gar nich gebrauchn.*
L: *Ja! Die Werbung kann auch...*
S1: *äh Bedarf an Bedarf an Gütern weckn, die äh also nich von Nöten sind.*

4.2.4 | Neuere Entwicklungen

Über viele neuere Entwicklungen geben Beiträge in Sammelbänden (z. B. Osnabrücker Beiträge zur Sprachtheorie 80/2011; Becker-Mrotzek 2012; Ehlich 2012) und Einzeldarstellungen (v. a. Becker-Mrotzek/Vogt 2009) Auskunft. Dabei geht es um Gegenstandfelder wie:
- nonverbale Kommunikation von Lehrkräften sowie Schülerinnen und Schüler (u. a. Schober 2004),
- Gesprächstypen der Unterrichtskommunikation, z. B. Erzählen (dazu Ohlhus/Stude 2012), Erklären (dazu Spreckels 2009, 2011 sowie Neumeister/Vogt 2012), Diskutieren (Grundler/Vogt 2012), Moderieren und Präsentieren (Berkemeier/Pfennig 2012), Initiieren und Bewerten, auch in kooperativer Form,
- Gespräche im Literaturunterricht (dazu Christ u. a. 1995; Werner 1996; Merkelbach 1989 sowie Wieler 1998),
- Kommunikation in unterschiedlichen Sozialformen des Unterrichts, z. B. Frontal- und Gruppenunterricht (dazu Haag/Diegritz 2012). Dies wird im Folgenden noch genauer ausgeführt.

Becker-Mrotzek/Vogt (2009, S. 181 ff.) fassen am Ende ihres Übersichtsbandes zur Unterrichtskommunikation auf der Grundlage der vorgestellten linguistischen Untersuchungen didaktische Maxime zusammen, die für angehende wie praktizierende Lehrkräfte von Bedeutung sind:
- Reflektiere die Bedingungen von Unterricht und mache sie dir bewusst!
- Stelle für alle Beteiligten Transparenz her!

- Praktiziere eine bewusste Methodenvielfalt!
- Mache die Interaktionsverfahren der Klassengemeinschaft regelmäßig zum gemeinsamen Thema!
- Sei offen für ungeplante und unerwartete Interaktionsprozesse!
- Hinterfrage die eigene Beurteilungspraxis!

Aus den eben genannten Neuerungen wird im folgenden Kapitel die Kommunikation im Gruppenunterricht noch ausführlicher erörtert.

4.3 | Kommunikation im Gruppenunterricht

Innerhalb der für die Institution Schule zentralen Unterrichtskommunikation (s.o.) lassen sich verschiedene Kommunikationsformen unterscheiden. Vorherrschend in deutschen Schulen ist nach wie vor der **Frontalunterricht**. Eine seiner zentralen Formen ist der **Lehrervortrag**. Sehr verbreitet ist auch das fragend-entwickelnde Unterrichtsgespräch mit seinem typischen Muster ›Aufgabenstellen – Aufgabenlösen‹ (Ehlich/Rehbein 1986). Ehlich unterscheidet diese Arten danach, wie stark sie von Seiten der Lehrperson gesteuert sind. Während der Frontalunterricht »die deutlichste Ausprägung der direkten Steuerung« ist, ist der Gruppenunterricht »eine Ausprägung indirekter Steuerung« (2012, S. 332). Auch dort wird die Kommunikation der Schülerinnen und Schüler – wenn auch sicher unterschiedlich stark – von der Lehrperson beeinflusst, indem sie durch den Arbeitsauftrag und eventuell verbalisierte Lernziele gewissermaßen vorstrukturiert werden kann (Ehlich 2012; Diegritz/Haag 2012).

Ziele des Gruppenunterrichts: Es wird vielfach betont, dass der Gruppenunterricht – besonders im Gegensatz zum Frontalunterricht – stärker zur Selbsttätigkeit der Schülerinnen und Schüler und zu kooperativem Lernen führe bzw. beitrage (so z.B. Diegritz/Haag 2012). Weiterhin werden die Stärkung der Eigenverantwortlichkeit und die auch dadurch erreichte höhere Lernbereitschaft und Motivation angeführt (Becker-Mrotzek/Vogt 2009). Reich (2010) legt starkes Gewicht auf die soziale Komponente dieser Lernform.

»Dies heißt, den anderen ausreden zu lassen, seine Wahrnehmungen mit aufzunehmen, gemeinsame Ziele und Wege zu finden, Probleme zu verhandeln und Problemlösungen gemeinsam zu suchen.«

Die Fähigkeit, kooperativ im Team zu arbeiten, beurteilen etwa Becker-Mrotzek/Vogt als ausgesprochen zentral für das spätere berufliche Leben von Schülerinnen und Schülern (2009, S. 115).

4.3.1 | Phasen der Gruppenarbeit

In der Regel werden zumindest drei Phasen innerhalb des Gruppenunterrichts unterschieden: die Planungsphase, die Durchführungsphase und die Auswertungsphase. Die Planungsphase könnte man unter Berücksichtigung unterschiedlicher Planungsaktivitäten noch in eine eher auf die Themenfindung und Gliederung bezogene Vorbereitungsphase und eine Organisationsphase, die wiederum die Gruppeneinteilung oder -findung, den Arbeitsauftrag und etwaige Erklärungen oder Vereinbarungen zur Arbeitsmodalität und das Austeilen eventuell benötigter Materialien umfasst, aufspalten. Von der Auswertung könnte man ebenso die Phase der Reflexion der Gruppenarbeit noch trennen.

Die folgende Skizze übernimmt die traditionelle Dreiteilung, zeigt aber zusätzlich, dass es an den Übergängen zwischen den einzelnen Phasen wichtige Schnittstellen gibt, deren Meisterung entscheidend zum Gelingen (oder auch Misslingen) von Gruppenarbeit im (Deutsch-)Unterricht beiträgt.

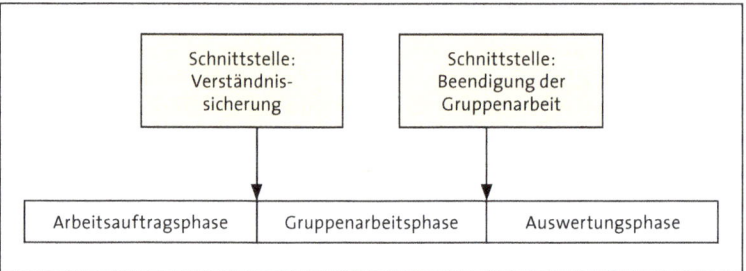

Abb. 2: Phasen des Gruppenunterrichts (nach Diegritz/Haag 2012, S. 378)

Haag und Diegritz zeigen an empirischen Daten, dass die Sicherung des Verständnisses des Arbeitsauftrags (1. Schnittstelle) in signifikanter Weise relevant für den Erfolg der Gruppenarbeit ist. Ist den Schülern der Arbeitsauftrag nicht absolut klar, kann dies zu wenig konzentrierter Arbeit führen oder zum Eingreifen des Lehrers (z. B. zur Präzisierung oder gar Korrektur des Arbeitsauftrags), was wiederum das eigenständige Arbeiten der Schülerinnen und Schüler unterbricht (2012, S. 254 f.).

Die Beendigung der Gruppenarbeit kann nur dann die Auswertung der Ergebnisse sinnvoll vorbereiten, wenn sie nicht zu abrupt erfolgt, die Schüler also die Möglichkeit erhalten, Arbeitsschritte abzuschließen und die Präsentation der Ergebnisse vorzubereiten (Diegritz/Haag 2012).

4.3.2 | Probleme und Erfolgsbedingungen beim Gruppenunterricht

Schwierigkeiten an den oben genannten Schnittstellen und innerhalb der Phasen der Gruppenarbeit lassen sich nur durch genau Beobachtung und möglichst anschließende Transkription der Analyse zugänglich machen. Empirische Untersuchungen dieser Art gibt es noch relativ wenige, ein Beispiel ist etwa die Studie von Dann/Diegritz/Rosenbusch (1999). Bislang wurde das Gelingen von Gruppenarbeiten hauptsächlich aus der Bewertung der Resultate/Produkte geschlossen. Da Lehrkräfte mit den Ergebnissen oft wenig zufrieden sind und Frontalunterricht eher für ergiebiger halten, wenn es um die Vermittlung von Wissen geht (vgl. Becker-Mrotzek/Vogt 2009), ergibt sich ein Spannungsverhältnis aus der vorwiegend positiven Beurteilung von offenem Gruppenunterricht in der didaktischen Theorie und eher negativen Urteilen aus der Praxis. Mittlerweile zeigen aber erste Untersuchungen der internen Kommunikationsabläufe von Gruppenunterricht, dass man Erfolgsbedingungen für Gruppenarbeit formulieren kann – oder, negativ gewendet, Faktoren, die eine reibungslose Arbeit behindern.

Neben den oben genannten Schnittstellen scheint vor allem die **Zusammensetzung der Gruppe** ein zentraler Faktor zu sein: Ergebnisse von Gruppenarbeit hängen stark von einem guten Klima innerhalb der Gruppen ab. Es ist offenbar schädlich, wenn einzelne Schüler zu stark dominieren und andere nicht zu Wort kommen. Andererseits zeigen Transkripte von Gruppenarbeitsphasen aber auch, dass bestimmte Erwartungen von Lehrpersonen etwa an das sprachliche Verhalten und das Niveau der Kommunikation nicht erfüllt werden und auch nicht erfüllt werden müssen: Weder die Verwendung von Alltagssprache oder anderer sprachlicher Varietäten noch weniger als im Frontalunterricht geglättete Sprecherwechsel (z.B. solche mit Unterbrechungen oder Überlappungen) sind prinzipiell der Qualität des Arbeitsergebnisses abträglich (vgl. Diegritz/Haag 2012, S. 252).

Haag und Diegritz versammeln die folgenden Einflussfaktoren:

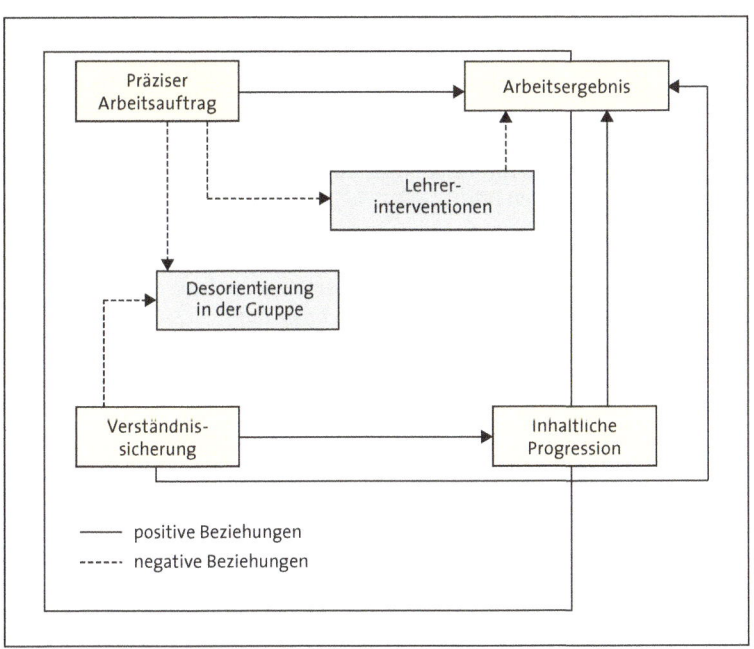

Abb. 3: Elemente gelingenden Gruppenunterrichts (nach Haag/Diegritz 2012, S. 389)

Auch Interventionen der Lehrperson sind dem Verlauf (und den Ergebnissen) von Gruppenarbeiten oft wenig zuträglich. Erfolgen sie, weil die Lerner den Arbeitsauftrag nicht richtig verstanden haben, führt eine Ergänzung oder gar Korrektur u. U. sogar nachträglich zu Verwirrung. Die Lehrenden sollten möglichst nur dann eingreifen, wenn Gruppen an einzelnen Stellen nicht weiterkommen und einen Impuls zum Fortfahren brauchen (Diegritz/Haag 2012). Sehr häufig fällt es Lehrkräften schwer, sich zurückzuhalten und die ihnen anvertraute Steuerungsfunktion aus der Hand zu geben (vgl. Becker-Mrotzek/Vogt 2009).

4.3.3 | Ein Beispiel

Im folgenden Transkript lassen sich viele Einfluss nehmende Faktoren deutlich erkennen. Es handelt sich um eine Gruppenarbeit zum Thema ›Fabel‹ im Deutschunterricht der Klasse 6 eines Gymnasiums.

Beispiel 4 **Transkript einer Gruppenarbeit**
(leicht gekürzt nach Meller 2011, S. 56 f.; Punkte bedeuten Pausen)

[1] L Also, ich möchte • • •Lukas, hinsetzen• • •ich möchte, dass sich jetzt die
       Nonverbal (ermahnend)
[2] L vier, die das gleiche Symbol auf ihrem Zettelchen finden zusammensetzen• •
       Nonverbal
[3] L • Nein, wartet bitte, bis ich zu
       Ben Jetzt?
       Nonverbal (einige SuS stehen auf, es wird unruhig)
[4] L Ende ge/gesprochen habe. Dafür müssen wir ja die Tische verschieben und
       Nonverbal
[5] L dann versteht mich ja keiner mehr.• • • Also, ihr lest die
       Nonverbal (SuS setzen sich wieder hin)
[6] L Fabel... – und unter/untersucht sie auf
       Arne Kenn ich schon. Die is einfach.
       Nonverbal (Lehrerin richtet einen warnenden Blick an Arne)
[7] L Merkmale, die eine Fabel eben haben sollte...
       Ben Lehre, Aktion, Reaktion und
[8] L Ja, genau. • •Also habt ihr verstanden. Und dann
       Ben so weiter, ne?
       Nonverbal (zu Ben gewandt) (Lehrerin adressiert wieder die gesamte Klasse
[9] L schreibt ihr das, was ihr ent/entdeckt habt, auf die Pappe und präsentiert das
[10] L vor/ also hier vor der Klasse. Und gebt die Textstellen dazu an.

III.4.3
Ausgewählte Schwerpunkte
Kommunikation im Gruppenunterricht

    Arne *Müssen alle nach vorne?*
    Nonverbal
[11] **L**   • • •   *Nein, jede Gruppe sucht*
    Henning *Ich kann nicht, ich hab Krücken.*
    Nonverbal (Gelächter)
[12] **L**   *einen aus und der kommt dann nach vorne.* • • •
       Henning,
    Nonverbal (wendet sich an Henning)
[13] **L**   *du musst natürlich nicht.* • • • *Jetzt müssen wir erst mal die Tische*
[14] **L**   *verschieben. Die aufgeschlagenen Lesebücher* • *ähm* •
       nehmt ihr einfach mit.
[15] **Nonverbal** (alle Kinder stehen auf und fangen an, die Tische so anzuordnen, dass sich
[16] **Nonverbal** Gruppentische für 4 Kinder bilden. Bis sich alle Kinder in ihren Gruppen
[17] **Nonverbal** zusammengefunden haben, vergehen 8 Minuten, da insbesondere drei
[18] **Nonverbal** Kinder mit der Auslosung unzufrieden sind und zunächst auf ihren Plätzen
[19] **L**   *Das muss aber beim nächsten Mal schne/wesentlich schneller*
    Nonverbal sitzen bleiben)
[20] **L**   *gehen. Hoffentlich fehlt euch die Zeit nicht gleich. Habt ihr alle die Bücher?*
[21] **L**   • • *Die Seitenzahl hab ich hier nochmal an die Tafel geschrieben* • • •
    Nonverbal (deutet auf den Tafelanschrieb) [Uhrzeit: 10:20]
[22] **L**   *Also, bis halb elf,* • • *dann wird präsentiert. Los geht's.*
    Ömer ((13s))   *Was sollen*
    Nonverbal (setzt sich ans Pult)
[23] **Ben** *Ja.* • • •   *Lesen und aufschreiben.* • *Die Merkmale.* • *Von gestern.*
    Ömer *wir machen?*
    Nonverbal (Gemi liest bereits, Lukas spielt mit seinem Füller, drei Minuten vergehen bis zur nächsten Äußerung)
[24] **Lukas** *Ich*
    Nonverbal mit seinem Füller, drei Minuten vergehen bis zur nächsten Äußerung)
[25] **Lukas** *hab kein Buch. Das is im Spind. Kann ich kurz mein Buch holen*
    Nonverbal (Lukas meldet sich, • • • ruft in Richtung Pult)
[26] **L**   *Nein. Guck jetzt bei Gemi mit rein. Fang an!*

Sehr deutlich sind die Verzögerungen in der Anfangsphase zu erkennen. Die Lehrerin nennt zunächst den Arbeitsauftrag und gibt dann die Anweisung an die per Zettel ausgelosten Gruppen, sich zu finden und die Tische umzubauen. Dadurch gibt es Reibungsverluste, und es vergeht unnötig viel Zeit, in der der Auftrag nicht direkt umgesetzt werden kann. Die Aufgabe wird nur mündlich gestellt und nicht an der Tafel oder durch die Schüler schriftlich fixiert; zusätzlich wird ihre Formulierung noch durch Schüler-Zwischenrufe und eine Antwort der Lehrerin unterbrochen. Es wundert also wenig, dass im Verlauf der Gruppenarbeit noch weitere Nachfragen kommen, was genau eigentlich zu tun sei. Dies führt wiederum zu Verzögerungen und Unterbrechungen in der Arbeit der einzelnen Gruppen. In (20) verbalisiert die Lehrerin das Problem auch explizit mit der – beinahe selbst erfüllenden – Prophezeiung, dass die Zeit eng werden würde. So ist gegen Ende der Stunde (hier nicht mehr abgedruckt) auch wirklich Eile geboten. Vermutlich aus diesem Grund ruft die Lehrerin in der Präsentationsphase einzelne Schülerinnen und Schüler auf, auch wenn sie zu Beginn angekündigt hat, die Schüler könnten diejenigen, die die Ergebnisse schließlich vorstellen, selber wählen. Da sie als erste eine sehr starke Schülerin bittet, können alle weiteren Gruppen wenig Wichtiges zum Gesamtergebnis beitragen. Hier hätte die Lehrerin mit differenzierten Gruppenaufträgen sicherlich mehr erreicht, ebenso wie mit einer besser vorbereiteten Phase des Zusammentragens der Ergebnisse. So hätten die Gruppen unterschiedliche Schwerpunkte setzen und ein gemeinsames Ergebnis zusammentragen können. Insgesamt zeigt das Transkript deutlich einige der oben genannten kritischen Punkte bei einer Gruppenarbeit, will man die Vorzüge des selbsttätigen und möglichst kooperativen Arbeitens nutzen.

4.4 | Sprachgebrauch innerhalb und außerhalb der Schule

Ein Brennpunkt von sprachwissenschaftlicher, sprachdidaktischer sowie schulpädagogischer Unterrichtsforschung bleibt der Umgang mit **Nebenkommunikation**, mit ›Unterrichtsstörung‹ und mit Grenzen der Kooperation (s. Kap. II.1.4.4). Dabei scheint es unerlässlich, das Blickfeld auf außerunterrichtliche Kontexte der Kommunikation in Familie und Freizeit auszudehnen und Aspekte sprachlicher Sozialisation und soziokultureller Identität der Schüler einzubeziehen (s. die grundlegenden Ausführungen in Kap. I.2.2.1).

Sprachgebrauch innerhalb und außerhalb der Schule

4.4.1 | Kommunikation in Jugendgruppen als sozialisatorische Interaktion

Wie die Jugendsprachforschung belegt, dient die Kommunikation in Jugendgruppen außerhalb institutioneller Kontexte zumeist der sozial und situativ gebundenen, gruppeninternen Verständigung von Jugendlichen untereinander. Sie ist stark an den Bereich der Freizeit gebunden und wird weit seltener in den Domänen Familie und Schule verwendet. Solche Gespräche weisen Neuland/Balsliemke/Baradaranossadat (2012) zufolge u. a. folgende Charakteristika auf:
- kreative Sprachstil-Bastelei,
- sozial vergewisserndes Lästern und
- affektive Entlastung.

> *Hausaufgaben*: **Kreative Sprachstil-Bastelei** Beispiel 5
> (nach Chovan 2006, S.133)
> J3: *Schulsachen hab ich alle dabei (...) ((UNDEUTLICH))*
> J1: *Hol ma raus!*
> J3: *Hab ich alle ausge(...)/im Kofferraum heute.*
> J1: *Ah. ((UNVERSTÄNDLICHES DURCHEINANDER))*
> *Dann brauchst'e nämlich immer nur rausnehmen, je nach dem was 'se gerade brauchss.*
> *((UNVERSTÄNDLICHES REDEN))*
> J2: *Aah! Sommerbrise aus der Dose! ((ALLE LACHEN))*
> J3: *((RÜLPST LAUT))*
> J2: *Huhuhuhu!*
> J3: *Guck ma hier!*
> J2: *Was da für 'ne Wolke kommt! (3sec)*
> J3: *Das is Physik.*
> J1: *Is Physik, (5sec) das is voll Scheiße ((LEISE))*

Wie das Beispiel eines Gesprächs zwischen Schülern eines Gymnasiums demonstriert, ist dieser Sprachgebrauch nicht unbedingt durch einen besonderen jugendtypischen Wortschatz charakterisiert; vielmehr handelt es sich um einen bestimmten Interaktionsmodus und Sprachstil in dieser Peergroup, der sich durch Stimmenvielfalt, Durcheinanderreden, gemeinsames Gelächter über gelungene Wortspiele und Anspielungen auszeichnet. In diesem Fall (s. Bsp. 5) wird der Werbespruch (*Sommerbrise aus der Dose*) über die Assoziationen (Duft-)Wolke und Unterrichtsgegenstand in Physik mit dem schulischen Erfahrungskontext verbunden und aus Schülerperspektive bewertet.

Kommunikation im Unterricht

Beispiel 6 *Fetter Arsch*: **affektive Entlastung**
(nach Chovan 2006, S.143)

J2: (unverständlich) – *Aufgabe zwei:* (3 sec)
Bestimme die Gleichung der Tangente zum Kreis <<nanananana>>
(schnell gesprochen)
in diesem <<nananana>> (schnell gesprochen) *berührt.*
J1: *Ihr kricht gleich den tollen Zettel!*
J2: *Mmh, ich muss die ganze Scheiße noch aufschreiben.*
J3: *Die Frau XY* ((LEHRERIN)), *die hat auch irndwie den fetten Arsch auf/*
J2: *Die hatt 'n Arsch!*
J1: *Die hat irgendwie den fettesten Arsch den's gibt!* (unverständlich)
J2: *Aber sieht haargenau aus wie WQ fast!*

Diese Phase des Gesprächs der Gymnasiasten untereinander (s. Bsp. 6) dient der affektiven Entlastung des sozialen Zwangs, den die Schule ihnen auferlegt. Durch die gemeinschaftliche hyperbolische Diffamierung der Lehrerin als Abgrenzung nach außen dient das Gespräch zugleich der Stärkung des Zusammengehörigkeitsgefühls innerhalb der Schülergruppe.

Die Beispiele zeigen, dass der Erfahrungsraum Schule eine bedeutsame thematische Ressource für die Jugendlichen auch in außerunterrichtlichen Kontexten bietet. Die Gespräche in den Peergroups können dabei auch kompensatorische Funktionen übernehmen, indem sie zur Entlastung von sozialem und affektivem Druck beitragen und das Gemeinschaftsgefühl innerhalb der Gruppe stärken. Die gruppeninterne Kommunikation bildet ein Übungsfeld für Selbstdarstellung und für Rollenzuschreibungen sowie -abgrenzungen. Gerade dabei spielt der schulische Erfahrungsraum eine besondere Rolle.

4.4.2 | Kommunikation in der Schule als Mittel der Sozialisation in die Schülerrolle

Mit dem Eintritt in die Schule beginnt für die Schulanfänger der Prozess der schulischen Sozialisation. Die Kinder lernen, sich an einen Stunden- und Pausenrhythmus zu gewöhnen, Regeln des sozialen Miteinanders zu akzeptieren, Lehrpersonen sowie ältere Schüler und Schülerinnen zu respektieren und auch die asymmetrische Interaktionsstruktur zu akzeptieren. Mit diesen schulinstitutionellen Anforderungen (Ulich 1998, S. 386f.) wird von den Schülerinnen und Schülern eine gewisse Verhaltenskonformität erwartet, die sich im Sinne der schulischen Sozialisation auch aus dem Bildungs- und Erziehungsauftrag erklärt.

Schule ist, so Ehlich/Rehbein (1983), eine **versprachlichte Institution**, die ein bestimmtes kommunikatives Handeln erforderlich macht, das in der Schuleingangsphase, gleich in welchem Fach, eingeübt wird. Die Einhal-

Sprachgebrauch innerhalb und außerhalb der Schule

tung dieser kommunikativen Regeln, die oft in Schulordnungen festgeschrieben sind, wird auch außerhalb des Unterrichts, z. B. in den Unterrichtspausen, in Beratungsgesprächen mit Lehrkräften, erwartet. Es bleibt nicht aus, dass die erwartete Praktizierung der sprachlichen wie sozialen Schülerrolle in Widerspruch zu aktuellen oder auch generellen Befindlichkeiten und Bedürfnissen der personalen Identitätsteile gerät.

Für die Institution Schule existiert das im Übrigen auch für Lehrkräfte mögliche Dilemma, die **Identitätsbalance zwischen personaler und sozialer Identität** nicht ohne Brechungen bewahren zu können. Solche institutionell bedingten Spannungen führen nach Gohlke (1981, S. 251) zu **Friktionen**, die pädagogisch-didaktische Intentionen bremsen, ablenken oder zerreiben können. Brechungen des gemeinsamen Handlungsrahmens führen zu Handlungsdivergenzen auf zwei Unterrichtsebenen, die Jürgen Zinnecker mit den Metaphern der **Vorderbühne** und der **Hinterbühne** beschreibt:

»Das Spiel läuft immer auf zwei Bühnen: Auf der Vorderbühne, im Verhalten zum offiziellen Personal der Institution, wenn sie angesprochen, einbezogen und aufgefordert werden, dominiert Abwehr und Obstruktion; auf der Hinterbühne blühen Beweglichkeit, Schnelligkeit und Wendigkeit.« (1978, S. 31 f.)

So können auf der ›Vorderbühne‹ Desinteresse und mangelnde Mitarbeit (Nichtbeachtung der Lehrkraft bei körperlichen Auseinandersetzungen), Kooperationsverweigerung und verbal und non-verbal geäußerte Abneigung, wie z. B. demonstratives Wegschauen, auch das Nicht-Grüßen der Lehrer auf dem Flur, sowie verbale Attacken und gemeinsames unhöfliches Lachen der Schüler als Äußerungsformen der Distanz zur Institution gesehen werden. Heinze machte bereits 1976 auf solche **Schülertaktiken** aufmerksam, die den Schülerinnen und Schülern eine Distanzierung zur Schule ermöglichen. Damit sind Taktiken des sich Abschirmens, der vorgetäuschten Aufmerksamkeit oder auch der Beschäftigung mit sich selbst gemeint (vgl. auch Brumlik/Holtappels 1987). Mit der erhöhten Zentralisierung von Prüfungen (Zentralabitur, Lernstandserhebungen, zentrale Abschlussprüfungen) und der vermehrten Evaluierung seit Pisa hat der normierte Bezugsrahmen an Stellenwert zugenommen, so dass sich das Dilemma der Identitätsbalance erhöht hat.

Eine sprachliche Schülertaktik der witzigen Umwandlung einer vom Lehrer vorgegebenen Thematik stellt die **Abduktion** dar, die Ehlich (1981) beschreibt. Die Abbildung 4 veranschaulicht mögliche Lösungsalternativen eines solchen Themenkonflikts zwischen Lehrkraft und Schülerinnen und Schülern.

Durch einen witzigen Kommentar zu einer verbalen oder nonverbalen Handlung der Lehrkraft kann die Fortführung der Themenbehandlung so irritiert oder gestört werden, dass ein thematischer Neuaufbau nötig ist.

Kommunikation im Unterricht

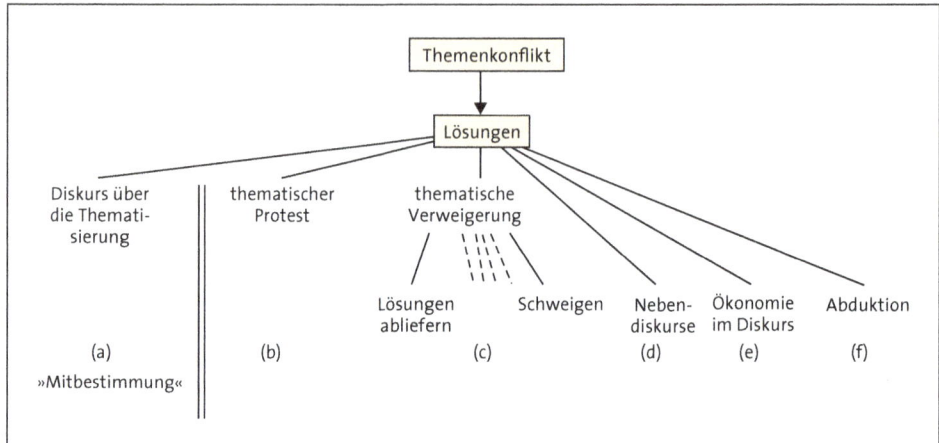

Abb. 4: Lösungsalternativen eines Themenkonflikts (nach Ehlich 1981, S. 361)

4.4.3 | Kommunikation im Unterricht: Identitätsbalancen in Haupt- und Nebenkommunikation

Die ›Entdeckung‹ und erste Erfassung von Nebenkommunikation im Unterricht ist hauptsächlich einer Braunschweiger Arbeitsgruppe von Sprachwissenschaftlern und Sprachdidaktikern zu verdanken (Baurmann/Cherubim/Rehbock 1981). So beschreibt Cherubim:

»Neben den in der Schule erwarteten und offiziell anerkannten Tätigkeiten von Schülern, wie z. B. der Beteiligung am Unterrichtsgespräch, der kollektiven oder individuellen Bearbeitung von Aufgaben [...] sind andere Schüleraktivitäten innerhalb und außerhalb des Unterrichts zu beobachten, die entweder als Störung institutionell normierter Verhaltensweisen wahrgenommen und sanktioniert oder im Interesse spezifischer Entlastungsmechanismen (Komplexitätsreduktion, Ventilfunktion) mehr oder weniger toleriert werden.« (Cherubim 1981, S.107)

Während die Hauptkommunikation im Unterricht aus der Sicht der Schülerinnen und Schüler überwiegend fremdbestimmt erscheint, ermöglicht die Nebenkommunikation auf der ›Hinterbühne‹ die Einbringung spontaner außerschulischer, lebensweltlicher Themen und Bedürfnisse. Das Konzept der Nebenkommunikation geht insofern über das der Abwehrtaktiken hinaus, als es eine produktive Sprachhandlungsdimension der Schüler eröffnet. Im Gegensatz zur Hauptkommunikation treten diese hier aus einer eher passiven und reaktiven Schülerrolle heraus und ergreifen selbst die Initiative für mündliche und schriftliche Sprachhandlungen.

Nebenkommunikationen dienen der personalen und sozialen Identitätsbalance, indem die Schüler ihre personale Identität und Rolle innerhalb der Altersgruppe miteinander aushandeln. Das kann sich darin äußern, dass Schüler durch Gespräche untereinander oder auch in **Schülerbriefchen** den Kontakt zueinander aufrechterhalten, sich vor den anderen profilieren, indem sie besonders witzige Geschichten zum besten geben oder auch gemeinsame Freizeitaktivitäten planen. Thematisch hebt sich die Nebenkommunikation deutlich von der Hauptkommunikation im Unterricht ab; so werden vor allem Themen besprochen, die im privaten Bereich anzusiedeln sind, wie z. B. Wochenendaktivitäten, Freundschaften oder private Verabredungen (vgl. Cherubim 1981; Ziegler 2006; Baradaranossadat 2011). Zur Nebenkommunikation gehören neben den mündlichen Formen des Tuschelns und Flüsterns aber auch schriftliche Formen, z. B. Schülerbriefchen und das Versenden von SMS.

Mit dem Wechsel von der Haupt- zur Nebenkommunikation ist zugleich ein Wechsel zwischen **normgebundener** und **normungebundener** Sprechsituation verbunden (vgl. Kleinberger Günther/Spiegel 2006). Die Sprech- und Schreibstile werden deutlich ›jugendsprachlicher‹. Die Verwendung jugendsprachlicher, aber auch unanständiger Ausdrücke verweist dabei auf die gruppentypischen Gesprächsfunktionen Jugendlicher untereinander, vor allem der affektiven Entlastung (s. Kap. III.4.3.1).

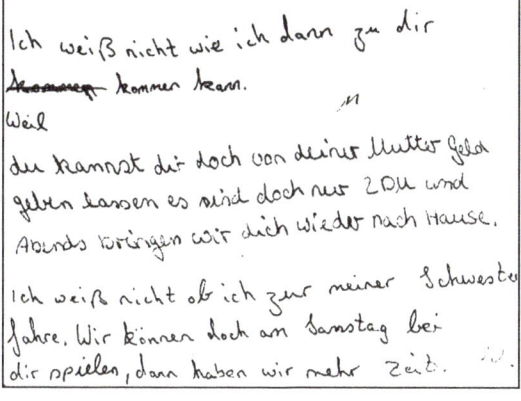

Abb. 5: Schülerbriefchen (aus Baradaranossadat 2011, S. 382)

Didaktischer Ausblick: Die Frage, wie Lehrkräfte mit dem Phänomen der Nebenkommunikation umgehen können, bleibt ein wichtiger Bestandteil der Lehrerausbildung, nicht nur im Fach Deutsch. Zwar ist schon viel gewonnen, wenn Lehrkräfte im Unterricht Nebenkommunikationen nicht immer nur als Provokation oder gar persönliche Herausforderung auffassen. Wie viel Reglementierung, Disziplinierung oder auch Witz und Ironie jedoch jeweils angebracht sind, ist auch von der Lerngruppe und der Beziehung zur Lehrkraft abhängig. Gemeinsame Verabredungen über angemessene Verhaltensweisen im Unterricht bilden fraglos einen wichtigen Baustein. Dies setzt eine Kooperation zwischen Lehrenden und Lernenden voraus, wie in Kapitel II.1.4.4 angesprochen wurde.

Die Verringerung der Kluft zwischen **Schule und Lebenswelt** bleibt einerseits ein wichtiges Anliegen einer schülerorientierten Sprachdidaktik, doch kann dies andererseits auch nicht bedeuten, die Grenzen zwischen den Bereichen Unterricht und Freizeit aufzuheben. Insofern bleibt auch die Einübung in eine institutionsangemessene Schul- und Unterrichtssprache und deren **bildungssprachliche** Anteile (vgl. dazu Feilke 2012) ein wesentliches Ziel eines Deutschunterrichts, der kulturelles Wissen weitergeben, auf das spätere Berufsleben vorbereiten und zu einer verbesserten gesellschaftlichen Interaktion in verschiedenen Bereichen beitragen will.

III.4.4 Ausgewählte Schwerpunkte

Kommunikation im Unterricht

Literatur

Baradaranossadat, Anna-Katharina (2011): Jugendsprache im Deutschunterricht. Erscheinungsweisen im Schulalltag und Perspektiven für den Unterricht. Frankfurt a. M.

Baurmann, Jürgen/Cherubim, Dieter/Rehbein, Jochen (Hg.) (1981): Neben-Kommunikationen. Beobachtungen und Analysen zum nichtoffiziellen Schülerverhalten innerhalb und außerhalb des Unterrichts. Braunschweig.

Becker-Mrotzek, Michael (Hg.) (2012): Mündliche Kommunikation und Gesprächsdidaktik. 2., korr. Aufl. Baltmannsweiler.

–/Vogt, Rüdiger (2009): Unterrichtskommunikation. Linguistische Analysemethoden und Forschungsergebnisse. 2., bearb. u. akt. Aufl. Tübingen.

Bellack, Arno A. u. a. (1974): Die Sprache im Klassenzimmer. Düsseldorf.

Berkemeier, Anne/Pfennig, Lothar (2012): Schüler/innen moderieren. In: Becker-Mrotzek (Hg.), S. 533–561.

Bräuer, Christoph (2011): Die Unterrichtsrahmenanalyse – ein Beobachtungsinstrument für die praktische Forschung wie für die forschende Praxis. In: Osnabrücker Beiträge zur Sprachtheorie 80/2011, S 13–30.

Brumlik, Michael/Holtappels, Heinz Günther (1987): Mead und die Handlungsperspektive schulischer Akteure. Interaktionistische Beiträge zur Schultheorie. In: Tillmann, Klaus-Jürgen (Hg.): Schultheorien. Hamburg, S. 89–105.

Cherubim, Dieter (1981): Schülerbriefchen. In: Baurmann/Cherubim/Rehbein (Hg.), S. 107–168.

Chovan, Miloš (2006): Kommunikative Stile sozialen Abgrenzens. Zu den stilistischen Spezifika sozial-distinktiver Handlungen in der Interaktion Jugendlicher. In: Dürscheid/Spitzmüller (Hg.), S. 135–151.

Christ, Hannelore u. a. (1995): »Ja, aber es kann doch sein...« In der Schule literarische Gespräche führen. Frankfurt a. M.

Dann, Hans-Dietrich/Diegritz, Theodor/Rosenbusch, Heinz (1999): Gruppenunterricht. Erlangen.

Diegritz, Theodor/Haag, Ludwig (2012): Gruppenunterricht. In: Becker-Mrotzek (Hg.), S. 251–263.

Dürscheid, Christa/Spitzmüller, Jürgen (Hg.) (2006): Perspektiven der Jugendsprachforschung. Frankfurt a. M.

Ehlich, Konrad (1981): Schulischer Diskurs als Dialog? In: Schröder, Peter/Steger, Hugo (Hg.): Dialogforschung. Düsseldorf, S.334–369.

– (2012): Unterrichtskommunikation. In: Becker-Mrotzek (Hg.), S. 327–349.

–/Rehbein, Jochen (1977): Wissen, kommunikatives Handeln und die Schule. In: Goeppert (Hg.), S. 36–115.

–/Rehbein, Jochen (Hg.) (1983): Kommunikation in Schule und Hochschule. Linguistische und ethnomethodologische Analysen. Tübingen.

–/Rehbein, Jochen (1986): Muster und Institution. Untersuchungen zur schulischen Kommunikation. Tübingen.

Feilke, Helmuth (2012): Bildungssprachliche Kompetenzen – fördern und entwickeln. In: Praxis Deutsch 233/2012, S. 4–13.

Goeppert, Herma C. (Hg.) (1977): Sprachverhalten im Unterricht. Zur Kommunikation von Lehrer und Schüler in der Unterrichtssituation. München.

Goffman, Erving (1996): Interaktionsrituale. Über Verhalten in direkter Kommunikation. Frankfurt a. M.

Gohlke, Klaus (1981): Nebenkommunikation als Problem der Institution Schule. In: Baurmann/Cherubim/Rehbock (Hg.), S.247–267.

Grundler, Elke/Vogt, Rüdiger (2012): Diskutieren und Debattieren: Argumentieren im Unterricht. In: Becker-Mrotzek (Hg.), S. 487–511.

Haag, Ludwig/Diegritz, Theodor (2012): Gruppenarbeit im Unterricht. In: Becker-Mrotzek (Hg.), S. 378–391.

Heinze, Thomas (1976): Unterricht als soziale Situation. Zur Interaktion zwischen Lehrern und Schülern. München.

Kleinberger Günther, Ulla/Spiegel, Carmen (2006): Jugendliche schreiben im Internet: Grammatische und orthographische Phänomene in normungebundenen Kontexten. In: Dürscheid/Spitzmüller (Hg.), S. 101–117.

Kügelgen, Rainer von (1998): Die Frage im Lehr-Lern-Diskurs: Geschichte einer Funktionalisierung. In: Rehbein, Jochen (Hg.): Funktionale Pragmatik im Spektrum. Wiesbaden.
– (2012): Die Frage im Lehr-Lern-Diskurs: Geschichte einer Funktionalisierung – Perspektiven einer Überwindung. In: Becker-Mrotzek (Hg.), S. 349–378.
Meller, Katrin (2011): Unterrichtskommunikation im Gruppenunterricht. Unveröffentlichte Bachelor-Thesis im Fach Germanistik an der Bergischen Universität Wuppertal.
Merkelbach, Valentin (1998): Über literarische Texte sprechen. Mündliche Kommunikation im Literaturunterricht. In: Der Deutschunterricht 1/1998, S. 74–82.
Neuland, Eva (1978): Sprache und Schicht. Texte zum Problem sozialer Sprachvariation. Frankfurt a. M.
–/**Balsliemke, Petra/Baradaranossadat, Anka** (2012): Schülersprache, Schulsprache und Unterrichtssprache. In: Becker-Mrotzek (Hg.), S. 392–407.
Neumeister, Nicole/Vogt, Rüdiger (2012): Erklären im Unterricht. In: Becker-Mrotzek (Hg.), S. 562–583.
Ohlhus, Sören/Stude, Juliane (2009): Erzählen im Unterricht der Grundschule. In: Becker-Mrotzek (Hg.), S. 471–486.
Osnabrücker Beiträge zur Sprachtheorie (2011): Kommunikation und Interaktion im Unterricht 80/2011.
Reich, Kersten (2010): Gruppenarbeit. In: http://methodenpool.uni-koeln.de/download/gruppenarbeit.pdf.
Reinert, Gerd-Bodo/Zinnecker, Jürgen (1978): Schüler im Schulbetrieb. Berichte und Bilder vom Lernalltag, von Lernpausen und vom Lernen in den Pausen. Reinbek.
Schober, Otto (2004): Körpersprache im Deutschunterricht. Hohengehren.
Spanhel, Dieter (1971): Die Sprache des Lehrers. Grundformen des didaktischen Sprechens. Düsseldorf.
– (Hg.) (1973): Schülersprache und Lernprozesse. Düsseldorf.
Spreckels, Janet (2009): Erklären im Kontext – Neue Perspektiven aus der Gesprächs- und Unterrichtsforschung. Baltmannsweiler.
– (2011): »was ihr jetzt machen sollt«. Aufgabenerklärungen im Deutschunterricht. In: Osnabrücker Beiträge zur Sprachtheorie 80/2011, S. 69–99.
Tillmann, Klaus-Jürgen (1998): Sozialisationstheorien. Eine Einführung in den Zusammenhang von Gesellschaft, Institution und Subjektwerdung. Reinbek bei Hamburg.
Ulich, Klaus (1998): Schulische Sozialisation. In: Hurrelmann, Dieter/Ders. (Hg.): Handbuch der Sozialisationsforschung. 5. Aufl. Weinheim/Basel, S.377–396.
Werner, Johannes (1996): Literatur im Unterrichtsgespräch – Die Struktur des literaturrezipierenden Diskurses. München.
Wieler, Petra (1998): Gespräche über Literatur im Unterricht. Aktuelle Studien und ihre Perspektiven für eine verständigungsorientierte Unterrichtspraxis. In: Der Deutschunterricht 1/1998, S. 26–38.
Zehrfeld, Klaus/Zinnecker, Jürgen (1975): Acht Minuten heimlicher Lehrplan bei Herrn Tausch. In: Zinnecker (Hg.), S. 72–93.
Ziegler, Evelyn (2006): Identitätskonstruktion und Beziehungsarbeit in bayerischen Schülerzetteln. In: Dürscheid/Spitzmüller (Hg.), S. 165–183.
Zinnecker, Jürgen (Hg.) (1975): Der heimliche Lehrplan. Untersuchungen zum Schulunterricht. Weinheim/Basel.
– (1978): Die Schule als Hinterbühne oder Nachrichten aus dem Unterleben der Schüler. In: Reinert/Zinnecker (Hg.), S. 29–121.

5. Neue Medien

5.1 Mediennutzung
5.2 Sprachgebrauch in den neuen Medien
5.3 Didaktische Aspekte des Sprachgebrauchs in neuen Medien

5.1 | Mediennutzung

Medien nehmen im Leben von Heranwachsenden wie inzwischen auch im Deutschunterricht einen immer größeren Raum ein. Dies gilt für eher traditionelle Medien wie Buch und Zeitung/Zeitschrift, für Fernsehen, Audio-Aufnahmen und Hörbücher etc. ebenso wie für die sogenannten ›neuen Medien‹, die in der Regel über ihre Bindung an den Computer und eine digitale Form der Datenübermittlung definiert werden.

Unter neuen Medien werden also solche Medien verstanden, deren Funktion auf der Computertechnik basieren und die Wirklichkeitswahrnehmungen und Sprachhandlungen in einer für das jeweilige digitale Medium typischen Weise nah legen (Bertschi-Kaufmann/Schneider 2004, S. 12).

Studien zur Mediennutzung wie etwa »**Jugend, Information, (Multi-) Media**« (JIM), in der seit 1998 jährlich 1200 Jugendliche zwischen 12 und 19 Jahren nach ihren diesbezüglichen Gewohnheiten befragt werden, zeigen, dass eine steigende Anzahl von Jugendlichen regelmäßig den Computer nutzt. Für sie ist der Computer im täglichen Leben genau so selbstverständlich wie die traditionellen Medien Fernsehen oder Radio. Die Autoren der JIM-Studie von 2011 kommen zu folgendem Schluss:

»Trotz der weiterhin hohen Nutzung von Fernsehen, Radio und Büchern, kommt dem Internet eine zentrale Rolle zu. Mit zahlreichen Angeboten von Unterhaltung, Information, Spielen und verschiedenen Kommunikationsmöglichkeiten ist das Internet auf vielfältige Weise in den Alltag von Jugendlichen eingebunden. Zwei Drittel der Jugendlichen gehen jeden Tag ins Netz. Die tägliche Onlinezeit liegt bei durchschnittlich 134 Minuten. Die meiste Zeit verbringen Jugendliche dabei mit Kommunikation. Und Kommunikation bedeutet vor allem der Austausch in sozialen Netzwerken sowie durch Messenger, E-Mail und Chat. Der Computer ist jedoch auch Arbeitsgerät: Jeder zweite Jugendliche sitzt regelmäßig zu Hause am Computer bzw. im Internet, um für die Schule zu lernen. Jeder Fünfte arbeitet regelmäßig in der Schule am Rechner«. (JIM 2011, S. 65)

Einstellungen zur Mediennutzung: Diese Zahlen allein sollten Grund genug dafür sein, den neuen Medien einen Platz im Unterricht zu sichern. Häusliche und schulische Mediennutzung sollten nicht derart weit auseinanderklaffen. Eine solche Einstellung steht zumindest partiell im Kontrast zu einer stark medienkritischen Haltung vieler Menschen, die vor allem in den neuen Medien, aber auch im Fernsehen eine Gefahr sowohl für das Lesen wie auch für Eigenschaften wie Konzentrationsfähigkeit und Imaginationskraft sehen und ihnen daher keinen oder nur einen geringen Platz im Unterricht einräumen wollen.

Ein weiterer Grund für die oftmals eher skeptische Einstellung z. B. von Lehrkräften zu neuen Medien könnte in ihrer eigenen mangelnden Kompetenz im Umgang mit dem Computer bzw. dem Internet liegen (in diesem Sinne etwa auch Schlobinski/Siever 2012).

Die Lehrpläne geben den neuen Medien inzwischen allerdings breiten Raum. Hier sei beispielhaft der *Kernlehrplan Deutsch* für die Sekundarstufe I des Gymnasiums in NRW zitiert. Die Schüler sollen zum Ende der 10. Klasse unter anderem:

- Texte mithilfe von neuen Medien verfassen: z. B. E-Mails, Chatroom etc. (S. 16),
- medienspezifische Formen kennen: Print- und Online-Zeitungen, Infotainment, Hypertexte, Werbekommunikation, Film,
- zwischen Wirklichkeit und virtuellen Welten in Medien unterscheiden: z. B. Fernsehserien, Computerspiele,
- Informationsmöglichkeiten nutzen: z. B. Informationen zu einem Thema/Problem in unterschiedlichen Medien suchen, vergleichen, auswählen und bewerten (Suchstrategien),
- Medien zur Präsentation und ästhetischen Produktion nutzen (S. 18).

Wirkt diese Zusammenstellung auch noch ein wenig unsystematisch, so lässt sich doch die zunehmende Wichtigkeit von neuen Medien in der Schule ablesen. Die Aufstellung gibt auch Teilantworten darauf, warum es innerhalb der Schule auch – oder besonders – der Deutschunterricht sein könnte, in dem Medien eine Rolle spielen, etwa die enge Verbindung zum Lesen und Schreiben von Texten (s. Kap. III.5.3).

Als generelles **Lernziel** für den Umgang mit Medien im Unterricht wird in der Regel der **Erwerb und Ausbau von Medienkompetenz** angegeben. Nach Schlobinski (2001) ist »Medienkompetenz [...] eine Schlüsselqualifikation in der modernen Kommunikationsgesellschaft und die Vermittlung dieser Qualifikation Aufgabe des Deutschunterrichts« (S. 2). Einer Auffächerung dessen, was Medienkompetenz bedeuten kann, werden wir uns im Folgenden nähern, zunächst durch eine Anwendung der bekannten Unterscheidung von Lerngegenstand und Lernmedium.

5.1.1 | Neue Medien als Lerngegenstand und Lernmedium

Lernmedium: Neue Medien spielen im Deutschunterricht sowohl als Lernmedium wie als Lerngegenstand eine wichtige Rolle. In der ersten Funktion sollen sie als Hilfsmittel im Lernprozess zu einem bestimmten Thema dienen. Dies wäre etwa der Fall, wenn der Computer als Schreibinstrument genutzt wird, weil man sich von ihm Entlastungen im Schreibprozess verspricht (s. Kap. III.5.3 und II.2.4.2) Das Internet kann eine **Quelle zur Informationsbeschaffung** zu einer Fragestellung oder Aufgabe sein, die im Unterricht behandelt wird. Schülerinnen und Schüler könnten es etwa nutzen, um sich auf ein Referat oder eine andere Art der Präsentation vorzubereiten. Die Nutzung des Computers als Lernmedium umfasst beispielsweise Formen des E-Learning.

E-Learning: Hierunter sollen mit de Witt »alle Varianten von Lehr- und Lernaktivitäten [verstanden werden], die das Internet für Information oder Kommunikation nutzen« (zitiert nach Siever 2012, S. 440). Darin sind sowohl neue Formen des **Wissenserwerbs** wie der **Wissensweitergabe** eingeschlossen. Große Hoffnungen wurden in die positive Wirkung des E-Learning auf Schülerzentriertheit, Eigenaktivität und Selbststeuerung des Lernens oder Motivation der Lerner gesetzt. Gefahren sehen Kritiker darin, dass Lehrpersonen einen Teil ihrer Kontrollmöglichkeiten verlieren, was Lernfortschritte und die Bewertung von Leistungen betrifft (vgl. Siever 2012, S. 12), teilweise aber auch in einer noch weiteren Stärkung der Vormachtstellung des Computers im Leben der Schüler. Eine solche Diskussion über Nutzen und Schaden von E-Learning kann an dieser Stelle sicher nicht umfassend geführt werden, doch hilft ein Blick auf mögliche Funktionen und Einsatzmöglichkeiten bei einer differenzierteren Betrachtung.

Im Bereich des **Wissenserwerbs** ermöglichen Wikipedia und andere digitale Nachschlagewerke einen deutlich leichteren und schnelleren Zugang zu Informationen, als dies traditionell möglich wäre. Als problematisch gilt dabei allerdings die Sicherung von Qualitätsstandards, die Frage, ob eine kollektive Autorenschaft und quasi unbegrenzte Redigiermöglichkeiten der Qualität der Einträge zuträglich sind oder nicht. Positiv wäre zu werten, wenn die Schüler etwa durch Wikipedia zum eigenen Schreiben ermutigt würden. Die JIM-Studie von 2011 zeigt allerdings, dass die meisten User Wikipedia ausschließlich passiv nutzen, die wenigsten hingegen selber etwas produzieren, um sich auch aktiv am kollektiven und kollaborativen **Wissensaufbau und -austausch** zu beteiligen. Hier werden Potentiale des Formats offenbar ungenutzt gelassen. Diese könnten in unterrichtlichen Kontexten beispielsweise stärker auf verschiedenen **Lehr-/Lernplattformen** genutzt werden, in denen Lösungen von Aufgaben oder Antworten auf Fragen in Gruppen diskutiert werden können. Solche Plattformen können den Lehrenden auch zur Lern- und Leistungsüberprüfung dienen (vgl. Siever 2012). Zu bearbeitende Aufgaben können eingestellt und von den Teilnehmern gelöst werden. Diese Ergebnisse können der Lehrperson wiederum direkt auf digitalem Wege übermittelt werden. Ebenso könnten die Rückmeldungen an die Schüler erfolgen – unter Umständen mit Überarbeitungsaufträgen.

Internet-Recherchen: Aufgaben in diesem Bereich haben auch in Schulbücher Eingang gefunden. Im nachfolgenden Beispiel sollen die Schüler in verschiedenen **Suchmaschinen** nach Informationen zu einem Bumerang-Club suchen und sie miteinander vergleichen. In Abbildung 1 geht es neben der Informationsbeschaffung als solcher auch darum, dass die Schüler den sinnvollen und gezielten Umgang mit dem Medium lernen. Weiterhin erhalten sie die Empfehlung für eine Suchmaschine

III.5.1
Ausgewählte Schwerpunkte

Mediennutzung

> Fasse die Ergebnisse in einer Tabelle zusammen. Es reicht, wenn du dir jeweils die ersten zehn Suchergebnisse ansiehst.
>
> | Suchmaschine | Stichwort | Treffer | Was erfährst du? |
> |---|---|---|---|
> | Altavista | Bumerang | | |
> | | Bumerang Club | ... | ... |
> | Aladin | Bumerang | | |
> | | Bumerang Club | ... | ... |
>
> Schreibe dem Bungerangclub eine E-Mail, in der du nach den aktuellen Weltrekorden fragst.
>
> Stelle zu anderen Stichwörtern eine gezielte Suche an. Wie gehst du vor? Notiere dir die Ergebnisse.
>
> Auch wenn du sehr gezielt suchst, hast du am Ende immer noch eine Liste mit vielen Suchergebnissen. Nach welchen Kriterien kannst du dich bei deiner Auswahl richten?
>
> Bei den Suchmaschinen *Altavista* und *Aladin* hast du deutlich weniger Suchergebnisse bekommen, als du den zweiten Begriff eingegeben hast. Die Suchmaschinen haben alle Seiten des Internets angezeigt, auf denen das eine *und* das andere Wort vorkommen.
> Das ist nicht bei allen Suchmaschinen so. Manche listen alle Seiten auf, auf denen das eine *oder* das andere Wort vorkommt.
> Die Suchmaschine *Die blinde Kuh* (Adresse: http://www.blinde-kuh.de), die besonders kinderfreundlich ist, hilft dir, gezielter zu suchen. Sie zeigt dir die verschiedenen Möglichkeiten des Suchens – auch Suchoptionen genannt:
>
> | Hier kannst du deine Suche vorher noch verfeinern. | Klick in das Eingabefeld und schreibe dort ein oder mehrere Worte hinein, nach denen du suchen möchtest. |
> |---|---|
> | ● Jedes Wort
○ Mindestens ein Wort
○ Ganze Wörter
● Teilwörter | Drücke danach auf den Suchen-Button oder einfach auf die ENTER-Taste.

[_____] [Suchen] |
>
> | Wetter | Geschichten | Kinderpost | Spiele | Sprachen | Kinderseiten | Meinungen |
>
> Du müsstest also hier *Jedes Wort* anklicken.

(www.blinde-kuh.de), die als besonders geeignet für junge Nutzer gilt. Hier ist das Medium Internet nicht mehr nur Lernmedium, sondern auch Gegenstand.

Lerngegenstand: Sind neue Medien im (Deutsch-)Unterricht Lerngegenstand, so ist das Lernziel vor allem **Wissen über diese Medien**. Es könnte sich etwa um Wissen über die technischen Möglichkeiten des Internets, über Benennungen und Funktionen bestimmter tools handeln, ebenso um Wissen über die Eignung von neuen Medien für bestimmte (sprachliche) Aufgaben. Den Schülern sollte aber auch vermittelt werden, wie man das Netz verantwortungsvoll nutzt, wie man zu vermeidende Seiten erkennt, wie man verhindert, dass man sich auf der Suche nach Informationen ›verzettelt‹, dass exzessiver Gebrauch zu vermeiden ist etc. In jüngster Zeit wird gerade auf die Gefahren aufmerksam gemacht, die die Anonymität des Internets mit sich bringt – wie etwa **Cybermobbing**.

Abb. 1: Schulbuch-Beispiel für Internet-Recherche (aus *Deutsch vernetzt* 6, 2001, S. 151)

Neue Medien

Das folgende Beispiel entstammt einer Initiative des Niedersächsischen Kultusministeriums und der Niedersächsischen Landesmedienanstalt:

Beispiel 1 **Cybermobbing als Unterrichtsthema:** *»Alle hassen Lisa«* (http://www.juuupoint.de/downloads/Unterrichtseinheit_Cybermobbing.pdf).

> Marie und Lisa streiten sich auf dem Schulhof. Die ganze Klasse bekommt es mit. Marie gründet nachmittags die Gruppe »Die Klasse 7b hasst Lisa!« und lädt einen Teil der Klasse ein.
> Alle nehmen die Einladung an. Annika geht in die Gruppe, weil sie zu Marie hält. Lisa ist ihr eigentlich egal. Toni hat sich auch schon mal über Lisa geärgert, vor allem weil sie eine bessere Deutschnote bekommen hat als er, obwohl er sich viel besser findet. Marc geht in die Gruppe, weil er in alle Gruppen geht, in die Toni geht, und Max ebenfalls. Für den Klassensprecher Jonathan ist das eh alles nur Spaß im Internet und er ist dabei. Nicola geht in die Gruppe, weil sie Marie mag. Pit mag Lisa nicht so gerne und ist dabei. Lena bekommt so viele Gruppeneinladungen und guckt immer nur, von wem sie kommt – und stimmt zu. Torben hat Angst, etwas zu verpassen. Lilli auch. Hannah findet die Gruppe eigentlich nicht richtig, hat aber Angst, eine Streberin zu sein, und macht deshalb mit. Steve, Burak, Anna, Bashira und Laura gehen in die Gruppe, weil da so viele aus ihrer Klasse sind.
> Lisa bekommt von einer Mitschülerin die Gruppe »Die Klasse 7b hasst Lisa!« gezeigt. In der Gruppe sind 21 Schüler/innen (also fast alle aus der Klasse). Die Gruppe gibt es so schon fast 3 Tage – an den Streit mit Marie kann sie sich kaum mehr erinnern. Lisa ist geschockt und will erst mal nicht mehr in die Schule. Abends im Bett fallen ihr so viele Gemeinheiten der letzten Wochen wieder ein. Toni wollte in Bio nicht neben ihr sitzen, Kevin hat neulich so komisch geguckt, als sie in Deutsch an der Reihe war. War nicht neulich auch ihre Schultasche offen, als sie aus der Pause in den Klassenraum kam? Wollten alle Lisa fertig machen? ...

Im Anschluss sollen die Schüler diskutieren, wie eine solche Situation entsteht, warum die verschiedenen Personen einer solchen Gruppe beitreten und welche Rolle das Internet beim Entstehen solcher Konflikte spielt (vgl. zum Cybermobbing auch Marx 2012).

Neue Medien sind weiterhin auch dann Lerngegenstand, wenn beispielsweise der Sprachgebrauch in Chats, Mails oder Twitter-Texten untersucht wird (s. Kap. III.5.2). Da es sich hier offenbar um einen anderen Zugang als die oben unter der Überschrift »Lerngegenstand« skizzierten handelt, scheint eine genauere Bestimmung des Lernziels Medienkompetenz über die bislang vorgenommen Zweiteilung hinaus notwendig.

5.1.2 | Lernziel Medienkompetenz: Versuch einer genaueren Bestimmung

Medienkompetenz: Einer verbreiteten Definition von Baacke zufolge lässt sich Medienkompetenz definieren als »Fähigkeit, in die Welt aktiv aneignender Weise auch alle Arten von Medien für das Kommunikations- und Handlungsrepertoire von Menschen einzusetzen« (zit. nach Vollbrecht 2001, S. 56). Baacke (1996) gliedert das Konzept der Medienkompetenz in vier Dimensionen: Medienkritik, Medienkunde, Mediennutzung und Mediengestaltung. Diese haben wiederum jeweils mehrere Unter-Dimensionen, die in der folgenden Grafik zusammengestellt sind.

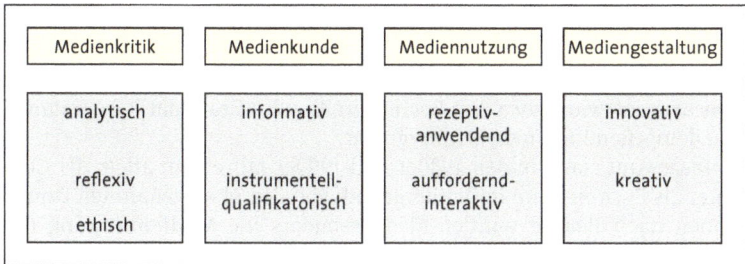

Abb. 2: Dimensionen der Medienkompetenz (nach Baacke 1996)

Schüler müssen demnach lernen,
- den (eigenen) Umgang mit Medien und mediale Erzeugnisse zu analysieren und zu hinterfragen (Medienkritik),
- Wissen über Medien und Mediensysteme zu erwerben (Medienkunde),
- Medien für ihre Zwecke und technisch kompetent verwenden zu können (Mediennutzung) und
- sie unter Umständen kreativ und ästhetisch weiterentwickeln zu können (Mediengestaltung).

Diese Unterteilung ist zwar schon etwas älter und vor allem vor der starken Verbreitung des Internet entwickelt worden, findet sich aber in den meisten aktuelleren Arbeiten zum Thema zitiert und verwendet. Sie lässt sich für die neuen Medien spezifizieren sowie in ihren Grundzügen und wegen ihrer Übersichtlichkeit auch heute produktiv für eine Einordnung verschiedener (Teil-)Lernziele beim Umgang mit neuen Medien im Deutschunterricht nutzen. Sie geht einerseits über den Differenzierungsgrad der Unterscheidung in Lerngegenstand und Lernmedium hinaus. Andererseits zeigt sie, dass eine medienkritische Grundhaltung (etwa der Lehrperson) nicht bedeuten muss, dass man im Unterricht nicht gewinnbringend und/oder kreativ mit Medien umgehen kann. Ein Vergleich mit dem oben zitierten Ausschnitt aus den Kernlehrplänen zeigt, dass hier Teile der theoretischen Aufarbeitung bereits Eingang in die curricularen Papiere gefunden haben. Dazu müssen sie enger auf den Deutschunterricht bezogen und für die neuen Medien (als Teilmenge eines übergeordneten Medienbegriffs) konkretisiert werden. Kapitel 5.2 und 5.3 zeigen, welche spezifischen Fragen es gerade im Fach Deutsch zu klären gilt.

Lernziele in den 80er und 90er Jahren: Anhand einer solchen Aufgliederung lässt sich ebenfalls die (noch recht kurze) Geschichte der deutschdidaktischen Beschäftigung mit neuen Medien nachvollziehen. In den späten 80er und vor allem in den 90er Jahren galt das Hauptinteresse der Rolle des **Computers als neuem Schreibmedium** (s. Kap. III.5.3). Diese wurde als Erweiterung traditioneller Schreibmöglichkeiten ausgesprochen positiv gewertet. Aus dieser Zeit stammen zahlreiche Unterrichtsvorschläge zur Nutzung des Computers für Schreibprojekte etc., auch aus entsprechenden Themenheften deutschdidaktischer Zeitschriften (z.B. *Praxis Deutsch* 128/1994 »Computer und Deutschunterricht«). Tatsächliche empirische Überprüfungen der angenommenen positiven Auswirkungen allerdings gab und gibt es nach wie vor nur sehr wenige (vgl. etwa Reuen 1997). Auch Studien zur gegenseitigen Beeinflussung des Schreibens mit der Hand und am Computer fehlen quasi völlig. Die in der Forschung zunächst ebenfalls zentrale **Funktion des Computers als Träger von Lernsoftware** etwa von Rechtschreib- oder Grammatikprogrammen trat demgegenüber in den Hintergrund.

Insgesamt stand in den 1980er und 1990er Jahren vor allem der Computer als Lernmedium im Vordergrund; von den oben genannten Dimensionen nach Baacke wurden also besonders die **Mediennutzung** und partiell die **Medienkunde** betont, hauptsächlich bezogen auf die Funktionsweisen der Tools des neuen Schreib- und Lernwerkzeugs. Die anfängliche Begeisterung über viele schreiberleichternde Aspekte wich nach der Jahrtausendwende einer deutlich nüchterneren Sichtweise des Computers als einem Schreibmedium unter anderen. Bis heute wird – in starkem Kontrast zum außerschulischen Schreiben – im Unterricht verstärkt mit der Hand und weniger am Computer geschrieben (vgl. Blatt 2004).

Hypertexte und Homepages: Ebenfalls seit den 90er Jahren beschäftigte sich ein Teil der sprachwissenschaftlichen und sprachdidaktischen Forschung mit der Rolle von **Hypertexten** und ihren Auswirkungen auf das Texte Lesen und Schreiben (z.B. Schmitz 1997; Storrer 1999). In der konkreten unterrichtlichen Umsetzung ging es zunächst nicht um analytische oder reflexive Aspekte, sondern vorwiegend darum, Schüler ihre eigenen Seiten im Netz erstellen zu lassen. Damit kommt also die Komponente der **Mediengestaltung** nach Baacke als Lernziel hinzu. Auch hier wurden die ganz großen Hoffnungen, die etwa schreibdidaktisch in das **Erstellen von Homepages** gesetzt wurden, erst einmal nicht erfüllt. In einzelnen Studien über den Erfolg entsprechender Unterrichtsprojekte treten eher wenig ermutigende Ergebnisse zu Tage: Während die meisten Schüler den formalen Anforderungen an die Gestaltung einer Homepage sehr gut gerecht wurden, stellten nur wenige interessante Texte über die jeweilige Startseite hinaus ein (vgl. etwa Dieter 2004). Hier haben also die Bedingungen des neuen Mediums nicht unmittelbar zu erhöhter Schreibmotivation bzw. Schreibtätigkeit geführt. Projekte dieser Art kranken allerdings daran, dass durch den kurzfristigen Einsatz neuer Medien Veränderungen in einer Domäne erwartet werden, die bislang immer noch schwerpunktmäßig traditionellen Schreibpraktiken vorbehalten war. Ein spontanes Abschütteln ihrer bislang praktizierten Schreibgewohnheiten ist von den Schülern nicht zu erwarten

Medienkritik: Nach der Jahrtausendwende wurden medienkritische Stimmen deutlich zahlreicher. Diese kamen und kommen in der Mehrheit nicht aus der Sprachwissenschaft oder der Sprachdidaktik, sondern vor allem von Journalisten und einer sprachkritischen Öffentlichkeit. Aus dem Fach heraus wurden etwa Klagen über Sprachverfall in den und durch die neuen Medien eher aus einer analytischen Perspektive relativiert. Auch

Sprachwissenschaft und Sprachdidaktik dürfen und sollten allerdings im wissenschaftlichen Sinne kritisch kommentieren und Ausprägungen sowie Auswirkungen etwa medialer Texte genau untersuchen. Dieser Untersuchungsgegenstand sollte dann auch den Schülerinnen und Schülern im Deutschunterricht zugänglich gemacht werden. Von den genannten Dimensionen der Medienkompetenz erhielten somit die **Medienkritik** und die Möglichkeiten ihrer unterrichtlichen Einbindung im neuen Jahrtausend stärkeres Gewicht.

5.2 | Sprachgebrauch in den neuen Medien

5.2.1 | Sprachliche Merkmale

Sprachverwendung in Chats: Ein zentraler Begründungskontext für eine Beschäftigung mit Medien besonders im Sprachunterricht ist dementsprechend die Forderung nach Untersuchung medienspezifischer Sprachformen und Sprachverwendungen (vgl. Frederking u. a. 2012). Während sich Schüler vor allem in den 1970er und 80er Jahren schon mit der Analyse der Sprache einzelner Presseorgane oder Fernsehsendungen etc. beschäftigt haben, rückt im neuen Jahrtausend die Sprache der digitalen Medien z. B. in SMS, Mails oder Chats in den Fokus sowohl der sprachwissenschaftlichen und fachdidaktischen Forschung wie mittlerweile auch der unterrichtlichen Arbeit. Das folgende Beispiel zeigt zunächst einige typische Merkmale der Sprachverwendung in Chats:

Chatkommunikation Beispiel 2
(aus Storrer 2001, S. 464)

1 (Findalf) *Antarktika, äh, wofür das ++?*
2 (Antarktika) *bei uns schreibt man ein paar »+«, wenn jem. ne gute meldung schiebt*
3 (ZOOL) Heartbreaker12 : *noch da ?*
4 (Antarktika) *je mehr, desto besser war sie*gg**
5 (Arktikus) Antarktika: *hmm..das ist ja was neues...*staun**
6 (ZOOL) Antarktika: *meldung schiebt...das klingt aber arg nach Bund...?*
7 (Antarktika) Arktikus: *man lernt nie aus, gell??*
8 (Antarktika) **fg**
9 (Findalf) *Antarktika, ahso, danke!*
10 (Arktikus) Antarktika: *ich lerne gerne *mfg**
11 (Antarktika) *und die besten Dialoge werden mitgeschnitten und dann als Quotes auf dieverse HPs gestellt...*
12 (Antarktika) ZOOL: *nach Bund?? *?**
13 (Arktikus) *bei usn wird damit das Gästebuch vollgenmüllt *lol**
14 Antarktika grinst zu Arktikus
15 (ZOOL) Antarktika. WAS ???...das ist geisticher Diebstahl...+empörtsei*
16 Arktikus grinst zu Antarktika *schmunzel*

Typische sprachliche Erscheinungen in Chats (vgl. ausführlich etwa Runkehl/Schlobinski/Siever 1998; Dürscheid/Brommer 2009) sind beispielsweise:
- Abkürzungen oder auch Reduktionsformen (*jem., ne*) und verkürzte Sätze (*noch da?*), die u.a. der Erleichterung und Beschleunigung des Tippens dienen
- Interjektionen und lautwiedergebende Elemente (*hmm*)
- **Inflektive** wie *schmunzel* oder das eigentlich zweiteilige *empört-sei*
- Großbuchstaben zur Verdeutlichung von Intensität (in etwa analog zur Lautstärke in mündlicher Sprache: *WAS?*)
- drei Punkte zur Andeutung von Pausen
- häufiges Weglassen satzfinaler Punkte
- Fragezeichen und Ausrufezeichen zur Verdeutlichung des Satzmodus
- im lexikalischen Bereich oft Beispiele von Umgangssprache bzw. konzeptioneller Mündlichkeit (*vollgemüllt, klingt arg nach, gell*)
- **Emoticons** wie Smileys, um beispielsweise Nähe zum Rezipienten, Befindlichkeiten der Schreiber oder Ironie zu signalisieren
etc.

Im Beispiel fallen allerdings die Kommata auf, die sonst oft weggelassen werden. Generell scheint der Sprachgebrauch in vielen Texten in digitalen Medien zwischen Mündlichkeit und Schriftlichkeit zu changieren (vgl. etwa Frederking u.a. 2012; zum Verhältnis von Mündlichkeit und Schriftlichkeit s. vor allem Kap. II.1.4.5). Texte im Netz liefern daher gute Argumente dafür, das Verhältnis zwischen konzeptioneller Mündlichkeit und Schriftlichkeit als Kontinuum aufzufassen, wie es das in Kapitel II.1.4.5 dargestellte Modell von Koch und Oesterreicher nahelegt, und nicht als polaren Kontrast. Weiterhin zeigt sich im Netz ebenfalls deutlich, inwiefern die Position eines Textes innerhalb dieses Kontinuums von den spezifischen Kommunikationsbedingungen wie Synchronizität der Kommunikation, Zeitdruck, Ökonomie etc. abhängt.

Neue Medien als Quelle des Sprachverfalls? Viele Menschen sehen in solchen Formen der Sprachverwendung ein Indiz für einen fortschreitenden Sprachverfall und eine Gefahr des Hineinwirkens z.B. der Chatsprache in andere Texte. Dies betrifft besonders befürchtete Auswirkungen auf die Rechtschreibung. In der Tat zeichnen sich Kommunikationsformen im Internet häufig durch orthografische Besonderheiten aus. So zeigen Schlobinski/Siever (2012) einige typische **Abweichungen von der standardisierten Schreibweise** beispielsweise in SMS-Kommunikation und Twitter-Botschaften. Diese Abweichungen betreffen vor allem die satzinterne Großschreibung (und hier ist zwischen konsequenter Kleinschreibung und sogenannter Hybridschreibung – also einer Kombination aus standardgerechter Großschreibung und Kleinschreibung – zu unterscheiden). Die meisten dieser Kleinschreibungen sind sehr wahrscheinlich der Erleichterung des Tippvorgangs geschuldet. Nach Schlobinski/Siever (2012) entsprechen in Twitter-Texten über zwei Drittel aller Schreibungen der Norm. Viele der verbleibenden Abweichungen sind funktional im Sinne der Schnelligkeit des Textproduktionsvorgangs und der medienbedingten Beschränkung der Zeichenzahl (z. B. auch Abkürzungen). Andere Rechtschreibfehler kommen in den Tweets eher selten vor (Schlobinski 2012). Es ist also auf der Grundlage empirischer Daten nicht zu belegen, dass Internet-Kommunikation zum Abbau orthografischer Fähigkeiten beitragen soll.

Verfallsklagen betreffen aber auch die Ebenen von Grammatik und Wortschatz. In diesem Zusammenhang ist etwa von »KauderWebsch« (Benning 1998) die Rede. Demgegenüber betonen Sprachwissenschaftler die Grundlegung bestimmter sprachlicher Formen in den kommunikativen Bedingungen der in den neuen Medien geschriebenen Texte – wie Dialogizität, Ökonomie und Synchronizität (Androutsopoulos 2007; Dürscheid 2004; Schlobinski 2012). Sie könnten somit auch ein Anzeichen für die Fähigkeit der Schreiber sein, zwischen unterschiedlichen Verwendungsweisen von Sprache je nach Medium und Kommunikationsabsicht zu wechseln (vgl. etwa Dürscheid u. a. 2010; Schlobinski 2012).

Neuere sprachwissenschaftliche Untersuchungen zeigen, dass es so etwas wie *die* Sprache des Internets, an der sich viele der öffentlichen Verfallsklagen entzünden, tatsächlich nicht gibt (vgl. etwa Dürscheid 2004). Zum einen haben sich für einige zunächst als netztypisch charakterisierte sprachliche Erscheinungen durchaus Vorkommen in älteren Textarten finden lassen (vgl. Elspass 2002). Zum anderen verteilen sich auch solche Erscheinungen, die in anderen traditionellen Textarten tatsächlich nicht vorkommen (wie z. B. Inflektive wie *ganz dollknuddel*) nicht auf alle Arten von Texten und/oder Diskursen im Internet in gleicher Weise (vgl. Runkehl u. a. bereits 1998). Es liegt – besonders auf Grund des letzten Punktes – nahe anzunehmen, dass weniger die Tatsache der Kommunikation im Internet als solche für die sprachliche Ausprägung von Texten und Diskursen verantwortlich ist, sondern vielmehr die für einzelne Texte geltenden Kommunikationsbedingungen wie (quasi-)Synchronizität im Chat, eine jeweils zu bestimmende Kennzeichnung durch Öffentlichkeit oder Privatheit, Zeitökonomie etc. (s.o.; vgl. Dürscheid 2004; Androutsopoulos 2007). Da sich Texte im Netz – etwa Mails, Chats oder Twitter-Botschaften – hinsichtlich ihrer Kommunikationsbedingungen deutlich unterscheiden, scheint auch eine Untersuchung der sie betreffenden sprachlichen Aspekte nicht (nur) auf einer generellen Ebene, sondern spezifisch für einzelne Textsorten sinnvoll.

5.2.2 | Textsorten in den Neuen Medien

Zentrale Frage ist hierbei, ob es sich bei Texten im Internet um Exemplare bestehender Textsorten in neuer medialer Ausprägung handelt (und hier beispielsweise um solche mit Schwunderscheinungen) oder um andere, neue Textsorten.

Texte im Internet unterscheiden sich von konventionellen Texten häufig durch ihre **Nicht-Linearität**. Dies kann zum einen daran liegen,

III.5.2 Ausgewählte Schwerpunkte

Neue Medien

dass der Textfluss durch Bilder unterbrochen wird, die die Aussagen des Textes illustrieren oder ergänzen. Zum zweiten werden kontinuierliche Textstrukturen durch Links unterbrochen. Texte werden zu Teilen einer Hypertextstruktur, die eben nicht mehr linear aufgebaut ist, sondern über die Vernetzung von Teiltexten funktioniert. Damit ändern sich die Anforderungen an das Herstellen von Kohärenz unter Umständen erheblich (vgl. etwa Storrer 2004 oder Weingarten 2001 zu Hypertexten; Schmitz 2001 zur Kohärenz von Text-Bild-Relationen). Hess-Lüttich (1997) macht relativierend darauf aufmerksam, dass auch bei traditionellen Texten nicht zwingend von einer linearen Rezeption ausgegangen werden kann, sondern Lesen durchaus auch hier mit Sprüngen (auch zurück), Überfliegen und Konstruieren von hierarchischen und nicht-linearen Zusammenhängen verbunden sein kann.

Noch weitergehend ist zu bestimmen, ob es sich bei allen Ausdrucksformen überhaupt um Texte handelt. So ist bezüglich des Chats mit Recht argumentiert worden, dass es sich um eine dialogische Form und damit um ein getipptes Gespräch (Storrer 2001) oder einen getippten Dialog (Dürscheid/Brommer 2009) handelt. In jedem Fall sind Unterschiede zu und Gemeinsamkeiten mit konventionellen Textsorten herauszuarbeiten (zur Textualität s. auch Kap. I.2.1.3).

Kooperatives und kollaboratives Schreiben: Ein weiteres **dialogisches Moment** hält in die Textproduktion Einzug, wenn via Internet mehrere Schreiber online an einem Text arbeiten. Typische Textsorten, an denen mehrere Schreiber gemeinsam arbeiten können, sind etwa Weblogs oder Wikis. Ähnliche Verfahren finden sich allerdings unter Umständen auch bei nicht-digitalen Texten beim sogenannten ›kooperativen‹ oder ›kollaborativen Schreiben‹ (vgl. Lehnen 1999; Faistauer 2000). Eine multiple Autorenschaft ist hier allerdings praktisch viel schwieriger umzusetzen.

Im Netz gibt es bei manchen Texten sogar eine **kollektive Autorenschaft**, wie etwa bei Wikipedia. Hier ist ein Text weniger ein Endprodukt, als vielmehr ein Durchgangsstadium. Die Texte richten sich allerdings, wie Analysen etwa von Bittner (2005) und Spiegel/Kleinberger (2006) zeigen, durchaus nach bekannten Textmustern, die technisch durch die Wiki-(Text-)Syntax zumindest zu Teilen vorgegeben sind.

Generell werden einzelne Texte im Netz viel direkter miteinander vernetzt als traditionelle Textformate. Auch Leserreaktionen auf Texte werden sehr viel leichter möglich. Diese **interaktiven Aspekte** von digitalen Texten können dazu beitragen, dass das Schreiben von Schülerinnen und Schülern als stärker sinnhaft und auf echte Kommunikation bezogen empfunden wird. Darüber hinaus kann das Schreiben im Netz zu einer starken Erhöhung der Schreibmotivation führen, da die Möglichkeiten zur Veröffentlichung der geschriebenen Texte deutlich zahlreicher und einfacher zugänglich sind. Am Computer erstellte Texte können ohne großen Aufwand in eine optisch ansprechende Form gebracht und ausgedruckt werden. Das Netz bietet sogar quasi inhärente Veröffentlichung des Geschriebenen. Die Gewissheit, dass es Leser gibt – unter Umständen sogar in sehr großer Zahl – verleiht vielen Schreibaufgaben eine motivierende Wirkung.

III.5.2 Ausgewählte Schwerpunkte

Sprachgebrauch in den neuen Medien

Textmuster: Texte im Internet weichen gerade unter normorientierten Aspekten oft von traditionellen Texten ab (s.o.). Hier ist die Bandbreite allerdings enorm und die individuellen Unterschiede zwischen Schreibern sind so groß, dass man nicht allgemein eine mangelnde sprachliche Qualität von Webtexten konstatieren kann. Gegen die Klage einer Auflösung von Textmustern im Netz lassen sich Evidenzen stellen, dass sich Nutzer durchaus auch bei Weblogs oder Homepages an etablierten Textsorten wie etwa Tagebüchern respektive Steckbriefen oder Lebensläufen orientieren und diese produktiv nutzen und modifizieren (vgl. dazu Bittner 2003, 2005). Dass gerade zwischen den beiden genannten Netz-Textsorten in jüngster Zeit immer häufiger Kombinationen oder Kreuzungen zu beobachten sind (vgl. Bittner 2005), ist ein Hinweis darauf dass die Medialität für einen kontrollierten Textsortenwandel mit verantwortlich zeichnet. Dieser Wandel findet aber durchaus erkennbar auf der Basis bekannter Textmuster statt.

So zeigt der unten stehende **Blog** durchaus Ähnlichkeiten zu typischen Elementen von Tagebucheinträgen wie etwa die Datierung oder die Chronologie, auch wenn die Kommunikationssituation, in der der Text steht, sicherlich eher eine öffentliche als eine wirklich private ist. Dieser Blog zeigt weiterhin viele Merkmale konzeptioneller Schriftlichkeit wie einen stellenweise verschachtelten Satzbau mit sorgfältiger Interpunktion und einen morphologisch recht komplexen Usernamen. Hier ist also vor zu pauschalen Urteilen zu warnen.

Blog aus dem Internet: »Heute mal wieder putzen«
November 29th, 2012 by waschraumhygiene

Hallo, mein Name ist xy und ich habe mich auch entschlossen, nun einen Blog zu schreiben. Es gibt ja so viele Hausfrauen, die über ihre Erfahrungen mit Kindern, den Haushalt und ihrem Mann schreiben. Aber ich habe noch sehr selten Hausmänner gefunden, die über ihre Erfahrungen schreiben, die im Prinzip ja so ähnlich gelagert sind. Frauen können ein Lied davon singen, wenn ihren Männern das Essen nicht schmeckt, aber meine Frau ist in diesem Punkt genau so kritisch.

Aber lassen wir das. Für heute ist erst einmal die Waschraumhygiene angesagt. In einer halben Stunde kommt meine Frau aus dem Büro und da muss das Badezimmer glänzen. Aus diesem Grund ist mein erster Beitrag ziemlich kurz, denn ich muss mich jetzt sofort an die Arbeit machen.

Beispiel 3

Auch bei Texten im Internet zeigen sich deutliche Unterschiede, vergleicht man verschiedene Textsorten, etwa Blogs oder Emails mit Twitter-Kurznachrichten. Innerhalb einzelner Textsorten wiederum differieren die Stile individueller Schreiber in Bezug auf die sprachliche Ausformung unter Umständen beträchtlich (vgl. Schlobinski 2012). Andererseits finden sich auch bei konventionellen Texten häufig Anzeichen von Musterwandel oder Mustermischungen (vgl. Fix 2005).

Textsortenwandel: Werden also offenbar einerseits traditionelle Textsorten auch im Netz genutzt, zeigen sich andererseits im Netz auch typische neue Textsorten oder typische Zeichen von Wandel. Fix (ohne Jahr) nennt u. a. die folgenden Merkmale als **Anzeichen von Textsortenwandel** – hier unter besonderer Berücksichtigung der Merkmale, die die Kommunikation im Netz betreffen:

- Vermischtheit (z. B. von Mündlichkeit und Schriftlichkeit, aber auch von verschiedenen traditionellen Textsorten)
- stärkere Vernetztheit von Texten und verschiedenen Textsorten (in multimedialen Kontexten z. B. durch Hypertextualität erleichtert)
- Nicht-Abgeschlossenheit (Texte können fortgesetzt und rückwirkend geändert werden)
- Rezeptionsoffenheit

Sicherlich gilt hier, dass Wandelerscheinungen vor dem Hintergrund von Musterhaftigkeit erklärt werden können.

Der Textsortenbegriff lässt sich nicht auf alle Texte im Netz ohne weiteres übertragen. Dürscheid (2005) weist zu Recht darauf hin, dass allenfalls monologische und nicht-sequentielle Ausdrucksformen wie Mails oder SMS als Textsorten bezeichnet werden können, nicht dialogische wie Chats. Dabei können auch Mails durchaus eine Verwandtschaft zu verschiedenen Textsorten aufweisen, etwa zu Briefen, Telegrammen oder Notizen. Chats sind beispielsweise als kommunikative Gattung bezeichnet worden. Dürscheid votiert hingegen für eine Kategorisierung als **Kommunikationsform**. Diese ist bestimmt durch kommunikative Merkmale wie quasi-Synchronizität der Kommunikation, das Medium Computer, eine variable Zahl an Kommunikationspartner etc. Die tatsächliche Ausprägung (z. B. auf sprachlicher Ebene) kann aber je nach Funktion und Teilnehmern sehr unterschiedlich ausfallen, was gegen eine Klassifizierung als Gattung spricht.

Die Befürchtung, dass Schreibgewohnheiten, die sich durch das Schreiben von Texten in digitalen Medien (SMS, Chat-Texte etc.) ausbilden, einen schlechten Einfluss auf das Schreiben mit konventionellen Schreibwerkzeugen, besonders auf das Schreiben schulischer Texte und Textsorten haben, lässt sich – zumindest in dieser prinzipiellen Form – nach ersten empirischen Untersuchungen nicht bestätigen (vgl. dazu die Studie zum Schreiben von Jugendlichen von Dürscheid/Wagner/Brommer 2010). Die Daten lassen eher vermuten, dass die jungen Schreiber vielfach in der Lage sind, Schreibkonventionen dem Medium gemäß zu wählen bzw. sich Funktion(en) und Stilzügen bestimmter Textsorten anzupassen. Hier scheint es sowohl nötig, ein Sprachdifferenzbewusstsein auszubauen, wie auch gerade Texte im Netz eine gute Möglichkeit zur didaktischen Nutzung ebensolcher Aspekte sind.

5.3 | Didaktische Aspekte des Sprachgebrauchs in neuen Medien

5.3.1 | Lernbereich Reflexion über Sprache

Didaktisch gesehen bietet es sich an, die Frage nach der Sprache in den neuen Medien ebenso wie die nach der Stichhaltigkeit von Klagen über Sprachverfall in der Sekundarstufe selbst zu einem Thema des Unterrichts zu machen. ›Sprache im Internet‹ o. Ä. könnte damit also durchaus eine Unterrichtseinheit im Lernbereich ›Reflexion über Sprache‹ sein (s. dazu generell Kap. I.2.3.2). Sonst oft als anwendungslos erlebtes Wissen im Bereich Grammatik oder Lexik kann hier ein für die Schüler spannendes Anwendungsfeld finden. Gerade weil sich in den Texten oft Auffälligkeiten in den genannten sprachlichen Bereichen finden, nehmen die Schüler relativ selbstverständlich eine analytische Perspektive auf Sprache ein. Besonders dem Grammatikunterricht öffnet sich hier ein neues Betätigungsfeld, das deutlich näher an der Sprachwirklichkeit der Schüler liegt, als dies beim traditionellen Grammatikunterricht (s. Kap. II.3.4.1) der Fall ist.

Textvergleiche: Durch die **kontrastive Betrachtung von digitalen Texten** können die Schülerinnen und Schüler vergleichend auch viele Dinge über Strukturen und Funktionen von traditionellen Texten lernen. So zeigen sich beispielsweise in E-Mail-Texten zwar medial bedingte Unterschiede zu geschriebenen Briefen, ebenso aber die Abhängigkeit der sprachlichen Gestaltung vom Adressaten und dem Kommunikationsanlass. So wie sich ein privater Brief von einem geschäftlichen unterscheidet, ist dies auch bei einer E-Mail an einen Freund und an den Empfänger einer elektronischen Bewerbung der Fall. Schlobinski (2012) schlägt eine kontrastive Betrachtung von SMS und anderen durch Kürze und Sprachökonomie geprägten konventionellen Texten wie Kleinanzeigen und Telegrammen vor. Auf diese Weise können Schüler erkennen, dass viele Sprachformen der Ökonomie oder einer besonderen ästhetischen Zielsetzung der entsprechenden Texte und Textsorten geschuldet sind. Auch weitere typische Elemente verschiedener digitaler Kommunikationsformen können auf ähnliche Weise vergleichend herausgearbeitet werden. Wichtig ist allerdings auch hier, dass man sowohl bei den konventionellen Textsorten wie bei denen im Netz Variation berücksichtigt. In beiden Fällen passt sich der Schreiber vermutlich dem Adressaten und der Situation sprachlich-stilistisch an. Für die zu vergleichenden Texte sollten also »die Kommunikationsparameter konstant gehalten werden« (Dürscheid 2006, S. 386). Das folgende Beispiel aus einem Lehrbuch für das 6. Schuljahr soll Schüler zu einem – formalen wie funktionalen – Vergleich von SMS und Mail anregen (s. Abb. 3).

Neben den Unterschieden zwischen bestimmten Textsorten und der Berücksichtigung verschiedener Adressaten könnte ein weiterer Untersuchungsgegenstand im Deutschunterricht auch das Alter bzw. die Genera-

III.5.3 Ausgewählte Schwerpunkte

Neue Medien

Brief, E-Mail, SMS, Telefon – Mitteilungsformen unterscheiden

> Hallo, Gina, nun sind es nur noch zwei Wochen. Ich freue mich total auf die Osterferien. Endlich sehen wir uns wieder. Ich finde, Leipzig und Düsseldorf sind zu weit auseinander. Meine Eltern haben schon ein Riesenprogramm angekündigt. Ich hoffe aber, es bleibt noch genug Zeit für eigene Unternehmungen. Toni, Oskar und Fräulein Meier geht's wunderbar. Sind sie nicht süß? (Schau in den Anhang.) Jetzt haben wir mit einem Schlag fünf Katzen im Haus!!! Willst du nicht eine mit zurücknehmen? Pauke gerade noch für eine Englischarbeit morgen. Dann noch ein kleiner Imbiss für die Kleinen und ab ins Bett. Träum was Schönes. Bis bald, Laura

> HI, TIM, TREFFEN WIR UNS HEUTE UM 5 AM CLEMENS. POMMES ESSEN? VERGISS DIE CD NICHT! BITTE MELDE DICH! FELIX

> HI, PIA. SITZE GERADE IN DER REITHALLE UND GUCKE ZU, WIE JULIA REITET. WAS MACHST DU GERADE? CIAO, ANIKA

> Hi, Thomas, was machen der Beinbruch und die Wunde am Rücken? :-o Hab inzwischen einen ganzen Stapel Arbeitsblätter für dich. Herr Lüders hat sie mir für dich mitgegeben. Er hat das wohl so mit deinen Eltern ausgemacht. Ich bringe sie dir übermorgen vorbei. Aber was wird bloß aus unserem Besuch beim Pokalfinale? Deine Tante war doch so stolz, uns noch zwei Eintrittskarten besorgen zu können. Bist du bis dahin wieder einigermaßen fit? Zur Not schiebe ich dich auch dahin. Dann bekommst du sogar einen Platz am Spielfeldrand. Gute Nacht, besser dich ☺ Stefan

1 *Vergleicht die vier Mitteilungen. Wie unterscheidet sich eurer Meinung nach eine E-Mail von einer SMS?*

2 *Glaubt ihr, dass Jungen und Mädchen E-Mails und SMS unterschiedlich abfassen?*

3 *In welchen Situationen bzw. aus welchem Anlass schreibt ihr eher eine E-Mail, wann eine SMS, wann greift ihr zum Telefon? Nennt Beispiele, wann ihr einen Brief schreiben würdet.*

4 *Brief, E-Mail, SMS, Telefon, mündliche Mitteilung. Tragt in Partner- oder Gruppenarbeit Vorteile und Nachteile der einzelnen Mitteilungsformen zusammen. Auf welche Möglichkeit würdet ihr am wenigsten verzichten wollen? Begründet eure Meinung.*

Abb. 3: Unterrichtsbeispiel zum Vergleich digitaler Textsorten (aus *Deutschbuch 6*, 2005, S. 28)

tionszugehörigkeit der Verwender sein. Die Schüler könnten etwa untersuchen, ob ältere Internet-User prinzipiell anders schreiben als junge, z. B. weil sie erst in jüngerer Zeit mit steigender Häufigkeit das neue Medium nutzen (zu den entsprechenden statistischen Angaben vgl. die JIM-Studie 2011; zu einem Unterrichtsvorschlag Dürscheid/Brommer 2013).

Produktive Aspekte: Neben den **reflexiven und analytischen Aspekten** sollen auch die **produktiven und kreativen Möglichkeiten** einer solchen Thematik im Deutschunterricht nicht zu kurz kommen, also der Aspekt der Mediengestaltung nach Baacke. So könnten die Schülerinnen und Schüler dazu angeregt werden, Texte unter Berücksichtigung möglicher Variation der Kommunikationsform, des Kommunikationsmediums oder des Adressaten umzuschreiben. Anschließend kann gemeinsam besprochen werden, welche sprachlichen Änderungen dafür vorgenommen worden sind, auch im Vergleich mit den Änderungen, die die Mitschüler vorgenommen hätten (vgl. auch Dürscheid 2006).

Kohärenz: Um hier nicht lediglich – und eventuell zu holzschnittartig – auf die Unterschiede bei einzelnen lexikalischen Mitteln oder (satz-)grammatischen Strukturen zu fokussieren, sollten auch einige Aspekte der

Textstrukturierung und -kohärenz in den Blick genommen werden. Die fehlende Linearität von Hypertexten etwa macht deren Vorhandensein bei vielen traditionellen Texten durchaus augenfällig; auch Fragen der Kohärenzherstellung können bei Hypertext-Analysen in den Aufmerksamkeitsfokus rücken. Diese können wiederum vergleichend einen Blick auf kohärenzstiftende Mittel in traditionellen Texten eröffnen. Sehr spannend sind die Fragen der Kohärenzfindung auch bei der Analyse von Chat-Texten. Durch die medialen Bedingungen stehen Beiträge, die direkt aufeinander reagieren, nicht immer in unmittelbarer örtlicher/grafischer Nachbarschaft. Leser, gerade Neulinge im Chat-Bereich, sind damit besonders darauf angewiesen, Möglichkeiten der Adressierung an einen bestimmten Beiträger bzw. des Anschlusses an einen spezifischen Beitrag aufzufinden. Im obigen Beispiel 2 ist etwa der Bezug des *damit* in Zeile 13 erst einmal zu finden.

Insgesamt bieten sich im Lernbereich ›Reflexion über Sprache‹ vielfältige Möglichkeiten, die Arbeit mit und an und die Reflexion über neue Medien gewinnbringend einzubinden. Schüler können durch vergleichende Untersuchung Einblicke in die Gebundenheit des sprachlichen Ausdrucks an die kommunikativen Umstände und das Kommunikationsmedium gewinnen und so ihr Sprachdifferenzbewusstsein weiter ausbilden. Dies kann auf produktiver, rezeptiver und reflexiver Ebene geschehen.

5.3.2 | Lernbereich Texte Schreiben

Im Bereich der Textproduktion kann der Computer zunächst zur Erhöhung der **Schreibmotivation** beitragen (s.o.). Dies resultiert vor allem aus den Möglichkeiten der grafischen Bearbeitung des Geschriebenen, die das Endprodukt zu etwas besonders Ästhetischem werden lassen können. Weiter ist dieses Produkt dann auch auf recht einfachem Weg zu veröffentlichen, sei es durch Ausdrucken oder Versenden über das Internet. Hier ergeben sich gute Chancen für eine Kombination der Baacke'schen Teilkompetenzen **Mediennutzung** und **Mediengestaltung**. Von der kreativen Komponente kann beispielsweise auch der Literaturunterricht profitieren und die Schüler zur Produktion eigener literarischer Texte (eventuell nach Vorbildern, die sich z. B. als Netzliteratur oder Hyperfiction ebenfalls im Netz finden lassen) anregen. Die Möglichkeiten, echte Leser zu haben oder sie sich zumindest vorstellen zu können, sind bei am und in den Computer geschriebenen Texten deutlich größer und vielfältiger als bei konventionellen Schreibwerkzeugen.

Sicherlich im Zusammenhang mit motivationalen Faktoren steht auch die größere Gesamtmenge des Geschriebenen. Viele Schüler, die sonst kaum schreiben, nutzen neue Medien dazu häufig. Damit ist über die Qualität des Geschriebenen noch nichts ausgesagt.

Auswirkungen des Computers auf den Schreibprozess: Neben den oben genannten und eher produktbezogenen Vorzügen des Schreibens am Computer gibt es auch solche, die den Schreibprozess betreffen (s. Kap. II.2.2.4). Im Teilprozess der Planung erleichtert der Einsatz des

Computers, genauer des Internets, zunächst einmal die **Informationsbeschaffung**. Hier ist allerdings zu berücksichtigen, dass zur Medienkompetenz auch der oben genannte kritische Umgang mit den Medien gehört. Gerade bei der Informationssuche im Internet müssen die Schülerinnen und Schüler lernen, wie man nicht kindgerechte Seiten erkennt und/oder meidet und wie man sich nicht in der Menge möglicher Links verzettelt. Hier haben allerdings verschiedene Verlage für Lehr-/Lernmittel bereits reagiert und bieten etwa einen »**Internetführerschein**« an (z. B. Brenn/Seidel 2011). Auch neuere Schulbücher beinhalten mittlerweile in der Regel eine Einheit zum sinnvollen Umgang mit Informationen aus dem Netz (vgl. etwa Baurmann 2001, S. 142 f.).

Nach der Informationsbeschaffung wird die Umsetzung der **(Schreib-)Planung** in erste Texte oder Prätexte eventuell dadurch beschleunigt, dass das Geschriebene nahezu beliebig wieder gelöscht, aber auch ergänzt und/oder umorganisiert werden kann. Die schon sprichwörtliche ›Angst vor dem weißem Blatt‹ kann dadurch deutlich verringert werden, und es kann zunächst ›drauflos geschrieben‹ und dann geändert werden. Ein Text muss auf diese Weise nicht mehr unbedingt strikt linear zustande kommen; der Entstehungsprozess ähnelt so eher der netzartig und mitunter impressionistischen Art, wie Gedanken zu einem Thema durch den Kopf der Schreiber gehen. Diese können auf dem Computer erst aufgeschrieben und dann in einem zweiten Gang linearisiert werden, ohne dass man aus Notizen eine neuerliche und separate Reinschrift erstellen müsste. So kann ein erster Text auch deutlich leichter und in nahezu beliebiger Häufigkeit überarbeitet werden. Dabei können auch Varianten ausprobiert und wieder verworfen werden. Das Lehrbuchbeispiel (s. Abb. 4) für eine 6. Klasse versammelt Tipps zum **Überarbeiten von Texten am Computer**. Hier sind also durchaus verschiedene Arten des Überarbeitens mit unterschiedlich tiefgreifenden Veränderungen möglich. Viele Hoffnungen richten sich daher darauf, dass am Computer auch solche Veränderungen am Text vorgenommen werden, vor denen Schülerinnen und Schüler beim Schreiben mit der Hand sonst zurückscheuen, weil sie aufwendigere Neuformulierungen und Umstellungen erfordern (vgl. Blatt 2004, s. auch Kap. II.2.2.4). Diese Hoffnung kann allerdings empirisch bislang nicht abgesichert werden.

Im Rahmen des *peer*-**Feedback** (s. Kap. II.2.2.4) ergeben sich durch Computereinsatz ebenfalls neue Möglichkeiten. So können Mitschüler ihre Notizen bzw. Veränderungsvorschläge beispielsweise im Netz hinzufügen und dem Verfasser zukommen lassen. Es können auch von vornherein Formen kooperativen Schreibens angesetzt werden, die sich nicht auf die Überarbeitungsphase beschränken, sondern schon in Planungs- und Formulierungsphase durch multiple Autorenschaft gekennzeichnet sind. Didaktische Vorteile des kooperativen oder auch kollaborativen Schreibens liegen darin, dass die Schüler dabei in der Regel zu Aushandlungsprozessen gezwungen sind. Für diese müssen Schüler ihre eigenen Schreibideen, -gewohnheiten und -strategien verbalisieren können (lernen), was wiederum zu einer stärkeren Reflexivität von Schreibprozessen beiträgt (vgl. Lehnen 2000).

III.5.3 Ausgewählte Schwerpunkte

Didaktische Aspekte des Sprachgebrauchs in neuen Medien

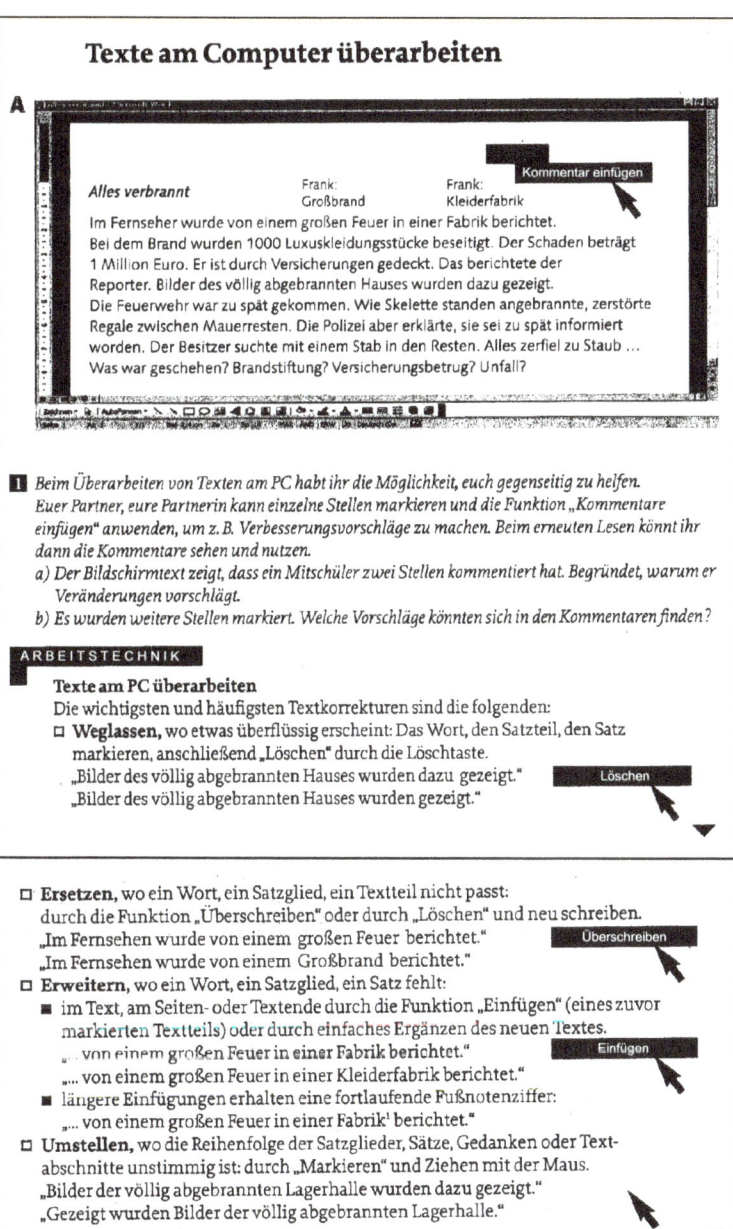

Abb. 4: Überarbeiten am Computer (aus *Deutschbuch* 6, 2005, S. 129 f.)

Virtuelle Schreibkonferenz: Der Einsatz von Computern und Internet erlaubt auch den schnelleren Austausch über Texte in einer Form, die sich der Schreibberatung oder dem Tutoring annähert. So wurde an der

Neue Medien

Universität Köln das Modell sogenannter ›virtueller Schreibkonferenzen‹ (zur Schreibkonferenz generell s. Kap. II.2.2.4) erprobt. Schüler schicken hierbei ihre Texte entweder per Mail oder laden sie auf einer Lernplattform hoch, wo sie von Studierenden abgerufen werden können. Letztere geben den Schülern dann Hinweise für eine Überarbeitung, liefern u.U. auch eine Fortsetzung des geschriebenen Textes. Dieser kann dann im Wechsel quasi interaktiv abgerundet, überarbeitet und vervollständigt werden (vgl. Becker-Mrotzek 2004 und ohne Jahr). Zu beachten ist hier allerdings genau wie bei einer konventionellen Schreibkonferenz, dass die Art der Rückmeldung sowohl der Art des Textes wie den Schreibern angemessen sein sollte; hierfür sind Wissen über Texte, Sensibilität für den schulischen Schreibprozess und Übung bzw. Erfahrung notwendig. So kann man resümieren, dass der Computer das Überarbeiten wohl auf Grund seiner technischen Möglichkeiten durchaus erleichtern kann, dies aber nicht automatisch zum Gelingen z.B. einer Schreibkonferenz führt. Auch mit medialem Einsatz müssen die Schüler lernen, welche Qualitäten einen guten Text ausmachen.

Blatt betont darüber hinaus die Rolle des Computers als »kognitives Werkzeug« (2004, S. 40), das helfen kann, »die Kluft zwischen Denken und Schreiben zu überwinden« (ebd.). Gemeint sind hier die Möglichkeiten, den Modus des Schreibens sozusagen zu entlinearisieren und ihn so dem eben nicht linear ablaufenden Denken eher anzupassen. Textteile können aufbewahrt, wieder hervorgeholt und modifiziert werden. Weiterhin kann der Schreibprozess durch technische Hilfen entlastet werden, so dass dem Schreiber mehr Kapazitäten für die ›Verfertigung der Gedanken beim Schreiben‹ bleiben.

Insgesamt bietet der Computer auch im Lernbereich Schreiben viele (neue) Möglichkeiten, wobei die anfängliche große Begeisterung seit der Jahrtausendwende etwas abgeflaut ist. Für das Schreiben wichtige Kompetenzen müssen von den Schülern eben unabhängig vom Medium erworben werden.

Literatur

Androutsopoulos, Jannis (2007): Neue Medien – neue Schriftlichkeit? In: Mitteilungen des Deutschen Germanistenverbandes 1/2007, S. 72–97.

Baacke, Dieter (1996): Medienkompetenz – Begrifflichkeit und sozialer Wandel. In: Rein, Antje von (Hg.): Medienkompetenz als Schlüsselbegriff. Bad Heilbrunn, S. 112–124.

Becker-Mrotzek, Michael (ohne Jahr): Virtuelle Schreibkonferenz. http://www.uni-koeln.de/becker-mrotzek/Virtuelle%20Schreibkonferenz%20WS10–11/homepage/index.html.

– u. a. (2004): E-Mail-Projekte in der Grundschule: Die Virtuelle Schreibkonferenz. In: Bredel, Ursula u. a. (Hg.): Schriftspracherwerb und Orthografie. Baltmannsweiler, S. 189–206.

Benning, Maria (1998): KauderWebsch. Die rabiateste Rechtschreibreform findet fast unbemerkt statt – im Internet. In: c't 10/1998, S. 98–99.

Bertschi-Kaufmann, Andrea (2003): Lesen und Schreiben in einer Medienumgebung. Die literalen Aktivitäten von Primarschulkindern. Aarau/Frankfurt a. M.

–/**Schneider, Hansjakob** (2004): Neue Medien. In: Bertschi-Kaufmann, Andrea/Kassis, Wassilis/Sieber, Peter: Mediennutzung und Schriftlernen. Weinheim, S. 11–22.
Bittner, Johannes (2003): Digitalität, Sprache, Kommunikation. Eine Untersuchung zur Medialität von digitalen Kommunikationsformen und Textsorten und deren varietätenlinguistischer Modellierung. Berlin.
– (2005): Homepage reloaded: Texte und Textsorten in digitalen Medien. In: Der Deutschunterricht 1/2005, S. 45–56.
Blatt, Inge (2004): Schreiben und Schreibenlernen mit neuen Medien. In: Dies./Hartmann (Hg.), S. 30–70.
–/**Hartmann, Wilfried** (Hg.) (2004): Schreibprozesse im medialen Wandel. Baltmannsweiler.
–/**Voss, Andreas** (2005): Lesen am Computer (LaC). Ergebnisse aus der Hamburger Pilot- und weiterführenden Studie LaC. In: Jonas, Hartmut/Josting, Petra (Hg.): Medien im Deutschunterricht 2004. Jahrbuch. München, S. 231–248 (http://www.viseus.eu/downloads/osnabrueck/praesentation_blatt.pdf).
Brenn, Luzie/Seidel, Thomas (Hg.) (2011): Internet-Führerschein für Kinder: Clever surfen – Infos finden – sicher chatten. Mülheim an der Ruhr.
Der Deutschunterricht (2012): Sprache und Kommunikation im Web 2.0 6/2012.
Deutsch vernetzt 6. (2001): Themen und Sprache. Hg. von Jürgen Baurmann u. a. Braunschweig.
Deutschbuch 6 (neue Ausgabe 2005). Hg. von Bernd Schurf und Andrea Wagener. Berlin.
Dieme, Burkhard (2008): Lesen mit »Antolin«. Erfahrungen mit der Leseförderung mit digitalen Medien. In: Computer und Unterricht 18/2008, 71, S. 14–15.
Dieter, Jörg (2004): Lesen und Schreiben im Internet. In: Blatt/Hartmann (Hg.): Schreibprozesse im medialen Wandel. Baltmannsweiler.
Dürscheid, Christa (2001): Internettexte als Unterrichtsgegenstand. In: Der Deutschunterricht 1/2001, S. 68–74.
– (2004): Netzsprache – ein neuer Mythos. In: Osnabrücker Beiträge zur Sprachtheorie: Internetbasierte Kommunikation 68/2004, S. 141–157.
– (2005): Medien, Kommunikationsform, kommunikative Gattungen. In: Linguistik Online 22, 1/2005.
– (2006): Äußerungsformen im Kontinuum von Mündlichkeit und Schriftlichkeit. Sprachwissenschaftliche und sprachdidaktische Aspekte. In: Neuland, Eva (Hg.): Variation im heutigen Deutsch. Perspektiven für den Sprachunterricht. Frankfurt a. M., S. 375–388.
–/**Brommer, Sarah** (2009): Getippte Dialoge in neuen Medien. Sprachkritische Aspekte und linguistische Analysen. In: Linguistik Online 37, 1/2009.
–/**Brommer, Sarah** (2013): Ist ein Freund noch ein Freund? Facebook und Sprachwandel. In: Der Deutschunterricht 2/2013, S. 28–41.
–/**Wagner, Franc/Brommer, Sarah** (2010): Wie Jugendliche schreiben. Schreibkompetenz und neue Medien. Berlin.
Elspaß, Stephan (2002): Alter Wein und neue Schläuche? Briefe der Wende zum 20. Jahrhundert und Texte der neuen Medien – ein Vergleich. In: Osnabrücker Beiträge zur Sprachtheorie 64/2002, S. 7–31.
Faistauer, Renate (2000): »ja, kannst du so schreiben« – Ein Beitrag zum kooperativen Schreibprozess im Deutsch als Fremdsprache-Unterricht. In: Krumm, Hans-Jürgen (Hg.): Erfahrungen beim Schreiben in der Fremdsprache Deutsch. Innsbruck/Wien, S. 190–224.
Fix, Ulla (ohne Jahr): Textsortenwandel. http://www.uni-leipzig.de/~fix/Textsortenwandel.pdf.
– (2005): Texte zwischen Musterbefolgen und Kreativität. In: Der Deutschunterricht 1/2005, S. 13–22.
Frederking, Volker/Krommer, Axel/Maiwald, Klaus (2012): Mediendidaktik Deutsch. Eine Einführung. 2., neu bearb. und erw. Aufl. Berlin.
Grundler, Elke (2010): Argumentieren im Chat. In: Deutschunterricht 6/2010, S. 17–21.
Hess-Lüttich, Ernest W.B. (1997): Text, Intertext, Hypertext – Zur Texttheorie der Hypertextualität. In: Klein, Josef /Fix, Ulla (Hg.): Textbeziehungen. Tübingen, S. 125–148.

JIM 2011 – Jugend, Information, (Multi-)Media (2011). Hg. vom Medienpädagogischen Forschungsverbund Südwest. Stuttgart.
Kochan, Barbara (1993): Schreibprozess, Schreibentwicklung und Schreibwerkzeug. Theoretische Aspekte des Computergebrauchs im entfaltenden Schreibunterricht. In: Hofmann, Werner/Müsseler, Jochen/Adolphs, Heike (Hg.): Computer und Schriftspracherwerb. Programmentwicklungen, Anwendungen, Lernkonzepte. Opladen, S. 57–91.
Lehnen, Katrin (1999): Kooperative Textproduktion. In: Kruse, Otto/ Jakobs, Eva-Maria/ Ruhmann, Gabriela (Hg.): Schlüsselkompetenz Schreiben. Neuwied, S. 147–170.
– (2000): Kooperative Textproduktion. Zur gemeinsamen Herstellung wissenschaftlicher Texte im Vergleich von ungeübten, fortgeschrittenen und sehr geübten SchreiberInnen. Bielefeld.
Marx, Konstanze (2012): »wer bin ich? dein schlimmster alptraum, baby!« Cybermobbing – ein Thema für den Deutschunterricht. In: Der Deutschunterricht 6/2012, S. 77–81.
Ministerium für Schule und Weiterbildung des Landes NRW (Hg.) (2007): Kernlehrplan Deutsch für das Gymnasium – Sekundarstufe I (G8). Frechen.
Reuen, Sascha (1997): Der Computer als Schreibwerkzeug. Theoretische Grundlagen und praktische Erfahrungen aus einer vierten Grundschulklasse. Frankfurt a. M. u. a.
Runkehl, Jens/Schlobinski, Peter/Siever, Thorsten (1998): Sprache und Kommunikation im Internet. Opladen.
Schlobinski, Peter (2001): Deutschunterricht und Medienanalyse. Einleitung zum Themenheft. In: Der Deutschunterricht 6/2001, S. 2–3.
– (2012): Netzgezwitscher. ›Fetzensprache‹ oder optimierte Sprachform. In: Der Deutschunterricht 6/2012, S. 34–41.
–/**Siever, Torsten** (2012): Sprache und Kommunikation im Web 2.0 (= Der Deutschunterricht 6/2012).
Schmitz, Ulrich (1997): Schriftliche Texte in multimedialen Kontexten. In: Weingarten, Rüdiger (Hg.): Sprachwandel durch Computer. Opladen, S. 131–158.
– (2001): Stets heikle Kohärenz in Text-Bild-Gefügen. Sinnsuche auf Papier und Sinnkonstruktion am Computer. In: Hess-Lüttich, Ernest W.B. (Hg.): Medien, Texte und Maschinen. Angewandte Mediensemiotik. Wiesbaden, S. 141–165.
Siever, Torsten (2012): (Neue) Formen des Lernens und Lehrens im Web 2.0. In: Der Deutschunterricht 6/2012, S. 10–21.
Spiegel, Carmen/Kleinberger-Günther, Ulla (2006): Schreiben im Internet als neue Aufgabe der Didaktik. In: Spiegel, Carmen/Vogt, Rüdiger (Hg.): Vom Nutzen der Textlinguistik für den Unterricht. Baltmannsweiler, S. 187–199.
Storrer, Angelika (1999): Kohärenz in Text und Hypertext. In: Lobin, Henning (Hg.): Text im digitalen Medium. Linguistische Aspekte von Textdesign, Texttechnologie und Hypertext Engineering. Opladen, S. 33–66.
– (2001): Getippte Gespräche oder dialogische Texte? Zur kommunikationstheoretischen Einordnung der Chat-Kommunikation. In: Lehr, Andrea/Kammerer, Matthias u. a. (Hg.): Sprache im Alltag. Beiträge zu neuen Perspektiven in der Linguistik. Berlin, S.439–465.
– (2004): Kohärenz in Hypertexten. In: Zeitschrift für germanistische Linguistik 312/2004, S. 274–292.
Vollbrecht, Ralf (2001): Einführung in die Medienpädagogik. Weinheim/München.
Weingarten, Rüdiger (2001): Hyperfiction. Strukturen und Rezeptionsprozesse vernetzter Texte im Internet. In: JuLit – Zeitschrift des Arbeitskreises für Jugendliteratur 3/2001, S. 17–23.

http://www.medienwerkstatt-online.de/home.cgi?url=products/schreiblabor1/schreiblabor1.html
http://www.juuupoint.de/downloads/Unterrichtseinheit_Cybermobbing.pdf

IV. Anhang

1. Ausgewählte Grundlagenwerke und Fachzeitschriften

Lexika und Handbücher Deutschdidaktik

Abraham, Ulf/Beisbart, Ortwin/Koß, Gerhard/Marenbach, Dieter (2009): Praxis des Deutschunterrichts. Arbeitsfelder – Tätigkeiten – Methoden. 6. Aufl. Donauwörth.
Beisbart, Ortwin/Marenbach, Dieter (2010): Bausteine der Deutschdidaktik. Ein Studienbuch. 4. Aufl. Donauwörth.
Frederking, Volker/Huneke, Hans-Werner/Krommer, Axel/Meier, Christel (Hg.) (2010): Taschenbuch des Deutschunterrichts. Band 2: Literatur- und Mediendidaktik. Hohengehren.
Homberger, Dietrich (2009): Lexikon Deutschunterricht. Fachwissen für Studium und Schule. Baltmannsweiler.
Kämper-van den Boogaart, Michael (Hg.) (2008): Deutschdidaktik. Leitfaden für die Sekundarstufe I und II. Völlige Neubearb. Berlin.
Kliewer, Heinz-Jürgen/Pohl, Inge (Hg.) (2006): Lexikon Deutschdidaktik. Hohengehren.
Köhnen, Ralph (Hg.) (2011): Einführung in die Deutschdidaktik. Stuttgart/Weimar.
Lange, Günter/Weinhold, Swantje (Hg.) (2007): Grundlagen der Deutschdidaktik. Sprachdidaktik – Mediendidaktik – Literaturdidaktik. 3. Aufl. Hohengehren.
Lange, Günther/Neumann, Karl/Ziesensis, Werner (Hg.) (2003): Taschenbuch des Deutschunterrichts. 8. Aufl. Baltmannsweiler.
Willenberg, Heiner (Hg.) (2007): Kompetenzhandbuch für den Deutschunterricht. Baltmannsweiler.

Grundlagenwerke Sprachdidaktik

Ahrenholz, Bernt/Oomen-Welke, Ingelore (Hg.) (2008): Deutsch als Zweitsprache. DTP Band 9. Baltmannsweiler.
Becker-Mrotzek, Michael (Hg.) (2012): Mündliche Kommunikation und Gesprächsdidaktik. DTP Band 3. 2., korr. Aufl. Baltmannsweiler.
Bredel, Ursula u. a. (2006): Didaktik der deutschen Sprache: ein Handbuch. 2 Bde. 2., durchges. Aufl. Paderborn.
Budde, Monika/Riegler, Susanne/Wiprächtiger-Geppert, Maja (2011): Sprachdidaktik. Berlin.
Huneke, Hans-Werner/Steinig, Wolfgang (2011): Sprachdidaktik Deutsch. Eine Einführung. 4., neu bearb. und erweiterte Aufl. Hamburg.
Ossner, Jakob (2008): Sprachdidaktik Deutsch: eine Einführung für Studierende. 2., überarb. Aufl. Paderborn.
Pohl, Inge/Ulrich, Winfried (Hg.) (2011): Wortschatzarbeit. DTP Band 7. Baltmannsweiler.
Rösler, Dietmar (2012): Deutsch als Fremdsprache. Eine Einführung. Stuttgart/Weimar.
Ulrich, Winfried (2001) Didaktik der deutschen Sprache: ein Arbeits- und Studienbuch in drei Bänden. Texte, Materialien, Reflexionen. Stuttgart.
– (Hg.): Deutschunterricht in Theorie und Praxis. Handbuch zur Didaktik der deutschen Sprache und Literatur in elf Bänden. Baltmannsweiler (ab 2008).

Zeitschriften

Der Deutschunterricht. Beiträge zu seiner Praxis und wissenschaftlichen Grundlegung. Seelze: Friedrich.
Deutsch als Fremdsprache. Zeitschrift zur Theorie und Praxis des Deutschunterrichts für Ausländer. München: Langenscheidt.
Deutsch als Zweitsprache (DaZ). Baltmannsweiler: Schneider.
Deutsche Sprache. Zeitschrift für Theorie, Praxis, Dokumentation. Berlin: E. Schmidt.
Deutschunterricht. Zeitschrift für den Deutschunterricht in Sek. I und Sek. II. Braunschweig: Westermann.

Ausgewählte Grundlagenwerke und Fachzeitschriften

Didaktik Deutsch. Halbjahresschrift für die Didaktik der deutschen Sprache und Literatur. Baltmannsweiler: Schneider.
Fremdsprache Deutsch. Zeitschrift für die Praxis des Deutschunterrichts. Ismaning: Hueber.
ide - Information zur Deutschdidaktik. Zeitschrift für den Deutschunterricht in Wissenschaft und Schule. Klagenfurt: Studienverlag.
Muttersprache. Vierteljahresschrift für deutsche Sprache. Wiesbaden: Gesellschaft für deutsche Sprache.
Praxis Deutsch. Zeitschrift für den Deutschunterricht. Seelze: Friedrich.
Wirkendes Wort. Deutsche Sprache und Literatur in Forschung und Lehre. Trier: Wissenschaftlicher Verlag Trier.
Zeitschrift für Angewandte Linguistik (ZfAL). Berlin/New York: de Gruyter Mouton.
Zielsprache Deutsch. Eine internationale Zeitschrift für Deutsch als Fremdsprache/Deutsch als Zweitsprache. Tübingen: Stauffenburg.

Bildungspolitische Rahmentexte

Beschlüsse der Kultusministerkonferenz: Bildungsstandards im Fach Deutsch für den Mittleren Schulabschluss (Beschluss vom 04.12.2003). München: Luchterhand. (http://www.kmk.org/fileadmin/veroeffentlichungen_beschluesse/2003/2003_12_04-BS-Deutsch-MS.pdf).
Beschlüsse der Kultusministerkonferenz: Bildungsstandards im Fach Deutsch für die Allgemeine Hochschulreife (Beschluss vom 18.10.2012). (http://www.kmk.org/fileadmin/veroeffentlichungen_beschluesse/2012/2012_10_18-Bildungsstandards-Deutsch-Abi.pdf).
Kernlehrpläne der Bundesländer für das Fach Deutsch
Trim, John/North, Brian/Coste, Daniel (Hg.) (2001): Gemeinsamer europäischer Referenzrahmen für Sprachen: lernen, lehren, beurteilen. Berlin u.a.

Institutionen

Deutscher Germanistenverband (http://www.germanistenverband.de/)
Fachgruppe der Deutschlehrer (http://www.fachverband-deutsch.de/)
Gesellschaft für angewandte Linguistik (http://www.gal-ev.de/)
Lehramtsinitiative der Deutschen Gesellschaft für Sprachwissenschaft (DGfS) (https://dgfs.de/de/)
Symposion Deutschdidaktik (http://symposion-deutschdidaktik.de/)

2. Bildquellenverzeichnis

S. 52: »Lehrbucheinheit zu ›Sich Weigern‹« – aus: Detlef C. Kochan/Wulf Wallrabenstein (Hg.): *Ansichten eines kommunikationsbezogenen Deutschunterrichtes.* Kronberg: Cornelsen/Scriptor 1974, S. 286.
S. 62: »Aneinander vorbeireden« – aus: Antonie Schreier-Hornung: Aneinandervorbeireden. In: *Praxis Deutsch* 83. Seelze: Friedrich 1987, S. 42 ff.
S. 85: »Schreibung ohne Spatien« – aus: Mechthild Dehn: *Schlüsselszenen zum Schrifterwerb.* Weinheim: Beltz 1994, S. 127.
S. 97: »Rechtschreibgespräch und daraus entwickelte Wortliste« – aus: Mechthild Dehn: *Schlüsselszenen zum Schrifterwerb.* Weinheim: Beltz 1994, S. 159.
S. 153: »Lehrbuchbeispiel zur gesprochenen Sprache« – aus: *Deutschbuch* 8. Neue Ausgabe. Hg. von Bernd Schurf und Andrea Wagener. Berlin: Cornelsen 2007, S. 127.
S. 199: »Maloche« – aus: *Sprachbuch* 5. Sekundarstufe I, 5. Schuljahr. Hg. von Dietrich Homberger und Friedhelm Wippich. Frankfurt a. M.: Diesterweg, 1976, S. 58 f. (Karikatur: Hetty Krist-Schulz).
S. 204: »Anglizismen in der moderne Telekommunikation« – aus: Ulrich Busse: Anglizismen im Gegenwartsdeutschen. Eine Taskforce für die deutsche Sprache oder alles bloß Peanuts? In: *Der Deutschunterricht* 4. Seelze: Friedrich 2001, S. 42.
S. 210: »Umgang mit Sprachvariation als Hürdenlauf« – aus: *Deutschstunden.* Sprachbuch 9. Neue Ausgabe. Hg. von Harald Frommer u.a. Berlin: Cornelsen 2005, S. 51.
S. 219: »Der neue generische Sprachgebrauch« – aus: *Deutschbuch* 9. Neue Ausgabe. Hg. von Bernd Schurf und Andrea Wagener. Berlin: Cornelsen 2008, S. 126.
S. 222: »Persiflage im intergenerationellen Kontext« – aus: *Deutschbuch* 8. Neue Ausgabe. Hg. von Bernd Schurf und Andrea Wagener. Berlin: Cornelsen 2007, S. 132 (Illustration: Sylvia Graupner).
S. 234: »Sprachenporträt: Das sind meine Sprachen« – aus: Hans Jürgen Krumm/Eva-Maria Jenkins (Hg.): *Kinder und ihre Sprachen. Lebendige Mehrsprachigkeit.* Wien: Eviva 2001, S. 54.
S. 271: »Schulbuch-Beispiel für Internet-Recherche« – aus: *Deutsch vernetzt* 6. Hg. von Jürgen Baurmann u.a. Braunschweig: Diesterweg 2001, S. 151 (unter Verwendung einer Abbildung aus der Suchmaschine »Blinde Kuh«).
S. 282: »Unterrichtsbeispiel zum Vergleich digitaler Textsorten« – aus: *Deutschbuch* 6. Neue Ausgabe. Hg. von Bernd Schurf und Andrea Wagener. Berlin: Cornelsen 2005, S. 28.
S. 285: »Überarbeiten am Computer« – aus: *Deutschbuch* 6. Neue Ausgabe. Hg. von Bernd Schurf und Andrea Wagener. Berlin: Cornelsen 2005, S. 129.

3. Sachregister

Abbilddidaktik 25f., 136
Abbildtheorie 133
Abduktion 263
Abhängigkeitsmodell 8
aktives Zuhören 60
aktuelle Bewusstwerdung 130
Akzeptabilität 149
Allgemeine Didaktik 6
alphabetische Phase 88
Alphabetschrift 81, 84
Angebotskommunikation 68f.
Anglizismen 132, 204f., 223
Anlautmethode 90
Anlauttabelle 92f.
Anredeformen 203
Appelle (positional, personal) 48
Anschlusskommunikation 165
Arbitrarität 128
audiolinguale Methode 71
Aufsatz (sprachschaffend, sprachgestaltend, frei, kommunikativ) 99f.
Ausgangssprache 196, 198
Ausgleichsprozesse 196, 212f.
Auslautverhärtung 89, 97
Authentizität 71, 222
Autonomiemodell 8
Axiome der Kommunikation 55

Begegnungssprachenkonzept 127
Beleidigung 74
Beurteilen und Bewerten 115 ff.
Bezeichnungskonkurrenzen 206
Beziehungsaspekt 55f.
Bildungssprache, bildungssprachlich 241, 265
Bildungsstandards 29, 35, 41, 65, 75, 110, 138, 143, 167, 205, 211

Chatkommunikation 275
Code (elaboriert, restringiert) 31, 48f., 218, 220
Code-Mixing 233
Code-Switching 233f., 240
Computer
- als Schreibmedium 273
- als Träger von Lernsoftware 274
Curriculum, Curriculumrevision 16
Cybermobbing 271f.

Darstellungsarten 50
Destandardisierung 223
Deutschkunde 11f.
Dialekt 132, 196ff., 209ff., 237
Didaktik 2
- des sprachlichen Handelns 17–20
Dimensionen der Medienkompetenz 268–275
- Mediengestaltung 273f., 282f.
- Medienkritik 273ff.
Direktivität 249
Diskontinuität, diskontinuierliche Texte 173, 176ff.
Diversität 32
doppelter Erstspracherwerb 238
Drittsprache 243

Eigenaktivität 17, 19, 54, 270
Eigenkultur 40f.
E-Learning 270
Ellipsen 151
elterliche Kontrolltechniken 48
entdeckendes Rechtschreiblernen 95
Erlebniserzählung 63, 65
›Ernstfall‹-Didaktik 17ff.
Erstsprache 238f.
Erzählerwerb, Erzählentwicklung 63

Erzählförderung 63ff.
Erzählforschung 63ff.
Erzähltyp 63
Erzählwerkstatt 65
Experten-Laien-Kommunikation 70

Fachdidaktik 2ff.
Fachsprachen 175f., 210ff.
feministische Sprachkritik 202
Fibelkritik 91
Freies Schreiben 95, 101
Fremdverstehen 41
Friktion 31f., 263
Frontalunterricht 255
funktionale Grammatik 142–144
funktionale Mehrsprachigkeit 232
funktionale Pragmatik 253f.
Funktionalstilistik 224
Funktionen des Schreibens 104
Funk-Kolleg-Sprache 26

Gattungen 179
Gebrauchstexte 28
Gebrauchstheorie der Sprache 204
Gegenwartssprache 196, 205
Gemeinsamer Europäischer Referenzrahmen (GER) 71, 214, 230, 235f.
Gender 220
Generationensprache 221, 224
generischer Sprachgebrauch 219
generisches Maskulinum 202
genetisches Lernen 144
geschlechtergerechter Sprachgebrauch 202
Geschlechtsrollenstereotype 219

Sachregister

Gesprächsakte 61
Gesprächsdidaktik 58–63
Gesprächsförderung (schulisch, außerschulisch) 68 ff.
Gesprächskultur, Gesprächskultivierung 65 ff., 190
Gesprächslinguistik 55, 59, 66
Gesprächsmuster 71
Gesprächsphase 58 f.
Gesprächsschritt, Gesprächssequenz 58 ff.
Gesprächsstil 54, 67 ff.
Gesprächstraining 51
Gesprächstyp 53 f., 71 f.
Grammatik der gesprochenen Sprache 150
Grammatik-Übersetzungs-Methode 70
Grammatikunterricht (funktional, integrativ, situativ, traditionell) 139 ff.
Grammatikwerkstatt 144 f.
grammatische Operationen (Umstellprobe, Ersatzprobe, Weglassprobe) 144
grammatische Zweifelsfälle 152
Graphematik 82, 93
Grundwortschatz 98
Gruppensprachen 200, 217 ff.
Gruppenunterricht 255 ff.
Grußformeln 203

Handlungsorientierung 17 ff., 189 f.
heimlicher Lehrplan 33, 250
Herkunftssprache 37 ff., 49, 218, 235, 241
Heterogenität (sprachliche) 49, 147, 215, 230
Hochsprache 13, 36, 124, 196 ff.
Höreraktivitäten 60
Hypertext 179, 274, 278, 283

Identität (personal, sozial) 263
Identitätsbalance 263

Ideologiekritik 14
Implizite Pädagogik 47
Inferenzen 163
institutionelle Kommunikation 252
Interdependenzhypothese 242
Interkulturalität 37–41, 114, 235 ff.
Interkulturelle Kompetenz 40 f.
Interkulturelle Pädagogik 235
Interkulturelle Sprachdidaktik 37
Interkulturelles Lernen 235 ff.

Jugendsprache 152 f., 221 ff.

katechetische Methode 152 f., 221 ff.
Kernlehrplan Deutsch 33, 269
kognitive Wende 54, 102
Kohärenz 61, 161 f., 282 f.
Kohäsionsmittel 146
Kommunikationsfähigkeit 14, 51
Kommunikationspsychologie, kommunkationspsychologische Wende 55 ff.
kommunikative Angemessenheit 199
kommunikative Ethik 65–75
kommunikative Kompetenz 15, 51 f., 65–75
kommunikative Sprachdidaktik 15 ff.
kommunikative Wende 101
kompensatorische Spracherziehung 31
Kompetenzorientierung 20
Kontrast- und Kontinuumsmodelle 75
Konversation 68
konzeptionelle Mündlichkeit 75
konzeptionelle Schriftlichkeit 75
Kooperationsprinzip 66

kooperatives Schreiben 284
Kooperativität 57
Kreatives Schreiben 101
Kritikfähigkeit 13
Kritische Didaktik, Kritische Theorie, Kritischer Deutschunterricht 14
kritisches Lesen 15
Kulturkontrastivität 38
Kulturstandards, Kulturdimensionen 38
Kunst der Konversation 67 f., 74

Language Awareness 38, 126 ff.
Lehrerbildung 27
Lehrerfrage 249, 253
Lehrersprache 249 f.
Lehr-Lern-Diskurs 253
Lenkung 249
Lernbereichssystematik 12
Lernen (gesteuert, ungesteuert, implizit, explizit) 32 f.
Lesediagnose 169 ff.
Leseförderung 180 ff.
Lesekompetenz 164 ff.
Lesekrisen 181
Lesemotivation 167, 181 ff.
Lesen durch Schreiben 91 f.
Leseprotokoll 161 f., 172
Lese-Rechtschreib-Schwierigkeiten 86
Lesestrategien 181, 186 ff.
Lesetests (standardisiert) 169
Lesetraining 183 ff.
Leseverstehen 160, 167 f., 170
Linearität, Nicht-Linearität von Texten 173, 177 ff.
Linguistisierung 8, 25 f.
Linksversetzungen 150 f.
literacy 87
literarisches Lesen 166, 179 ff.
literarisches Unterrichtsgespräch 190
Literaturdidaktik 6

mediale Mündlichkeit 75
mediale Schriftlichkeit 75

IV.3 Anhang

Sachregister

Mediengestaltung 273f., 282f.
Medienkompetenz 269, 272ff.
- Dimension der Medienkompetenz 268–275
Medienkritik 274
Medienkunde 273f.
Mediennutzung 268–275
Mehrebenenmodell des Lesens 166f.
Mehrsprachigkeit 37, 114, 144, 147ff., 230–248
- innere, äußere 37, 236f.
mentales Modell 163
metaphorische Bedeutung 128
metasprachliche Fähigkeiten 126
Methodik 2f., 53
- des Deutschunterrichts 7
middle class bias 31, 198
Missverständnis, Missverstehen 73
morphologisches Prinzip 83
Morphosyntax 136
motherese 47
mündlicher Sprachgebrauch 46–80, 222
mündliches Erzählen 64
Mündlichkeit 74ff.
Mustermischungen 225, 279
Mutter-Kind-Dyade 47
Muttersprache 239f.

Nachdenken über Sprache 126ff.
Nebenkommunikation 73, 120, 164f., 260
Neue Medien 183, 268–288
neuer Substandard 216
Nicht-Linearität 179
Nonstandard-Varietät 213
nonverbale Kommunikation 254
Norm 36, 149–158, 196–208
Normierungskonflikte 206

Organon-Modell 56
Orthografie 82
orthografische Prinzipien 83

Pädagogik 5
paired reading 184
peer-Feedback 119, 284
Peergroups 218
Phonem-Graphem-Korrespondenz 82
phonologische Bewusstheit 86
phonologische Phase 88
phonologisches Prinzip 83
Plurizentrik 214
Political Correctness 206
politischer Deutschunterricht 15
Portfolio 119
posttraditionale Gemeinschaften 218
präskriptive Stillehre 197
pragmatische Stilistik 224
Produktionsorientierung 18f., 21, 189f.
Profile Deutsch 71
Projektunterricht 17ff.
Prozessorientierung 75, 118

Rechtschreibbewusstheit 97
Rechtschreibgespräch 95
Rechtschreibstrategien 96
Rechtschreibunterricht 96
reflektierter Sprachgebrauch 35f.
Reflexion über Sprache 14, 35, 124–158, 223, 281ff.
Regionalsprachen 215ff.
Re-Pädagogisierung 6
Responsivität 61
ripuarisch 216
Rollenspiel 17ff., 52
Rundgespräch 50

Sachtext 29, 173ff.
scaffolding 244f.
Schreibentwicklung 106f.
Schreibkompetenz 103f.
Schreibkonferenz 110
- virtuelle 285f.
Schreibmotivation 283
Schreibmodi 106
Schreibprozess 108
Schreibstrategien 88, 103
Schriftkultur 54
schriftlicher Sprachgebrauch 81–123, 222
Schriftlichkeit 74ff.

Schriftlichkeitswende 54
Schriftspracherwerb 81ff., 87–95
Schülerbriefchen 73, 264f.
Schülerorientierung 17
Schülertaktiken 263
Schulgrammatik 139ff.
Schulleistungsstudien (PISA, IGLU, DESI) 160, 164ff., 170ff., 186ff., 231, 243
Selbstreflexion 14
semantische Kämpfe 206
silbenanalytische Methode 93f.
silbisches Prinzip 84
situatives Umfeld 163f.
Situationsmodell 163
Skelettschreibung 88
Smalltalk 68
Social Media 218
Sondersprachen 217f.
soziale Gruppen 218
soziale Reversibilität 249
sozial-integrativer Sprachstil 249
Soziolekt 132, 217f.
Sprachaufmerksamkeit 126
Sprachbarriere 31, 49, 198
Sprachbegegnungen 38
Sprachbetrachtung 126, 135, 137
Sprachbewusstheit, Sprachbewusstsein 33ff., 126ff., 126ff.
Sprachbiografie 234
Sprachdefizit 31
Sprachdidaktik 3
Sprachdifferenzen, Sprachdifferenzbewusstsein 31, 134
Sprache der Politik 202, 206
Spracheinstellungen 34
Sprachenportrait 234
Sprachenprestige 231
Sprachentwicklung 46
Spracherfahrungsansatz 91
Spracherwerb (gesteuert, ungesteuert) 32, 239
Spracherwerbsmechanismus (LAD) 47
Sprachgebrauchskritik 36, 204f.

Sachregister

Sprachgefühl 34
Sprachgemeinschaft 36, 196
Sprachkompetenz 126, 132
Sprachkontakt 127
Sprachkontrast 38, 127
Sprachkreuzungen 39, 213, 224
Sprachkritik 35 f., 202–208
Sprachkultur, Sprachkultivierung 41
Sprachkunde 136
Sprachlernen 30, 46 ff.
Sprachlernstrategien 243
sprachliche Bildung 9 ff.
sprachliche Handlungsfähigkeit 19
sprachliche Homogenität 196
sprachliche Sozialisation 29 ff.
Sprachmischungen 232 f.
Sprachmängelbewusstsein 133
Sprachnormen (statuiert, subsistent) 133, 201 f.
Sprachnormkritik 198 f.
Sprachnormreflexion 201 ff.
Sprachnormwandel 201 ff.
Sprachpflege 4, 196 ff.
Sprachpurismus 205
Sprachreflexion 33 ff., 136 ff., 215
Sprachsozialisation 29 ff.
Sprachspiel 147 f., 251 f.
Sprachstil 224 ff.
Sprachthematisierung 126, 133
Sprachtraining 12
Sprachunterstützungsmechanismus (LASS) 46 f.
Sprachverfall 132, 196, 276

Sprachwandel 151, 196
Sprachwissen 126
Sprecherwechsel 58
Sprecherziehung 50, 73
Sprechfertigkeiten 71
Sprechkunde 50
Standardlautung 81
Standardsprache 149, 209, 223
Stilbildung 196 ff.
Stilkompetenz 203, 211, 224 f.
Stilmischung 39, 213
Streitgespräch 50
Substandardisierung 212 f., 216
Superstrukturen 162
syntaktisches Prinzip 84
Szenariendidaktik 243

tacit knowledge 127
Text 28
Textdidaktik 28 f.
Textgenres 179
Textgrammatik 145 ff.
textgrammatische Mittel (Kohäsionsmittel, Verweismittel, Verknüpfungsmittel) 145 ff.
Textlinguistik 28, 111, 145
Textlupe 110, 119
Textmerkmale (textintern, textextern) 163
Textmuster, Textmusterwissen 111 ff., 162, 279
textnahes Lesen 190 f.
Textproduktion 102
Textrezeption 159–193
Textroutinen 112
Textsorte, Textsortenstil, Textsortenwandel 111 ff., 225 f., 277 ff.
Textspektrum 29
Textvergleiche 281
Textverstehen 160 ff.

Theorie der linguistischen Codes 31, 48
time-on-task-Prinzip 242
traditionelle Sprachlehre 12 f.
Transkription 153
Transkulturalität 38 f., 236
Trivialliteratur 15

Übergeneralisierung 88
Umgangssprache 197
Unterrichtsforschung 251 ff.
Unterrichtskommunikation, Unterrichtsdiskurs, Unterrichtsgespräch 249–267
Unterrichtsphasen (analytische, produktive) 72

Variation 209–229
Varietäten (diachronisch, diatopisch, diastratisch, diaphasisch, national) 212
Varietätenlinguistik 212
volkstümliche Bildung 11

Wissenstypen (deklarativ, prozedural) 127, 146
›Wörter‹/›Unwörter‹ des Jahres‹ 204
Wortkonzept 85

Zielsprache 198
Zürcher Textanalyseraster 117
Zweckformen des Schreibens 100
Zweckorientierung 17
Zweitsprache 4 f., 238 ff.
Zwei-Wege-Modell des Rechtschreibens 89

Vom Lehren und Lernen fremder Sprachen

Die Fremdsprachendidaktik erstmals lexikalisch erschlossen

Surkamp
Metzler Lexikon Fremdsprachendidaktik
Ansätze – Methoden – Grundbegriffe
2010. 358 S., 8 s/w Abb., 7 Tab. Geb. € 39,95
ISBN 978-3-476-02301-9

Ob Sprachlehrforschung, bilingualer Unterricht, Filmdidaktik, Lernsoftware, Tandemlernen oder Sprachgefühl – das Lexikon informiert über alle wichtigen Begriffe, Grundlagen und Methoden der Vermittlung und des Lernens fremder Sprachen. Nachschlagen lassen sich Stichworte aus der Sprach-, Literatur-, Kultur- und Mediendidaktik, z. B. über Unterrichtsformen, Kompetenzen, Unterrichtsmaterialien, Medien, Institutionen u. v. m.

▶ Rund 200 Einträge zu sämtlichen Bereichen der Fremdsprachendidaktik

▶ Der gegenwärtige Diskussionsstand im Überblick

▶ Für alle Fremdsprachen geeignet

Bequem bestellen:
www.metzlerverlag.de
info@metzlerverlag.de

J.B.METZLER

GPSR Compliance

The European Union's (EU) General Product Safety Regulation (GPSR) is a set of rules that requires consumer products to be safe and our obligations to ensure this.

If you have any concerns about our products, you can contact us on ProductSafety@springernature.com

In case Publisher is established outside the EU, the EU authorized representative is:

Springer Nature Customer Service Center GmbH
Europaplatz 3
69115 Heidelberg, Germany

Batch number: 09137838

Printed by Printforce, the Netherlands